定。經一千一百八十二年，曆凡七十改，創法者十三家，足徵天之運行無常，雖聖人創造曆法，經數百年輒廢不可用。竊意易稱治曆明時，當湯、武革命之初，應天順人，改定正朔，其損益曆法必更大備。而自堯命羲、和，舜齊七政而後，六經之文無可考見，識者惜之。」然則守敬所云曆無定法者，特其法不傳于後，非果三代聖人不爲更造也。自武王革殷至春秋時，又已數百年，周衰失政，世無明天子，莫能脩正曆法，莊、襄、定、哀之閒，閏餘失次，日月交會，其行度往往與後世錯，固其理也。漢初太史令司馬遷等言曆紀廢壞，宜改正朔，始造太初曆，自後日益精密。自此以前至春秋，經戰國之衰亂，秦、漢皆以力征，日不遑給，莫能以欽若昊天爲事，則高帝、文帝時之連遭頻食，秦置閏多在歲後，莫能隨月置閏，恆書後九月，與春秋之季略相彷，其亦以此歟？故論著之，以俟後之精通曆法者攷焉。輯春秋天文表第四十。

春秋天文表卷四十

錫山顧棟高復初 輯
弟 極高拱蒼 參

敍

余讀春秋至日食與失閏，輒歎周之曆法不傳，其故殆莫可考而知也。考今曆法三歲一閏，五歲再閏，而左傳于莊二十五年六月辛未朔，日有食之，云「非常也」。杜預註：「非常鼓之月，由置閏失所，故致月錯。」是不應置閏而置閏，誤使七月爲六月。襄二十七年冬十一月乙亥朔，日有食之，云「辰在申，司曆過也，再失閏矣」。哀十二年冬十有二月，螽，云「火猶西流，司曆過也」。是爲應置閏而失不置，于襄少再閏，于哀少一閏，雖書十二月，實十一月，卽夏之九月也。何閏法之錯繆至于如此。日月行度，據後世曆家推算，大率以一百七十二日有餘而一交，交則月掩日，而日爲之食。然亦有不正相值，或食于夜，則日食不見，但無頻月食法。而襄二十一年九月十月頻食，二十四年七月八月頻食，諸儒皆所不解，以日月無頻交之理，不交無從有食。惟漢高帝三年及文帝前三年俱于十月十一月晦頻食，與春秋相同，術士無從考知。元郭守敬之言曰：「三代曆無定法，周、秦之閒閏餘乖次，至漢造三統曆而是非始

春秋大事表

第三册

〔清〕顧棟高 輯
吴樹平 李解民 點校

中華書局

春秋天文表

日食

先母舅霞峰華氏曰：「春秋書日食三十六，謹天戒也。或曰日食有常度矣，當食而食，天道之常，于人事何有。若是則天人之理不相符合，而春秋之書之者爲贅也。夫月之與日，歲十二會爲十二朔。朔者，日月交會之期，故食恆在朔。而道有表裏，或不正相值，則月不能掩日。曆家推算，大率以一百七十二日有餘而一交，交則月掩日，而日爲之食。然春秋二百四十二年，而經止書日食三十六，必有應食而不食者矣。襄二十一年九月十月頻食，二十四年七月八月頻食，亦必有不應食而食者矣。故夫日食者，曆家以爲常，春秋以爲變也。春秋之法，常事不書，而日食必書，懼人主之忽以爲常也。杜氏乃謂惟正陽之月，君子忌之，其餘則否。然則非正陽之月而日食，春秋不應書矣，豈不謬哉！或日或不日，或朔或不朔，史失之也。襄十五年以後，無不書朔日者矣。書鼓，用牲于社者三，譏也。不鼓于朝，而鼓于社，僭也。不用幣，用牲，非禮也。」

隱三年春王二月己巳，日有食
桓三年秋七月壬辰朔，日有食
桓十七年冬十月朔，日有食
莊十八年春王三月，日有食
莊二十五年六月辛未朔，日有

之。

孔氏穎達曰：「日月同處，則日被月映，而形魄不見，食必在朔。然亦有雖交而不食與頻交而食者。」

張氏洽曰：「唐曆志云，四序之中，分，同道；至，相過，交而有食。然春秋于曆應食而不書者尚多。蓋日食必在交限，而入限不必盡食。若過至未分月，或變行以避之，或五星潜在日下，禦侮而救之，或涉交數淺，或在陽曆，陽盛陰微則不食，或德之休明而有小眚焉，

之，既。

孔氏穎達曰：「既謂日光盡也。日月之體大小正同，相掩密者，二體相近，正映其形，故光得溢出。而中食相掩疎者，二體相遠，月近而日遠，自人望之，則月之所映者廣，故日光不復能見，而日食既也。」

黃氏正憲曰：「當時所食之處必關于魯分者居多，故自魯觀之，見其爲既。」

之。

彙纂曰：「曆家論朔，有平朔，有定朔。以日平行月平行推算某日某時某刻合朔，是爲平朔。日有盈縮，月有遲疾，取均度或加或減于平行爲某日某時某刻日月相會，是爲定朔。自劉洪乾象曆始有定朔，于是非朔不食。自漢初以前，皆用平朔，故有食于朔之前後者。公羊所謂失之前、失之後，穀梁所謂食晦日、食既朔也。」

之。

劉氏敞曰：「穀梁曰：『不言朔，夜食也。』非也。春秋闕疑，據見而録，何以知其夜食而書乎？」

彙纂曰：「合朔在夜，則日入地中，故有夜食之說。然必謂朝而知其食，則未可據。蓋日出而見其虧傷之處，則時刻可稽，其即爲朔日無疑。若或食于亥子之交，則日未出而明，復更何從見其虧傷之處，而知其食乎？」

案：衞朴、沈存中、王伯厚皆言此年日食，今古算皆不入食限。

食之。鼓，用牲于社。

左傳：「非常也。惟正月之朔，慝未作，日有食之，于是乎用幣于社，伐鼓于朝。」

杜氏預曰：「非常鼓之月。以長曆推之，辛未實七月朔，置閏失所，故致月錯。」

孔氏穎達曰：「周之六月，夏之四月，是正陽之月。然此經雖書六月，實非六月，由置閏失所。不應置閏而置閏，誤使七月爲六月也。」

杜又云：「慝，陰氣。傳云唯者，明此月非

則天爲之隱，雖交而不食。四者皆德之所生。曆家之言如此。則凡日食者，不可歸之常度，而爲德之不脩可知矣。」				正陽月。」
莊二十六年冬十有二月癸亥朔，日有食之。	莊三十年九月庚午朔，日有食之，鼓，用牲于社。 范氏寧曰：「救日用牲，既失之矣。非正陽之月，而又伐鼓，亦非禮。」	僖五年九月戊申朔，日有食之。	僖十二年春王三月庚午，日有食之。	僖十五年夏五月，日有食之。
文元年二月癸亥，日有食之。	文十五年六月辛丑朔，日有食之，鼓，用牲于	宣八年秋七月甲子，日有食之，既。	宣十年夏四月丙辰，日有食之。	宣十七年六月癸卯，日有食之。

社。

左傳：「非禮也。日有食之，天子不舉，伐鼓于社；諸侯用幣于社，伐鼓于朝。」

何氏休曰：「社者，土地之主；月者，土地之精，上繫于天而犯日，故鳴鼓而攻之。」

呂氏大圭曰：「天子尊，故責神，諸侯自責而已。牛必在滌三月乃成牲，日食用牲，取具臨時，非禮也。」

趙氏恒曰：「朝者，己之所居；社者，神之所居，故鼓于朝則爲責己，而鼓社則爲責神。」

陸氏九淵曰：「言日不言朔，食不在朔也。日之食必在朔，食不在朔，曆差也。」

彙纂曰：「是年實係六月，則伐鼓爲宜。所失者不于朝而于社，不用幣而用牲耳。」

成十六年六月丙寅朔，日有食之。

成十七年十有二月丁巳朔，日有食之。

襄十四年二月乙未朔，日有食之。

襄十五年秋八月丁巳，日有食之。

張氏洽曰：「悼公卒，政逮大夫之徵也。」

襄二十年冬十月丙辰朔，日有食之。

襄二十一年九月庚戌朔，日有食之。

楊氏士勛曰：「據今曆無有頻食之理，但古或有之。」

石氏介曰：「諸儒以爲曆無此法，或傳寫之

冬十月庚辰朔，日有食之。

許氏翰曰：「比年食，又比月食，蓋自是八年之閒而日七食，禍變重矣。」

襄二十三年春王二月癸酉朔，日有食之。

襄二十四年秋七月甲子朔，日有食之，既。

家氏鉉翁曰：「二十一年及此年連書日食，疏家用曆術謂無連月日食之事。愚謂天道有時而失常，若執一

八月癸巳朔，日有食之。

誤。然漢之時亦有頻食者，高帝三年及文帝前三年十月晦十一月晦是也。天道至遠，不可得而知，後世案交會之度而求之，亦已難矣。」

襄二十七年冬十有二月乙亥朔，日有食之。

左傳：「十一月乙亥朔，日有食之。辰在申，司曆過也，再失閏矣。」

杜氏預曰：「周十一月，今九月，斗當建戌而在申，故知再失閏也。文十一年三月甲

昭七年夏四月甲辰朔，日有食之。

左傳：「晉侯問于士文伯曰：『誰將當日食？』對曰：『魯、衞惡之，衞大魯小。去衞地，如魯地，于是有災，魯實受之。大咎其衞君乎，魯將上卿。』秋八月戊辰，衞

昭十五年六月丁巳朔，日有食之。

定之律，恐非春秋記災示警之意。」

昭十七年夏六月甲戌朔，日有食之。

杜氏預曰：「周六月，是夏之四月，爲建巳正陽之月。」

孔氏穎達曰：「尚書季秋日食亦以此禮救之。傳言唯正月朔者，先代尚質，日食皆用鼓幣。周禮極文，

昭二十一年秋七月壬午朔，日有食之。

左傳：「公問于梓慎曰：『是何物也？禍福何爲？』對曰：『二至二分，日有食之，不爲災。日月之行，分，同道也；至，相過也。其他月則爲災，陽不克也，故常爲水。』」

子至今年七十一歲，應有二十六閏，今長曆推之得二十四閏，通計少再閏。」孔氏穎達曰：「經傳所言月互異者，杜以長曆推之，乙亥是十一月朔，非十二月也。若是十二月，當爲辰在亥，以申爲亥，則是三失閏，不止于再失。推曆與傳合，知傳是而經誤也。」

侯惡卒。冬十有一月癸未，季孫宿卒。」杜註：「衞地，豕韋也。魯地，降婁也。日食于豕韋之末，及降婁之始乃息，故禍在衞大，在魯小也。周四月，今二月，故日在降婁。」

每事有差降，惟正陽之月特用鼓幣，餘月則否。」

汪氏克寬曰：「昭公之世，凡七日食，比之他公，災異最數。梓慎不能因公之問告以遇災而懼之意，乃云不爲災，是黨于季氏也。」

昭二十二年十二月癸酉朔，日有食之。

昭二十四年夏五月乙未朔，日有食之。

左傳：「梓慎曰：『將水。』昭子曰：『旱也。

昭三十一年十二月辛亥朔，日有食之。

左傳：「史墨曰：『六年及此月也，吴其入郢

定五年春王三月辛亥朔，日有食之。

定十二年十一月丙寅朔，日有食之。

	日過分而陽猶不克，克必甚，能無旱乎？陽不克莫，將積聚也。』」王氏樵曰：「梓慎、叔孫皆妄測天道，或傳者因時之旱而傳會也。」	乎？終亦弗克。入郢必以庚辰，日月在辰尾。庚午之日，日始有謫。火勝金，故弗克。』」		
定十五年八月庚辰朔，日有食之。				

趙氏汸曰：「公羊曰某月某日朔日有食之者，食正朔也。其或日或不日，或失之前或失之後，蓋以爲司曆失之。考漢書律曆志，西漢日食多在晦，亦有先晦一日者。公羊此義必有所受。蓋聖人以日食不在正朔，苟書于經，非治曆明時之意，故或去朔或去日以示義。」彙纂曰：「朔前朔後，聖人何難。據實以書，而必各立義例乎？且日食于朔二日則不得爲朔矣，而可仍以朔書之乎？故當以闕文爲正。」案：東山每有此穿鑿之說，蓋過求而失之也。彙纂之言當矣。

星變

汪氏克寬曰：「經書星變者四，莊七年之星變，以王人不能勝五國之兵，而王命益不行于天下也。文十四年星孛，以桓、文迹熄，而宋、齊、晉之君皆有禍亂也。昭十七年星孛，以王子朝庶孽奪正，而兵刃交于王都之内也。哀十三年星孛，以强吴争伯，而中國諸侯皆爲之服役也。凡此皆變之大者，而王伯衰亂之徵也。」

趙氏汸曰：「日食星變，皆爲天下記異。左氏傳載叔服、梓慎論星孛，惟以大國災咎當之。當時流俗之論，上不知有王室，下不知有天下大勢，其所知者，惟二三大國而已。」

莊七年夏四月辛卯，夜，恆星不見。夜中，星隕如雨。	僖十六年春王正月戊申朔，隕石于宋五。	文十四年秋七月，有星孛入于北斗。	昭十七年冬，有星孛于大辰。	哀十三年冬十有一月，有星孛于東方。
何氏休曰：「周之四月，夏之二月，昏，參伐、狼注之宿當見。參伐主斬艾立義，狼注	程子曰：「春秋所書災異，皆天人響應，有致之之道。以漢儒所言，皆牽合不足信，儒者見此，因盡廢	左傳：「周内史叔服曰：『不出七年，宋、齊、晉之君皆將死亂。』」胡傳：「後三年，宋弑	左傳：「申須曰：『彗所以除舊布新也。今除于火，諸侯其有火災乎？』梓慎曰：『在宋、衛、陳、鄭也。』明年夏五月壬午，宋、衛、陳、	公羊：「孛者何？彗星也。其言于東方何？見于旦也。」家氏鉉翁曰：「天欲旦，太陽將升，而孛見

主持衡平也。皆滅者，法度廢絶，威信淩遲之象。」
朱子曰：「日見于晝，星明于夜，天道常理。今夜有日光，常星不見，此陰不陰，陽不陽，君不君，臣不臣之應也。」

之。」
陳氏深曰：「星，陽象，忽隕而爲石。石，陰類，是陽化爲陰，精氣返爲頑礦也。獨見于宋者，齊桓終而宋始伯，宋無其德，故天見災異于其地，以警悟之。」

昭公。又二年，齊弒懿公。又二年，晉弒靈公。」
穀梁：「其曰入北斗，斗有環域也。」
劉向曰：「北斗貴星，人君之象，茀星亂臣之類，言邪亂之臣將並弒其君。」
黄氏震曰：「唐李淳風始算孛行度，謂此星在角，由杓入斗。是月自北而入晉居北，齊、宋居晉之東，故晉、齊、宋當之。斗數七，故云不及七年。」

鄭災。」
胡傳：「大辰，房、心、尾也。心爲明堂，天子之象。其前星太子，後星庶子，孛星加心，象天子嫡庶將分爭也。後五年，王室有子朝之亂。」
趙氏汸曰：「漢書註：『彗、孛、長三星，其占略同，而形少異。孛星光芒短，其光四出，蓬蓬孛孛。』然彗星光芒長，參參如掃帚。長星光芒有一直，或竟天，或十丈三十丈。史記晏子對齊景公曰：『孛星將出，彗何懼乎？』然則孛甚于彗也。」

焉，妖星干太陽，駭常之變也。」
汪氏克寬曰：「星孛東方，乃東方悖亂，吳爭强，而越滅之之徵也。經書孛者三，始而應在伯國，繼而應在王室，終而應在蠻夷，吳、楚亦不能伯矣。天變愈甚，而世變愈極，春秋蓋傷之也。」

書萬充宗黃梨洲春秋日食問答後

問云：春秋日食三十六，而頻食者二。先儒皆謂日無頻食法。王伯厚云：衞朴推驗春秋合者三十五，獨莊十八年三月，古今算不入食限，豈二頻食亦入限乎？抑史官怠慢，當時失記，從後追憶，疑莫能定，遂兩存之，春秋因而不削乎？

答曰：沈存中云：「衞朴精于曆術，春秋日食三十六，密者不過得二十六七，一行得二十七，朴乃得三十五。惟莊公十八年一食，今古算皆不入食法，疑前史誤耳。」王伯厚之言本此。愚按襄公二十一、二十四兩年俱頻食，曆家如姜岌、一行皆言無比月頻食之理，授時曆亦言其已過交限，西曆則言日食之後越五月越六月皆能再食，是一年兩食者有之，比月而食則斷無是也。襄二十一年己酉九月朔，交周宮　九度五一二八入食限，至十月朔，一宮一十度三一四二不入食限矣。二十四年壬子七月朔，交周宮　三度一九三五入限，至八月朔，交周一宮三度五九四九不入食限矣。乃知衞朴得三十五者欺人也。其言莊十八年一食，自來不入食法。按是年乙巳歲二月有閏，至三月實四十九日一十三時合朔。癸丑未初初刻交周一十一宮二十八度三四三七，正合食限。朴蓋不知有閏，故算不能合耳。朴于其不入食限者，自謂得之，于其入食限者，反謂不得，不知何說也。

案：此問答推究春秋日食最精細。但梨洲云西曆以越六月即能再食者，即高氏閱所稱曆家推步之法。一百七十三日，日月始一交，交則月掩日，而日爲之食是也。高係宋時人，是時西法未入中國，則爲此說者亦不自西曆始矣。頻食既斷無此法，而春秋之所以書者何也？是時周曆算法已不准，推步常遲一月，頒曆云某月朔應日食，到前一月之朔而日大食甚。至襄二十四年七月朔食之既，人所共見，魯史既據實書之矣。至後一月不見有食，則以周保章氏所頒，未敢輕削。魯史非精曆算者，不能考正是月之不入食限也。則疑食之微，或食于夜而人不見，因並存之，孔子因而不革。看後來漢書本紀所載高祖即位三年及文帝前三年俱于十月十一月晦頻食，亦是漢初襲用秦正，曆法未講，致有此誤。至武帝太初定曆以後，則斷無此矣。連月頻書者，此非魯史官怠慢之過，乃太拘守之過也。若謂天道至遠，不可得而知，容或有此，則自太初迄今二千年中，更南北朝、五代之濁亂，絕無連月再食之事，而獨于春秋時再見，且于漢祖開創，孝文恭儉之朝而再見，無是理也。

望溪方氏曰：「頻月而食何也？後月之食，衆所共見也。前月之食，史所誤推也。設前月陰晦，據所推以書于策，而食在後月，則莫肯追正其失，而並書于策矣。」

案：望溪之說大旨略同，但以爲前月虛而後月實。余前亦持此論，後於梨洲集中見答萬充宗語，遂改從今說。梨洲精于天文，意必有實據，姑識此以俟後之君子。

春秋五行表卷四十一

錫山　顧棟高復初　輯
金匱受業程王章祖芬　參

敍

班氏云：「昔殷道弛，文王演周易。周道敝，孔子述春秋。漢董仲舒治公羊，推陰陽，爲儒者宗。宣、元之後，劉向治穀梁，傅以洪範，與仲舒錯。至向子歆治左氏，言五行，又與向異。」歐陽子曰：「聖人没而異端起，秦、漢以來，學者惑于災異，天文五行之説，不勝其繁也。」故其作五代史書天而不書人。二者之説果孰從乎？曰：二者雖殊，其義一也。諸子卽天以命人，歐陽子以人而合天，均無失乎易、春秋之旨而已。不言天，則天道廢，故謫見于天，則王者避正殿，不舉樂，戒百工，省闕失，此春秋書災異之意，易所謂後天而奉天時也。專言天，則人事惑，故太戊脩德而祥桑枯死，宋景公有君人之言而熒惑退舍，此春秋書災異而不言所以然之意，易所謂先天而天弗違也。後天者曰天意見矣，可不懼乎。先天者曰吾脩吾人事而已，在天者吾何知焉。嗚呼！其要歸于責人事以回天變，故詳書災異而不列其事應，以示吉凶無常。人君側身脩省，無日敢卽怠荒之意，垂教可謂至矣。余觀春秋所載地震、山崩、水旱、螟螽、蜚蜚、鸜鵒之類，多見于莊、宣、昭、定、哀之世，天意豈不顯然哉！左氏于昭四年大雨雹載申豐言魯不藏冰之咎，哀十二年十有二月螽，仲尼歸之失閏，此當日黨于季氏，抹殺災異，使人主漫不知省，而復託于大聖人之言以欺後世。嗚呼！此張禹、谷永諸儒所以接跡于天下也。輯春秋五行表第四十一。

春秋五行表

地震

王氏葆曰："春秋五書地震，惟于文、襄、昭、哀見之，皆陽微陰盛，君弱臣强之所致。文公怠惰，政在大夫。襄公外役于强楚，内脇于强臣，至反國而不敢入。若昭、哀則遂失國矣。"

文九年九月癸酉，地震。 孔晁云："陽氣伏于陰下，見迫于陰，故不能升，以至于地動。" 孫氏覺曰："春秋書地震，不曰于某地。蓋聖人之意曰，地一震動，則其應于天下，不止于一方，安得曰于某也。"
襄十六年五月甲子，地震。
昭十九年己卯，地震。 汪氏克寬曰："經書地震者五，昭公之世再見。是時季孫强僭已甚，天之示變，欲人君之有所警，而以德銷之也。昭公漫不知省，遄及于難。"
昭二十三年八月乙未，地震。 杜氏預曰："經書乙未地震，魯地也。丁酉，南宫極震，周地亦震也，爲屋所壓而死。" 汪氏克寬曰："王城震而有子朝之奔，魯地震而有陽州之孫，天之示人顯矣。"
哀三年夏四月甲午地震。

山崩

孫氏覺曰："沙鹿崩，梁山崩，皆非魯地，春秋書之，有内辭焉。川竭山崩，所以召之者，在于天下，所以應之者，偏于四海。山雖在于晉，而異及于天下，不可以晉言也。"

僖十四年秋八月辛卯，沙鹿崩。

公羊："外異不書，此何以書？爲天下記異也。"

劉氏敞曰："沙鹿曷爲不繫國？名山大澤不以封，諸侯守之。"

成五年，梁山崩。

趙氏鵬飛曰："梁山在韓侯之國，韓滅于晉，其地爲晉。春秋不繫之晉者，山崩川竭，天下之大異。天地不爲一國而示變，聖人亦豈爲一國而書之。"

高氏攀龍曰："梁山之東南爲晉，西南爲秦，西北爲白狄，當限隔華夷之處而崩，其變大矣。"

水災

趙氏汸曰：「災異在一國者，以經所書本國人事考之，則儆告之意可見。董仲舒曰：『水者，陰氣也。』春秋緯曰：『陰盛臣逆，民悲情發則水出。』蓋桓公弒立而好亂，三家之所自出。莊公國母淫泆不能制，宣公篡適，成公幼弱，而三家之勢成。至襄公之末，季氏益專，此皆陰盛臣逆之應也。」

汪氏克寬曰：「書時不書月，則水之泛溢爲害，蓋歷時而未平也。經書內大水者八，桓元年，莊七年、二十五年，宣十年，成五年，皆書秋。莊十一年，宋大水，亦書秋。桓十三年，大水，書夏。惟莊二十四年，紀于八月姜氏入之後，襄二十四年，紀于七月日食之後。書月者，未至歷時之久，然非非常爲災則不志也。」

桓元年秋，大水。	孫氏覺曰：「大者，非常之辭。水非常而爲災，或害禾稼，敗廬舍，則書之。」家氏鉉翁曰：「不書
桓十三年夏，大水。	高氏閌曰：「春秋之時，井田漸廢，畎澮溝洫，皆蕪而不治，于是遇大水而無以決，遇大旱而無以溉。聖人
莊七年秋，大水，無麥苗。	張氏洽曰：「蓋文姜宣淫，陰盛不制之所感。周之秋，今五月，麥熟苗將秀，因水漂盡，故麥與苗俱無。」
莊十一年秋，宋大水。	杜氏預曰：「公使弔之，故書。」呂氏祖謙曰：「春秋之世，災異多矣，聖人不能盡書，取其一二甚
莊二十四年，大水。	張氏洽曰：「夫人姜氏入而大水應之，天人感應之速如此。」汪氏克寬曰：「唐高宗立太宗才人武氏爲昭

月，暨一秋而言也。傷人害物而後書。」

王氏葆曰：「經書水災者九，而桓居其二，莊居其三。是大水之災，二公居三之二矣。豈桓公積惡不悛，莊公釋讎不復，怨氣蘊結，有以致之歟？」

書大水者，悼生民之受其害，而無以拯濟之也。」

者爲後世戒。」

儀，而萬年宮夜大雨，水幾溺其身，天人相感之際，焉可誣也。」

莊二十五年秋，大水。鼓，用牲于社、于門。

孔氏穎達曰：「門，城門也。鼓與牲二事皆失，故譏之。」

劉氏敞曰：「凡天災有幣無牲，非日月之眚不鼓。」

宣十年，大水。

何氏休曰：「先是城平陽，取根牟及蘱，役重民怨之所生。」

家氏鉉翁曰：「六年螽，七年大旱，今復大水，咎徵頻仍，未有甚于此時者。宣以臣弒君，以子逐母，罪大惡極，天討未加，發而爲

成五年秋，大水。

張氏洽曰：「是年山崩，復繼以大水，陰盛之徵。」

襄二十四年，大水。

許氏翰曰：「夷儀之會，以水不克伐齊，則知水之所及廣矣，非特魯之災也。」

孫氏覺曰：「日食必鼓者，爲陰侵陽，其爲驗甚遠，而災未見，故聖人爲伐鼓之法以救之。大水則災及于物，其驗已明，而災已著，無取于鼓也。」張氏洽曰：「比年大水，莊公不思謹內外之防，嚴夫婦之別，而徒以牲牷求免，此魯之所以亂也。」	水旱之災，書此以示戒也。」

雷電霜雪冰雹

高氏閌曰：「春秋書大雨雪者三，隱以日書，桓以月書，僖以時書。酉戌亥月，皆非大雨雪之時也，以時書爲尤異。」

汪氏克寬曰：「書大雨雹三，僖二十九年，昭公迭見于三年、四年。僖公頗能勤于政事，以銷天變故，及末年始有失政之漸，遂爲文公縱權之張本。若昭公則昏懦不立，卒不免乾侯之辱，天之示人顯矣。」

隱九年三月癸酉，大雨，震電。庚辰，大雨雪。

胡傳：「周三月，夏之正月，雷未可以出，電未可以見。而大震電，此陽失節也。雷已出，電已見，則雪不當復降。而大雨雪，是陰氣縱也。」

孔氏穎達曰：「說文云：『震，劈歷震物者。電，陰陽激曜者。雷之甚者爲震。』」

桓八年冬十月，雨雪。

黄氏仲炎曰：「雨雪，常也。惟大而爲害，故書。此獨不言大者，周之十月，今之八月，非雨雪之時，故以異書也。」

僖十年冬，大雨雪。

趙氏鵬飛曰：「非大雪之時而大雪，常寒之罰也。」

湛氏若水曰：「周之冬酉戌亥月，卽夏之八九十月也，是時陰結而未凝，故以爲異。」

僖十五年九月己卯晦，震夷伯之廟。

孔氏穎達曰：「震是霹靂，而言雷電擊之者，霹靂有聲有光，雷電之大者爾。」

程子曰：「夷伯之廟震而言震夷伯之廟，天應之也。春秋書震者，惟此事爾。」

僖二十九年秋，大雨雹。

胡傳：「雹者，戾氣也。陰脇陽，臣侵君之象。是時僖公卽位日久，公子遂專權，政在大夫，萌于此矣。」

昭三年冬，大雨雹。

昭四年春王正月，大雨雹。

劉氏敞曰：「申豐言聖王在上，無雹，可也；言雹之爲災，由藏冰故，非也。魯未爲不藏冰，如今之天下莫有藏冰，何故雹不輒降乎？豐黨于季氏，不敢端言其罪，故爲抹殺災異，此與張禹、谷永何異哉！」

先母舅霞峰華氏曰：「十二月隕霜，不殺草，李梅實，宜殺而不殺也。十月隕霜，殺菽，不宜殺而殺也。其變相反，而其占一也。威福者，人主之柄，主失其柄，以有罪而賞，必至以無罪而罰，其事相反，而其實一也。」

趙氏汸曰：「月令季秋之月，霜始降，草木黄落，謂夏九月也。周十二月，夏之十月，霜當重，而不能殺草，李梅再花而實。周十月，夏之八月，霜不當重，而殺菽，皆非常之災。李堯俞曰：『菽之爲物易長而難殺者。』穀梁傳曰：『未可以殺而殺，舉重；可殺而不殺，舉輕。其曰菽，舉重也。』范氏曰：『舉殺豆，則殺草可知。』」

僖三十三年十二月，隕霜不殺草，李梅實。杜氏諤曰：「春秋詳記災異，不遺微細，所以譴人君之戒也。生殺動植之類，皆繫人君之德，故詳志之。」許氏翰曰：「僖公寬仁過厚，其失也豫，而文公以闇弱繼之。三桓之盛，自僖公始，卒以專魯，咎徵著矣。」	定元年冬十月，隕霜殺菽。孔氏穎達曰：「八月未應霜殺菽。菽者，大豆之苗，又是耐霜之穀。今以八月隕霜，霜能殺菽，是非常之災，故書之。」			

案：春秋書無冰三，桓十四年以正月，成元年以二月，襄二十八年書春。周之正、二月，夏之十一月、十二月也，法當堅冰。無冰，温也，是爲常燠之罰。書雨木冰一，成十六年以春王正月。正月，今之仲冬，時猶有雨，未是盛寒，雨下卽著樹爲冰，寒甚之過其節也，是爲常寒之罰。

桓十四年春正月，無冰。

何氏休曰：「周之正月，夏之十一月，法當堅冰。無冰，溫也。」

陳氏宗之曰：「燠而無冰，政治縱弛不明之所致也。」

劉向曰：「周衰無寒歲，秦滅無燠年。」

張氏洽曰：「固陰沍寒之時而不冰，陰不能成物之災。」

成元年春二月，無冰。

啖氏助曰：「二月，今之十二月。舉此無冰，則一時無冰可見矣。」

襄二十八年春，無冰。

汪氏克寬曰：「是時襄公昏庸，三家專政，明年季武子取卞，而襄公幾不得入，其紀綱縱弛可知矣。」

成十六年春王正月雨木冰。

胡傳：「何休曰：『木者少陽，幼君大臣之象。冰者凝陰，兵之類也。冰脇木者，君臣將執于兵之徵。』未幾而有苕丘、沙隨之事。」

高氏閌曰：「雨著木而成冰，上溫而下寒也。後世謂之木稼，多應在大臣，漢儒之學，豈無所受，但不當每事求合耳。」

朱子曰：「上溫，故雨而不雪。下冷，故著木而冰。」

不雨

李氏廉曰：「經書不雨七，趙子曰：『凡經時不雨，告廟，則書。』莊三十一年冬、及僖二年冬、三年春夏兩書，皆每時而一書也。文二年、十年、十三年三書，皆歷時而總書也。經書大旱二，僖二十一年夏及宣七年秋。正義曰：『春秋之例，旱則脩雩，雩而得雨書雩，不書旱；雩不得雨則書旱，明災成也。』故公羊以不雨爲記異，大旱爲記災。」

先母舅霞峰華氏曰：「穀梁每時而一書，閔雨也。歷時而總書，不憂雨也。文定以僖、文二公之行事合之。經之所書，其爲得聖人之旨無疑矣。每時而一書，望雨也。望雨不得雨，故歷三時而三書不雨以志憂。不得雨而憂，故得雨而喜，書六月雨以志喜。文公不雨，而不求雨，故歷三時、歷四時而一書不雨，略也。書不雨至于秋七月，則八月雨矣。不書八月雨，不以雨不雨爲欣慼也。穀梁所謂無志于民也。」

莊三十一年冬，不雨。	僖二年冬十月，不雨。	僖三年春王正月，不雨。	夏四月，不雨。六月，雨。	僖二十一年夏，大旱。
呂氏大圭曰：「此年纔一時不雨，二百四十二年如是，豈止一年	張氏洽曰：「止書首時，自酉至亥三月皆不雨也。」	范氏寧曰：「經一時輒言不雨，憂民之至。」張氏洽曰：「三時不	左傳：「春不雨，夏六月雨。自十月不雨至于五月，不曰旱，不	杜氏預曰：「雩不獲雨，故書旱。」汪氏克寬曰：「春秋歷

而已。特書之者，莊公亟興土木，屢見災異，故詳志之。」程氏端學曰：「冬不雨，不害禾稼，而亦書者，見聖人燮理陰陽，無所不至，不但爲害禾稼書也。」	文二年自十有二月不雨，至于秋七月。汪氏克寬曰：「公羊謂不書旱，不雨之日長而無災，非也。蓋旱爲災而不久，則書旱。旱爲災而久，則書某月不雨至某月。綱目
趙氏鵬飛曰：「文公之世，累數月不雨，而公不知，怠于政矣。僖公三書不雨，纔一月必書，見僖公有憂民之心而閔雨也。」	文十年自正月不雨，至于秋七月。程氏端學曰：「文公時三遭亢旱，其所以脩民事、奉天時者可知矣。」
雨，則饑饉薦臻，民命阽危。而去冬及今年春夏之不雨，雖記陽亢時災，然書法異于文公，亦因以著其君尚憂民之憂也。」	文十三年自正月不雨，至于秋七月。陳氏岳曰：「凡旱爲災多繫于夏，竟夏不雨則爲災。如僖三年書六月雨，則旱不竟夏，不爲災。斯書正月不雨至秋七月，夏
爲災也。」高氏閌曰：「建巳之月，萬物始盛，待雨而大。古者以是月雩而祈雨，則六月之雨，尤爲可喜。」李氏廉曰：「一經書雨，此爲特筆，與他公之止書不雨者異矣。」	宣七年秋，大旱。杜氏預曰：「書旱不書雩，雩無功，或不雩。」汪氏克寬曰：「宣公連歲事齊，煩于朝聘、兵戎之事，先乎伐萊而螽爲災，後乎伐萊而旱爲虐，猶不知警而重取于民，蓋不至于
時不雨則書不雨，但一時不雨而爲災則書旱。莊三十一年冬不雨，不曰旱者，五穀既登，則害于民者淺，故不書旱爾。」	

于漢獻之世書四月不雨至七月，而分注人相食，則爲災可知。」
在中，爲災可知。」
稅畝不已也。」

無麥苗　饑

趙氏汸曰：「經書無麥苗一。杜氏曰：『秋大水漂之也。』大無麥禾一。劉氏曰：『經無水旱蟲螟之災，忽無麥禾，由魯不務蓄積，日損月削，以至麥禾皆盡而後覺之，非今歲之事也。』高氏曰：『劉向春秋說以爲土氣不養，稼穡不成。沈約宋志謂吳孫皓時嘗有之，苗稼豐美，而實不成，闔境皆然，百姓以饑，所謂大無麥禾者也。』劉侍讀之說必兼高氏，其義乃備。」

莊七年秋，無麥苗。 孫氏覺曰：「麥苗之無以水災，災之所不及，猶有存焉，不得曰大，大者，非常之辭。無麥苗，志之于秋，見水災也。大無麥禾，志
莊二十八年冬，大無麥禾。 孔氏穎達曰：「麥熟于夏，禾成在秋，而書于冬者，計食不足而後總書之。」 程氏端學曰：「政事乖謬，則天地變常，稼穡
宣十年冬，饑。 張氏洽曰：「積貯，天下之大命。前此百有餘年，水旱蟲螟之災多矣，不以饑書。今大水之後特書饑者，著宣公國用無節，上下用竭，故一遇水旱，遂
宣十五年冬，饑。 張氏洽曰：「宣兩書饑，一在大水之後，一在蟲蝝之後，甚言國無蓄積，而民無以生也。」
襄二十四年冬，大饑。 薛氏季宣曰：「民有殍爲大饑。國無凶荒之備，一大水而民有殍，無政也。」

之于冬，見歲凶也。春秋一字，聖人非苟然者。」
不成，不可委之于數。春秋書之，所以戒有國者，謹敕人事，燮理陰陽而已。」
致乏食耳。」

蟲孽

汪氏克寬曰：「春秋書蟲災者十四，書螟者三，而在隱公之世二，莊公一。書螽者十，桓、僖、文、襄各一，宣公、哀公各三。書蝝生一，亦在宣公之世。蓋宣公以弒兄得國，而又改法，重困農民，故螽蝝水旱之災，比歲相仍，聖人備書爲後鑒也。」

桓五年秋，螽。 程子曰：「蝗也。既旱又蝗，饑不待書。」 程氏端學曰：「螽者，乖戾之氣所生，生則害五穀。」
僖十五年八月，螽。 穀梁曰：「甚則月，不甚則時。」 彙纂曰：「穀梁之說非也，以久暫計之，則時甚于月。」
文八年冬十月，螽。 何氏休曰：「先是，公如晉，公子遂、公孫敖比出煩擾之應。」
宣六年秋八月，螽。 高氏閌曰：「書八月者，惟八月有之，爲災不久，異于以時書。」
宣十三年秋，螽。 張氏洽曰：「自六年至十五年三遇蟲災，而加以水旱，宣公不節用愛人之所致也。」

宣十五年秋，螽。 何氏休曰：「從十三年之後，上求未已，而又歸父比年再出會，內計稅畝，百姓動擾之應。」	文三年秋，雨螽于宋。
襄七年八月，螽。 高氏閌曰：「莊公以前，螟猶書之，莊公以後，螟不復書，螽然後書，以是知災異之見多矣。春秋舉重以見輕爾。」	宣十五年冬，蝝生。
哀十二年冬十有二月，螽。 左傳：「季孫問諸仲尼，仲尼曰：『火伏而後蟄者畢。今火猶西流，司曆過也。』」 杜氏預曰：「周十二月，今十月，是歲應置閏，而失不置。雖書十二月，實今九月。九月之初尚溫，故得有螽。」 呂氏大圭曰：「左氏以爲失閏之故，然明年九月螽，又十二月螽，恐不專爲失閏。」	
哀十三年九月，螽。 黃氏震曰：「左氏凡十二月螽，皆以爲司曆之過。民時亂而農功失，司曆之過一至此乎，天下寧有此理哉，況螽乃災異，非候蟲之常以時而蟄者也。螽卽蝗，蝗蝻在地，冬雪乃深入。今冬燠而有螽，將蔓延爲來歲之災，尤災之甚者也。」	
十有二月，螽。 呂氏本中曰：「二年三螽，陰陽錯亂甚矣。」	

穀梁曰：「災甚也，茅茨盡矣。著于上，見于下謂之雨。」 趙氏汸曰：「按後代史志有遇風而墮者，有因大雨而墮者，有墮而死者，有復爲災者。」	杜氏預曰：「蝝，螽子。以冬生遇寒而死，故不成螽。」 趙氏汸曰：「凡蝝生未爲災，本不書。此爲一歲秋螽，冬再生蝝，則記異也。使成螽，亦不書蝝生，而又書螽，如哀十三年十二月螽之例矣。」			

趙氏汸曰：「春秋書螟者三，隱二，莊一。書螽者十有一，桓一，餘皆僖公之後。蓋螟食苗心，螽無所不食。其爲災也，螟輕而螽重。春秋之初，災之輕者亦書之，及其久也，輕者不勝書，書其重者爾。不然，豈隱、莊之後二百年閒皆無螟耶？」

隱五年九月，螟。 齊氏履謙曰：「春秋所書有災有異，害及于	隱八年九月，螟。 程子曰：「爲災也。民以食爲命，故有災必	莊六年秋，螟。 案：孔氏穎達曰：「食禾心曰螟，言其姦冥冥難知也。」是時文姜		

民之謂災，物反其常之謂異。二者魯皆備書，諸國惟異則書之。蓋災則事止一國，異則理關天下，故于內外所書如此。」	書。」	濁亂于內，莊公不禁，反與齊侯抗王人，納衛朔，昏冥無知，故天爲見異。」		

物異

案：春秋書多麋一。麋，魯地所有，多則爲異。有蜮，有蜚，有鸜鵒，皆魯地所無。今忽有之，故曰有。

莊十七年冬，多麋。	莊十八年秋，有蜮。	莊二十九年，有蜚。	昭二十五年，有鸜鵒來巢。	附僖十六年春正月，六鷁退飛，過宋都。
五行志曰：「劉向以爲麋，蓋牝獸之淫者。時莊公將娶齊之淫女，其象先見爾。」趙氏汸曰：「杜氏謂麋	孔氏穎達曰：「五行傳云：『蜮如鼈，三足，生于南越，淫女惑亂之氣所生。』陸璣云：『蜮，短狐也，一名射	劉氏向曰：「蜚色青，非中國所有，南越盛暑，男女同川，淫風所生，爲蟲臭惡。公取齊淫女，故蜚至。天	杜氏預曰：「此鳥穴居，不在魯界，故曰來巢。」胡傳：「陰居陽位，臣逐君之象。」	程子曰：「倒逆飛也，有氣驅之也。」陳氏深曰：「鷁，水鳥，遇風退飛，欲進反退，

多害稼，然爲災輕，當以記異爲重。」

景。在江淮水中，人在岸上，景在水中，投人景則殺之，故曰射景。』」

戒以爲將生臭惡，聞于四方也。」

五行志曰：「劉向以爲有蜚有蜮，不言來者，氣所生，所謂眚也。鸜鵒言來者，氣所致，所謂祥也。」張氏洽曰：「邵子云：『天下將亂，地氣自南而北。鸜鵒不踰濟而至魯，豈非自南而北之驗哉！』是時晉伯不競，吳、楚、越迭主夏盟，不止昭公出奔之兆而已。」

倒逆而飛，其宋襄欲伯，反爲楚辱之兆也。」

火災

汪氏克寬曰：「宮廟志災者六，御廩、西宮、新宮、亳社，譏不戒謹而致災也。雉門、兩觀，桓宮、僖宮，譏其非禮而宜災也。」

先母舅霞峰華氏曰：「御廩所以奉宗廟也。御廩災，公將不得奉宗廟矣。西宮，小寢，人君燕私之地。僖公之薨于小寢，知公之卽安于燕私也。西宮之災，其以示戒歟？廟災而哭，得禮之常法，不宜書。故質夫以爲神未遷主。然宣公薨二十有八月，而主未遷，書之，亦以誌其慢，而天譴告之也。雉門、兩觀，僭也，因災而志，亦以見其非禮也。桓、僖親盡而廟不毁，故天火及之。亳社，亡國之社，以爲廟屏戒也。故亳社之災，劉向以爲人君縱心不能警戒之象。」

桓十四年秋八月壬申，御廩災。

公羊：「御廩者何？粢盛委之所藏也。」高氏閌曰：「君躬耕，夫人獻種稑，以供粢盛，而災焉，咎在君夫人矣。宗廟鬼神之怒，兆見于此。」

僖二十年五月乙巳，西宮災。

公羊曰：「小寢也。有西宮，則有東宮矣。以有西宮，亦知諸侯之有三宮也。」何氏休曰：「禮，夫人居中宮，少在前。右媵居西宮，左媵居東宮，少在後。」

成三年二月甲子，新宮災，三日哭。

杜氏預曰：「三年喪畢，宣公神主新入廟，故謂之新宮。書三日哭，善得禮。」時宣公薨已二十八月。

定二年夏五月壬辰，雉門、兩觀災。

余氏光曰：「雉門，象魏之門，兩觀在雉門外之兩旁。是魯僭天子之制，而非禮也。春秋不直斥，而因災表義。」

哀三年五月辛卯，桓宮、僖宮災。

左傳：「孔子在陳，聞火，曰：『其桓、僖乎！』」胡傳：「桓、僖親盡矣，季氏者出于桓，立于僖，以是爲悦而不毁歟？」孫氏覺曰：「桓爲哀公之十世祖，僖爲哀公之七世祖。」高氏閌曰：「諸侯五廟，桓、僖不毀，是三家存之，僭天子也。聖人因其災而並錄之，于是乎知有天道。」

哀四年六月辛丑，亳社災。

楊氏士勛曰：「周禮云：『決陰事于亳社。』明不與正同處，一在東，一在西。故左氏曰：『閒于兩社，爲公室輔。』」

汪氏克寬曰：「亡國之社災，戒魯之危亡也。七年傳云：『以邾子益來獻于亳社。』則新作亳社之屋可知矣。不書新作亳社者，以其當作，故不志。」

汪氏克寬曰：「書外災者五，皆以國書。蓋災及于宗廟朝市，而非一處也。獨成周書宣榭，責王室不謹于火。雖人火焚之，而不能救，其罪尤著矣。」

李氏廉曰：「外災告則書，弔則書。」

宣十六年夏，成周宣榭火。	彙纂曰：「公羊以宣榭爲宣宮之榭，何氏休謂宣王中興，其廟不毁，非也。宣廟卽或未毁，何不在京師，而在成周乎？杜氏預釋榭爲講武屋，而孔氏穎達引楚語以證之，此不易之論。成
莊二十年夏，齊大災。	杜氏預曰：「來告以大，故書。天火曰災。」 劉氏敞曰：「其言大何？宗廟廄庫盡矣。齊災何以書？弔焉爾。」
襄九年春，宋災。	杜氏預曰：「宋來告，故書。」 彙纂云：「當以杜氏預爲正。公、穀以爲外災不書者，非也。詳見三傳異同表。」
襄三十年五月甲午，宋災，宋伯姬卒。	汪氏克寬曰：「伯姬以成九年歸于宋共公。十五年共公卒，嫠居三十有四年，其年蓋六十矣。火延其居，必待傅姆而後避，固守婦節，以及于死。春秋賢之，所以風厲
昭九年夏四月，陳災。	高氏閌曰：「陳雖爲楚所滅，而土地居民猶在焉，聖人不與楚滅之也。聖人存邶、鄘之風亦此意。」 趙氏汸曰：「凡外災告則書，惟此年書陳災在陳亡後。時叔弓會楚子于陳，或叔弓歸

周爲周之東都，吉日、車攻咏宣王講武之盛，則宣榭之爲宣王講武屋無疑矣。」			千古。」	語陳災而書，或以楚人告而書。」
昭十八年夏五月壬午，宋、衛、陳、鄭災。 公羊曰：「異其同日而俱災，爲天下記異也。」 彙纂曰：「四國皆來告火，故春秋書其事，杜註是也。然同日而四國俱災，其異甚矣。公、穀之說亦可存。」				

春秋三傳異同表卷四十二之一

錫山　顧棟高復初　輯
古岑　程廷鑰魚門　參

敍

孔子作春秋，爲傳説者五家，今惟存公、穀、左氏。考前漢書儒林傳，公羊學最先立。自大儒董仲舒、丞相公孫弘皆爲公羊學，故武帝尊用之。至宣帝以衞太子好穀梁，迺詔太子太傅蕭望之等大議殿中，平公羊、穀梁同異，諸儒多從穀梁，由是穀梁之學大盛，而公羊浸微。左氏最晚出，特以劉歆好之，至平帝時，王莽顓政，乃得立。是時爲左氏之學者微甚，于二家靡得而同也。然今世之學春秋者，微左氏則無以見其事之本末。蓋丘明爲魯太史，親見魯之載籍，如鄭書、晉志、夫子未嘗筆削之春秋，莫不畢覽，故其事首尾通貫，學者得因是以攷其是非。若公、穀則生稍後，又未仕列于朝，無從見國史，其事出于閭巷所傳説，故多脱漏，甚或鄙倍失真，如穀梁以莒人滅鄫爲立異姓，公羊謂禘于太廟、用致夫人爲脅于齊媵女之先至，不知其何所考據。考其事之前後，又別無因由，學者無以見其事之必然也。然特好爲異論，其説多新奇可喜，故漢世遵用之。漢時凡國家有大事，詔諸儒各以經誼對，武帝伐匈奴，而謂齊襄復九世之仇，春秋大之；雋不疑叱縛僞太子，而以蒯聵得罪靈公，輒宜拒而不納，皆悖義傷教之大者。至子以母貴之説，遂爲古今妾母爲夫人者之藉口。經術之誤流于政事，所繫豈渺小哉！左氏言多近理，惟以隱三年夏四月辛卯尹氏卒爲君氏，似不若公羊譏世卿之爲得其正，學者取以折衷焉可也。左氏註舊有服、杜，公羊註有何、嚴，註穀梁者且十家。今行于世者惟杜氏、何氏、范氏　杜最精密，何休往往因公羊之説而增加其辭　惟范寧註穀梁多所規正。今擇三傳之各異及註之發明者，並表而出之。其有三傳俱不可通，而後儒以意臆斷者，亦附列其閒。啖、趙、陸氏之辨疑，劉氏敞之權衡，李氏廉之會通，及聖朝彙纂，用以平三傳同異。四家之説猶有未愜，則閒附鄙見。極知僭踰，然學者得藉是以求聖人之意，不至汗漫而無所適從，于是經亦不爲無補。輯春秋三傳異同表卷四十二。

春秋三傳異同表

隱公

元年春王正月。

左	公羊	穀梁
左元年春，王周正月，不書即位，攝也。	公羊春者何？歲之始也。何言乎王？正月大一統也。公何以不言即位？成公意也。公將平國而反之桓。曷爲反之桓？桓幼而貴，隱長而卑。	穀梁雖無事，必舉正月，謹始也。公何以不言即位？成公志也。焉成之？言君之不取爲公也。君之不取爲公，何也？將以讓桓也。讓桓正乎？曰不正。

李氏廉曰：「春王正月，三傳皆無明文。左氏以正月爲建子，得之矣，而略于春字之義。何休以斗指東方爲春，得之矣，而略于正月之文。至穀梁則皆無論焉。漢、唐諸儒直以周孟春爲建子之月。至宋人始有三代改正朔不改時月之說，故程子以書春爲假天時以立義，則是十一月本非春，聖人虛立春字于正月之上，以示行夏時之意。胡氏因之。趙氏汸曰：『周人改時改月，如使周不改時，則聖人何必曰行夏之時，使夫子果用夏變周，則亦何以責諸侯之無王哉！』」

朱子曰：「文定春秋說，夫子以夏時冠月，如公卽位，依舊是十一月，只是夫子改作春正月。某便不敢信。」

案：公、穀皆以不書卽位爲讓。但公羊以讓爲正，穀梁以讓爲不正，公羊以桓母爲夫人，穀梁以桓母爲非夫人，則穀梁爲得之。國君不再娶，于禮無二適，仲子安得稱夫人，桓公安得子以母貴乎？

先師高紫超氏曰：「春秋諸侯不稟命而無承者遍天下，而仲尼以本國臣子首削隱公之卽位，以明大法，非尊君父不敢斥言之義。又謂文、成、襄、昭、哀五君皆書卽位，卽誅首惡，此後可從末減。隱何獨不幸以春秋之首君而當大罰也。至謂聖人脩經，直以天自處，而於此乎何恤焉，則尤悖理逆天之甚矣。」

彙纂曰：「左氏以爲攝，公、穀以爲讓，而杜氏預釋之以爲不行卽位之禮，故不書卽位，此定解也。胡傳謂仲尼首絀隱公，以明大法，義恐未安。夫君行卽位之禮，則書卽位，不行則不書，孔子安得而筆削之乎？」

夏五月，鄭伯克段于鄢。

左	公羊	穀梁
五月辛丑，太叔出奔。共	克之者何？殺之也。殺	克者何？能也。何能

段不弟，故不言弟。如二君，故曰克。稱鄭伯，譏失教也，謂之鄭志。
之，則曷爲謂之克？大鄭伯之惡也。段何以不稱弟？當國也。何註：「弟當國爲之君，〔一〕故如其意，使如國君氏。」
也？能殺也。何以不言殺？見段之有徒衆也。段，鄭伯弟也。何以知其爲弟？殺世子母弟目君。以其目君，知其爲弟也。范註：「目君謂稱鄭伯。」疏云：「僖五年，晉侯殺其世子申生，襄二十六年，宋公殺其世子痤，是殺世子直稱君也。此年鄭伯克段于鄢，及襄三十年天王殺其弟佞夫，是殺母弟直稱君也。」

案：左氏云：「段出奔共。」而公、穀皆曰殺。據隱十一年傳，莊公曰：「寡人有弟，不能和協，使餬其口于四方。」則未殺明矣。公、穀之說非是。

秋七月，天王使宰咺來歸惠公、仲子之賵。

左緩，且子氏未薨，故名。豫凶事，非禮也。

公羊惠公者何？隱之考也。仲子者何？桓之母也。其言惠公、仲子何？兼之。兼之，非禮也。宰，士也。咺，名也。

穀梁仲子者何？惠公之母，孝公之妾也。禮，賵人之母則可，賵人之妾則不可。

劉氏敞曰：「春秋于大夫莫書其官，至冢宰則書之，以見任之最重。宰者，尊稱，非中士所當冒。以爲士，以爲氏，皆非也。」

李氏廉曰：「春秋有惠公、仲子，僖公、成風，左氏及公羊皆以爲兼賵，獨程氏發明惠公寵愛仲子、僖公尊崇成風之説，而以爲惠公之仲子、僖公之成風，其義最精。至穀梁又以仲子爲惠公之母，孝公之妾，則大失矣。」

彙纂曰：「左氏謂子氏未薨，其謬不待辨。穀梁謂仲子爲惠公之母，母以子氏，例以成風亦合。但史記年表，惠公卽位于平王三年，至隱公元年，歷四十七年，而其母始薨，似太久遠，當以公羊説爲是。宰爲冢宰，則劉氏敞之説得之。」

冬十有二月，祭伯來。

左	公羊	穀梁
非王命也。杜註："祭伯，諸侯爲王卿士者。傳曰非王命，釋其不稱使。"	何以不稱使？奔也。奔則曷爲不言奔？王者無外。	來者，來朝也。其弗謂朝何？不正其外交，故弗與朝也。

彙纂曰："祭伯書來，諸傳皆以爲朝，公羊獨以爲奔。祭伯書伯，諸傳皆以爲爵，公羊獨以爲字。當以左註爲是。不書來朝，穀梁謂不正其外交，諸儒多因之。程子謂諸侯不行覲禮，王不能治，而祭伯反與之交，其持議尤正。"

公子益師卒。

左	公羊	穀梁
公不與小斂，故不書日。	何以不日？遠也。所見異辭，所聞異辭，所傳聞異辭。	大夫日，卒正也。不日，卒惡也。

劉氏權衡曰："左氏曰：『公不與小斂，故不書日。』非也。公孫敖、叔孫婼、公孫嬰齊，皆爲公與小斂乎？何以得書日？穀梁曰：『惡也。』非也。公孫敖、仲遂、季孫意如，豈非惡乎？而皆日；叔孫

得臣不聞有罪，而反不日，皆妄也。」

程子曰：「或日或不日，因舊史也。古之史記事簡略，日月或不備，春秋有可損，而不能益也。」

家氏鉉翁曰：「或日或不日，舊史記載之有詳略，而非褒貶，惟公羊之說近之。」

二年，無駭帥師入極。

左司空無駭入極。杜註：「無駭，不氏，未賜族。」	公羊何以不氏？貶。曷爲貶？疾始滅也。	穀梁不稱氏者，滅同姓，貶也。

劉氏敞曰：「公羊以爲疾始滅，非也。春秋文不害實，今更滅爲入，則是文害實矣。春秋之初，接近西周，先王餘法猶存，諸侯僭佚猶鮮，故魯卿執政多再命，翬、挾、無駭皆是也。穀梁謂貶滅同姓，非也。案入則不得謂之滅矣。」

許氏翰曰：「凡大夫未爵命于天子不氏，春秋之初尚謹此，若無駭、翬、挾、柔、溺是也。齊桓以後，列國皆命大夫，無不稱族者，蓋不復請命于周也。」

李氏廉曰：「無駭不書氏，杜氏、胡氏、陳氏皆以爲未賜族，公羊則以爲疾始滅，穀梁則以爲貶滅同姓。以左氏隱八年賜氏之説考之，則公、穀爲無據矣。」

九月，紀履緰來逆女。

左	公羊	穀梁
卿爲君逆也。	外逆女不書，此何以書？譏。何譏爾？譏始不親逆也。	逆女，親者也。使大夫，非正也。

程子曰：「先儒皆謂諸侯當親迎。親迎者，迎于其所館，豈有委宗廟社稷，而遠適他國以逆婦者。文王親迎于渭，未嘗出疆也，周國自在渭旁，況文王當時乃爲公子，未爲國君。」

案：太史公外戚世家云：「春秋譏不親迎。」索隱引公羊此傳文以解之，而于桓三年公子翬、宣元年公子遂、成十四年公孫僑如如齊逆女，皆譏其以大夫逆，此爲定解矣。程子獨非之云云，其言又極有理。彙纂從其説，故于此年節删公、穀傳文，而于桓、宣、成三年逆女之傳，凡主公、穀譏不親迎者皆删去，可謂另闢乾坤。然程子及彙纂俱不别解春秋所以書逆女之故，春秋合禮不書，逆女既未嫌于大夫，此又何以書乎？愚另有論，見嘉禮表後。葉氏夢得則以逆與迎爲二，逆女乃娶于他國之道，上大夫逆之卽館，及期而後迎，未有逆女而親迎之者，先儒一之，謂春秋書逆女爲譏不親迎，是知迎而不知逆也。此又另爲一説。

紀子伯、莒子盟于密。

左	魯故也。杜註：「子帛，裂繻字也。莒、魯有怨，紀侯既昏于魯，使大夫盟莒，以和解之。子帛爲魯結好息民，故傳曰魯故也。比之內大夫，而在莒子上，稱字以嘉之。」
公羊	紀子伯者何？無聞焉爾。何註：「言無聞者，春秋有改周受命之制，孔子畏時遠害，又知秦將燔詩、書，其說口授相傳，至漢公羊氏及弟子胡母生等乃始記于竹帛，故有所失也。」
穀梁	紀子伯莒子而與之盟。范註：「紀子以莒子爲伯而與之盟。伯，長也，言相推先爲伯也。」

案：穀梁云伯之穿鑿可笑。左傳以子帛爲裂繻字，杜註因增出平莒、魯之怨事，不見經傳，尤支離無謂。況大夫無列在諸侯之上者。何休之說尤誕妄，此當直作闕文。程子曰：「當云紀侯、某伯、莒子盟于密。」吳氏澂亦云子伯二字或是侯字之誤，直截了當，惟不知闕文之說。故公羊于桓二年紀侯來朝，何休註云：「紀本是子爵，因天子將娶于紀，故加封百里，進爵爲侯。」班固外戚恩澤侯表序有云：「后父據春秋褒紀之義。」應劭引此爲證。漢書凡立后，先進其父爲大司馬大將軍，封邑侯，恩澤之濫自此始。因春秋一字之誤，曲成其說，遂至如此。趙氏經筌獨主左氏之說，謂自莒

人入向，有窺魯之心，故無駭帥師入極以怖之，而莒之伺閒蓋未已，紀裂繻道與莒子盟于密，以爲魯謀，故書字以褒之。此因杜註而益生支節，尤鑿。家氏鉉翁謂木訥之于春秋好揣摩傅會而爲之說，此類是也。積齋或問云：「若紀子伯舊史本誤，孔子所必正，正之不得則不書，安有如此之誤而可書之以傳後世者。此必孔子筆削以後之闕文，所謂先儒傳授承誤而不敢增者也。」

十有二月乙卯，夫人子氏薨。

左	無傳。杜註：「桓未爲君，仲子不應稱夫人。隱讓桓以爲太子，成其母喪以赴于諸侯，故經于此稱夫人也。」案：左于元年歸賵傳云子氏未薨，薨在此年，故杜知左指此爲桓母也。
公羊	夫人子氏者何？隱公之母也。何以不書葬？子將不終爲君，故母亦不終爲夫人也。
穀梁	夫人者，隱之妻也。卒而不書葬。夫人之義，從君者也。

呂氏大圭曰：「左氏曰桓母，公羊曰隱母，穀梁曰隱妻，宜孰從？曰隱、桓之母，俱不得爲夫人，

則其爲隱之妻者近是。」

彙纂曰：「子氏薨，三傳互異。左氏以爲桓母，固非。公羊以爲隱母，先儒謂妾母不當稱夫人。春秋之初，禮法尚存，不得以成風、敬嬴爲比。惟穀梁以爲隱妻義爲長，故程子及胡傳皆從之。」

積齋或問云：「魯以隱爲君，豈容不以子氏爲夫人。稱夫人，國人辭也。不書葬，隱不以夫人之禮葬之也。」張氏洽曰：「君存則葬禮未備，待君薨而合祔。本朝后雖先崩，必俟合葬于山陵，蓋古之遺制。」

三年夏四月辛卯，尹氏卒。尹，左作君。

左君氏卒。聲子也。不書姓。爲公故，曰「君氏」。 孔疏：「隱以讓桓攝位，故不成禮于其母，假稱『君氏』，以別凡妾媵。」	公羊尹氏者，天子之大夫也。其稱尹氏何？譏世卿。世卿非禮也。外大夫不卒，此何以卒？天王崩，諸侯之主也。 何註：「時天王崩，魯隱	穀梁尹氏者何也？天子之大夫也。外大夫不卒，此何以卒？于天子之崩爲魯主，故隱而卒之。 范註：「隱猶痛也。」

左	公羊	穀梁
	往奔喪，尹氏主儐贊諸侯，與隱交接，故加禮録之。」	

趙氏匡曰：「春秋爲經邦大訓，豈有緣其爲諸侯及魯大夫作主人之恩，遂録之于經乎！公羊惟譏世卿之説是。」

歐陽公曰：「公、穀以尹氏爲正卿，左氏以君氏爲隱母，一以爲男子，一以爲婦人，得于所傳者蓋如此。」彙纂亦疑而不敢定。愚案：左氏之説，全無義理。而趙東山堅主其説，謂妾母本不登于策，此以吾君服其母喪，不可不書曰「君氏」者，爲夫子之特筆，最支離不可解。公羊譏世卿爲得之。近世季氏本更謂是魯之大夫，即隱公因于鄭之尹氏，與尹氏歸而立其主者，恐只是後人弄巧之説。

趙氏經筌亦云「君氏」不成稱，謂古無是言也。

秋，武氏子來求賻。

左	公羊	穀梁
左王未葬也。正義曰：「釋所以不書王	公羊其稱武氏子何？譏。何譏爾？父卒，子未命也。	穀梁其稱武氏子何也？未畢喪，孤未爵，未爵使之，非

命之故。」	何註：「武氏子父新死，未命，而便爲大夫，薄父子之恩。」	正也。周雖不求，魯不可以不歸。魯雖不歸，周不可以求之。求之爲言得不得，未可知之辭也。交譏之。

家氏鉉翁曰：「公、穀于仍叔之子曰父老，子代從政；于武氏子曰父卒，子未命，蓋以仍叔爲尚存之人，武氏爲已卒之大夫也。王朝公卿大夫莫非世官世禄之家，何獨于此二子而書法異曰某氏子云者。有父在焉，故爾。」

案：春秋大義重在諸侯不供王職，與天家威令之不行爾。某曰武氏子者，蓋輕忽之辭，以王喪大事，而以乳臭出使，取輕列國，亦見其失政之甚。若以王當喪未命與武氏子，未命而便出使，薄父子之恩，失之小矣。春秋所責者大，何暇責及武氏之子乎！

八月庚辰，宋公和卒。

左同盟則赴以名。	公羊無傳。	穀梁諸侯日卒，正也。

趙氏匡曰：「左云同盟則赴以名，豈有臣子當創巨痛深之日，乃忍稱君之名乎！蓋同盟名于載

書，朝會名于要約，聘告名于簡牘，故于卒赴可知而紀也。」

孫氏覺曰：「左氏記楚公子圍使赴于鄭，伍舉問應爲後之辭焉，更之曰共王之子圍爲長。是當君卒赴諸侯已言嗣君之名矣，故凡往來之國皆得記其名也。必若以盟會求之，則未嘗與者五十二，而不名者九耳，未可通也。」

彙纂曰：「趙氏匡駁左氏同盟之説極是，孫氏覺又謂卽位之初卽以名赴，似更有理。」

家氏鉉翁曰：「諸侯曰薨，降而書卒。胡氏謂春秋貶之，不與其爲諸侯。當時諸侯未必人人皆放恣無王，而一切俱貶，恐非春秋用法之意。杜氏謂内稱公，而書薨，所以自尊其君，故不得不略外以自異。恐當如杜氏之説。」

癸未，葬宋穆公。

左君子曰：「宋宣公可謂知人矣。立穆公，其子饗之，命以義夫！」	公羊當時而日，危不得葬也。何危爾云云，故君子大居正。宋之禍，宣公爲之也。	穀梁日葬故也，危不得葬也。范註：「諸侯時葬，正也。月葬，故也。日者，憂危最甚，不得備禮葬也。」

案：左、公羊之説各異，家氏則堂則主左氏，曰讓，美德也。宋之亂，由殤公不仁，以怨報德，不

闕宣、穆之相讓。趙氏木訥則主公羊，曰後世有敵之賢不以傳，務過于禹，無朱、均之子而苟遜，以僭擬堯、舜。家氏深斥之。愚謂家氏之説非也。有國家者必傳嫡子，嫡子歿則傳嫡孫，一本相承，覬覦自息。旁及支庶，且猶啟亂，況矜讓弟之名乎！宣公讓弟穆公，穆公卒返其子，至與夷、馮而亂生。宋太祖讓位太宗，太宗及身旋背之矣。太宗號英明之主，素友愛，且所爲若是，況其不賢者乎！家氏生于宋世而説經若此，可謂不曉事者矣。

又案：公、穀皆以不日爲危。愚謂此時非有變故，無危不得葬之理。此蓋因日後之兵連不解，造此義例爾。春秋葬不日不月者，皆係闕文，即此可知其誤。

四年，衛州吁弒其君完。

左	公羊	穀梁
州吁弒桓公而立。孔疏：「州吁不稱公子，直是告辭不同，史有詳略耳。自莊公以上弒君皆不書氏。」	曷爲以國氏？當國也。何註：「言欲當國爲君，故如其意，使如國君氏。」	嫌也，弒而代之也。范註：「凡非正嫡則謂之嫌。」

劉氏敞曰：「公羊謂不稱公子爲當國，非也。諸弒君稱公子，是公子而爲大夫，其不稱公子，

是未爲大夫，當國與不當國何足辨乎！穀梁謂弑而代之，亦非也。宋督、宋萬亦可云弑而代之乎？」

家氏鉉翁曰：「胡氏謂州吁以國氏，罪莊公不待以公子之道，使預聞政事，主兵權而當國。愚謂此方誅討亂賊，未當追議莊公既往之咎。」

案：州吁不稱公子，是未命爲大夫，當以孔疏及劉氏敞之説爲正。程子及胡傳之説俱未安。詳見亂賊表。

秋，翬帥師會宋公、陳侯、蔡人、衛人伐鄭。

左	公羊	穀梁
宋公使來乞師，公辭之。羽父固請以行。書曰「翬帥師」，疾之也。言故去其氏以貶之。	翬何以不稱公子？貶。曷爲貶？與弑公也。	翬不稱公子何也？貶之也。與于弑君，故貶也。

趙氏匡曰：「春秋之初，公室猶强，若公實不許，臣何敢固請而行。蓋左氏不知未命不書族之義，造此事端耳。」

啖氏助曰：「凡事各于本事襃貶，豈有未弑君而先貶乎！翬之不稱公子，自爲未命爾。」

案：啖、趙辨疑駁正三傳之説極精，劉氏敞權衡意略同。愚謂春秋此書重在帥師，不重在翬之氏與不氏也。言帥師，則翬主兵專國可知。隱公不能早罷其兵權，是以及鍾巫之禍，與莊二年公子慶父帥師伐于餘丘，宣二年鄭公子歸生帥師戰于大棘，同爲千古炯戒，胡文定之説精矣。獨其謂去公子以謹履霜之戒則非也。春秋之初，諸侯猶請命于天子，不自命大夫，故隱、桓之大夫多不氏，如無駭、翬、挾、柔、溺及鄭之宛皆是也。至莊公之世，稍踰制矣，故慶父稱公子，以族氏。要之重在帥師，不重在公子與非公子也。

衛人立晉。

左衛人迎公子晉于邢而立之。書曰「衛人」，立晉衆也。 杜註：「善其得衆，故不書入于衛。」正義曰：「凡去其國，國逆而立之曰入，此宜與齊小白同文。」	公羊立者，不宜立也。稱人何？衆立之之辭也。衆雖欲立之，其立之非也。	穀梁衛人者，衆辭也。立者，不宜立者也。

不書入于衛者，是仲尼善其得衆，故變文以示義也。」

胡傳：「晉雖諸侯之子，内不承國于先君，上不稟命于天子，衆謂宜立，而遂自立焉。故春秋于衛人特書曰立，所以著擅置其君之罪。于晉絶其公子，所以明專有其國之非。」

葉氏夢得曰：「晉不稱公子，未三命也。」

張氏溥曰：「州吁宜殺，天下知之。晉不宜立，天下不知也。春秋辨焉，天下之父子君臣定矣。」

案：三傳同謂人爲衆辭，晉非衛人所得立，文定申其説，當矣。獨謂絶其公子則非也。晉不氏，自爲非三命，與翬、挾、無駭同例。胡氏不知未命不書族之義，故立此義爾。

先師高紫超氏曰：「文定謂隱不書即位爲首絀隱公，以明大法，非也。聖人欲正君臣之分，不宜先自貶黜其君。内無所承，上不稟命之義，于衛人立晉之文發之，此與三傳前後俱脗合。」

案：積齋或問曰：「或謂晉後日淫亂，故春秋不與其立，非也。春秋與正而不與賢，苟晉當立則立之，安得預知其淫亂而不與其立乎！愚于是而知宣公烝夷姜之事誣也。果有其事，當于桓公之初年，如此穢迹彰聞之公子，石碏豈宜立以爲君。況晉此時出居邢國，石碏又越境而迎立之，創鉅痛深之後，豈有此情理乎！」

五年九月，考仲子之宮。

左	公羊	穀梁
無傳。	始祭仲子也。隱爲桓立，故爲桓祭其母也。	禮，庶子爲君，爲其母築宮，使公子主其祭。于子祭，于孫止。仲子者，惠公之母。隱孫而脩之，非也。

啖子曰：「按此時桓公之母喪始終，正是考宮之時，故知公羊說是。」

初獻六羽。

左	公羊	穀梁
公問羽數于衆仲，對曰：「天子用八，諸侯六，大夫四，士二。」	譏始僭諸公也。天子八佾，諸公六，諸侯四。	天子八佾，諸公六佾，諸侯四佾。初獻六羽，始僭樂矣。

胡傳：「書初獻者，明前此用八之僭。」

趙子曰：「魯僭用八佾，非一朝事，須因此減數時書之。」

汪氏克寬曰：「樂舞之數降殺以兩，諸侯既降于諸公，則諸伯當降于諸侯，而用二矣，子男復何所用乎！況禮經所記廟制、堂制、衮旒、席數，五等諸侯皆同，豈以舞佾而獨異其制。」

彙纂以用六爲善，蓋本孔穎達，善其復正之說，不知書初獻所以明八佾之僭，書六羽所以明妾母之僭，無所爲善也。

六年春，鄭人來輸平。輸，左作渝。

左更成也。	公羊輸平猶墮成也。何言乎墮成？敗其成也。	穀梁輸者，墮也。來輸平者，不果成也。

彙纂曰：「渝平、輸平，三傳互異。左以渝平爲更成，公、穀以輸平爲墮成。考前年公子翬伐鄭，有憾而未平，則更成之説于義爲近。但左氏謂變前惡而爲和好，則渝與平爲二意。葉氏、胡氏諸儒多主公、穀作輸，而訓輸爲納，言其納平于我，而變更前惡之意，亦在其中。文從公、穀，義從左氏，以爲得之。」

葉氏夢得謂鄭厚財幣以求平于魯，如晉饑秦輸之粟相似。

冬，宋人取長葛。

左秋，宋人取長葛。	公羊外取邑不書，此何以書？久也。	穀梁久之也。

彙纂曰：「經書冬，左傳作秋，杜氏預爲秋取冬告，引八年齊侯告成爲證，其義甚明。劉氏敞謂左傳日月與經不同者多，或丘明作書雜取當時諸侯史策，有用夏正者，有用周正者，故經云冬，傳謂之秋，似亦有理。」

案：春秋時諸侯惟晉用夏正，先儒謂晉封太原，因唐虞故俗，理或然也。此係宋來告，宋爲殷之後，當用商正，亦當差一月。

七年，滕侯卒。

左不書名，未同盟也。凡諸侯同盟，于是稱名，故薨則赴以名。	公羊何以不名？微國也。	穀梁滕侯無名，少曰世子，長曰君，狄道也。

啖子曰：「附庸之君及真夷狄皆有名，況滕國，文王之子孫，雖至微弱，豈無名乎？」

程子曰：「不名，史闕文。」

胡傳：「滕侯書卒，何以不葬？怠于禮、弱其君而不葬者，滕侯、宿男之類是已。」

家氏鉉翁曰：「不名不葬，諸說不同。愚謂不名，史失其名。不葬，魯不往會，是以失書，不容鑿爲之說。」

冬，天王使凡伯來聘。戎伐凡伯于楚丘以歸。

左	公羊	穀梁
初，戎朝于周，發幣于公卿，凡伯弗賓。冬，王使凡伯來聘，還，戎伐之于楚丘以歸。	其言伐，大之也。曷爲大之？不與夷狄之執中國也。	戎者，衛也。爲其伐天子之使，故貶而戎之。

啖子曰：「不言執者，尊天子之使，故云伐也。若言不與夷狄執中國，其書夷狄侵伐滅入者，豈皆是之乎？」又曰：「若衛實伐天子之使，改之曰戎，是爲衛掩惡也，如何懲勸乎？」

八年三月，鄭伯使宛來歸祊。祊，公、穀作邴。

左	公羊	穀梁
鄭伯請釋泰山之祀而祀周公，以泰山之祊易許田。	邴者何？鄭湯沐之邑也。天子有事于泰山，諸侯皆	名宛，所以貶鄭伯，惡與地也。

從泰山之下，諸侯皆有湯沐之邑焉。

啖子曰：「鄭人請祀周公，已不近人情。泰山非鄭封内，本不當祀，又何釋乎。宛不氏，案不命之卿來魯，例名之，不必以貶立説。」

案：程氏端學曰：「經于隱八年書鄭伯使宛來歸祊，而鄭伯以璧假許田，乃在桓公之世，與此別無關涉，安得信傳而疑經。」趙氏鵬飛謂歸祊至假許已歷五年，豈至是而後責償。胡氏寧謂果易許，則許當即時以歸，安得須鄭伯假之而後與。蓋前日鄭有宋兵，而歸祊以結魯。後日鄭乘魯有篡弑之隙，而假許田以要魯。合之啖子之説，則左氏信誣也。左氏好以兩事合作一事，生出牽扭，不獨此一事爲然也。

無駭卒。

左　公問族于衆仲，對曰：「諸侯以字爲謚，因以爲族。」公命以字爲展氏。

公羊　此展無駭也。何以不氏？疾始滅也，故終其身不氏。

穀梁　隱不爵大夫也。

家氏鉉翁曰：「春秋有未死而賜族者，若季友、仲遂是也。亦有雖爲卿而竟不賜族者，如挾、柔、溺之後無聞者是也。無駭以名行，及其死則賜之族，以王父字爲族是也。春秋初年，周制猶存，故有未賜族之大夫。其後大夫世其官，無不賜族，而周制幾于掃地矣。」

李氏廉曰：「公、穀以爲罪無駭入極，而貶之，又以爲隱不成爲君，故不爵大夫，皆無據。」

十年秋，宋人、衛人入鄭。宋人、蔡人、衛人伐戴。鄭伯伐取之。

左	公羊	穀梁
宋人、衛人入鄭，蔡人從之伐戴。鄭伯圍戴，克之，取三師焉。	其言伐取之何？易也。其易奈何？因宋人、蔡人、衛人之力也。	不正其因人之力而易取之。

程子曰：「戴，鄭所與也，故三國伐之。鄭、戴合攻，取三國之衆。」

趙氏鵬飛曰：「戴鬬其前，鄭扼其後，一舉而取三師。趙伯循疑鄭之孤兵不能取三國之衆，更以爲鄭伯乘危取戴。戴爲鄭之附庸，既屬于鄭，何必取哉！」

賀氏仲軾曰：「鄭人之忿在三國而不在戴，故因其在戴而伐取之。左氏曰『鄭伯圍戴，克之，取三師焉』是也。」

彙纂曰：「公、穀謂鄭因三國之力以取戴，胡傳謂四國已鬬，鄭乘其敝一舉而兼取之，俱于情事未盡合。獨程子用左氏取三師之說，以爲鄭、戴合攻，盡取三國之衆，諸儒多從之，于經旨爲近。」

桓公

二年，宋督弑其君與夷及其大夫孔父。

左	公羊	穀梁
宋華督見孔父之妻于路，目逆而送之，曰：「美而豔。」春，殺孔父而取其妻。公怒，督懼，遂弑殤公。	督將弑殤公，孔父生而存，則殤公不可得而弑也。于是先攻孔父之家，殤公知孔父死，己必死，趨而救之，皆死焉。	孔父先死，曰及，何也？書尊及卑，春秋之義也。何以知其先死？臣既死，君不忍稱其名。孔氏，父字也。或曰爲祖諱也。

啖子曰：「古者大夫猶皆乘車，其妻安得在路使人見其貌。蓋以舊言孔父義形于色，而作傳者以爲女色之色，遂妄爲此說耳。」

趙子曰：「按孔父之事自是史册載之，非殤公自書，何關君之不忍乎！」又曰：「不稱名爲祖諱，春秋乃魯國之史，非夫子家傳，安得爲祖諱乎！」

孔氏穎達曰：「春秋之世有齊侯祿父、蔡侯考父、季孫行父、衛孫林父，皆是名，故杜以孔父爲名。」

彙纂曰：「穀梁以孔父爲字，趙氏匡駁之，是矣。左氏以父爲名，杜氏預因爲罪孔父之說，亦非也。惟劉氏敞君前臣名之說最爲精當，故程子及蘇氏轍、胡氏安國皆用之。」

案：孔氏歷引春秋之世以父爲名者確有證據，而劉氏君前臣名之義尤精。蓋古人有祖孫同謚者，如春秋之世有滕文公，而孟子時亦有滕文公是也。亦有祖孫同名者，如桓八年書天王使家父來聘，而幽王時先有作詩之家父是也。家父亦是名，而非字。節南山詩自謂家父作誦，以究王訩，豈有不自稱其名者乎！則父之爲名益信。

秋七月，紀侯來朝。

左	公羊	穀梁
杞侯來朝不敬。杞侯歸，乃謀伐之。	無傳。 何註：「稱侯者，天子將娶于紀，與之奉宗廟，故封之百里，以廣孝敬。」	桓内弒其君，外成人之亂，惡紀之朝桓，故謹而月之也。 范註：「隱二年稱子，今稱侯，蓋時王所進。」

劉氏敞曰：「春秋雖亂世，至于兵革之事，亦慎用之。杞來朝魯有少不敬，未宜便入其國。左

氏誤紀爲杞，遂生不敬之説爾。穀梁謂謹而月之，亦非也。六年冬，紀侯來朝，是宜責之尤深，深則宜日，反書時，何哉！」

李氏廉曰：「公羊註謂加封百里，穀註亦以爲蓋時王所進，是皆不知『紀子伯』爲闕文之故爾。互見隱二年盟密。」

蔡侯、鄭伯會于鄧。

左	公羊	穀梁
始懼楚也。杜註：「潁川召陵縣西南有鄧城。」	離不言會。此其言會何？蓋鄧與會爾。何註：「二國會曰離。時因鄧都得與鄧會。」	無傳。

彙纂曰：「公羊以爲鄧與會，正合隱元年盟宿之例。杜氏以鄧爲蔡地，孔疏遂爲鄧國去蔡甚遠，蔡、鄭不宜遠會其國都，且因懼楚始爲此會，何當反求近楚小國與之結援，其説似更有理。」

冬，公至自唐。

左	告于廟也。凡公行，告于宗廟。反行，飲至、舍爵、策勳焉，禮也。
公羊	無傳。
穀梁	桓無會，而其致何也？遠之也。

胡傳：「常事何以書？或誌其去國踰時之久，或録其會盟侵伐之危，或著其黨惡附姦之罪。桓公遠與戎盟而書至，危之也。」

孔氏穎達曰：「春秋公行一百七十六，書至者惟八十二，其不書者九十四，皆不告廟也。」

彙纂曰：「告則書，不告則不書，杜註、孔疏甚明。諸家紛紛，或以爲遠，或以爲久，或以爲危，或以爲幸，失之鑿矣。」

黄氏仲炎曰：「隱盟戎不致，此何以致？穀梁曰危之，是不然，危桓而不危隱，其説不通矣。蓋春秋以與戎盟爲恥，隱不致，隱猶有不得已之意焉。桓策勳于廟，是不恥其所恥，故即其實而致之，以志桓之罪。」

三年，齊侯、衛侯胥命于蒲。

左	不盟也。
公羊	相命也。何言乎相命？近正也。古者不盟，結言
穀梁	胥之爲言猶相也，相命而信諭，謹言而退，以是爲近

	而退。	古也。

劉氏敞曰："命于天子，正也。諸侯自相命，非正也。"

張氏洽曰："當時王不能命伯，而欲自爲伯，故于此彼此相命，以成其私。逮至戰國，魏、齊會于濁澤以相王。其後齊、秦約共稱帝，自相命而至于相王，自相王而至于相帝，僭竊之漸，勢必至此。"

案：公、穀皆以胥命爲善，荀卿亦言春秋善胥命，諸儒多從之。而趙氏匡言凡會遇並是不盟，約言而退，何得獨異此文。且二君又並非賢君。據經文，直譏其無人君之禮爾。至張氏洽申劉氏敞之説，而極言其僭竊所至，朱子謂其有理，故彙纂亦並存之。

案：齊僖、衛宣自此年後無一事當于人心，齊則謀紀，衛背魯于桃丘，而更助齊與魯戰，則此胥命乃結黨行私爾，何善之有。

五年春正月，甲戌、己丑，陳侯鮑卒。

左再赴也。于是陳亂，文公子佗殺太子免而代之。公疾病而亂作，國人分散，故	公羊曷爲以二日卒之？怴也。狂也。甲戌之日亡，乙丑之日死而得，君子疑焉，故以	穀梁甲戌之日出，己丑之日得，不知死之日，故舉二日以包之。

再赴。	二日卒之。	

趙子曰：「豈有正當禍亂之時而暇競使人赴告。卽使再赴，夫子亦當審定其實日，何乃總載之。公、穀又謂狂而出，人君雖狂而去，亦當有臣子從之，豈有人君走出，臣下不追逐，至昧其死日乎。總之，三傳不知有闕文之義，故多造事端。此蓋經文甲戌之下當記陳佗作亂之事，而今簡脫之爾。」

天王使仍叔之子來聘。仍，穀梁作任。

左仍叔之子，弱也。	公羊譏父老，子代從政也。	穀梁任叔之子者，錄父以使子也。

彙纂曰：「左氏以爲弱，公、穀以爲父老，子代從政，胡傳以爲譏世官，其義蓋相因。程子謂仍叔承命而使子代行，則是仍叔自使其子，何以稱天王使耶？汪氏克寬駁之是矣。」黃氏仲炎曰：「經稱武氏子、仍叔之子，以乳臭之童而任邦國之政，子產所謂未能操刀而使割也。」

冬，州公如曹。六年春正月，寔來。

左淳于公如曹。度其國危，遂不復。六年春，自曹來朝。書曰「寔來」，不復其國也。	公羊外相如不書，此何以書？過我也。寔來者何？猶曰是人來也。孰謂？謂州公也。	穀梁外相如不書，此其書何也？過我也。寔來者，是來也。何謂是來？謂州公也。

張氏洽曰：「記禮者曰：『天子曰：非佗，伯父實來。』成二年傳：『王曰：所使來撫予一人，而鞏伯實來。』今案：書州公曰實來，以其不復國而略之也。」

彙纂曰：「三傳皆以實來爲州公來，程子及胡傳亦同。惟三傳以實來爲承上文，而程、胡以實爲州公之名。張氏洽獨主三傳之説，引證實來甚爲詳核。」

案：以實字爲虛字，張氏之説極爲弄巧。彙纂取之，未審何故。泰山孫氏曰闕文也，師氏曰不應踰時隔年而書實來，岩晦黃氏亦謂當如郭公之類，簡編脱誤。據諸儒之説斷，宜從闕文爲是。

方氏苞亦曰：「如左氏之説，則當書遂來奔，或州公自曹來奔，如鄭詹自齊逃來之例可也。宋華元出奔晉，宋華元自晉歸于宋，事以連及，尚再舉其名，況事不相屬，時年已隔，而徑省其文，使辭旨不可別白乎！此經文有闕，傳者傅會而爲之説也。」

蔡人殺陳佗。

左	公羊	穀梁
無傳。	陳君曷爲謂之陳佗？絶也。曷爲絶之？外淫也。惡乎淫？淫于蔡，蔡人殺之。	其曰陳佗何也？匹夫行也。陳侯喜獵，淫獵于蔡，與蔡人爭禽，蔡人不知而殺之。

趙子曰：「按左傳，佗殺太子之賊，故經不以人君稱之。公、穀不達此意，妄云淫于蔡，淫獵于蔡，不近人情。」

胡傳：「佗立踰年，不成之爲君者，討賊之詞也。書蔡人以善蔡，書陳佗以善陳。善蔡者，以蔡人知佗之爲賊。善陳者，以陳國不以佗爲君。」

方氏苞曰：「春秋之初，先王之澤未泯，人心正理猶存，故蔡人不以佗爲陳君而殺之。凡篡賊而稱君者，見臣子不能復讐，隣國不能討亂，而成之爲君也。有一人能知其爲賊而加刃焉，則不問其情之公私，而皆以討賊之義與之，所以使亂臣賊子無所逃于天地之閒也。」

九月丁卯，子同生。

左	以太子生之禮舉之，接以太牢。 杜註：「十二公惟子同是適夫人之長子。」
公羊	喜有正也。言喜有正何？久無正也。 何註：「感隱、桓之禍生于無正嗣，故喜之。」
穀梁	疑，故志之。 范註：「文姜淫于齊襄，疑非桓公之子。」

趙子曰：「穀梁云：『疑，故志之。』此乃委巷之談，不近人理。」

劉氏敞曰：「何以書？貴也。何貴爾？世子也。穀梁之云，聖人豈至此乎！且詩云『展我甥兮』，詩人信魯莊爲齊侯之甥，何有仲尼反疑其先君爲齊侯之子乎！」

朱子曰：「桓三年，夫人姜氏至自齊，六年子同生，十八年桓公乃與夫人如齊，則莊公誠非齊侯之子矣。」

案：春秋此書乃爲先君表其疑，非疑先君爲齊侯之子也。觀夫人之至自齊，及與夫人如齊，併此處俱詳書年月，聖人未必不有意。朱子之言，亦自于穀梁有取。倘若不書，又重以文姜之訴，後世不成一重疑案乎！積齋或問獨取穀梁之說，曰：「左氏所云，乃春秋以爲常事不書爾，春秋直書變常之事。子同生，雖非變常，然假此以明非齊侯之子，則是變常而已。」

案：趙氏鼎曰：「生子不書，此何以書？則穀梁之說爲得。蓋是時皆以同爲齊侯之子，故聖人因其生正其名而書之。」高氏閌謂齊襄、文姜之淫，蓋在同生之後，此時未嘗亂也。使不書其生，則事不别白。郝氏敬曰："當時人疑莊公非桓公子，故特書所生年月以折羣議。"方望溪曰："聖人特書以正其爲周公之裔。"又猗嗟詩小序："莊公不能防閑其母，人以爲齊侯之子也。"據四家及詩小序，皆與穀梁説脗合，則信合乎人心之同然矣。趙氏、劉氏駁之，非也。家氏鉉翁亦從穀梁之説。

七年夏，穀伯綏來朝，鄧侯吾離來朝。

左春，穀伯、鄧侯來朝。名，賤之也。杜註："僻陋小國，賤之。禮不足，故書名。以春來，夏乃行朝禮，故經書夏。"	公羊皆何以名？失地之君也。	穀梁其名何也？失國也。

趙子曰："據諸失國之君，惟隨敵以歸者則書名，若奔他國並不書名，公、穀之説非也。此蓋以其用夷禮爾。諸侯失國，自辱其身，猶至書名，況行夷禮，辱及宗廟，見輕儕列，而得不名乎！"

劉氏敞曰："杜云：『僻陋小國，賤之。』侯伯之爵，豈小哉！且上杞侯來朝，雖不敬，猶不書名，許杞之國，又非大于鄧、穀也。又經書夏，而傳云春者，傳以夏正記事。」

方氏苞曰：「穀、鄧遠國，近于荆楚，故魯人視之如介葛盧、郳黎來，而以名書。傳謂失地之君，故名，非也。失地之君不可以言朝。先儒謂以朝桓貶，亦非也。朝桓而不名者多矣，不宜同罪而異罰。」

八年，祭公來，遂逆王后于紀。

左	公羊	穀梁
禮也。 杜註：「天子娶于諸侯，使同姓諸侯爲之主。祭公來，受命于魯，故曰禮。」	何以不稱使？婚禮不稱主人。大夫無遂事，此其言遂何？使我爲媒可，則因用是往逆矣。 何註：「婚禮先請期，然後親迎。今王使祭公來使魯爲媒可，則因用魯往迎之，不復成親迎之禮，譏不重妃匹。」	其不言使何也？不正。其以宗廟大事，即謀乎我也。

趙子曰：「若合禮，則常事不書，左氏之説非也。公羊謂婚禮不稱主人，假令婚禮實不稱主人，

卽當于至紀之日，但稱魯命可爾。來魯未是婚禮，何須不稱天王使。穀梁謂『不正，其以宗廟之大事，卽謀于我』，必若實譏天王，言使不更昭著乎！」

案：趙氏匡所駁三傳之説極是。但謂天子嫁女，則同姓諸侯爲主，逆王后，無使諸侯爲主之禮。據莊十八年虢、晉、鄭使原莊公逆后，則同姓諸侯爲主，確有可據。魯以周公之後爲王主禮，舊矣。穀梁謂不正其卽謀于我，非也。公羊曰言遂，譏王不親迎而使魯，亦非也。孫氏復謂天子不親迎娶后，則使三公迎之。孔氏穎達謂文王親迎太姒，乃身爲公子，迎在殷世，未可據爲天子之禮。然則春秋何以譏？曰：譏專在祭公，而不在王。據經書祭公來，與祭伯來同例，蓋譏其私交也。程子曰：「祭公受命逆后而至魯，先私行朝會之禮，故書來。而以逆后爲遂事，責其不虔王命而輕天下之母。」此説最爲得之。

九年春，紀季姜歸于京師。

左	公羊	穀梁
無傳。 杜註：「季姜，桓王后。」	京師者何？天子之居也。京，大也。師，衆也。天子之居，必以衆大之辭言之。 何註：「書季姜歸者，明	爲之中者歸之也。 范註：「中謂關與昏事。」 疏：「劉夏逆王后，經不言歸，則是魯不關與昏

	魯爲媒，當有送迎之禮。」	事。」

李氏廉曰：「逆后例三傳皆同，獨陳氏曰：『后歸不書，此何以書？詳紀事也。后妃爲天地宗廟神民之主，俄而宗國亡焉，是不可不詳也。』此極有見。六年冬，紀方託魯請王命，以求成于齊，而公告不能。今幸王有命魯求昏之事，故魯亟爲紀謀，不待請王命，而遂使祭公逆之，所以託紀而紀卒不免。春秋詳書紀事，所以志天王之弱，而齊之不道也。」

案：此時不特魯不得保其姻家，並天王亦不能保其后族，春秋之世可知矣。

十年，齊侯、衛侯、鄭伯來戰于郎。

左我有辭也。初，北戎病齊，在六年。諸侯救之，鄭公子忽有功。齊人致餼，使魯次之。魯以周班後鄭，鄭人怒，請師于齊，齊以衛師助之。	公羊郎，吾近邑也。其言來戰于郎何？近乎圍也。何以不言師敗績？內不言戰。言戰，乃敗也。	穀梁不言其人，以吾敗也。不言及者，爲內諱也。來戰者，前定之戰也。謂先日結期戰。不言其人，謂不稱公也。

趙子曰：「魯以周班後鄭，既是正禮，鄭雖小恨，豈至興師。卽令當年搆禍，豈有經五年之後方合諸侯報此小怨。穀梁云前定之戰，非也。言來者，責三國不當來爾。不言及，爲内諱。若果諱，則但當不書敗，何須不言及。」

季氏本曰：「齊欲吞紀，與鄭、衛合，魯則專意援紀者也。三國來戰，蓋爲此爾。且魯以援紀之故，與齊不親。自齊、鄭如紀之後，與魯不相通已六年矣，何由至齊爲班耶？」

卓氏爾康曰：「齊惡魯爲紀謀難，則主兵者齊也。鄭與齊同如紀，衛又與齊胥命于蒲，故三國來戰。」

案：胡傳謂鄭主兵而首齊，猶衛州吁主兵而先宋，此主左氏而爲之説爾，其實非也。鄭係小忿，國又小于齊、衛，乃于五年之後報此宿怨，牽動齊、衛大國，必不然矣。且當日怒者鄭忽，與莊公無預也。此時鄭莊耄年，忽又失寵，明年卽爲突所篡，方孤危不能自立，請師于齊者，將莊公請之乎？鄭忽請之乎？莊公豈能以子之故，赫然興師，報此纖芥小怨乎？齊之欲圖紀非一日矣，蓋齊都青州府之臨淄，而紀在青州府之壽光縣，逼近肘腋，不并紀則齊不得拓地一步，故累年合鄭以圖之。而魯爲紀納后于天王，齊僖猶畏名義，終其身不敢加兵，而心怒魯，故九年春紀季姜歸于京師，十年齊卽爲此戰，蓋因不敢犯紀而遷怒，情事顯然甚明也。觀經文以齊爲首，而趙氏匡與季氏本之説亦可互相發，劉氏敞亦謂果鄭人主兵，經當先序鄭以見其罪，何故反首齊，以蔽匿鄭惡。且鄭忽救齊之時，經無魯人往齊者，足明其妄矣。

十三年二月，公會紀侯、鄭伯。己巳，及齊侯、宋公、衛侯、燕人戰，齊師、宋師、衛師、燕師敗績。

左宋多責賂于鄭，鄭不堪命，故以紀、魯及齊與宋、衛、燕戰，鄭人來請脩好。	公羊曷爲後日？恃外也。其恃外柰何？得紀侯、鄭伯然後能爲日也。	穀梁戰稱人，敗稱師，重衆也。其不地于紀也。

案：左氏以爲鄭與宋戰，公羊以爲宋與魯戰，穀梁以爲紀與齊戰。趙氏匡獨取穀梁之說，曰：「據經文，内兵以紀爲主，外兵以齊爲主，若實爲鄭、宋而戰，卽當以鄭、宋爲兵主，何得主齊、紀乎！且責賂小事，止當二國自不和，無容諸侯爲之戰。蓋齊、紀結讎已久，是年齊合三國以攻紀，欲遂滅之，公與鄭救之而勝，得免禍，其踪蹟甚明。不然紀懼滅亡不暇，何敢將兵越國助魯、鄭以增怨乎！戰而不地于紀也。若助鄭止當戰于宋、鄭之郊，無爲戰于紀。鄭厲新爲宋所立，而去年遽與魯及宋戰，今年又助紀戰，則必爲責賂多之故爾。」案：趙說極是，孫氏覺及胡傳俱因之。

劉氏敞謂前年魯及鄭伐宋，戰于宋地，故宋今歲來報怨。戰于宋時，在其城下，可得言戰于宋。今亦戰于城下，不可得言戰于魯，故不舉地。此主公羊之說。春秋考異郵所云「戰在魯之龍門，民死傷者滿溝」是也。據此則亦當以來戰爲文，不得言及。及者，我及之也。趙子曰：「不地者，在紀都也，無他義，穀梁說是。」

十四年秋八月壬申，御廩災。乙亥，嘗。

左書不害也。杜註：「災其屋，救之則息，不及穀。」	公羊譏嘗也。御廩災，不如勿嘗而已矣。何註：「當廢一時祭自責，以奉天災。」	穀梁嘗必有兼甸之事。壬申，御廩災。乙亥，嘗，以爲未易災之餘也。

張氏洽曰：「常事不書，今書者，以壬申有御廩災之變。遇災而懼，未可以遽有事于祖考。況祭祀用夏時，此八月乃夏之六月，未當時祭，何爲汲汲然以四日之間遽舉嘗祭乎！」

李氏廉曰：「三傳惟穀梁得之，公羊以爲不如勿嘗，而註者以爲宜廢祭自責，謬矣。左註尤失實，苟不害，何必書乎！故胡氏不時不改卜之說從趙子。」

十五年，公會宋公、衛侯、陳侯于袲，伐鄭。

左將納厲公也。弗克而還。	公羊無傳。何註：「善諸侯征突，録義兵也。」	穀梁地而後伐，疑辭也，非其疑也。范註：「鄭突欲篡國，伐而正之，義也。不應疑，

		故責之。」

呂氏大圭曰：「或疑宋既責賂于突而伐鄭，不當又納突，遂以爲伐突救忽，春秋諸侯離合之不常多矣。但據經伐鄭二字，則突在櫟，忽在鄭，爲伐忽明甚。」

彙纂：「左氏以爲納厲公，是也。註公羊者爲善諸侯征突，不知忽方在鄭，突尚居櫟，安得以伐鄭爲征突乎！穀梁曰疑辭，夫會而後伐，則謀已定矣，有何疑乎！」

十六年，衛侯朔出奔齊。

左二公子以伋、壽故怨惠公。十一月，左公子洩、右公子職立公子黔牟。惠公奔齊。	公羊衛侯朔何以名？得罪于天子也。	穀梁朔之名惡也，天子召而不往也。

家氏鉉翁曰：「朔殺兄簒國，罪固當逐，是以名以奔之。而莊六年王人子突救黔牟，春秋善之，則知朔以有罪見黜于王，而黔牟之立實王所命矣。」

彙纂曰：「左氏以爲二公子所逐，公、穀以爲得罪天子。張氏洽兼而用之，謂朔立已五年，二公子不能獨逐之，必因王室欲討，而後二子得行其志，其説與情事甚合。」

十七年，蔡季自陳歸于蔡。

左	蔡桓侯卒，蔡人召蔡季于陳。秋，蔡季自陳歸于蔡，蔡人嘉之也。 杜註：「桓侯無子，故召季而立之。季内得國人之望，外有諸侯之助，故書字，以善得衆。」
公羊	無傳。 何註：「蔡侯封人無子，季次當立。封人欲立獻舞，而疾害季，季辟之陳。封人死，歸反奔喪，思慕三年，卒無怨心，故賢而字之。」
穀梁	蔡季，蔡之貴者也。自陳，陳有奉焉爾。 范註：「陳以力助。」

家氏鉉翁曰：「公羊以獻舞與季爲兩人，左氏謂季即獻舞。諸儒多從公羊之説，謂季以讓國而出，獻舞即立，季乃自陳來歸，所以貴而書字，與閔元年季子來歸義同。夫獻舞失國之君，季乃讓國之賢，兩人賢否具見書法，木訥乃是左氏而非公羊，舛矣。」

彙纂曰：「蔡季非獻舞，杜誤合爲一人耳。左氏止曰召蔡季于陳，蔡季自陳歸于蔡而已，未嘗謂立以爲君也。先儒並主何氏之説，而家氏鉉翁斷以書法，尤爲可信。」

案：穀梁及范註意亦與杜氏同，學者從何說可也。

十八年，葬我君桓公。

左	無傳。
公羊	賊未討，何以書葬？讎在外也。讎在外，何以書葬？君子辭也。何註：「時齊强魯弱，不可立報，故君子量力以恕之。」
穀梁	君弒，賊不討，不書葬。此其言葬，不責踰國而討于是也。

先母舅霞峰華氏曰：「賊在內必討而後葬，仇在外可葬而後討。討而後葬，非慢于葬也，以葬爲之限也。急于討賊，不容一日緩，緩之則逸矣。葬而後討，非緩于討也。仇在外，臣子之力不能卽復，責以必復仇而後葬，苟其仇非歲月可復，是將久棄其親而不葬也，故寬其期于葬後。然非曰仇在外，可以不討也。枕戈待旦，誓弗與其戴天，此志可一日忘乎！下此如夫差之報越，三年而後復之，其亦可也。如曰仇在外，非臣子之力所能復，春秋從而恕之，非聖人之心矣。」

案：先師高紫超氏之論極精，詳見凶禮。

校勘記

〔一〕「弟當國爲之君」　「弟」，十三經注疏本公羊傳何休注作「欲」。阮元校勘記云：「毛本欲作弟。按下注云俱欲當國，四年疏、文十四年疏引此注亦作欲當國，然則作欲是也。」

春秋三傳異同表卷四十二之二

錫山　顧棟高復初　輯
古岑　程廷鑰魚門　參

莊公

元年春王正月。

左不稱卽位，文姜出故也。杜註：「據文姜未還，故傳云文姜出也。姜于是感公意而還。不書，不告廟。」	公羊公何以不言卽位？春秋君弒，子不言卽位。	穀梁繼弒君，不言卽位，正也。先君不以其道終，則子不忍卽位也。

陸氏淳曰：「左氏云文姜出，毋以得罪去國，猶曰不忍，父爲他國所弒，其情若何不舉其大而舉其細，非通論也。」

劉氏敞曰：「原左傳此意當爲文姜與桓俱行，未有至文，故云出爾。不知夫人行不以正者，至皆不書也。且文姜弑君，自絶于魯莊公，何故不忍即位乎！莊公不忍即位，文姜感之而還，則莊公已忘文姜弑其父矣，何以文姜又孫于齊乎！」

彙纂曰：「左氏之謬，陸氏淳、劉氏敞駁之是矣。胡傳謂內無所承，上不請命，故春秋絀之，亦非也。隱、莊、閔、僖外俱書即位，豈皆稟命于王。若桓、若宣、若定，豈皆內有所受。自當從公、穀。」

三月，夫人孫于齊。

左不稱姜氏，絶不爲親，禮也。	公羊內諱奔，謂之孫。夫人固在齊矣，其言孫于齊何？念母也。	穀梁諱奔也。接練時，録母之變，始人之也。

啖子曰：「豈有先在齊而今書孫乎！蓋公羊見無夫人至文，故云爾。不知夫人隨喪而歸，以不告廟，故不書。穀梁亦言夫人先在齊，至練時始録之，亦非也。」

案：公羊云念母，尤謬。

先母舅曰：「案：文姜于此不稱姜氏，而哀姜之孫于邾，則不去其姓氏，于其以喪歸則第書夫人氏，而不稱姜，一絶之于孫齊之日，一絶之于喪至之日，蓋各因事垂訓爲萬世法也。文姜躬負大逆，而孫而卽歸。聖人曰此時義不當歸也，魯之臣子義不當使之歸也。是故于其孫齊絶之，使知負弑逆之罪者，雖其子繼世而爲君，而生不得徇母子之情而違大義。哀姜孫而不歸，而以喪歸，聖人曰此時喪不當歸也，魯之臣子義不得以其喪歸也。是故于其喪至絶之，使知與篡弑之惡者，雖其身已見討于方伯，而死猶不得入先公之廟，以辱宗祧。不絶之于其孫齊之日，使文姜去而速反，儼然爲國母，而後會禚，會防，會穀，如齊師，享祝丘，出入無忌，專制壼内，雖欲復齊襄之仇，其可得乎！不絶之于喪至之日，使哀姜以國母之喪歸，嗣後葬以小君之禮，禘太廟，致夫人，雖欲不越禮而爲之，其可得乎！」

案：舅氏之論極精，但此條去夫人字是省文，哀姜書夫人氏是闕文，非義所存也，直因先儒之論而爲之説爾。范甯註穀梁乃謂哀姜殺子之罪輕，故曰夫人氏，第去姜以貶之；文姜殺夫之罪重，故全去姜氏，此輕重之差。夫殺夫與殺子同一弑君，范氏之説直兒童之見，更不可通矣。書法只在一孫字，此外不必多生枝節。

夏，單伯逆王姬。逆，左作送。

左	公羊	穀梁
左無傳。杜註：「單伯，天子卿。王將嫁女于齊，既命魯	單伯者何？吾大夫之命乎天子者也。逆之者何？使我主之也。天子嫁女于	命大夫，故不名。不言如，何也？義不可受于京師也。躬君弑于齊，使之

左傳	公羊	穀梁
爲主，故單伯送女，不稱使也。」	諸侯，必使諸侯同姓者主之。	主婚姻，與齊爲禮，其義固不可受也。

汪氏克寬曰：「左氏惑于成、襄、昭之經書單子，故云爾。然周有祭伯、祭叔，豈可以鄭祭仲亦周大夫乎！」

彙纂曰：「三傳互異者，折衷于經。左氏以單伯爲周大夫，故以逆爲送。然以莊十四年單伯會諸侯，文十五年經書單伯至以齊之例考之，則單伯實爲魯臣，當主公、穀之說。」

二年，公子慶父帥師伐於餘丘。

左傳	公羊	穀梁
左無傳。杜註：「於餘丘，國名。莊公時年十五，則慶父莊公庶兄。」	公羊於餘丘者何？邾婁之邑也。曷爲不繫乎邾？國之也。	穀梁國而言伐於餘丘，邾之邑也。其曰伐，何也？公子貴矣，師重矣，而敵人之邑，所以譏公也。

彙纂曰：「公、穀皆以爲邾邑，杜氏獨以爲國。詳考經文伐人之邑，未有不繫國者，亦未有邑而書伐者，則杜註爲勝。慶父，公羊以爲母弟，杜氏以爲庶兄，劉氏炫謂慶父欲同正嫡，故以莊公爲

伯，而自稱仲，理或然也。要之經意所重，惡慶父之得兵權爾。或國、或邑，或弟、或兄，皆非義所急。」

三年，溺會齊師伐衛。

左 疾之也。	公羊 溺者何？吾大夫之未命者也。	穀梁 其不稱公子何也？惡其會仇讎而伐同姓，故貶而名之也。

陸氏淳曰：「左氏、穀梁皆以不稱氏爲貶。按例不命之卿則不書氏，不可别爲義，公羊説是。」

案：此納衛朔也。溺不書公子，蓋與無駭、柔、挾同例，爲未命爾。若會仇讎伐同姓，抗天子，則直書其事而罪惡自見，不必以去公子示貶。

五月，葬桓王。

左 緩也。	公羊 此未有言崩者，何以書葬？蓋改葬也。	穀梁 改葬也。改葬之禮緦，舉下，緬也。

范註："下輕也。緬，遠也。爲緦，五服之最輕。言緬，釋所以緦也。」

劉氏敞曰："公、穀以爲改葬，非也。若誠改葬，春秋應書改葬，如改卜之類矣。今不言改，非改葬也，固當據經文。」

張氏溥曰："桓王崩七年乃克葬，傳者疑其太緩，遂云改葬。至春秋說云恆星不見，夜明，周人榮奢改葬桓王冢，則近誕矣。考桓公十八年王室有子儀、黑肩之亂，因亂而緩葬，其或然歟？」

四年，紀侯大去其國。

左紀侯不能下齊，以與紀季。夏，紀侯大去其國，違齊難也。	公羊曷爲不言齊滅之？爲襄公諱也。何賢乎襄公？復讎也。襄公之遠祖哀公烹乎周，紀侯譖之，以襄公之爲此者，事祖禰之心盡矣。遠祖幾世乎？九世矣。九	穀梁大去者，不遺一人之辭也。言民之從者，四年而後畢。紀侯賢，而齊侯滅之，不言滅，而曰大去，不使小人加乎君子。

	世猶可以復讎乎？雖百世可也。	

案：春秋復九世之讎，聖人何嘗有此意。漢武帝執此一語，遂開西北邊，禍及平民，殫財喪師，流血千里。公羊一言之流毒至于如此。

又案：公羊復讎之説全無義理，無足深辨。獨程子以大爲紀侯之名，蓋從失地書名之例，諸儒多從之。先母舅亦云聖人于紀多恕詞，然大法畢竟以國君死社稷爲正，若書大去其國，或疑聖人之許之而張其詞，故程子以大爲紀侯之名，良有以也。然愚竊以大去者是傷憫之辭，亦非張大紀侯也。紀之圖全宗社至矣，不得已而去，無所失道，此與太王之去邠何異。大去，如荀偃云大還。婦人見絶于夫爲大歸，蓋一往不返之辭，其傷之也至矣。積齋程氏謂于文則支，于義則窒，殊屬謬解。

齊侯葬紀伯姬。

左	公羊	穀梁
無傳。杜註：「紀季入酅而紀侯去國，齊侯加禮初附，以	外夫人不書葬，此何以書？隱之也。何隱爾？其國亡矣，徒葬于齊爾。	吾女也，失國，故隱而葬之。

崇厚義，故以紀國夫人禮葬之。」		

劉氏敞曰：「如杜之說，則謂春秋褒齊得禮也，非也。逐人之君，葬其夫人，此正春秋所惡，何謂以崇厚義乎！穀梁曰吾女，故隱而葬之，非也。若但云葬紀伯姬，如穀梁說可矣。今曰齊侯葬紀伯姬，則重在齊侯，不在吾女明甚。」

案：聖人書此，罪齊，亦以書魯也。魯爲伯姬父母之國，既不能救其國，恤其喪，反使齊侯假以爲名，居然告魯，魯又靦然使大夫會葬，此雖庶民之家猶爲可恥，況堂堂有國之君乎！

五年冬，公會齊人、宋人、陳人、蔡人伐衛。六年春，王人子突救衛。

左伐衛，納惠公也。六年春，王人救衛。夏，衛侯入，放公子黔牟于周，殺左公子洩、右公子職。君子以二公子之立黔牟爲不度矣。	公羊納朔也。曷爲不言納衛侯朔？辟王也。王人，微者也。子突者何？貴也。	穀梁其曰人何也？人諸侯，所以人公也。其人公何也？逆天王之命也。王人，卑者也。稱名，貴之也，善救衛也。

劉氏敞曰：「左氏以立黔牟爲不度，非也。王人子突救衞，春秋貴之，則是黔牟王所欲立也。纂王所立，朔則有罪，今朔不見貶，而黔牟顧先蒙惡，豈春秋意哉！」

趙氏匡曰：「公羊以不言納朔爲避王，據諸侯之心，實不避王，而經文反爲之隱避，是黨罪人也。若以爲爲王諱其逆命，則王室亂及尹氏立子朝猶不諱，不應諱此。若云爲魯諱，則成宋亂及納子糾皆不諱，亦無宜諱此。蓋因納事已著，再書則煩冗，故不書爾。」

彙纂曰：「衞朔得罪于王，而齊襄會諸侯以納之，無王甚矣，故春秋皆書人以貶之。子突，左氏以爲字，穀梁以爲名，其以爲褒救衞則一也。孔氏穎達謂二字而子在上者皆是字，于理爲近，故當從左氏。」

張氏洽曰：「春秋一經王旅之出而合司馬九伐之法者，惟此一事，故特書字以褒之。」

案：劉氏敞謂不言納衞侯朔，不與其納也。陳氏傅良曰以朔入爲重也，伐鄭納突，伐衞納朔，俱不言納，書人而已矣。義極精。

七年夏四月辛卯，夜，恆星不見。夜中，星隕如雨。

左 恆星不見，夜明也。星隕如雨，與雨偕也。杜註：「辛卯，四月五日，

公羊 如雨者何？如雨者，非雨也。不脩春秋曰：雨星不及地尺而復。君子脩之

穀梁 其不曰恆星之隕何也？我知恆星之不見，而不知其隕也。我見其隕而接于

月光尚微，蓋時無雲，日光不以昏没。如，而也。夜半乃有雲，星落而且雨，皆記異也。」 疏曰：「左氏謂星與雨偕，故杜轉如爲而，不得謂狀似雨。」	曰：霣星如雨。 何註：「明其狀似雨爾。」	地者，則是雨說也。著于上見于下謂之雨，著于下不見于上謂之隕。

劉氏敞曰：「如雨者，言衆多不可爲數也。左氏云與雨偕，非也。杜氏注以如猶而，言星隕且雨，亦非也。春秋記星隕爲異耳，夜中而雨，何足記乎！穀梁云著于上見于下謂之雨，以言雨螽可也，以言雨雪則何著于上之有。又曰著于下不見于上謂之隕，以言隕石可也，以言星隕則何不見于上之有。公羊之説尤妄，語若實尺而復，無爲不書。」

彙纂云：「此言隕之多也。三傳之説俱有未協。劉氏敞皆駁之，其義甚精。」

八年夏，師及齊師圍郕，郕降于齊師。秋，師還。郕，公羊作成。

左：仲慶父請伐齊師，公曰：「我實不德，齊師何罪？」乃還。君子是以善魯莊公。

公羊：成者何？盛也。曷爲謂之成？諱滅同姓也。曷爲不言降師吾？辟之也。

何註：「辟滅同姓，使若魯圍之而去，成自從後降于齊師。」

穀梁：其曰降于齊師何？不使齊師加威于郕也。

范註：「使若齊無武功而郕自降。」

劉氏敞曰：「公羊之說非也。實共圍盛，改謂之成；實滅其國，改謂之降；實降于魯，獨言降齊，則是春秋非實錄，豈可傳世乎！穀梁謂不使齊師加威于郕，其意欲以貶齊，其實乃爲齊文過。」

吳氏澂曰：「說者謂魯欲取郕而結陳、蔡同伐，陳、蔡不至，乃藉力于齊。案：魯弱于齊，齊豈肯爲魯役，魯亦何敢役之哉！蓋齊欲圍郕，而徵兵于魯與陳、蔡爾。郕畏齊而不畏魯，故獨降齊師也。」

案：莊公親仇讎而伐同姓，郕又不服而降齊師，師久于外，甘爲讎役，直書而罪自見。經文本自直捷簡易，不知傳者何苦自生支離，左氏以爲善，公、穀以爲諱，俱謬。

九年，公伐齊納糾，齊小白入于齊。左氏作子糾。

左初，襄公立無常，鮑叔牙曰：「亂將作矣。」奉公子小白出奔莒。亂作，管仲、召忽奉公子糾來奔。九年春，雍廩殺無知，公伐齊納子糾，桓公自莒先入。杜註：「小白，僖公庶子。子糾，小白庶兄。」	公羊曷爲以國氏？當國也。其言入何？篡辭也。	穀梁以惡曰入。齊無知弑襄公，公子糾、公子小白不能存，出亡。齊人殺無知而迎公子糾于魯，公子小白不讓，又殺之于魯，故曰入于齊，惡之也。

趙子曰：「莒，近齊小國，而襄公强而無道，大夫如何輒敢將公子奔之而獲安乎！杜註云並僖公之子，尤非也。若然，則糾非讎人之子，公納之不應有深譏。故穀梁云襄被弑，二公子乃出奔，此説爲正。」言皆襄公之子。

李氏廉曰：「子糾，三傳皆以爲當納，趙子、程子、胡氏以爲不當納。所以然者，杜氏以子糾、小白並齊僖之子，而糾長，故當立。穀梁似以子糾爲襄公子矣，而終以糾爲兄，故亦以爲當立。獨程子用史記證之，而定以糾爲襄公子，于是魯納讎之罪明，定以糾爲小白弟，于是糾不當立之義著。然後糾不書子，小白繫齊，管仲之不死，魯之忘親釋怨，皆得其説矣。」

案：左傳，叔向謂齊桓爲衛姬之子，有寵于僖，如此則桓公與子糾皆僖公之子矣。既非雠人之子，春秋何故深罪莊公。三傳及註疏並謂糾爲兄爲當立，如此則桓公爲篡國之賊矣，夫子何以許管仲之不死。程子以糾爲小白弟，蓋以孔子答子路、子貢之言，以大義斷之，不第據薄昭與淮南王書也。況公、穀之經文，糾不書子，而齊小白以國氏，如鄭忽、曹羈之例乎！

十年二月，公侵宋。

左	有鐘鼓曰伐，無鐘鼓曰侵。 例在二十九年。
公羊	觕者曰侵，精者曰伐。 何註：「觕，麤也。將兵至竟，以過侵責之，服則引兵而去，用意尚麤。精猶精密也。侵責之不服，推之入竟，伐之益深，用意稍精密。」
穀梁	包人民、驅牛馬曰侵，斬林木、壞宮室曰伐。

黄氏仲炎曰：「趙子纂例又盡破三傳之說，而曰聲罪致討曰伐，無名行師曰侵。合是數說考之，蓋左氏嘗聞聲罪之說，而誤以爲鐘鼓之聲也。不知春秋書侵，如齊侯侵蔡，晉侯侵楚，皆用大師，而總數國，若無鐘鼓，何以行師，則左氏之說非也。師之所處，荆棘生焉，其爲包人民，驅牛馬，斬木壞室者，皆用兵必至之禍，固無分于侵與伐，則穀梁之說非也。侵伐雖異辭，均之爲挾私逞忿

爾，若謂侵爲無名，則伐豈有名乎？當時諸侯如齊侯侵蔡，晉侯侵曹，必謂其有附楚之罪而侵之，亦不應無名也，則趙子之説又非也。惟公羊以爲觕曰侵，精曰伐，其説近之而未盡。夫奉辭稱罪而討敵，敵必請服，不服則必出師以禦之，是以經書伐者，多至于戰，如齊伐衞，衞及齊戰，宋伐齊，齊及宋戰之類是也。不奉辭稱罪，而但侵擾其疆埸，故敵國不暇請服，而亦不及禦之，是以經書侵者，未嘗至于戰，如齊人侵我西鄙，公追齊師，至巂，弗及。蓋疆埸之事，知之後時，追之已去矣。故曰稱罪而討其國曰伐，不稱罪而掠其境曰侵。」

十一年秋，宋大水。

左公使弔焉云云，對曰云云。 杜註：「公使弔之，故書。」	公羊外災不書，此何以書？及我也。 何註：「時魯亦有水災，書外以見內也。」	穀梁何以書？王者之後也。

陸氏淳曰：「外災來告則書，二傳不達此意，故各穿鑿。」

劉氏敞曰：「公羊云及我也，春秋內魯國而外諸夏，若水災及魯，自可記魯災，無爲詳宋而略我。穀梁云王者之後，案杞亦王者之後，何以不書其災？」

冬，王姬歸于齊。

左	公羊	穀梁
齊侯來逆共姬。 杜註：「齊桓公也。時魯主婚，經不書齊侯逆，不見公。」	何以書？過我也。 何註：「時王者嫁女于齊，塗過魯，明當有送迎之禮。」	其志過我也。

陸氏淳曰：「案：書其歸，爲魯主婚爾。公、穀皆云過我，穀梁他處即云爲之中者歸之，與此自相反矣。」

劉氏敞曰：「不書齊侯逆，不見公，非也。魯爲王主婚，若齊侯來逆女，而公輒不見，何謂主婚矣。其不書來逆者，乃常事，自不書者也。」

案：魯與齊不共戴天之讎，非特不當主襄公之婚，并不當主桓公之婚，特以罪有小大，故書有詳略爾。其餘爲王主婚固多矣，惟莊公之世兩書王姬歸于齊，所以見莊之無父。

十二年，紀叔姬歸于酅。

左	公羊	穀梁
無傳。 杜註：「紀侯去國而死，叔姬歸魯，紀季自定于	其言歸于酅，何也？隱之也。其國亡矣，徒歸于叔爾。	其曰歸，何也？吾女也，失國喜得其所，故言歸焉爾。

齊而後歸之。全守節義，以終婦道，故繫之紀，而以初嫁爲文，賢之也。」		范註：「紀季雖以酅入齊，然襄公豺狼，未可信。桓公既立，德行方宜于天下，是以叔姬歸于酅，魯喜其女得行其志。」

陳氏深曰：「公羊云徒歸于叔，師氏以爲未詳，而謂紀侯既卒，叔姬歸于父母之國可也，嫂叔不通問，況可歸于叔乎！蓋譏之。東海亦謂失以禮自防之義。然叔姬當隱七年歸紀，至此已三十四年，紀國已亡，歸酅奉祀，以終其身。非其婦節可重，聖筆何故書卒，又書葬，以爲婦道之勸乎！」

先母舅曰：「積齋謂叔姬不當歸酅，蓋泥于春秋所書必皆失禮之事，故觸處多礙。至泰山孫氏謂歸爲嫁辭，以伯姬之媵而歸于叔，非其所歸亂也，則悖謬之甚。叔姬此時年近六旬，老而歸酅，不忘其故，奈何以亂責之。」

十三年春，齊侯、宋人、陳人、蔡人、邾人會于北杏。齊侯，穀梁作齊人。

左以平宋亂。遂人不至。	公羊無傳。何註：「桓公時未爲諸侯所信向，	穀梁是齊侯、宋公也。其曰人，何也？桓非受命之伯

故使微者會也。」

也，稱人，衆之辭也。范註：「言非王命，衆授之以事。」

汪氏克寬曰：「桓率諸侯以平宋亂，宋公決不以微者會郳小國，尤不敢以微者會公侯。」

李氏廉曰：「春秋始伯之書有三：北杏獨書齊侯，曹南獨書宋公，城濮獨書晉侯是也。」

彙纂曰：「穀梁作齊人，據李氏廉始伯之辭，例以曹南、城濮，則當作齊侯爲是。四國稱人，何氏休謂爲微者。案：春秋時諸侯列于會而位乃定，左氏謂平宋亂，則宋人爲宋公無疑，餘可知矣。或以稱人爲貶辭，或以爲衆辭。以爲貶者，天子錫命之法，以爲衆者，諸侯推戴之情，二説相兼始得。」

冬，公會齊侯，盟于柯。

左始及齊平也。

公羊何以不日？信之也。莊公將會乎桓，曹子進曰：「君之意何如？」莊公曰：「寡人之生，則不如死。」曹子請劫之云云，遂劫桓公，

穀梁曹劌之盟也，信齊侯也。不日，信也。

	請汶陽之田。桓公與之。要盟可犯，而桓公不欺，信著乎天下，自柯之盟始。

趙子曰：「桓公未嘗侵魯地，及盟後未嘗歸魯田，且莊公與齊大讎，襄公之時猶歡好不絕，不應至桓公卻生讎怨。」孫氏覺曰：「齊、魯不和久矣，于是齊桓求伯，欲與魯平，故爲柯之盟。左氏曰『始及齊平』，是也。公羊載曹劌劫盟，經無其事。趙子曰：『其事迹既妄，不可以訓。』」彙纂曰：「公、穀皆以不日爲信。案：隱元年盟蔑，莊九年盟蔇，經不書日，穀梁曰：『其盟渝也。』至扈與葵丘，桓盟亦有書日者，則又遷就其説，或以爲危之，或以爲美之，何前後之屢相互異如此。朱子謂以日月爲褒貶，穿鑿得全無義理者，此類是也。日不日，皆因史舊文，假令舊史所無，聖人安得而强加之乎！」

十四年夏，單伯會伐宋。

左	公羊	穀梁
宋人背北杏之會。諸侯伐宋，齊請師于周。夏，單伯	其言會伐宋何？後會也。	會，事之成也。范注：「伐事已成，單伯乃至。」

俞氏皋曰：「單伯，魯卿，元年逆王姬者。〈左氏以爲周卿，故誤逆爲送。至是又附成其說，不知周有單子，非單伯也。〉若是周之單伯，則當書曰天王使單伯會伐宋，不當如此書法矣。」

左鄭成也。

杜註：「言同盟，服異也。」

十六年冬十有二月，會齊侯、宋公、陳侯、衛侯、鄭伯、許男、滑伯、滕子同盟于幽。〈公羊作公會。〉

公羊同盟者何？同欲也。

穀梁同者，同尊周也。

先母舅曰：「春秋書同盟十有六，其二齊桓，其十四晉。說左氏者曰：言同盟，服異也。說公羊者曰：書同盟，志同欲也。說穀梁者曰：齊盟二，皆同尊周，晉盟十四，皆同病楚。四說者通于此，或不通于彼。至定則自相矛盾，幾夢如亂絲。惟劉原父曰：『同，所以名盟爲耳。』一言決千古之疑矣。知同盟爲當時命盟之名，則春秋之書同盟，不過直書其事。而其不書者，亦當時自不以同盟爲名，而非聖人創立一例，以襃貶之也。文定于二幽之盟則曰：『志諸侯同欲而書同，視他盟爲愈，是聖人與之也。』于蟲牢則曰：『特書同以見其皆不臣，是聖人惡之也。』予之而書同，惡之而又書同，朱子謂此後世舞文弄法者之所爲，曾聖人之春秋而有是哉！」

又曰："春秋之書同盟，惡其無王命而行天子同盟之禮也。覲禮，天子以會同之禮見諸侯；諸侯不協則有盟，爲壇祀方明，方伯臨之，謂之同盟。齊桓非受命之伯，而行其禮，僭也。逮其後且至以大夫而行同盟之禮矣。春秋于幽之盟，諱不書公，謹其始，以示貶，所謂直書其事而自見也。夫同盟之名，昉于周禮、儀禮，其來舊矣。論者以爲聖人特加之名，或以爲予之，或以爲惡之，後人將何所取準乎！"

黄氏仲炎曰："盟而加同者，録當時載書之辭爾。葵丘盟曰『凡我同盟之人』，蓋同盟之辭，在當時有之，非孔子新筆也。即是以知凡載書曰同盟于某，孔子脩之，亦曰同盟，無此字則不書也。說者多曰同欲，同盟于清丘，而衞將叛盟，同盟于斷道，而魯不肯盟，同盟于平丘，而齊不受盟，豈同欲也哉！"

十七年春，齊人執鄭詹。

左鄭不朝也。	公羊此鄭之微者。何言乎齊人執之？書甚佞也。	穀梁卑者不志，此其志何也？以其逃來志之也。將有其末，不得不録其本。鄭詹，鄭之佞人也。

李氏廉曰：「左氏說是。公、穀以詹爲佞人，此無據之言。杜氏以稱人爲賤之，穀、梁又以稱人爲與齊，皆非。公羊又以爲魯信用詹計，取齊淫女，卒爲後敗，故甚其受佞。其說出緯文，不可取。」

彙纂曰：「公、穀以爲佞，固非。左氏以爲不朝，夫同盟未逾月，乃遽責其不朝，可乎！孫氏復爲盟未歸而見執，及陳轅濤塗例之，情事頗合。」

案：詹不氏，與柔、挾同，蓋大夫之未命者。書執，罪齊也。書逃，罪詹不能守節也。僖七年傳曰：「鄭有叔詹、堵叔、師叔三良爲政。」稱曰三良，則知佞人之說非矣。

十八年，公追戎于濟西。

左	不言其來，諱之也。杜註：「戎來侵魯，魯人不知，去乃追之。」
公羊	此未有言伐者，其言追何？大其未至而豫禦之也。其言于濟西何？大之也。
穀梁	其不言戎之伐我，何也？以公之追之，不使戎邇于我也。于濟西，大之也。

劉氏敞曰：「公羊謂大其未至而豫禦之，非也。若未至而禦，何謂之追乎！穀梁謂不使戎邇于我，戎若不來，公則無追。又云于濟西，大之，亦非也。既不言戎之來，又不言濟西，則當但云公追

戎矣，安知追之于何所乎！」

汪氏克寬曰：「春秋書追二，追戎濟西，譏其在境而不能預備也。追齊師至酅，譏其出境而弗敢及之也。」

彙纂曰：「左氏云諱之，蓋諱其無備，意與胡傳同。若公、穀大之之説則非也，劉氏駁之甚明。」

程氏端學曰：「春秋書此義在于遠追耳，非譏其無備也。」

十九年，公子結媵陳人之婦于鄄，遂及齊侯、宋公盟。

左無傳。

杜註：「結在鄄聞齊、宋有會，權事之宜，去其本職，遂與二君爲盟。盟本非魯公意，而又失媵陳之好，故三國冬各來伐。」

公羊諸侯娶一國，則二國往媵之。媵不書，爲其有遂事書。禮，大夫受命，不受辭，出竟，有可以安社稷利國家者，則專之可也。

穀梁媵，淺事，不志。此其志，何也？辟要盟也。

范註：「魯實使公子結要二國之盟，未審得盟與否。故以媵婦爲名，得盟則盟，不則止。」

劉氏敞曰：「公羊以陳人爲陳侯，果如是，春秋無故貶損陳侯，使從人稱。蓋陳人，特陳大夫耳。穀梁云『辟要盟』，魯誠欲自託于大國者，豈敢以媵婦之名，而遣使者以取戾于伯主哉！」

李氏廉曰：「魯大夫書遂始于此，僖三十年公子遂如晉，襄十二年季孫宿遂入鄆，大夫專國之漸也。公羊以爲善，穀梁以爲魯實使之，皆非經旨。」

黄氏士炎曰：「公羊謂大夫出疆，有可以安社稷利國家，則專之可也。漢廷議論多祖其説，而不知其非也。春秋之亂，正由臣下擅主威，大夫竊國命，故特書大夫遂事，以垂戒于萬世。就使結真能安國家，而矯命已爲可罪。況秋與齊、宋盟，而冬受齊、宋之伐，則所謂安者奚在乎！」

案：公、穀皆以爲魯女媵陳侯之婦，程子則謂鄄之巨室嫁女于陳人，結以其庶女媵之。積齋或問云：「如此則經當書公子結之女媵鄄人之女于陳，遂及齊侯、宋公盟，不當如今所云也。結既爲媵，自然知爲魯女矣。」積齋所駁極是。鄄是衛之東地，正義謂陳取衛女爲婦，魯使結送媵向衛，至鄄，聞齊、宋爲會將謀伐魯，因舍其本職，遂與二君會盟。齊、宋以其非君命而怒，陳以其送女之不終而怒，故冬各來伐。據此説極有理。但陳人終當作陳侯，若是陳之大夫娶婦，魯無用以國君之女往媵。若説鄄之巨室嫁女陳人，陳更無爲以微者之失好而怒也。況巨室嫁女，而結女爲媵，何須親送。即送，亦極細事，何足重煩聖筆。人字或係侯字之誤耳，或以其爲下事起，故稱人以略之，未可知。程子嘗言大夫無内主則家道不立，故不得已而再娶。如此則大夫無媵矣，陳人安得有滕，兩説自相違反。

二十年，齊大災。

左無傳。杜註：「天火曰災。」

公羊大災者何？大瘠也。大瘠者何？痢也。何註：「瘠，病也，齊人語。痢，民疾疫也。」

穀梁其志以甚也。

啖氏助曰：「災，天火也。若以大災爲大瘠，新宮災，亦可云新宮瘠乎？」

二十二年，肆大眚。公羊眚作省。

左無傳。

公羊大省者何？災省也。譏始忌省也。何註：「謂子卯日也。先王常以此日省，吉事不忍舉。時魯有夫人文姜之喪，忌省日不哭。省日本以

穀梁肆，失也。眚，災也。爲嫌天子之葬也。范註：「言放失大罪惡。文姜之罪本應誅絶，不當葬。若不赦除衆惡而書葬，爲嫌天子許之，明須赦而後得葬。」

左	公羊	穀梁
	忌吉事，不忌凶事，譏莊公不盡子道。」	

劉氏敞曰：「經云肆大眚，而公羊謂之忌省，其文與其理不可訓解，蓋不足辨。穀梁曰爲嫌天子之葬，文姜存時猶莫之討，今死矣，反待天子而葬乎！」

案：公、穀之説不同，皆以連下葬我小君文姜立義，故各生如此穿鑿。趙氏匡曰：「赦自赦，葬自葬。肆大眚者，譏其縱釋有罪爾。」程子謂凡赦何嘗及得善人。此説是也。

二十四年，大夫宗婦覿，用幣。

左	公羊	穀梁
公使宗婦覿，用幣。御孫曰：「男贄，大者玉帛，小者禽鳥。女贄，不過榛、栗、棗、脩。今男女同贄，是無別也。」	宗婦者，大夫之妻也。見用幣，非禮也。	禮，大夫不見夫人，不言及不正，其行婦道，故列數之也。

胡氏寧曰：「譏同見也，故不稱及。若大夫不覿，只書宗婦覿足矣。」

彙纂曰：「古者仕于其國有見小君之禮，則夫人始至而大夫見之，固亦禮之所有。穀梁謂大夫不見夫人，與諸傳不合。劉氏敞駁之爲是。公羊及胡傳皆以宗婦爲大夫之妻，蓋兼異姓言之。杜氏以爲同姓大夫之婦。案襄二年葬齊姜，齊侯使諸姜宗婦來送葬，諸姜是同姓之女，則杜氏之說爲正。」

案：左氏只言公使宗婦覿，不言大夫，而杜氏預謂同贄俱見。諸儒因攻杜氏，謂杜氏解經一宗左氏不少違，此乃不察而背之，世豈有男女俱見之理。愚以莊公欲奢夸夫人，丹楹刻桷，無所不至。唐高宗以百官命婦同宴於麟德殿，淫昏之君，往往如此，不足異也。

冬，戎侵曹，曹羈出奔陳，赤歸于曹。郭公。公、穀皆以赤歸于曹郭公六字爲句。

左	公羊	穀梁
左無傳。杜註：「羈蓋曹世子也。先君既葬而不稱爵者，微弱不能自定，曹人以名赴。赤，曹僖公。蓋爲戎所納。郭公闕誤。」	公羊曹羈者，曹大夫也。何以書？賢也。戎將侵曹，曹羈諫曰：「君請勿自敵。」三諫不聽，遂去之。赤者何？蓋郭公也，失地之君也。	穀梁赤蓋郭公也。何爲名也？諸侯無外歸之義，外歸非正也。

趙氏匡曰：「公、穀皆云赤蓋郭公。案：郭公自是闕文。赤者，曹公子，文義都不相關，誤甚矣。」

蘇氏轍曰：「公、穀皆云郭公赤失國而歸于曹，果爾當書曰郭公赤出奔曹，不當先書赤歸于曹，而後繼之以郭公也。」

案：羈出赤歸，與鄭之忽出突歸同例，赤蓋挾戎以篡嫡爾。公羊謂曹羈爲曹大夫，三諫不聽，事屬無據。又公、穀以羈、赤一事分作兩事，連下郭公，又以兩事並作一事，迂拙不可解。先儒或以爲郭亡，亡字與公字相似，故誤。郭亡之跡見管子書。郭亡者，言郭自亡，與春秋書梁亡同例，義亦通。

二十六年，曹殺其大夫。

左	公羊	穀梁
左無傳。	公羊何以不名？衆也。曷爲衆殺之？不死于曹君者也。 何註：「曹諸大夫與君俱敵戎戰，曹伯爲戎所殺，	穀梁言大夫而不稱名姓，無命大夫也。曰大夫，賢也，爲曹羈崇也。 范註：「于時微國衰陵，其大夫降班失位，下同于士，故無命大夫。

	餘大夫不伏節死義。後嗣子立而誅之，春秋以爲得其罪，故衆略之不名。」	而曹羈獨以賢，不用其言，使出奔他國，終于受戮，君子愍而崇之。」

趙氏匡曰：「公羊云不死于曹君，假如不死節，豈有舉國盡殺之乎！穀梁曰無命大夫，案例不命大夫被殺皆稱名。」

孫氏覺曰：「春秋殺大夫三十有八，而不名者三，非賢之，史失之也。舊史失其名，孔子安得而妄加之。公羊云不名，衆也。案：春秋晉殺三郤猶悉名之，安得衆而不名乎！穀梁曰無命大夫，宋殺大夫亦有不名者，豈宋大國亦無命大夫乎！皆不通也。」

案：此春秋譏專殺大夫爾。不名者，係孔子脩成以後失之，詳見闕文表。

二十七年，公子友如陳，葬原仲。

左	公羊	穀梁
非禮也。原仲，季友之舊也。	大夫不書葬，此何以書？通乎季子之私行也。何通乎季子之私行？辟内難	言葬不言卒，不葬者也。不葬而曰葬，諱出奔也。

	也。	

陸氏淳曰：「穀梁云不葬而曰葬。案：春秋前後無有虛設其事以爲義者。且書葬之意，直譏季友之行爾，彼是陳國大夫，安得書其卒乎！」

劉氏敞曰：「公羊云辟內難，此時去莊公歿尚數年，內難未作，何辟之有。」

彙纂曰：「人臣無境外之交，季友越國會葬，故春秋直書以示貶。公、穀之說皆非也。」

二十八年春王三月甲寅，齊人伐衛，衛人及齊人戰，衛人敗績。

左	公羊	穀梁
左王使召伯廖賜齊侯命，且請伐衛，以其立子頹也。春，齊侯伐衛，數之以王命，取賂而還。	公羊伐不日，此何以日？至之日也。至日使伐，明暴。曷爲使衛主之？衛未有罪爾。何註：「蓋爲幽之會，服父喪未終而不至故。」	穀梁其曰人何也？微之也。授之諸侯而後有侵伐之事，故微之也。范註：「齊侯始受方伯之任，未能信著鄰國，不宜遽行侵伐，故書人以微之。」

案：左氏十九年秋，王室有子頹之難，五大夫奉子頹以伐王，不克，蘇子奉子頹奔衛。衛師、燕師伐周立子頹。明年春，鄭厲公和王室，不克，執燕仲父，以王歸，處于櫟。又明年夏，鄭、虢同伐

王城，殺子頹及五大夫，首尾凡五年。而齊桓于是時方伐魯、伐戎，于王室之難若罔聞知，天王亦不聞乞師伐衞。到此已越十年，衞君已易世矣，乃始請師于齊，齊桓爲之伐衞，天王不應含忍于其父，而蓄怒于其子，齊桓不應坐視于衞朔稱兵犯順之時，而興師于衞懿易代新喪之後。且王室子帶、子朝之亂，經文紀之詳矣。天王出居于鄭則書，劉子、單子以王猛居于皇則書，天王居于翟泉則書，獨子頹之事，絶不一見。説者謂襄王實啟叔帶之亂，而惠王未有過，故爲之諱。據左氏所書，惠王亦未得爲無過，且卽使無過，亦安得諱王猛。敬王未嘗有過，不聞爲之諱也。又云數之以王命，取賂而還，此乃齊、晉末世之事。桓公創伯方新，安得有此。故知左傳之事不足信，學者以經斷之可也。公羊云衞未有罪，何休註：幽之會不至，衞懿蓋以喪服未終故。齊遽伐之，故貶稱人。此義較平允。

三十年，齊人伐山戎。

左無傳。	公羊此齊侯也。其稱人何？貶。蓋以操之爲已蹙矣。	穀梁齊侯也。其曰人何也？桓内無因國，外無從諸侯，而越千里之險，北伐山戎，危之也。則非之乎？善之

也。燕，周之分子也，貢職不至，山戎爲之伐矣。

程氏端學曰：「伐山戎，安知其不命？將獻戎捷，安知其不自行乎？」呂氏大圭曰：『以僖十年齊侯、許男伐北戎觀之，則伐北戎爲齊侯親往，伐山戎爲將卑師少。不然一齊侯也，前伐山戎則稱人，後伐山戎則稱侯，前後自異，誰能曉之。』又曰：『齊人伐山戎，先儒多以爲齊侯，又以爲救燕。使實齊侯，經當書曰齊侯，使實救燕，經當書曰救燕。今經書曰齊人，又不曰救燕，則傳之説不然矣。萬世取信者，經也。據經考傳之真僞可也，據傳疑經，先儒之大弊也。』」

彙纂曰：「穀梁以爲善救燕，以通職貢，胡傳本公羊貶之之説，以爲譏勤遠略，蓋皆謂齊桓親行，而其實非也。僖十年伐北戎則稱齊侯。以國語考之，齊桓親伐山戎在伐楚之後，蓋即指僖十年之役耳。是時桓親行，故書齊侯。此年不過遣將薄伐，故循將卑師少之例而稱人。至于會魯濟，獻戎捷，鄰封歲一相見，恆事爾，不足爲齊桓親伐之證也。經不書戎伐燕，亦不書齊救燕，則以書人爲善救燕者，亦非也。救邢、救許皆書于册，何獨于救燕則没而不書。」

三十一年，齊侯來獻戎捷。

左	公羊	穀梁
非禮也。凡諸侯有四夷之功，則獻于王，王以警于夷。中國則否。諸侯不相遺俘。	齊，大國也。曷爲親來獻戎捷？威我也。其威我奈何？旗獲而過我也。	內齊侯也。不言使，內與同，不言使也。軍得曰捷，戎菽也。

趙氏匡曰：「據齊未霸之時，尚不曾朝魯，今既爲伯主，豈有自獻戎捷乎！必無此理。但文誤，蓋去年伐山戎當書齊侯，此獻捷當書齊人，交互致誤爾。」又曰：「穀梁云戎菽也，齊桓分菽豆與諸侯，不近人情。又捷者，軍得爾，安知是菽乎！」

案：公羊云過我，齊在魯北，燕與戎又在齊北，伐戎無過魯之理。

三十二年，城小穀。

左	公羊	穀梁
爲管仲也。 杜註：「公感齊桓之德，故爲管仲城私邑。」	無傳。 疏云：「二傳作小字，與左氏異。」	無傳。 范註：「小穀，魯邑。」

高氏閌曰：「杜預以小穀爲齊邑。若然，聖人亦當異其文而繫諸齊。且公雖感齊桓之私，豈肯爲管仲城私邑。昭十一年傳所稱齊桓城穀而寘管仲，蓋齊自有穀，非魯之小穀也。」

趙氏鵬飛曰：「左氏因楚申無宇有齊桓公城穀而寘管仲之言，遂以此年城小穀牽合其事曰爲管仲也。杜氏因之，遂以小穀爲穀城。夫穀城固齊地，而安可强改小穀爲穀城耶？李氏廉亦言經傳所稱齊之穀凡六見，皆止書穀，無言小穀者。且桓公之有功于魯，在高子來盟之後，莊公時未見有功之迹，故當從穀梁。孫氏復謂曲阜縣西北有小穀城。孫，魯人，終身學春秋，小穀之爲魯邑明甚。」

閔公

元年，公及齊侯盟于落姑。

左	公羊	穀梁
請復季友也。齊侯許之，使召諸陳，公次于郎以待之。	無傳。	盟納季子也。

彙纂曰：「落姑之盟，穀梁止曰盟納季子，而左氏以爲請復季友，孰請之耶？是時慶父當國，閔公方幼，慶父既不欲請，閔公又不能請，故陳氏傅良謂國人爲之，吴氏澂謂國之世臣如石碏者爲之，卓氏爾康以爲陳方爲齊所厚，季友援陳人，以請齊桓，俱于情事頗合。」

齊仲孫來。

左	公羊	穀梁
冬，齊仲孫湫來省難。書曰仲孫，亦嘉之也。	齊仲孫者何？公子慶父也。曷爲繫之齊？外之也。	其曰齊仲孫，外之也。其言齊，以累桓也。 范註：「言齊桓容赦有罪，故繫慶父于齊。」

劉氏敞曰：「孫以王父字爲氏，此乃慶父之身也，未可以稱仲孫。且經實繫之齊，若之何謂魯仲孫哉！此不近人情之尤者。」

二年夏五月乙酉，吉禘于莊公。

左	公羊	穀梁
速也。	言吉者，未可以吉也。未三年也，三年之喪實以二十五月。其言于莊公何？未可以稱宮廟也。吉禘于莊公何以書？譏始不三年也。	吉禘者，不吉者也。喪事未畢而舉吉祭，故非之也。 范註：「莊公薨，至此方二十二月，喪未畢。」

趙氏匡曰：「經但譏此時未當吉祭爾，非謂魯便以此爲常也。」

僖公

二年冬十月，不雨。三年春王正月，不雨。夏四月，不雨。六月，雨。

左自十月不雨至于五月，不曰旱，不爲災也。

杜註：「一時不雨，則書首月。」正義曰：「冬春夏皆竟時不雨，至六月得雨，乃書之，示不竟夏。是杜解五月所以不書不雨之意。」

公羊記異也。其言六月雨何？上雨而不甚也。

何註：「據上得雨不書，又云一月不雨，未足害物，而卽書者，善僖公精誠感天，不雩而得澍雨，故一月卽書不雨也。」疏云：「上謂二年之十一月、十二月，三年之二月、三月、五月，皆不書不雨者，是嘗得雨，但未得澍雨故也。」

穀梁一時言不雨者，閔雨也。雨云者，喜雨也。有志乎民者也。

范註：「一時不雨則書首月。」疏云：「一時輒言不雨者，以僖公憂雨，故時時別言之。得雨則心喜，〔一〕心乎愛民，故特書六月雨。」

案：左、穀梁皆以爲一時不雨，杜註、范註文同。公羊則以爲一月不雨，餘月卽有雨。其不書雨者，小雨不甚故也。愚意左、穀爲是，小雨亦止可言不雨耳，若單是一月不雨，未是變常，不足書也。至積齋程氏截斷冬十月、春王正月、夏四月爲句，從一時無事書首月之例，謂三不雨與上文不相蒙，此又求新而反鑿。不雨二字，不蒙月，定當蒙時，則已非一時無事，無用書首月。若懸空書不雨二字，更似一年不雨，無此書法也。六月雨，則穀梁謂喜雨者得之。蓋周之六月，是夏之四月，正當播種之時，甘霖大沛，君民同喜，故書。若文公時三書不雨，其一自十有二月至于秋七月，其二自正月不雨至于秋七月，不書八月雨者，八月爲夏之六月，此時苗已枯死，雖雨亦無用，故不書八月雨也。何休謂不雩而得澍雨，亦非。此時而雩，正是合禮不書。春秋書雩二十一，皆書大雩，志其僭也。春秋兩書大旱，皆在夏秋，三不雨皆連秋言之。周之秋，今之夏，故爲災。此書六月雨，則正當孟夏，自宜不爲災也。

秋，齊侯、宋公、江人、黄人會于陽穀。

左	謀伐楚也。
公羊	此大會也，曷爲末言耳？末者，淺耳。但言會不言盟。桓公曰：「無障谷，無貯粟，無易樹子，無以妾爲妻。」何註：「四者皆時人所患。」時桓公功德隆盛，
穀梁	陽穀之會，桓公端委搢笏而朝諸侯，諸侯皆諭乎桓公之志。

	諸侯咸曰：『無言不從，曷爲用盟哉！』所以言會不言盟也。」	

彙纂曰：「以爲謀伐楚者，左氏也。公、穀則皆無此意。然下與伐楚事相近，疑左氏說是。」

四年，楚屈完來盟于師，盟于召陵。

左楚子使屈完如師，師退，次于召陵。齊侯陳諸侯之師，與屈完乘而觀之。齊侯曰云云，對曰云云，屈完及諸侯盟。	公羊師在召陵，則曷爲再言盟？喜服楚也。楚有王者則後服，無王者則先叛。桓公救中國，卒帖荆，以此爲王者之事，序績也。	穀梁不言使，權在屈完也。來者何？內桓師也。于召陵，得志乎桓公也。得志者，不得志也。以桓公得志爲僅矣。范註：「楚子不來，屈完辭又不順，僅乃得志。」

彙纂曰：「胡傳本公羊，以爲序績，諸儒多從之者。但屈完來盟，其辭甚亢，既盟之後，楚人圍許、滅弦、滅黄，敗徐，桀驁如故，而桓不能禁，則穀梁所謂得志爲僅者，豈不信哉！」

八年，禘于太廟，用致夫人。

左禘，而致哀姜焉，非禮也。凡夫人，不薨于寢，不殯于廟，不赴于同，不祔于姑，則弗致也。

公羊譏以妾爲妻也。其言以妾爲妻奈何？蓋脅于齊媵女之先至者也。何註：「僖公本聘楚女爲嫡，齊女爲媵，齊先致其女，脅僖公使用爲嫡，故從父母辭言致，因禘祭而見于廟。」

穀梁言夫人而不以氏姓，非夫人也，立妾之辭也。范註：「劉向曰：『夫人，成風也。致之于太廟，立之以爲夫人。』」

按：此三傳之説各不同，公羊謬妄不足辨，學者所争論者，左氏與穀梁之説耳。楊氏士勛曰：「若如左氏之説，則哀姜元年爲齊所殺，何爲今日乃致之？」其言似有理由，是彙纂所徵引諸家悉主穀梁之説，而其實非也。木訥趙氏曰：「先君已死，子安有見母于廟之理。不詰自屈。」先母舅曰：「致夫人，乃致死者，非致生者也。若如劉向云立成風，則經當言立夫人，不當但言致夫人。言致夫人，語未明白，且古無以子册母之禮。」泰山孫氏又謂以夫人之禮致成風于太廟，使之與祭。將爲主婦而祭乎？將以聲姜爲主婦，而成風與助祭乎？尤不可通矣。其遲至八年而後致者，以哀姜醜聲昭著，僖公疑于其禮，不敢即行，故遲至八年大祭始行之耳。詳見吉禮口號註。

又趙氏匡盡闢三傳之說，而以夫人爲聲姜，其言曰：「僖公若致其母，卽當言夫人風氏，不當但云夫人。但云夫人者，時君之妻耳。且聲姜更無書至處，故知因其至，特設禘禮以爲榮觀。」尤謬妄可笑。設太廟盛禮，以爲媚悅婦人之計，此與莊公之丹楹刻桷何異？僖公賢君，豈宜有此。先師高紫超氏曰：「夫人指哀姜，斷無可疑。其不稱姓謚而止稱夫人，正與前書夫人氏之喪書法相照，貶之至也。」得之矣。

高氏閌又謂五世之夫人，莘老又謂聲姜、哀姜、成風。程積齊盡絀諸家之說，而獨取趙氏，殊不可解。

又趙氏木訥亦主聲姜，其言曰：「魯禘文王，僖娶于伯主，内以爲榮也。魯祀文王，外以爲榮也。此亦莊公覿用幣之意。」噫！莊公之媚哀姜，此是何等醜事，而乃輒以爲比乎！其說亦自露破綻矣。

九年，晉里克殺其君之子奚齊。

左	公羊	穀梁
書曰「殺其君之子」，未葬也。	此未踰年之君。其言弒其君之子奚齊何？弒未踰年君之號也。	其君之子云者，國人不子也。不正其殺世子申生而代之也。

啖氏助曰：「齊舍亦未踰年君也，何不云其君之子？故知穀梁國人不子之義是也。」張氏洽曰：「齊舍未踰年而稱君，以舍之正而與之也。」先母舅曰：「非也，舍立五月而商人弒之，君臣之位定，雖未踰年稱君。獻公甫卒，而奚齊殺子喪次，未立乎位而爲君，則稱其君之子而已。設奚齊既立，如舍之五閱月而被弒，則春秋必書晉里克弒其君奚齊，如卓子之例矣。」程氏端學曰：「奚齊非弒逆之賊，立雖不正，則固晉人之君也。使里克弒之于既立之後，則豈非弒其君哉！且卓與奚齊皆庶孽，何獨于卓而書弒。愚謂穀梁國人不子之說非也，先君既以爲子，國人安得不戴以爲君。若先君子之，國人可以不子之，則權自下操，五季末世，大亂之道也。」

十三年，公會齊侯、宋公、陳侯、衛侯、鄭伯、許男、曹伯于鹹。

左	公羊	穀梁
淮夷病杞故，且謀王室也。	無傳。	兵車之會也。
秋，爲戎難故，諸侯戍周。		

案：左氏僖十一年揚、拒、泉、皋、伊、雒之戎同伐京師，入王城，焚東門，王子帶召之也。十二年，王討王子帶，子帶奔齊。冬，齊侯使管夷吾平戎于王。明年春，使仲孫湫聘于周，且言復王子帶。此言諸侯戍周，亦爲戎難故。果如此，齊桓之罪大矣。夫子帶以臣伐君，召戎入寇，至焚掠畿甸，

在子帶則屬籍當絶，在戎則必誅不赦。乃桓公不聞出一旅助王，以犯甸之戎而爲之求平，以伐君之賊而爲之求復，是黨逆抗順，末世朱全忠、李茂貞所爲，曾謂尊周攘夷者而出此乎！且不伐戎于稱兵犯闕之時，而戍周于戎師既退之後，齊之畏戎何其甚，而管仲之舉動何其愚也。況果有召戎伐王之事，春秋何以没而不書。彭山季氏謂左傳妄誕不足信，有以也。

十四年春，諸侯城緣陵。

左 諸侯城緣陵而遷杞焉。不書其人，有闕也。 杜註：「闕謂器用不具，城池未固而去，爲惠不終。」正義曰：「不言某侯某侯，與城邢文異。」	公羊 城杞也。曷爲城杞？滅也。孰滅之？蓋徐、莒脅之。孰城之？桓公城之。曷爲不言桓公城之？不與諸侯專封也。	穀梁 其曰諸侯，散辭也，桓德衰矣。 范註：「直曰諸侯，無小大之序，是各自欲城，非伯者所能制，故曰散辭。桓公德衰，所以散也。」

陸氏淳曰：「左曰有闕，穀梁曰散辭，皆不知前目後凡之例，故多生穿鑿爾。」

案：左氏云淮夷病杞，公羊云徐、莒脅之，賈逵據書序謂徐即淮夷也。木訥趙氏曰：「淮與徐大遠于杞，不啻千里之遥，無病杞之理。杞初國于陳留，桓六年遷于淳于，在今密州，淮夷則在今之泗州，蓋越魯而後至于此，豈有越魯數百里而滅杞乎！」高郵孫氏亦言徐、莒小國，何能脅杞使遷。且經無其事，未可據也。

先師高紫超氏曰：「左氏淮夷病杞之說，考之經文無明據。今案：僖十二年之夏書楚人滅黃，十三年之春書狄侵衞，而于十四年春城緣陵，疑緣陵爲巖險之地，係楚、狄出入往來必由之道，故特城以控扼之，與城楚丘之意略同爾。若以爲遷杞，則莫能探索其義矣。大抵胡氏三城之說皆據傳文爲斷，而不考于經之前後本末，故有傳義愈明而經義愈晦者。」

緣陵，臣瓚謂卽北海郡營陵縣。案：營陵一名營丘，卽今青州府之臨淄縣，乃師尚父初封之地，豈有以封杞之理，其謬不待辨。或云在今諸城縣界，總因左氏有緣陵遷杞之文而爲之說耳。桓六年淳于公如曹不復，杞卽並其地，至襄二十九年晉人城杞之淳于，是杞都淳于，始終未嘗改，無由中閒遷緣陵，又自緣陵復遷淳于也，足知遷杞之說爲妄矣。

夏六月，季姬及鄫子遇于防，使鄫子來朝。

左	公羊	穀梁
鄫季姬來寧，公怒，止之，以鄫子之不朝也。夏，遇于防，而使來朝。	內辭也。非使來朝，使來請己也。 何註：「魯不防正其女，乃使要遮	遇者，同謀也。來朝者，來請己也。朝不言使，言使非正也。以病繒子也。

鄫子淫泆，使來請己，與禽獸無異。」

范註：「魯女無故遠會諸侯，遂得淫通。此亦事之不然，左氏之說近合人情。」

彙纂曰：「胡傳謂僖公愛女，使自擇配，說本公、穀。然僖公，魯之賢君，聲姜又有令妻之稱，豈肯聽女自擇配。如果來朝爲請昏，則既朝之後，必有納幣逆女之事，何俱不見于經耶？故當專從左氏。」

案：啖氏助力主公、穀之說，謂魯之淫風久行，積漸成俗，季姬少見文姜之行，遂致于此，不足爲怪。諸儒自蘇子由氏而下俱力闢之，而從左氏，其說是矣。然先師高紫超氏終以文定擇配之說爲未可盡非，其言曰：「若如左氏之說，則下文季姬歸于鄫之書爲贅矣。季姬歸鄫，與伯姬歸紀，書法一也，其爲出嫁之辭，非歸國之辭可知也。春秋于內女之歸寧而反國者例不復書，而此獨書季姬歸鄫何爲乎？且果曰歸寧也，則去來當亦不過旬時，今乃歸寧于十四年之六月，而歸國于十五年之九月，縱怒其不朝而止之，亦當于既朝而卽歸之，何至羈留久遠若斯也。然則于防之遇，其爲蔓草清揚之會可知矣。然而僖公一聽爲之者，必以此爲牽絲之良姻，雀屏之佳話，而不以爲嫌也。若以季姬爲已嫁之女，則夫婦相會于途，固屬常事，而使之來朝，亦閨房相勸時有之言也，何與于經世之大典而書之。」案：先師之言亦甚辨，當並存之，以俟知者。

方氏苞曰：「內女適人者繫國，季姬書字而未繫諸國，則女而非婦明矣。及者，內爲志，蓋使自擇配，故得與鄫子遇也。如左氏所傳，則當書某月鄫季姬來，某日及鄫子會于防，使鄫子來朝。若卒然相遇，不由期約，則當書季姬遇鄫子于防，以是知公羊所傳于經爲合也。明年季姬歸于鄫，以始嫁之辭書，則此非歸寧益曉然明矣。凡内女之歸，非失禮不書。」

案：孫氏寬、高氏閌、趙氏與權、程氏端學、黄氏仲炎説皆從公羊。

家氏鉉翁曰：「以書法觀，則明年九月歸于鄫，此始嫁也。僖公號賢君，略無正家之法，魯之不競實由乎此。」

葉氏夢得曰：「子産爲鄭不能奪公孫黑之强委禽，乃從徐吾犯妹之所欲，以與子南，其習俗有自來矣。公羊以爲奔則已甚。擇配之説，吾于子南之事徵之。」

沙鹿崩。

左 晉卜偃曰：「期年將有大咎，幾亡國。」	公羊 沙鹿者何？河上之邑也。其言崩何？襲邑也。外異不書，此何以書？爲天下記異也。	穀梁 林屬于山爲鹿。沙，山名也。無崩道而崩，故志之也。

姜氏廷善曰：「沙鹿，山名，陽平元城縣東有沙鹿土山。陽平，今大名府。大名去晉地遠，僖

公時，晉猶未至于東方。左氏卜偃之言蓋屬附會，後儒遂以爲晉地，非也。公羊爲天下記異者得之。」

案：沙鹿，山名，見漢書元后傳，在今大名府元城縣東四十五里。公羊以爲邑，穀梁以鹿爲山足，皆妄也。

又案：沙鹿卽五鹿，元城郭東有五鹿之墟，卽沙鹿地。僖二十八年文公伐衞，取五鹿，則此時尚屬衞地。

十五年己卯晦，震夷伯之廟。

左	公羊	穀梁
震夷伯之廟，罪之也，于是展氏有隱慝焉。杜註：「夷伯，展氏之祖父。夷，謚。伯，字也。」孔疏：「公、穀皆以晦爲冥，謂晝日闇冥也。杜以長曆推之，是九月三十日。」	晦者何？冥也。夷伯，季氏之孚也。孚，信也。季氏所信任臣。其稱夷伯何？大之也。天戒之，故大之也。何註：「僖公蔽于季氏，季氏蔽于陪臣，陪臣見信得權，僭立大夫廟，天意欲去之。」	晦，冥也。夷伯，魯大夫也。天子至于士皆有廟，天子七，諸侯五，大夫三，士二。德厚者流光，德薄者流卑。范註：「明夷伯之廟過制，故震之。」

趙氏匡曰：「春秋遇晦朔必書，穀梁成十六年傳云：『事遇晦書。』晦何得于此獨名晦冥乎！公羊云：『天戒之，故大之。』豈有爲天所罰，翻乃書字，尤爲非理。大夫既死，不更稱名爾，原仲亦是也。」

案：劉原父曰：「左氏云展氏有隱慝，則夷爲展氏之謚，非也。大夫當繫字于氏，寧有稱其謚，遂舍其族之理。據此則夷伯當爲夷氏，非展氏也。若是展氏，當爲柳下惠，惠係聖人，又當其身，尚在二十六年展喜猶受命于展禽，何至有隱慝，爲天所罰。至公羊以夷伯爲季氏之信臣，尤謬。是時季氏尚未得政，又安有陪臣專權，僭立大夫廟乎！」

十七年夏，滅項。

左	公羊	穀梁
淮之會，公有諸侯之事，未歸，而取項。齊人以爲討，而止公。	孰滅之？齊滅之。曷爲不言齊滅之？爲桓公諱也。桓公嘗有繼絶存亡之功，故君子爲之諱。	孰滅之？桓公也。何以不言桓公也？爲賢者諱也。

啖子曰：「齊桓雖賢，滅項非合義，安得爲之諱。且春秋豈可爲齊諱，而使魯受惡名乎！」

彙纂曰：「左氏之說相沿已久，然以城楚丘之例推之，公、穀以爲齊滅者，于理亦通。蓋不書齊者，蒙上伐英氏之文也，與襄十年春會柤，夏滅偪陽，同一書法。蓋會淮之後，齊以淮夷之事委魯統率，而自與徐人伐英滅項，故僖公經略之久，至于九月乃歸爾。若胡氏安國謂滅項爲季孫所爲，案是時季友已卒，子無佚早亡，行父年尚幼稚，然則滅項之季孫何人耶？」

案：彙纂主齊滅之說，以此時季氏尚未執政爾。然項係陳州府項城縣，北距曹五百里，齊更在曹北，與魯尚近，于齊似涉風馬牛，無越國鄙遠之理，須更參之。

方氏苞曰：「胡氏謂經未有書外滅而不言國者，如齊師滅譚是也。亦未有書内取而直言魯者，如取鄟、取邿、取鄫是也。由此知項爲魯滅無疑。其辨公、穀之誤極是。但以爲季孫所爲，故不爲諱滅，則未安。僖公時政未下移，季友子無佚早亡，行父幼稚，安能擅兵而滅國。蓋魯、宋恃齊交之固，知桓志之衰，故牡丘會罷而宋伐曹，淮之會罷而魯滅項耳。」

案：齊之去項固遠，而魯去今項城縣尚全隔歸德一府，宋實介其閒，勢不能越宋取項。意宋襄此時窺桓公不久將死，急欲代齊伯，而管仲又先歿，故牡丘會罷而宋即伐曹，旋即誘魯滅項，欲分罪于魯，以撓亂伯略，爲自己出頭地耳。蓋項地居宋西南，宋此時明以項餌魯，不然魯不假道于宋，無由滅項也。其時季友卒而公子遂執政，觀後日伐齊入杞，邀功生事，爲宋所誘，理當有之。厥後地入于楚，項氏世封于項，其明證也，豈當日魯滅之而不能有歟？

秋，夫人姜氏會齊侯于卞。九月，公至自會。

左	公羊	穀梁
聲姜以公故會齊侯于卞。九月，公至。書曰「至自會」，諱之也。	無傳。	無傳。 范註：「桓會不致，而今致會。桓公德衰，威信不著，陳列兵車，又以滅項，往會既非，踰年乃反，故往還皆月以危之。」

孫氏復曰：「考之于經，無魯侯見執之迹，春秋雖爲內諱，亦不全没其事。若齊侯實嘗執公，亦當異辭以見之，如公弑書薨而不地，奔書孫，使後人因以可考。今經無其辭，則左氏未可據也。若夫人因救解魯公而會齊侯，聖人亦當恕之，未可便加以非禮之辭。經言會齊侯于卞，則非禮可知矣。左氏之説恐未可信。」

彙纂曰：「公以滅項而見止，則夫人當往請于齊，不能致齊侯于魯地。公爲齊所止，而歸則當書至自齊以見意，不必致會以没其實。」

十八年，宋師及齊師戰于甗，齊師敗績。

左	公羊	穀梁
齊人將立孝公，不勝四公子之徒，遂與宋人戰。夏五月，宋敗齊師于甗，立孝	曷爲不使齊主之？與襄公之征齊也。曷爲與襄公之征齊？桓公死，豎刁、易	言及，惡宋也。

左	公羊	穀梁
公而還。	牙爭權不葬，爲是故伐之也。	

李氏廉曰：「公羊以爲善宋，非也。春秋凡書及者皆惡之，在主人而及客，則非反己息爭之道，在客而及主，又豈仗義執言之師乎！故春秋書伐而戰者三，獨宋公以客及主，乃變文以深貶之也。穀梁之説精矣。」

先母舅曰：「宋襄之所以爲此戰者，其志在爭伯也。而其所藉以爲名者，假齊桓託孤之説，以納孝公也。春秋不書納公子昭，而但書伐齊，則伐喪而已矣，此誅心之法也。」詳宋楚爭盟表。

十九年夏六月，宋公、曹人、邾人盟于曹南。鄫子會盟于邾。己酉，邾人執鄫子，用之。

左	公羊	穀梁
左宋公使邾文公用鄫子于次睢之社，欲以屬東夷。	公羊惡乎用之？用之社也。蓋叩其鼻以血社也。何註：「魯本許嫁女于邾婁，季姬淫泆，使鄫子請己而許之，二國交忿。」	穀梁微國之君，因邾以求與之盟，己迎而執之，惡之，故謹而書日。

	襄公爲此盟，欲和解之。既會，反爲邾婁所欺，執用鄫子，耻辱加于宋，故没襄公不書。地以邾婁，深爲襄公諱，使若自就邾婁爲所執。」

李氏廉曰：「左氏以爲宋公使邾執之，若然，春秋何以不蔽罪于宋。何休以爲魯本許嫁季姬于邾，季姬淫泆，使鄫子請己，以此二國致忿。臨江劉氏亦信其説。而考之公羊傳文，本無此言，不知何氏何據。」

家氏鉉翁曰：「宋襄之爲人，好名而畏義，方其爲太子，以讓國聞，其後與楚人戰，欲以不禽二毛，不鼓不成列，而取仗義之名，豈有用同盟國君于淫昏之社，無道若此者乎！且春秋書法全不及宋，故公、穀以爲非宋之罪，趙氏匡、劉氏敞亦同此説。」

劉氏權衡曰：「宋使邾文公用鄫子，此大妄也。果爾，罪乃在宋，不在邾。今越宋理邾，是爲首惡者不誅，而脇從者見討也。詳驗經文，是邾國自爲盟會，鄫子往參之，因見執爾，非復會向者曹南之盟也。若鄫會向者曹南之盟，應但云如會，不得言會盟于邾。」

二十年，〔二〕西宮災。

左無傳。	公羊西宮者何？小寢也。有西宮，則有東宮矣，知諸侯之有三宮也。 何註：「西宮，楚女所居。禮，夫人居中宮，少在前。右媵居西宮，左媵居東宮，少在後。時僖公爲齊所脅，以齊媵爲適，楚女廢在西宮而不見恤，悲愁怨曠，故致災。」	穀梁謂之新宮，則近爲禰宮。以謚言之，則如疏之然。以是爲閔宮也。 范註：「閔公非僖公之父，故不言新宮。若舉謚，又似疏祖之宮。故不言閔宮，而云西宮也。」

孫氏覺曰：「是僖公所居之西宮，以其在西，故云西爾。公羊說是也。穀梁以爲閔宮，案僖公繼閔而立，若實閔公，何妨言新宮，爲其已久，何妨言閔宮乎！」

案：何休每于公羊本文之外另造事端，如十四年季姬使鄫子來朝，公羊云使來請己，何休遂生出要遮淫泆。又云季姬本許嫁于邾，因此兩國交忿，而至邾人用鄫子于社。八年禘于太廟，用致夫人，公羊云脅于齊媵女子先至者，何休遂生出僖公本聘楚女爲夫人，後因脅于齊女，而楚女廢居西宮怨曠，以至此年西宮災。以漫不相涉之事，牽合傅會，可發一笑，不獨此二事爲然也。

二十二年冬十有一月己巳朔，宋公及楚人戰于泓，宋師敗績。

左：宋人既成列，楚人未既濟，司馬曰云云，公曰云云。既陳而後擊之，宋師敗績，公傷股，門官殲焉。

公羊：偏戰者日爾，此其言朔何？春秋辭繁而不殺者，正也。君子大其不鼓不成列，臨大事而不忘大禮，以爲雖文王之戰，亦不過此也。

穀梁：須其成列而後擊之，衆敗身傷，七月而死。信而不道，何以爲道。道之貴者時，其行勢也。

范註：「言宋公守匹夫之狷介，未識至道。」

案：春秋于此戰書日書朔，以楚之驕横，至此已極，故謹而詳志之爾。公羊云文王之戰不是過，謬哉！劉氏敞亦云忠厚有德之用心，雖師敗國削，猶非其恥，而以穀梁之説爲悖者，愚不解其何意。

二十五年，宋殺其大夫。

左：無傳。

公羊：何以不名？宋三世無大夫，三世内娶也。

何註：「三世爲慈父、王臣、處臼

穀梁：其不稱名姓，以其在祖之位，尊之也。

范註：「孔子之祖孔父死宋殤公之

左	公羊	穀梁
	也。內娶大夫女也。禮，不臣妻之父母。國內皆臣，無娶道，故絕去大夫名，以正其義。」	難，今骨肉在其位而見殺，故尊之，不忍稱名氏。」

劉氏敞曰：「公羊以爲三世無大夫，三世內娶。案：經現書大夫，則非無大夫明矣。且君娶一卿，而一國之内，何得悉無大夫哉！詭僻不經，乃至于此。穀梁曰以其在祖之位，尊之。春秋非孔氏家牒，何得擅諱其祖名。」

孫氏覺曰：「不書名，史失之爾。」

案：公、穀之妄不待言，何休更謂禮不臣妻之父母，此出何經典。聞天子有不臣父之文，未聞不臣妻之父也。此見漢世尊崇后族，遂妄造此語爾。

二十六年，齊人侵我西鄙，公追齊師至酅，弗及。

左	公羊	穀梁
討是二盟也。 謂洮、向二盟。	其言至酅弗及何？侈也。	侵曰人，追曰師。以公之弗及，大之也。

胡傳：「凡書追者，在境內，則譏其無備，追戎于濟西是也；在境外，則譏其深入，追齊師至酅是也。酅，齊地。」

彙纂曰：「侵書人，追書師。穀梁謂以公之弗及，大之，蓋謂弗及爲怯，故大齊師以諱其怯，即劉氏敞所謂爲公之弗敢及張之。公羊以至酅爲侈，意亦如此，非如孔疏所云變文以美公能逐齊師也。至胡傳謂齊爲援，以爲前書人，見其弱以誘魯，後書師，是伏其衆以邀魯。果爾，則城濮、柏舉二役，俱戰，書楚人敗，書楚師，豈亦楚爲援以誘晉與吴耶？惟孫氏復、蘇氏轍謂不可言公追齊人，故曰師，似爲近理。」

案：至酅弗及，胡傳深入之説爲較得聖人之意。魯以小國而敢與齊大國爲仇，乞哀于楚，遠交近攻，窮追深入，見公之不量力而黷武，召外夷而陵諸夏，可恥之甚。下連書如楚乞師，以楚師伐齊，取穀，會諸侯盟于宋，公子買戍衛，仗楚之力，惟命是聽，合與國而與齊、宋爲難，使非晉文之興，齊、宋又將折而入于楚，周室之不亡幾希矣。蓋自齊侯小白卒，至晉侯侵曹伐衛，統計歷十有二年，中閒連書數十事，著楚頵暴横，諸夏瀾倒，見晉文之一戰而伯，爲萬萬不可已。或乃以復怨爲晉文咎，豈非信傳不信經之過哉！

二十八年春，晉侯侵曹，晉侯伐衛。公子買戍衛，不卒戍，刺之。楚人救衛。

左晉侯將伐曹，假道于衛。衛人弗許。還，自南河濟，	公羊曷爲再言晉侯？非兩之也。何以不言遂？未侵曹	穀梁再稱晉侯，忌也。范註：「曹、衛並有宿怨于晉，君子

侵曹伐衞。取五鹿。公子買戍衞，楚人救衞，不克。公懼晉，殺子叢以説焉。謂楚人曰：「不卒戍也。」	也。其言侵曹何？致其意也。晉侯將侵曹，假塗于衞，衞曰不可得，則固將伐之也。	不念舊惡，故再稱晉侯以刺之。」

趙氏匡曰：「公羊云致其意，聖人不逆詐，豈未行其事而先致其意乎！穀梁曰惡也，凡書侵伐皆罪之，何得再方爲惡乎！」

家氏鉉翁曰：「楚攻宋不已，勢將並兼，文公首以救宋爲事。春秋不聞事而重舉晉侯，所謂言之不足而重言之，謂其先天下之所難，慰諸侯之望爾。」

案：侵曹伐衞，胡氏以爲譏復怨，朱子又謂伐衞致楚爲譎，皆非也。曹、衞以諸姬，且又北方大國，非如陳、蔡弱小密邇于楚者，而相率從楚，爲之羽翼，此門庭之寇，勢不得不先除，何得以復怨譏之哉！且其時陳、蔡、鄭、許從楚圍宋矣，曹、衞又卽楚，魯又乞師于楚伐齊，未卽楚者獨晉與齊、宋，而齊、宋方有倒懸之急，晉欲救宋，則恐曹、衞之議其後。此卽王者用師，義當先討，安得爲譎。文定又以書楚人救衞爲予楚而譏晉，尤非也。唐用兵討吴元濟，而王承宗、李師道救之，豈得謂予其當救哉！書楚人救衞，益著衞從楚之罪，書公子買戍衞，益見公黨楚之非。

三十一年夏四月，四卜郊，不從，乃免牲，猶三望。

左	公羊	穀梁
左猶三望，非禮也。望，郊之細也。不郊，亦無望可也。杜註：「三望，分野之星，國中山川，皆郊祀望而祭之。」	公羊三望者何？望祭也。曷祭？祭泰山、河、海。山川有能潤于百里者，天子秩而祭之。觸石而出，膚寸而合，不崇朝而徧雨乎天下者，唯泰山爾。河海潤于千里。	穀梁猶者，可以已之辭也。范註：「鄭君曰：『望者，祭山川之名，謂海也、岱也、淮也，非其疆界則不祭。禹貢曰：海、岱及淮惟徐州。徐，魯地。』」

張氏洽曰：「鄭、杜恐臆説，蓋天子四望，魯比天子闕其一，故三望。書曰猶，言不當望而望祭也。如使魯望不出境，何爲言猶以譏之，公羊之説必有所傳。」

汪氏克寬曰：「周官四望，蓋望四方。今魯三望，蓋泰山在魯西，海在魯東，河在魯北也。」

廬陵李氏曰：「三望之異同，左氏以爲分野星及封内山川，公羊以爲泰山、河、海，穀梁以爲海、岱、淮。據三家皆不以三望爲非禮，止譏其舍郊而望，此已失之。況望乃祭山川之名，何得以爲分野之星。若三望爲魯之封内，魯所得祭，則常事不書矣。胡氏獨取公羊爲得之。泰山，魯所得祀；河、海，非魯封内也，故不當祀。猶者，可已之辭。」

校勘記

〔一〕〔得雨則心喜〕　此下三句楊士勛穀梁疏作「欲明僖公待雨則心喜故也，心喜是於民情深，故特録之」。

〔二〕〔二十年〕　原誤作「二十四年」，據春秋改正。

春秋三傳異同表卷四十二之三

錫山顧棟高復初　輯
古岑程廷鑰魚門　參

文公

二年春王二月丁丑，作僖公主。

左	書，不時也。　凡君薨，卒哭而祔，祔而作主，特祀于主，烝、嘗、禘于廟。 杜註：「諸侯以上，反虞則免喪，故曰卒哭。尸柩已遠，孝子造木主，立几筵焉。　特用喪禮祀之于寢，三年喪終，則遷入于廟。」正義曰：「三年喪
公羊	主者曷用？虞主用桑，練主用栗。用栗者，藏主也。作僖公主，何以書？譏。何譏爾？不時也。 何註：「禮練主當以十三月。」
穀梁	立主，喪主于虞，吉主于練。作僖公主，譏其後也。作主壞廟，有時日于練焉。壞廟，壞廟之道，易檐可也，改塗可也。 楊士勛疏：「作主在十三月，壞廟在三年喪終，傳以事相繼，故連言之，非謂作主、壞廟同時也。」

畢，致新死者之主于廟，廟之遠主當遷入祧。于是乃大祭于太廟，以審定昭穆，謂之禘。」		

案：此後世祔廟、除几筵之所以不一其説也。左氏則以三年爲斷，穀梁則以練爲斷，而儀禮士虞禮記云：「卒哭，明日以其班祔。」鄭康成注：「祔已主反于寢。」鄭蓋據左氏之説以釋儀禮，而非儀禮之本文也。至檀弓云：「殷練而祔，周卒哭而祔。」孔子善殷，蓋亦以周祔太蚤，急于神其親。則儀禮之云祔，蓋卽以卒哭之明日入主于廟矣。殷練而祔，卽穀梁之説也。賈公彦疏儀禮又云：「惟祔與練祭在廟，祭訖主反于寢，其大祥與禫祭，其主自然在寢祭之。」楊士勛疏穀梁亦云作主壞廟不同時，蓋俱以左氏三年之説爲是，故爲勉强遷就其説，而均于本文未順。總之，祔有三説，謂卒哭而祔者，儀禮明日以其班祔是也。謂練而祔者，穀梁于練壞廟是也。謂三年而祔者，左氏喪畢吉禘是也。陸象山先生居母喪，欲卒哭而祔，除几筵，其兄子壽疑之，皆以書來問朱子。朱子告以儀禮註祔已主反于寢，象山謂非經之本文，不足據信。朱子痛闢之，以爲無論古禮，但今卒哭之後，便除靈席，孝之子心，豈能自安。後儒多疑朱子，謂喪事卽遠，有進而無退，既祔廟而復反寢，特出鄭氏之臆説，朱子乃棄經而信注，可乎！朱子又謂穀梁但言壞舊廟，而不言遷新主，安知其非于練

而遷舊主，于三年而納新主耶？又謂祔與遷自是兩事，祔者，祔于所當入之祖廟，並祭其祖，是祖孫同廟而享。至喪畢，祖遷于高祖廟，高祖藏于夾室，然後奉新死者之主入廟。穀梁謂壞廟易檐改塗，正是祔以後、遷以前之事。此更融左、穀之說而一之，與楊疏亦大同小異，以明卒哭而祔之必不可也。汪氏克寬謂卒哭而遷廟，遽用吉祭，非人情，故文定取穀梁之說。家禮則告祔于卒哭，而祔廟于大祥，于儀禮、左氏蓋兩從焉。開元、政和二禮卒哭之後不祔廟，至三年禫後始祔，自唐、宋以後未之有易矣。

三年夏五月，王子虎卒。

左	公羊	穀梁
來赴，弔如同盟，禮也。杜註：「王子虎與僖公同盟于翟泉。文公是同盟之子，故赴以名。」	外大夫不卒，此何以卒？新使乎我也。何註：「王子虎即叔服，新爲王者使來會葬。」	叔服也。何以卒之？以其嘗執重以守也。范註：「僖二十四年，天王出居于鄭，叔服執重任以守國。」

趙氏匡曰：「臣無外交之禮，今死而赴，故書以譏。左傳曰禮，非春秋之意。」

陳氏傅良曰：「公、穀以爲叔服，非是。」

家氏鉉翁曰：「周綱既替，王臣外交，死無不赴者，春秋皆削不書，獨書王子虎，賢也。自晉文之伯，辭命多出于虎，嚴重有法，得訓誥諸侯之體，蓋王臣之賢有德者。穀梁之說得之，公羊以爲嘗會葬，私矣。」

雨螽于宋。

左	公羊	穀梁
隊而死也。	雨螽者何？死而墜也。	災甚也。其甚奈何？茅茨盡矣。

王氏樵曰：「螽非上墜之物，來多而墜，故書雨，見災甚耳。既爲災，則非隊而死矣，左氏因雨字而生說耳。徐邈云：『禾稼既盡，又食屋之茅茨。』驗嘗有之。」

案：果如左、公羊之說，則是螽不爲災矣，春秋何用書乎！故當從穀梁。

四年夏，逆婦姜于齊。

左	公羊	穀梁
卿不行，非禮也。君子是以知出姜之不允于魯也。	其謂之逆婦姜于齊何？娶乎大夫者，略之也。	其曰婦姜，爲其禮成乎齊也。親逆而稱婦，何其速婦之也。其不言公何也？非成禮于齊也。其不言氏

何也？夫人與有貶也。
范註：「夫人能以禮自防，則夫婦之禮不成于齊。」

彙纂曰：「納幣卿行，則逆婦必非微者，蓋文公自行也。聖人惡其成禮于齊，故没公不書以示貶。穀梁得之，而左氏非也。公羊以爲娶于大夫，則失之遠矣。先儒譏喪娶亦可兼用，蓋圖昏于喪服，而成禮于婦家，所謂失禮之中又失禮也。」

程氏端學曰：「春秋稱婦姜者三，宣元年遂以夫人婦姜至自齊，成十四年僑如以夫人婦姜氏至自齊，皆以婦言之，豈皆先成禮者哉！蓋稱婦者，有姑之辭，非以成禮而稱婦也。」

案：積齋之辨甚明曉，彙纂斥左氏而從穀梁，非也。從古人君無就婚贅壻之理，此乃委巷之談，烏得以穀梁爲是哉！先儒又謂出姜不書至，爲文公禫制未終，思念娶事，方逆而已成爲婦，未至而如在國中。此因婦之一字，遂併其不書至。亦委曲以成文公之罪，此真所謂憑空捏造也。然則左氏之説得歟？曰：亦非也。逆者安知其非卿，則常事不書，春秋書之者，爲十八年夫人歸于齊立案也。婦者，有姑之稱。書逆婦姜，以明其爲嫡夫人，非敬嬴之所得比也。春秋因末以原其本，特書之，以正襄仲及敬嬴之罪。先儒又謂不稱夫人，不可爲小君奉宗廟。其説正相反，如此則聖人乃是爲襄仲出脱，是與于亂賊之甚，豈有此理哉！

方氏苞曰：「微者逆，故不以名見。不以夫人之禮致于廟，故不書至。蓋宣公之立也長，此時敬嬴、仲遂之邪謀已萌，文公昏懦不能察，是卽他日子弑、夫人大歸之端兆。」

七年，宋公王臣卒。宋人殺其大夫。

左	公羊	穀梁
宋成公卒。昭公將去羣公子，穆、襄之族率國人以攻公，弑公孫固、公孫鄭于公宮。不稱名，衆也，且言非其罪也。	何以不名？宋三世無大夫，三世内娶也。	稱人以殺，誅有罪也。

趙氏匡曰：「若以殺大夫衆而不書名，則晉殺三郤，鄭盜殺大夫，何乃悉書乎？若實殺有罪，何不書死者之名？左、公羊之説皆非也。」

吴氏澂曰：「宋人者，非一人也。見國亂無政，而臣庶得以擅殺大夫也。」

九年冬，楚子使椒來聘。椒，穀梁作萩。

左傳	公羊	穀梁
左傳無關經義，故不録。	公羊楚無大夫，此何以書？始有大夫也。何以不氏？許夷狄者，不一而足也。	穀梁楚無大夫，其曰萩何也？以其來我，褒之也。

陸氏淳曰：「公羊云許夷狄，案例凡未命之卿來魯皆書名，無他義。又文公已前不書楚大夫者，使命未通耳，有何許之乎！穀梁云以其來我褒之，聖人設教，豈以來我則褒之乎！」

案：是時秦、楚交病列國，以魯爲周公之後，故俱來通好，以爲遠交近攻之計。楚欲圖北方而來聘，秦欲伐晉而歸襚，其情一也。聖人書之，以志夷狄之窺伺，伯業之中衰。昔以爲慕義而予之，商臣負滔天之惡，豈區區一聘，遂可云與其潔，不保其往乎！

秦人來歸僖公成風之襚。

左	公羊	穀梁
左禮也。諸侯相弔賀也，雖不當事，苟有禮焉，書之，以無忘舊好。	公羊其言僖公、成風何？兼之。兼之非禮也。曷爲不言及成風？成風尊也。	穀梁秦人弗夫人之也。即外之弗夫人而見正焉。 范註：「言秦人弗以成風爲夫人，故不言夫人，用見不以妾爲妻之正。」

趙氏匡曰：「春秋之作，以爲經國大訓，一字之義，勸戒存焉。若但以無忘舊好則書，恐非聖人之訓。」啖氏助曰：「僖公成風與惠公仲子何殊，公羊曰兩人，誤也。」

案：穀梁之說諸儒多從之，以爲僖公以妾母稱夫人，天子不能正，而秦人能之，故書法云云。愚謂此義亦甚迂僻，豈聖人欲正嫡妾之分，必借秦人以立義。且秦之弗以成風爲夫人，于何而見也。善乎文定之言曰：「寵愛仲子，以妾爲妻者，惠公也，故書惠公仲子，所以正後世爲人夫者，不可亂嫡妾之分，以卑其身。尊崇成風，立爲夫人者，僖公也，故書僖公成風，所以正後世爲人子者，不可行僭亂之禮，以賤其父。」其義大而精矣。

十二年春正月，郕伯來奔。郕，公羊作盛。

左郕太子朱儒自安于夫鍾，邑名。國人不徇。順也。郕伯卒，郕人立君。太子以夫鍾與郕邽來奔。公以諸侯逆之，故書曰「郕伯來奔」。不書地，尊諸侯也。

公羊盛伯者何？失地之君也。何以不名？兄弟辭也。何註：「前爲魯所滅，今來見歸，猶當加意厚遇之。」疏云：「莊八年師及齊師圍成，成降于齊師。」

穀梁無傳。

杜註：「既尊以爲諸侯，故不可以竊邑之罪加之。」

成卽盛也。」

趙氏匡曰：「諸侯嗣位未踰年稱子，豈有君父病而不視，死而不喪，身未卽位，以邑出奔，而稱郕伯。且鄭忽、曹羈、莒展皆已卽位，及其出奔，猶但稱名，況未嗣位乎！左氏之說非也。失地之君例書名，若以兄弟之國不名，曹伯陽、衞侯衎何以書乎？公羊之說亦非也。」

劉氏敞曰：「魯但以諸侯逆之，便謂之郕伯，春秋遂沒其專土叛君之罪，反謂之諸侯而尊之，何以稱不登叛人哉！意者先郕伯以去年卒，太子卽位而不能自安，遂出奔，以其卽位日淺，或謂之太子，而左氏則誤以爲太子出奔也。」

杞伯來朝。二月庚子，子叔姬卒。

左始朝公也，且請絶叔姬而無絶昏，公許之。二月，叔姬卒。不言「杞」，絶也。書「叔姬」，言非女也。	公羊此未適人何以卒？許嫁矣。婦人許嫁，字而笄之，死則以成人之喪治之。其稱子何？貴也。母弟也。	穀梁其曰子叔姬，貴也，公之母姊妹也。

啖氏助曰：「左氏此傳大誤，當在成八年杞叔姬卒之下，誤置此爾。蓋當時有杞伯請無絶昏之語，而作傳者見此年有杞伯來朝，又有子叔姬卒，遂妄置于此，而更加請絶叔姬四字以牽合之。其實此年來朝與子叔姬卒自是兩事，初不相關也。成公時叔姬自杞來歸，此是别一叔姬。六年七年中杞曾使使來請無絶昏，故八年杞叔姬卒，九年杞伯來逆其喪以歸。若此年子叔姬，自是魯女未嫁者爾，與伯姬卒同義，無他説也。」

案：左氏于叔姬前後事多牽合，因此年來朝與子叔姬卒相連，遂以叔姬爲伯姬所求之婦，以不繫杞爲出而見絶。又以成八年書卒之叔姬即杞桓所請續爲昏者。夫八年之叔姬，係五年來歸，見于經文，爲杞所出，確有明據，乃以一事分作兩事，遂以杞爲兩出魯女。又以兩事聯作一事，以兩女係姊妹。世豈有絶一姬，復請一姬，逮後姬續昏矣，又復出之，至其喪而請之。杞小國，何肆無忌憚乃爾，魯又懦弱惟命是聽耶，其誣妄甚矣。當以公、穀許嫁之説爲是。另有論附凶禮後。

啖氏又曰：「穀梁云稱子者，公之母姊妹。按經文稱子，明是時君之子，乃云姊妹，有何理哉！」

十三年，世室屋壞。世，左、穀作大，音泰。

左 秋七月，大室之屋壞，書，

公羊 魯公之廟也。周公稱大

穀梁 太室猶世室也。爲社稷

左	不共也。杜註：「太廟之室。」
公羊	廟，魯公稱世室，羣公稱宮。何以書？譏久不脩也。
穀梁	之主，而先君之廟壞，志不敬也。

吴氏澂曰：「左、穀誤世爲太。穀梁謂太室猶世室，以爲伯禽廟，字雖誤而義與公羊同。杜氏以爲太廟之室。夫廟制中央一室謂之太室，豈太廟之中前堂、後寢、左右夾室、東西二廂皆不壞，而唯中間一室獨壞也，于義有不通矣。」

十四年，晉人納捷菑于邾，弗克納。捷，公羊作接。

左	晉趙盾以諸侯之師八百乘納捷菑于邾。邾人辭曰：「齊出貜且長。」宣子曰：「辭順，而弗從，不祥。」乃還。
公羊	晉郤缺帥師革車八百乘以納接菑于邾婁，力沛若有餘，邾婁人曰：「貜且也長。」郤缺引師而去之，故君子大其弗克納也。其稱人何？貶，不與大夫專廢置君也。曷爲不與？實與而文不與。
穀梁	是郤克也。其曰人何？微之也。長轂五百乘，緜地千里，敻入人之國，欲變其主，至城下然後知，何知之晚也。未伐而曰弗克納，何也？弗克其義也。

趙氏匡曰："若實用諸侯師，經不合不書。公羊云大之，此乃譏其不量事而勞師爾，聞義能止，差可補過，何足大之哉！"又云："不與大夫專廢置君，縱令諸侯，豈得專廢置，何但大夫。此乃譏辭，非實與而文不與也。"

彙纂曰："經書弗克納者，善之。書人者，貶之。大夫興兵以廢置諸侯，奉不正以奪正，雖見義而徙，不得無罪，故穀梁責其知之晚，而劉氏敞以爲不免于貶也。公羊雖以爲貶，而實與文不與之說，不可以訓。"

趙氏鵬飛曰："是時盾之意在晉而不在邾，使克邾而失晉，則爲盾之損多矣。盾之爲此，蓋欲釣反義之名，聖人照見其真情，竊君子之名而文小人之計，故特書曰晉人。公羊乃以爲郤缺，于時晉權在盾，使郤缺在行，則亦盾意耳。左氏事實爲詳，且先于二傳，當從左氏。"

冬，單伯如齊，齊人執單伯。齊人執子叔姬。

左　襄仲使告于王，請以王寵求昭姬于齊，曰："殺其子，焉用其母？請受而罪之。"冬，單伯如齊請子叔姬，齊

公羊　不稱行人而執，以己執也。單伯之罪何？道淫也。淫乎子叔姬。然則曷爲不言齊人執單伯及子叔

穀梁　私罪也。單伯淫于齊，齊人執之。齊人執子叔姬，叔姬同罪也。

疏曰："單伯是天子命大夫，魯遣

人執之，又執子叔姬。	姬？内辭也，使若異罪然。何註：「深諱之，使若各以他事見執。」	送叔姬未至而與之淫，王則闇于取人，魯則失于遣使，故經不書叔姬歸于齊，再舉齊執之文，使若異罪然，所以爲諱也。」

劉氏敞曰：「若單伯爲周大夫，何以明年書單伯至自齊乎？公羊曰道淫。齊舍未踰年，魯人豈以女予之。縱令世衰多居喪而娶者，春秋猶當書子叔姬歸于齊。穀梁曰私罪，何不用陳袁濤塗、鄭祭仲例以解齊人乎？」

彙纂曰：「左氏因周有單子，遂疑單伯爲王臣。公羊因單伯不稱行人，疑爲己罪，又因經文執單伯與執子叔姬相連，遂疑爲道淫。穀梁亦謂單伯私罪，子叔姬同罪。二傳之誣罔較左氏爲尤甚，使叔姬蒙不白之冤，豈可訓哉！」

趙氏鵬飛曰：「聖人再書齊人，不白執單伯及子叔姬，嫌于淫也。公、穀反以淫目之，不達經文，妄疵人爾。」

十五年三月，宋司馬華孫來盟。

左	公羊	穀梁
宋華耦來盟，其官皆從之。書曰「宋司馬華孫」，貴之也。	無傳。	司馬，官也。其以官稱，無君之辭也。

胡傳：「不稱使，以是專行爲無君矣。」

案：孫氏覺謂昭公闇亂，國事廢弛，大臣外奔。耦懼鄰國因閒以謀其國，于是請來盟，以結好而紓難。聖人善其憂國而舉職，故稱其官，而不書使，見其合于事宜，能其官也，與屈完、高子來盟同一書法。張氏洽、趙氏鵬飛俱從之。彙纂亦主其說，而駁胡傳。愚謂胡傳未可盡非也。案：八年書宋人殺其大夫司馬，左氏云大司馬公子卬，昭公之黨，握節以死，則此司馬華孫爲公子鮑之黨可知矣。明年書宋人弒其君，晉、衞、陳、鄭同興師致討，而魯不與，則此來盟爲結援求免可知矣。始也削其君之左右而大樹私人，今也謀動于大惡而先求援列國，則此盟之爲專行無上，不顯然乎！不書使者，明非昭公之意，而公子鮑之意也，與屈完、高子正自美惡不嫌同辭。齊氏履謙曰：「特書其官，見其爲夫人之黨，殺公子卬而代之位者。」家氏鉉翁謂耦實公子鮑之私人，使之歷使諸侯，豫自結以免討，與愚意合。」

十六年秋八月辛未，夫人姜氏薨，毀泉臺。

左	公羊	穀梁
有蛇自泉宮出，如先君之數。秋八月辛未，聲姜薨，毀泉臺。杜註：「以爲蛇妖所出而聲姜薨，故壞之。」正義云：「蛇自宮出而毀其臺，則臺在宮內。人見從宮而出，毀臺，并毀其宮也。」	泉臺者，郎臺也。未成爲郎臺，既成爲泉臺。何以書？譏。何譏爾？先祖爲之，已毀之，不如勿居而已矣。何註：「郎莊公三十一年所築臺於郎者，譏臨民之漱浣。」解云以漱浣與泉臺之義合，明此臺之近泉也。	喪不貳事。貳事，緩喪也，以文爲多失道矣。

案：左傳註疏則泉宮當爲聲姜所居，如東宮西宮之屬，在魯宮闈之內，因姜氏薨而毀臺。劉氏敞謂迷民以怪者是已。公羊郎臺之説鑿空，何休以意牽合，甚屬費解。另有論附凶禮表後。黄氏仲炎曰：「申繻有言，妖由人興，人無釁焉，妖不自作。文公不知修德弭災，乃歸咎于土木之無知而毀之，非勝不祥之道也。」

宣公

元年三月，遂以夫人婦姜至自齊。

左	尊夫人也。杜註：「遂不言公子，替其尊稱，所以成小君之尊。」
公羊	夫人何以不稱姜氏？貶。曷爲貶？譏喪娶也。曷爲貶夫人？夫人與公一體也。
穀梁	其不言氏，喪未畢，故略之也。其曰婦，緣姑言之之辭也。服氏虔曰：「宣公既以喪娶夫人，從亦非禮，故不稱氏見略，賤之也。」

啖氏助曰：「不稱公子夫人，何以尊乎！左氏不知有一事再見者，第書名，從省文之義，故妄說爾。」

案：夫人不稱氏，公、穀俱以爲貶夫人，胡氏亦因之，遂有夫人知惡無禮，如野有死麕則可免之說，固哉此見也。孔氏穎達曰：「女之出嫁，事由父母，從夫喪娶，父母之咎，豈可貶責夫人，此豈是宣公淫掠而欲令齊女守貞乎！」斯論最快。

趙氏鵬飛曰：「書婦姜，誅敬嬴也。婦者，有姑之稱。姜氏既絶而歸齊，婦安得姑。書婦姜所以見妾母專政，著敬嬴之欲速以姑自居也。」

黃氏仲炎曰：「宣之遂，猶桓之翬也。或曰譏喪娶，或曰譏不親迎，其猶放飯流歠，而問無齒決者乎！」

二年，宋華元帥師及鄭公子歸生帥師戰于大棘。宋師敗績，獲宋華元。

左	公羊	穀梁
將戰，華元殺羊食士，其御羊斟不與，及戰，曰：「疇昔之羊子爲政，今日之事我爲政。」與入鄭師，故敗。	無傳。	獲者，不與之辭也。言盡其衆以救其將也。以三軍敵華元，華元雖獲，不病矣。 范註：「先言敗績，而後言獲，知華元得衆心。」

陸氏淳曰：「軍士猶饗之，況其御乎！御既寡，且親近，必無不與，左氏不可從也。又言荅城者之謳，皆近誣。穀梁言盡其衆以救其將，此但緣師先敗績，身乃見獲，依次第書之，有何褒貶乎！晉侯夷吾之見獲，自爲馬陷濘中，師實不敗，各依事實而言，無煩曲說。」

四年，公及齊侯平莒及郯，莒人不肯，公伐莒，取向。

左	公羊	穀梁
非禮也。平國以禮，不以亂。伐而不治，亂也。以亂平亂，何治之有？	其言不肯何？辭取向也。 何註：「爲公取向作辭也。」	及者，内爲志焉爾。伐猶可，取向甚矣。伐莒，義兵也。取向，非也。

陸氏淳曰：「聖人設教，豈爲魯欲取向，妄加莒事。穀梁云：『弗肯者，可以肯也。』案：書不肯者，明莒非以他事見伐，且譏公爾。」

六年春，晉趙盾、衛孫免侵陳。

左	公羊	穀梁
陳即楚故也。	趙盾弑君，此其復見何？親弑君者，趙穿也。	其不言帥師何也？不正其敗前事也。

劉氏敞曰：「公羊之問，意欲發盾非弑君，而不知非也。弑君復見者，寧止盾，宋萬復見，亦非弑君乎！穀梁謂不言帥師，不正其敗前事，亦非也。將尊師少稱將，此通例耳。」

八年冬十月己丑，葬我小君敬嬴。公、穀作頃熊。雨，不克葬。庚寅，日中而克葬。

左	公羊	穀梁
雨，不克葬，禮也。禮，卜葬，先遠日，辟不懷也。	頃熊者何？宣公之母也。而者何？難也。	葬既有日，不爲雨止，禮也。雨不克葬，喪不以制也。

汪氏克寬曰：「穀梁譏不克葬，而左氏以爲得禮。近世名儒亦有講于此者，謂雨而無害于力役，雖葬可也。其或天變駭異，雨甚水至，不可以即土，汲汲焉葬，反爲不可追之悔，則左氏之說亦

未爲非然，二者在子孫之誠敬何如爾。夫國君之葬，宜無所不備，以雨故不克葬，則無備可知，謂之無貶，不可也。」

程氏端學曰：「劉氏敞有慎終追遠，人情不忍遽之論，引雨霑服失容則廢朝會以爲證。又謂潦車載蓑笠，特未葬遇雨之用。然既至墓所，亦當有覆墓之屋，若今草舍之爲。豈得恝然不顧，使雨水泥潦污溼所穿之壙哉！特禮經偶不載此耳。且春秋不書常事，劉氏嘗自言之，使不克葬爲得宜，則春秋不書矣。若胡氏謂敬嬴逆天理，而大雨不克葬爲咎徵，夫雨者，四時常有之物，非若震雷疾風之爲天變也。據經但言雨不克葬，是當責人事之未備，不敢謂天道之變常也。」

彙纂曰：「雨不克葬，當從穀梁喪不以制之說，左氏之說非也。」

九年秋，取根牟。

左	言易也。 杜註：「根牟，東夷國。」
公羊	邾婁之邑也。曷爲不繫乎邾婁？諱亟也。 何註：「時屬有小君之喪。」
穀梁	無傳。 楊士勛疏：「居母之喪，縱非邾邑，豈容無諱，當如左傳以根牟爲國名。」

案：魯自中葉以後，凡取邑皆不書，言不以取邑爲重也，故取鄟、取邿皆國名。況邾在魯南，而

根牟在魯東北，郳小國，邑豈能到此。至趙氏木訥謂伐萊取根牟皆齊事，但中閒隔一秋字耳，尤謬。昭八年蒐于紅，自根牟至于商衛，革車千乘，明是魯地，何得言齊取乎！

陳殺其大夫洩冶。

左	公羊	穀梁
陳靈公與孔寧、儀行父通于夏姬，皆衷其衵服，以戲于朝。洩冶諫，公告二子，二子請殺之，公弗禁，遂殺洩冶。孔子曰：「詩云：『民之多辟，無自立辟。』其洩冶之謂乎！」	無傳。	稱國以殺其大夫，殺無罪也。

案：洩冶以直諫死，而杜氏承左傳之説，言不爲春秋所貴。胡傳亦謂冶雖效忠，猶在宋子哀、魯叔肸之後。仕昏亂之朝，異姓宜如子哀潔身而去，貴戚則不食其禄如叔肸，焉可果爾？則龍逄、比干爲沽直以取禍矣，豈所以垂世立訓。爲此説者，皆由執書名之例誤之也。彙纂曰：「禮，諸侯不生名，死則名之。諸侯死猶名，則大夫死而名之宜矣。子哀之奔，未嘗死也。季友、仲遂、叔肸

之卒，雖賢姦不同，而生而賜氏，不可以爲例。朱子釋危邦不入，謂仕危邦者無可去之義，在外則不入可耳。洩冶爲陳之臣，食陳之禄，以死生争之而不悔，此正盡道而死。而乃傅會牽彊，鍛鍊周内，是使鄙夫藉口率天下而爲頑鈍無恥也。左氏所載孔子引詩，黄氏仲炎以爲非孔子之言，其見卓矣。今故以穀梁殺無罪之説爲主。」

方氏苞曰：「胡氏謂洩冶書名，在子哀、叔肸以後，益誤矣。叔，氏也。肸，名也。子哀亦名也。春秋無書字之法。」

十年春，公如齊。公至自齊。齊人歸我濟西田。

左	公羊	穀梁
齊侯以我服故，歸濟西之田。	齊已取之矣，其言我何？未絶于我也。齊已言取之矣，其實未之齊也。	不言來，公如齊受之也。

趙氏匡曰：「已取之，又言未絶，公羊何迂誕之甚！言我者，爲濟水長，不必盡是魯田，以別他爾。穀梁言如齊受之。案：但言歸我，則足知其來也，省文爾。哀八年歸讙及闡，豈是公受之乎！」

齊崔氏出奔衛。

左齊惠公卒。崔杼有寵于惠公，高、國畏其偪也，公卒而逐之，奔衛。書曰「崔」，非其罪也。且告以族，不以名。	公羊其稱崔氏何？貶。曷爲貶？譏世卿，世卿非禮也。	穀梁氏者，舉族而出之之辭也。

胡傳：「書曰崔氏，以族奔也。許翰以爲崔杼出而能反，反而能弑者，以其宗彊，于此舉氏，辨之早也。其説得矣。」

彙纂曰：「三傳及胡氏各執一説，其實皆可通。」愚案：穀梁之説最謬，左氏亦未得。大凡稱氏者，亦只一人。春秋時有此稱呼名號，非謂舉族也。如隱三年書尹氏卒，豈謂舉族皆死乎？詩稱尹氏太師，豈舉族皆爲太師乎？大抵彊家而爲世所指名，則稱曰氏，如晉韓氏、趙氏之類。當日崔宗强，高、國惡之，故赴告特曰放某氏于衛，魯史亦順而書之耳，亦非能舉族盡出之也。如使舉族出之，則當其入，高、國見在，何又聽其舉族復入乎！約略是崔杼之祖父，不必定其爲何人也。左氏以爲崔杼，攷崔杼弑君，去此凡五十一年，則趙氏鵬飛駁之爲是。且既曰崔杼矣，弑君之賊，何足矜憫。而于其出，特書崔氏，以明其非罪乎！左氏泥于稱名不稱名之説，故多此謬解。

家氏鉉翁曰：「春秋繼齊惠之死書崔氏出奔，誅高、國也。君肉未寒，而逐君之黨，併及其族。

惠死而齊人棄崔氏，宣殁而魯人逐歸父，皆志其無君，不爲崔氏與歸父書也。」似更得之。

十一年冬十月，楚人殺陳夏徵舒。丁亥，楚子入陳，納公孫寧、儀行父于陳。

左書有禮也。	公羊楚子也。其稱人何？貶。曷爲貶？不與外討也。曷爲不與？諸侯之義，不得專討也。	穀梁此入而殺也。其不言入何也？外徵舒于陳也。

啖氏助曰：「若以納亂臣爲有禮，孰爲非禮？穀梁謂不言入，外徵舒于陳。案：經文皆依先後次第而書耳，何煩妄爲異説。徵舒，弑君之賊，其罪自顯，何須外之。凡稱日以隔文者，以明先後，其例甚多。」

劉氏敞曰：「公羊以楚子稱人爲貶，非也。此猶之蔡人殺陳佗，言人人之所得殺耳。且外討弑君之罪，有何不得乎！穀梁言外徵舒于陳，尤非也。春秋係記事之書，先殺而後入，皆其實録，豈紛紛然更易古事以便私意哉！」

十五年六月癸卯，晉師滅赤狄潞氏，以潞子嬰兒歸。

左	公羊	穀梁
六月癸卯，晉荀林父敗赤狄于曲梁。辛亥，滅潞。	潞何以稱子？潞子之爲善也，躬足以亡爾。	滅國有三術，中國謹日，卑國月，夷狄不日。其日潞子，賢也。

案：春秋所以書此者，著晉之暴，且譏其棄宋不救，忘中國而事外夷，遂利忘義，爲世戒爾。至潞子之善，何足褒哉！其稱子爵，自當子爾。公羊泥于稱爵爲褒之説，穀梁專以日月生例，遂以爲賢而進之，可笑殊甚，本不足辨，舉此以例其餘爾。

初稅畝。

左	公羊	穀梁
非禮也。穀出不過藉，以豐財也。	譏始履畝而稅也。古者什一而藉。	古者什一，藉而不稅。初稅畝，非正也。非公之去公田而履畝什取一也。

先母舅曰：「稅畝之説，據左氏云，穀出不過藉。藉，借也，所借民力以耕之公田也。公田藉民力以耕，雖出穀以供上，而非民田所出，名曰藉，不名曰稅，故曰古者助而不稅。然則稅者，稅其私田也。公羊云古者什一而藉。什一者，天下之中正也。言什一而藉，不言稅，藉非稅也。言什一

者，天下之中正，則履畝而税，非什一也。穀梁云非公之去公田而履畝什取一，則税畝爲税其私田，又斷可知也。朱子所以取杜氏之説，蓋據三傳之文，合之孟子助而不税之説，爲確而有徵矣。」

案：彙纂曰：「税畝之説，公、穀皆以爲税而取一，但廢古之助法爾。杜氏預以爲既取其公田，又税其私田，什之一則爲什而取二。胡傳主公、穀，而朱子從杜氏。」毋舅謂三傳本合一，公、穀云税畝，卽税其私出之什一，公、穀之説原不殊于什二之説也。大快大快！

十六年，成周宣榭火。榭，公作謝。火，公、穀作災。

左	公羊	穀梁
人火曰火，天火曰災。杜註：「宣榭，講武屋，別在洛陽者。」孔疏：「楚語云先王之爲臺榭也，榭不過講軍實。知榭是講武屋也。」	宣謝者何？宣宮之謝也。何言乎成周宣謝災？樂器藏焉爾。	周災不志也，其曰宣榭何也？以樂器之所藏目之也。

彙纂云：「公羊以宣榭爲宣宮之榭。夫宣廟卽或未毁，何不在京師，而在成周。胡傳以廟制似

樹，故謂之樹，亦非也。爾雅所紀廟寢臺榭規模判然不同，何得混而一之乎。二傳又謂樂器存焉，尤非也。榭既無室，何以藏樂器。惟杜氏預以爲講武屋，而孔氏穎達引楚語以證之，此爲不易之論。成周爲周之東都，吉日、車攻咏宣王講武之盛，則宣榭之爲宣王無疑矣。」

成公

元年三月，作丘甲。

左	爲齊難故。
公羊	何以書？譏始丘使也。何註：「甲，鎧也。譏始使丘民作鎧也。四民不相兼，然後財用足。」
穀梁	作，爲也。丘爲甲也。夫甲非人人之所能爲，丘作甲，非正也。

胡氏寧曰：「成公以前，甸賦車一乘，每乘七十二人，甲士三人，凡二十五人爲一甲，是四丘共出三甲爾。今作丘甲，卽一丘出一甲，其于賦增三分之一也。杜征南最號知兵，註此亦誤。」

家氏鉉翁曰：「丘甲之說，三傳不同。公、穀謂課丘民自爲甲，固未得經意。杜氏謂使一丘出一甸之甲，加四倍之斂，亦不至若是之甚。考周禮及司馬法，四丘爲甸，共出甲士三人，步卒七十二人。今作丘甲云者，每丘出一甲，一甸出四甲，而古兵制始壞于此矣。」

張氏治曰：「每一甲士統二十四人，必無增甲士而不增步卒之理。」

案：如張氏之說，則一丘之中平增二十五人，一甸之中凡百人爲兵矣。趙氏鵬飛則謂止增甲士，丘出甸之甲士三人，而不增步卒之數，蓋欲精悍多而冗卒少，必于取勝，明年鞌之戰果大敗齊師。首增甲士，亂先王之制，故聖人書曰作，譏作俑也。如此說，則甸出長轂四乘、甲士十二人，而步卒七十二人如故，一甸之中止平增甲士九人，其說甚創。又古者兵制每乘七十二人，蓋左右及後各二十四，合成七十二之數。今四分之，每乘止得步卒十八人，行陳步伍俱須改易，未知有此理否，姑存以備考。

黃氏仲炎曰：「丘出甸賦，則什賦三四矣，何至哀公時曰二吾猶不足。曰魯爲伐齊故，作丘甲，一時暴民，非必以爲常也。惟初稅畝、用田賦爲常制爾。」

秋，王師敗績于茅戎。公、穀作貿戎。

左	公羊	穀梁
秋王師來告敗。	孰敗之？蓋晉敗之，或曰貿戎敗之。然則曷爲不言晉敗之？王者無敵，莫敢當也。	不言戰，莫之敢敵也。爲尊者諱敵，不諱敗，爲親者諱敗，不諱敵，尊尊親親之義也。然則孰敗之？晉也。

家氏鉉翁曰：「穀梁爲尊者諱敵不諱敗，此義正矣。但公、穀皆以爲晉敗王師，則無是也。」

啖子曰：「若晉敗王師，而改曰貿戎，是掩惡也，如何懲勸乎？」

方氏苞曰：「鄭伯敗王不書，此何以書？戎敗王師猶可言也，諸侯敗王不可言也。」

三年二月甲子，新宮災，三日哭。

左	無傳。杜註：「書三日哭，善得禮。宗廟，親之神靈所居，而遇災，故哀而哭之。」
公羊	新宮者何？宣公之宮也。曷爲謂之新宮？不忍言也。其言三日哭何？廟災三日哭，禮也。
穀梁	新宮者，禰宮也。三日哭，哀也。迫近不敢稱謚，恭也。其辭恭且哀，以成公爲無譏矣。

家氏鉉翁曰：「公、穀皆以爲得禮，惟常山劉氏以主未遷入，不當哭，書哭，所以譏，而胡傳從之。愚竊以公、穀之義爲正也。宣公之薨至是二十八月，則主已入廟，方入廟而遇災，人子之痛切爲甚，成公可謂知所哀而哀矣。焚先人之廬猶三日哭，況廟爲火所燬乎！以爲不合于禮，大失聖人之旨。」

案：孫氏復曰：「三日哭，哀則哀矣，何所補也。」孫氏覺曰：「曷若無災而不哭之爲愈也。」杜氏譏曰：「若以爲禮，則常事不書。」案：春秋有合禮不書之說，故諸儒多以爲譏。然所謂譏者，一則謂宣公篡弒得國，火焚其廟，示有天道。一則謂成公不謹于火備，致有天災。義俱可通。若以新宮災爲不當哭，則大非矣。

六年二月辛巳，立武宮。

左	公羊	穀梁
季文子以鞌之功立武宮，非禮也。聽于人以救其難，不可以立武。立武由己，非由人也。	武宮者何？武公之宮也。立武宮，非禮也。	立者，不宜立也。

啖子曰：「左傳之意以爲武軍之宮，如楚子所立者，非也。若然，則煬宮復何謂乎？」

劉氏敞曰：「丘明以武宮爲武軍，杜氏知其謬妄，因護曰既立武軍，又作先君武公之宮。二說皆非。是左氏欲解經，誤以武宮爲武軍，杜氏欲解傳，遂取武軍爲武宮，此難以通者也。」

取鄟。

左	公羊	穀梁
言易也。杜註：「鄟，附庸國。」	鄟者何？邾婁之邑也。曷爲不繫乎邾婁？諱亟也。	鄟，國也。

李氏廉曰：「鄟爲微國，左、穀皆同，公羊以爲邾邑者非。」汪氏克寬曰：「春秋取人之地未有不繫國者，苟以諱亟而不繫邾，則僖公取須句、訾婁，可謂亟矣，何以繫之邾耶？」

八年夏，宋公使公孫壽來納幣。

左	公羊	穀梁
禮也。	納幣不書，此何以書？錄伯姬也。	無傳。

案：東萊謂公孫以同族兄弟而爲君納幣，非遠嫌之道。趙子亦謂若合禮，則常事不書。而劉氏敞則曰：「凡諸侯之大夫，孰非公孫者。昏禮稱父兄師友，父兄猶稱之，況公孫乎！」彙纂謂班、馬以後，皆以人之賢否繁殺其辭，伯姬有賢行，舊史特詳錄之，聖人因而不革，書納幣，書來媵，書歸宋，書致女，辭繁而不殺，皆緣末錄本之意。公羊以爲錄伯姬者得之。胡傳以使卿納幣爲越禮者，非也。

秋七月，天子使召伯來賜公命。賜，公、穀作錫。

左	公羊	穀梁
秋，召桓公來賜公命。	其稱天子何？元年春，王正月，正也，其餘皆通矣。 何註：「春王正月之稱王，文不變。其餘或言王，或言天王，或言天子，皆相通。」	曰天子何也？見一稱也。 范註：「自此以上未有言天子者，今言天子，是更見一稱。」

啖子曰：「二傳不知文之誤，强穿鑿爾。」

程氏端學曰：「啖説近是。蓋天子、天王雖同，然春秋二百四十二年之中，天王之見經者三十有二，惟此稱子爾，故知誤也。」

十二年夏，公會晉侯、衛侯于瑣澤。

左	公羊	穀梁
宋華元克合晉、楚之成，夏五月，晉士燮會楚公子罷、許偃。癸亥，盟于宋西門之外。鄭伯如晉聽成，	無傳。	無傳。

會于瑣澤，成故也。

趙子曰：「按此若實事，則無不告諸侯之理，經不應不書。又曰會于瑣澤，成故也。按：此會楚不與，何以證其成乎！故知並繆也。」

劉氏敞曰：「瑣澤之會，本以合楚、鄭，今楚、鄭不至，魯、衞自盟，何耶？且合晉、楚者宋，宋亦不與，又何耶？凡晉、楚爲平，則應大合諸侯，以申成好，今三國會而已，又何耶？然則傳之言未足信也。」

彙纂云：「西門之盟，左氏備載其事，而不見于經。趙氏匡遂以爲左氏附會，劉氏敞亦謂傳未可信。然若果無此盟，則郤至與公子罷交相往來，何以歷歷如繪耶？蓋晉、楚爲成，春秋惡之，故聖人削而不書耳。」

案：彙纂之言非也。晉、楚爲成，春秋所惡，正當特書其事以示戒，無爲削之以諱其惡。且此而可削，何不併宋與虢之會削之，學者寧信經而疑傳可也。

十四年秋，叔孫僑如如齊逆女。九月，僑如以夫人婦姜氏至自齊。

左	公羊	穀梁
秋，宣伯如齊逆女。稱族，尊君命也。九月，僑如以	無傳。	大夫不以夫人，以夫人非正也，刺不親迎也。

夫人婦姜氏至自齊。舍族，尊夫人也。

黄氏仲炎曰：「春秋内大夫或稱族、或舍族者，以前後一事，故後從省文爾，豈復有意義其閒哉！左氏之説妄也。」

彙纂曰：「先儒皆謂諸侯當親迎，程子獨辨之，以爲親迎者，迎于所館，未有委宗廟社稷而遠適他國以逆婦者，其説是也。此條穀梁以爲譏不親迎，而胡氏從之，又謂或迎于其國，或迎于境上，終似未有定見。既曰迎於境上，則未入境之先，安得不以大夫迎之乎？故當從程子。」

十五年三月乙巳，仲嬰齊卒。

左	公羊	穀梁
左無傳。杜註：「嬰齊，襄仲子，歸父弟。宣十八年逐東門氏，既而使嬰齊紹其後，曰仲氏。」	公孫嬰齊也。曷爲謂之仲嬰齊，爲兄後也。爲兄後則曷爲謂之仲嬰齊？爲人後者，爲之子也。孫以王父字爲氏。然則嬰齊孰後？後歸父也。	此公孫也。其曰仲何也？子由父疏之也。范註：「謂父有弒君之罪，不稱公子，故子亦不得稱公孫。」

劉氏敞曰：「穀梁謂子由父疏，不得稱公孫，則歸父何故稱公孫乎？」

賀氏仲軾曰：「魯人立後，重在仲遂，不重在歸父，謂魯人爲歸父立後，是閔歸父也。季孫與仲遂同爲逆，原無惡于仲遂，直因歸父欲去三桓，故季孫怒而逐之，安有爲立後之理，此亦事情之易見者。蓋是時魯有兩嬰齊，一爲叔肸子，一則仲嬰齊，皆公孫也，皆見于經。如俱稱公孫，則此卒者知爲何嬰齊耶？且以公族言，則皆公孫，以親疏言，則仲遂爲莊公之子，叔肸爲文公之子，世次亦既有辨。則仲嬰齊從君賜稱氏，而叔嬰齊稱公孫，亦情理所安。」

宋華元出奔晉。宋華元自晉歸于宋。宋殺其大夫山。宋魚石出奔楚。

左蕩澤即山。弱公室，殺公子肥。華元曰：「我爲右師，今公室卑，而不能治，不能治官，敢賴寵乎？」乃出奔晉。魚石自止華元于河上，請討，山。許之，乃反。帥國人攻蕩氏，殺子山。

公羊無傳。何註：「不省文，復書宋華元者，宋公卒，子幼，華元以憂國爲大夫山所譖，出奔晉，晉人理其罪，宋人反華元，誅山，故繁文以大之也。大夫

穀梁無傳。

書曰「宋殺其大夫山」，言背其族也。魚石出舍于睢上，華元自止之，不可。五大夫遂出奔楚。杜註：「蕩山，宋公族。還害公室，故去族以示罪。」	山不氏者，以譖華元故。」	

趙子云：「按經文云奔晉，又云自晉歸于宋，明白可據。傳乃云魚石自止華元于河上，請討，許之，乃反，顯與經背。且魚石自請討山，則是處無過之地，何用復奔楚。卽令爲與蕩氏同族慚而自去，則是知恥之人，後不應却入彭城爲亂。又云華元自止魚石，按國亂用兵相攻，是仇敵也，如何自止之乎！考之事理，無非乖謬，魚石直與蕩山同惡爾。」

案：經文則華元明借晉力以討亂，故元歸而山誅，魚石出奔。公羊註所云無可疑者，二人蓋同惡相濟。魚石更挾楚以叛，釀成大禍，故五大夫出奔，而經獨書魚石爲首惡，如此安有請討山之事，左氏之說妄爾。且華元懼桓氏族大，欲藉晉力以討，此亦如石碏借陳力以除州吁，亦何所不可，而必穿鑿其說乎！諸儒多以傳事强合經文，謂華元本意欲求晉討彊臣以張公室，既而爲魚石所止，遂討蕩山，與晉討無異，故春秋成其志，而書曰自晉歸于宋，如此則春秋紀事不以實也。劉氏敞更謂華元內有魚石之援，則不待挾晉爲重以求入。蘇子由謂鄭子產爲政，豐卷徵役將叛，子產奔晉，子皮止之，歸而逐卷，其事相類。夫子皮忠臣，魚石亂賊，何可比例。就使魚石果有止華元之事，而華元爲魚石止何足榮，從晉而入何足病，而必舍彼取此乎！皆由信傳不信經之過也。

又案：積齋或問：「山不氏，左氏以爲背其族，何氏以爲譖華元，固不足信。孫氏以爲大夫之未命，石氏又疑其脱。竊意大夫三命者氏，再命者族。孫氏之説爲近之。木訥則謂聖人奪其族以示罪。愚嘗折衷其説，大夫未命不稱氏，此只可論于隱、桓之世。齊桓以後，列國皆命大夫，無不稱氏，況魚、蕩、向、鱗皆桓族，豈有三族皆稱氏，而蕩獨未命不氏者。木訥之説即杜氏之説，杜氏以還害公室發明左氏背族之義甚明顯。蓋擅殺命卿，紊亂國典，乃必誅不赦之賊，不止背族與譖華元而已。左氏失之晦，何氏失之小，木訥直斥爲亂臣，較杜氏更的當，當以聖人削去之説爲正。」

冬十有一月，叔孫僑如會晉士燮、齊高無咎、宋華元、衞孫林父、鄭公子鰌、邾人會吴于鍾離。

左	公羊	穀梁
始通吴也。	曷爲殊會吴？外吴也。	會又會，外之也。

劉氏敞曰：「公、穀俱云外吴，非也。一地而再言會者，明一會爾。」

趙氏鵬飛曰：「齊之盟盂之會，春秋未嘗外楚，此何獨外吴。説者又謂尊吴，故殊會，與首止文同，聖人豈以吴比王世子哉！襄五年戚之會，吴人在焉，而不殊會。蓋戚爲衞地，晉侯合諸侯于戚，而吳以人來會，故文不殊。鍾離、柤、向皆近吳，晉合諸侯往會之，故曰會。以會事殊文異，其義甚顯，無庸曲說。」

十六年六月甲午晦，晉侯及楚子、鄭伯戰于鄢陵，楚子、鄭師敗績。

左 甲午晦，楚晨壓晉軍而陳。郤至曰：「楚犯天忌，我必克之。」及戰，射共王中目。旦而戰，見星未已。苗賁皇徇曰云云。明日復戰，乃逸楚囚。王聞之，召子反謀。子反醉而不能見。王曰：「天敗楚也夫！」乃宵遁。

公羊 晦者何？冥也。何以書？記異也。敗何以不稱師？王痍也。王痍者何？傷乎矢也。然則何以不言師敗績？末言爾。何註：「末，無也。言當舉傷君爲重，無所取于言師敗績也。」

穀梁 日事遇晦曰晦，四體偏斷曰敗。此其敗則目也。楚不言師，君重于師也。

李氏廉曰：「公羊以晦爲晝冥，以上文丙寅朔考之，則甲午正二十九日，穀梁是也。」

王氏樵曰：「楚子敗績不言師，君重于師也。泓之戰，宋公傷股，而不書宋公敗者，泓之師亦大敗，而鄢陵楚師未至大敗也。」

十七年十一月，公至自伐鄭。壬申，公孫嬰齊卒于貍脤。脤，公作軫，穀作蜃。

左文無解經義，不錄。

公羊非此月日也，曷爲以此月日卒之？待君命也。前此者，嬰齊走之晉。公會晉侯，將執公，嬰齊爲公請，公許之，反爲大夫。歸至于貍軫而卒。無君命不敢卒大夫。公至，曰：「吾固許之矣。」然後卒之。

穀梁十一月無壬申，乃十月也。致公而後録，臣子之義也。其地未踰竟也。范註：「嬰齊實以十月壬申日卒，而公以十一月還。先致公而後録其卒，故移壬申在十一月之下，是先君後臣之義。」

陸氏淳曰：「穀梁謂致君而後録臣。案：春秋係編年月之書，一例以先後書之。且先言卿卒，後言公至，皆據實事，何傷教乎！二傳總不達其文謬誤之理，遂妄説爾。」

劉氏敞曰：「待君命然後卒大夫，公羊之説非也。公既已許之，則成大夫矣。先公未至，卒之何傷乎！假令國人一時未知公命，待公至告之，乃追録其卒，亦宜追録在致公之前，不宜移其日于公至之後也。又公孫敖卒于齊，彼不待公命，何爲卒之哉！」

案：此係春秋經文之錯簡，詳見闕文表。

十八年春王正月，晉殺其大夫胥童。庚申，晉弑其君州蒲。

左春王正月庚申，晉欒書、中行偃使程滑弑厲公，葬之于翼東門之外，以車一乘。使荀罃、士魴逆周子于京師而立之。	公羊無傳。	穀梁稱國以弑其君，君惡甚矣。

彙纂曰：「稱國以弑，穀梁以爲君惡甚，胡傳以爲略之，諸儒多主其說，謂君爲一國所共疾，則與衆弑之，所以分其惡于衆。夫春秋以立臣子之防，豈有爲亂賊分惡者哉！且即以晉論，靈與厲相去不遠，而靈則書盾，厲則稱國，何也？蓋穿弑靈公時，則有董狐之直筆，趙盾遂受惡而不辭。今書弑厲公，史筆未必如董狐，書亦未必受惡，其赴告于列國，必有所以諉其罪者，魯之舊史從其所赴而書之矣。春秋不與其諉也，故書曰晉弑其君，使天下後世考其被弑之實，而真凶不得以漏網，此聖人之特筆也。」

案：穀梁之說謬矣。朱子謂晉字下應有弑君賊名，亦未審當日之情勢也。蓋春秋之經因舊史，舊史之文從赴告。里克殺卓子而立惠公，惠公旋殺里克，則以弑赴于諸侯，曰：「里克弑其君卓及其大夫荀息。」本國既以弑赴，魯史得有所據而書之矣。若悼公當日未能誅欒書也，既未能正書之罪，則其赴告自必含糊其辭，或稱衆弑，或諉于他人弑，俱未可知。赴告既無欒書名氏，魯史何從指實。魯史向無指名，春秋何從增造。爲書、偃末減者固非，謂春秋宜目書、偃者，則聖人不能違魯史而自定刑書也，不然聖人豈嚴于里克而獨寬于書、偃哉！

襄公

元年，仲孫蔑會晉欒黶、宋華元、衞甯殖、曹人、莒人、邾人、滕人、薛人圍宋彭城。

左春己亥，圍宋彭城。非宋地，追書也。于是爲宋討魚石，故稱宋，且不登叛人也，謂之宋志。	公羊爲宋誅也。其爲宋誅柰何？魚石走之楚，楚爲之伐宋，取彭城，以封魚石。楚已取之矣，曷爲繫之宋？不與諸侯專封也。	穀梁繫彭城于宋者，不與魚石正也。 范註：「彭城已屬魚石，今猶繫宋者，崇君抑叛臣也。」

趙子曰：「按此乃是夫子裁其邪正，不得不如此立文，何關不登叛人與成宋志哉！公羊曰不與楚專封，此是楚取彭城，令魚石守之耳，豈名封國乎！穀梁曰不與魚石正也，與叛臣，豈疑其爲正哉！意不應如此。」

二年冬，仲孫蔑會晉荀罃、齊崔杼、宋華元、衞孫林父、曹人、邾人、滕人、薛人、小邾人于戚，遂城虎牢。

左	公羊	穀梁
會于戚，孟獻子曰：「請城虎牢以偪鄭。」冬，復會于戚，遂城虎牢，鄭人乃成。	虎牢者，鄭之邑也。其言城之何？取之也。曷爲不言取之？爲中國諱伐喪也。是年六月鄭伯睔卒。曷爲不繫乎鄭？爲中國諱也。	若言中國焉，內鄭也。范註：「中國猶國中也。」

趙氏匡曰：「公羊謂不書取，諱也。案：夫子增損經文以示義，覩文見義，何諱之爲。」

劉氏敞曰：「穀梁云內鄭，非也。鄭不服晉，諸侯伐之，可謂外之矣，反謂內之乎？」

彙纂曰：「此舉扼楚制鄭，實關天下之大計，故不書城鄭虎牢。況此時晉已取之，非復鄭之所有，自不得仍繫之于鄭也。胡傳責鄭不能守，恐于經旨未合。春秋內晉外楚，豈欲鄭守險以拒晉乎！」

先母舅曰：「城虎牢不繫鄭，孔疏云：『大都以名通者，不係國，從史文也。』文定謂責鄭之不能有。案：虎牢係東虢舊封，鄭奪而取之，原非鄭所當有也。聖人不責鄭之有虎牢，而反責鄭之不能守虎牢，決不然矣。然則十年冬戍鄭虎牢，何以繫鄭？曰：下書楚公子貞帥師救鄭，則上不得不書戍鄭矣，非後係之鄭爲責晉之不當據，前不係鄭爲責鄭之不能有也。說春秋者好以一字爲穿鑿，類如此。」

五年，叔孫豹、鄫世子巫如晉。

左穆叔覲鄫太子于晉，以成屬鄫。書曰「叔孫豹、鄫太子巫如晉」，言比諸魯大夫也。

公羊外相如不書，此何以書？爲叔孫豹率而與之俱也。曷爲與之俱？蓋舅出也。巫是鄫前夫人莒女所生，巫之母卽魯襄公母之姊妹，俱莒外孫，故曰舅出。莒將滅之，故相與往殆乎晉，鄫將取後乎莒也。取後乎莒奈何？莒女有爲鄫夫人者，蓋欲立其出也。鄫更娶後夫人于莒而無子，有女還嫁于莒，有外孫。鄫子愛後夫人，欲立其外孫爲鄫嗣，故巫以前母之子如晉訟之。

穀梁外不言如，而言如，爲我事往也。

疏云：「取外孫爲嗣，穀梁說亦同公羊，則此之如晉同公羊說訟取後事，亦無不可，但不得云爲我事往。故徐邈註取左氏爲說，謂請繒于晉，以助己出賦也。」

下。

案：左傳謂莒實滅鄫，公羊謂鄫取後乎莒，與穀梁說同，此傳乃其張本也。詳見六年莒人滅鄫

冬，戍陳。

左	公羊	穀梁
九月丙午，盟于戚，會吴，且命戍陳也。冬，諸侯戍陳。杜註：「諸侯皆在戚會，受命戍陳。各還國遣戍，不復有告命，故獨書魯戍。」	孰戍之？諸侯戍之。曷爲不言諸侯戍之？離至不可得而序，謂離別前後至。故言我也。	内辭也。范註：「不言諸侯，是魯戍之。」

趙子曰：「左氏云：『冬，諸侯戍陳。』案經文無諸侯字，柰何妄云諸侯乎！公羊云：『離至不可得而序。』縱離至不得列序，但云諸侯戍陳，于理何傷。若諸侯戍之，如此爲文，卽魯自戍之，而將卑師少，又如何立文乎！且如諸侯盡戍之，則兵力盛矣，何得下文更爲會以救之。按僖十三年冬，諸侯會于鹹，明年城緣陵，云諸侯。此無諸侯字，魯自戍之耳，義亦昭然。」

案：趙子之說亦甚辨，與穀梁說同。然經文與僖二年城楚丘同義，楚丘決非魯一國所能獨城也，則左、公羊之說更爲得之。且此時楚方爭陳，合諸侯力且不足，魯豈能獨力往戍，晉亦無使魯人獨往之理。趙子殆亦泥于經文而未審當日之大勢也。

六年秋，莒人滅鄫。

左鄫恃賂也。	公羊無傳。	穀梁非滅也。立異姓以蒞祭祀，滅亡之道也。

趙子云：「公、穀之意，蓋因昭四年經云取鄫，以爲若今實滅之，不應復書取，所以云立異姓也。按莒今滅鄫以爲附庸，後魯取得之，何妨書取鄫乎！且定六年鄭滅許，哀元年許復見于經，則鄫之滅而再見，亦何足怪。若鄫人實取外孫爲國嗣，罪自在鄫，非莒之過，則經文又當如梁亡之類而書鄫亡，不得言莒滅。且以人情物理言之，鄫雖小國，亦有君臣社稷，豈肯居然取于異姓爲後。案其事情，莒人以兵破鄫，立其子使守之而爲附庸，其子又鄫之外甥，令奉鄫祀，神不歆非類，是使鄫絕祀，又事須書滅耳。公、穀但傳得立鄫甥守祀，故書曰滅，而不究事實，遂誤爲立傳耳。」

先母舅曰：「此條文定取公、穀之說。案左氏前後傳莒人滅鄫及魯取鄫之始末，情事瞭然，各有來歷。若公、穀之說，不知何據。夫鄫取莒公子爲後，罪在鄫不在莒，與黃歇、呂不韋之事不同，何也？謀不自莒出也。聖人不正鄫之罪，以爲寵愛妾、立異姓以亡宗祀之戒，而顧以滅鄫之罪，加之未嘗與謀之莒，用法可謂不平矣。夫舍明白可據之左傳，得一新奇可喜之説而附會之。儒者之好異，往往如此，蓋不獨滅鄫一事然也。」

案：滅鄫斷宜從左傳，而趙子所論公、穀誤傳之因，亦極有理，當並存之。

七年冬，鄭伯髡頑如會，未見諸侯。丙戌，卒于鄵。髡頑，公、穀作髡原。鄵，公、穀作操。

左	公羊	穀梁
鄭僖公將會于鄬，子駟相，不禮焉。侍者諫，不聽。又諫，殺之。及鄵，子駟使賊夜弒僖公，而以瘧疾赴于諸侯。簡公生五年，奉而立之。	弒也。曷爲不言其大夫弒之？爲中國諱也。鄭伯將會諸侯于鄬，其大夫諫曰：「中國不足與也，不若與楚。」鄭伯不可。其大夫曰：「以中國爲義，則伐我喪。以中國爲彊，則不若楚。」于是弒之。未見諸侯，其言如會何？致其意也。	卒之名何爲加之如會之上？見以如會卒也。鄭伯將會中國，其臣欲與楚，不勝其臣，弒而死。其不言弒何也？不使夷狄之民加乎中國之君也。其地，于外也，其日，未踰竟也。 范註：「以其臣欲從楚，故謂夷狄之民。不欲使夷狄之臣得弒中國之

	何註：「禍由中國無義，故深諱，使若自卒。」	君，故去弑而言卒，使若正卒然。」

劉氏敞曰：「此弑也，曷爲不言其弑？以卒赴也。以卒赴，曷爲遂書之？偏絶其臣子也。君弑，臣不討賊，命之曰非臣。親弑，子不復讎，命之曰非子。鄭非無臣子也，君子卽其所以赴于諸侯而遂書之，見鄭之無臣子也。」

案：公、穀之論極謬，欲爲中國諱惡，而先爲亂賊免罪，既以中國之君見弑于夷狄之民爲可惡，反寬其罪而書卒，使免于見討，其爲亂賊計何甚便乎！而文定乃以爲精論，得聖人之旨，此不可解。至趙氏匡信經疑傳，而諸儒多從之。謂此與宋公佐卒于曲棘、許男卒于師同，則又非也。趙氏之言曰：「若實弑而以卒赴，便從而書之。」諸國弑君，豈有實告者。愚謂弑君而以實赴者，或由當國之大臣明正其罪，或秉筆之太史以死力爭，不則弑賊先以僞赴，而後之立君更誅之，更以弑告，魯史從而改正。若舉國通同欺隱，魯史何從訪聞得實遽正其罪乎！若正其爲弑，便當興討賊之師，未有寂然一無舉動，而憑空加以弑君之名者也。魯史既從赴書之，夫子更何所據以改正乎！今使後世有殺人者，亦必因親戚之控告，隣里之舉首，而後有司加訊鞫焉，得其實而後可令抵罪。若使全無舉發，有司亦不能因道路之言而遽殺之也。春秋弑君之赴告，何以異是。劉原父謂從赴書卒，以見鄭無臣子，斯言爲斷不可易也。

九年春，宋災。災，公作火。

左	公羊	穀梁
文繁，且無釋經處，故不錄。 杜註：「來告，故書。」	何以書？記災也。外災不書，此何以書？爲王者之後記災也。	外災不志，此其志何也？故宋也。 范註：「故猶先也。孔子之先宋人。」

彙纂曰：「此條當以杜氏預之説爲正，公、穀以爲外災不書，非也。至謂宋爲王者之後，孔子之先，故書其災，則鑿矣。昭十八年衛、陳、鄭與宋同日災，果如公、穀之言，春秋獨書宋可也，何以合四國備書之乎？」

冬，公會晉侯、宋公、衛侯、曹伯、莒子、邾子、滕子、薛伯、杞伯、小邾子、齊世子光伐鄭。十有二月己亥，同盟于戲。

左	公羊	穀梁
冬十月，諸侯伐鄭，鄭人恐，乃行成。知武子曰：「許之盟而還師，以敝楚人。吾三分四軍，與諸侯	無傳。	不異言鄭，善得鄭也。不致，恥不能據鄭也。 范註：「戲盟還而楚卽伐鄭，故恥不能終有鄭。」

之銳，以逆來者。」十一月己亥，同盟于戲。晉人不得志于鄭，以諸侯復伐之。十二月癸亥，門其三門。閏月戊寅，濟于陰阪，侵鄭。次于陰口而還。

杜註：「此年不得有閏月戊寅，戊寅是十二月二十日。疑閏月當爲門五日，五字上與門合爲閏，則後學者自然轉日爲月。晉人三番四軍，更攻鄭門，門各五日。晉各一攻，鄭三受敵。癸亥去戊寅十六日，以癸亥始攻，攻輒五日，凡十

五日，鄭故不服而去。明日戊寅，濟于陰阪，復侵鄭外邑。」		

啖子曰：「十月、十二月，蓋誤重說也。古史或有用周正者，或有用夏正者，故有兩月不同。蓋作傳者承一國之舊史，月數不同，遂兩載之。」

案：啖氏與杜註說各不同，亦各有理，然終不如杜註之精細，從杜可也。

十年，戍鄭虎牢。楚公子貞帥師救鄭。

左書曰「戍鄭虎牢」，非鄭地也，言將歸焉。 杜註：「二年晉城虎牢而居之，今鄭復叛，故修其城而置戍，若鄭服則將還之。夫子善晉侯，特探其心而繫之鄭。」	公羊諸侯已取之矣，曷爲繫之鄭？諸侯莫之主有，故反繫之鄭。 何註：「諸侯本無利虎牢之心，欲共以距楚爾，故反繫之鄭，以見其意。」	穀梁其曰鄭虎牢，決鄭乎虎牢也。 范註：「二年鄭去楚而從中國，故城虎牢不言鄭，使與中國無異。自後數反覆，無從善之意，故繫之于鄭，決絕棄之。」

彙纂曰：「胡傳謂虎牢繫鄭爲罪諸侯，非也。既城虎牢而不戍，何貴乎！城戍之，所以庇鄭而抗楚，三駕之績實本于此，何罪之有。又謂春秋許楚之救鄭，尤非也。此年書楚救鄭，與僖二十八年書楚救衞義同，蓋以見晉伯方興，而楚不能争耳。」

案：下書楚公子貞救鄭，則上文自不得不書戍鄭，以見救之之由。文法當如此，無他義也。一切謂罪諸侯與善晉，又謂棄鄭，皆爲曲說。

十一年春王正月，作三軍。

左作三軍，三分公室而各有其一。三子各毀其乘。 杜註：「魯本無中軍，惟上下二軍，皆屬于公。有事，三卿更帥以征伐。季氏欲專其民人，故假立中軍，因以改作。」	公羊三軍者何？三卿也。何以書？譏。何譏爾？古者上卿下卿上士下士。	穀梁古者天子六師，諸侯一軍。作三軍，非正也。

趙氏匡曰：「魯卿素已有四五，不止三也。公羊此說適足令學者疑繆爾。穀梁曰諸侯一軍，案

國有小大，軍制當異，而但云一軍，無等差之異，必無此理。況魯初封時最爲大國，非一軍明矣。」
李氏廉曰：「杜以爲魯舊二軍，今增立中軍爲三軍。胡氏以爲魯本有三軍，今不過廢公室之三軍，而三家各有其一，故謂之作。其說小異。然疏又曰魯初封時必有三軍，後以軍多貢重，故自減爲二，非是魯衆不滿三軍也。若如此說，亦無礙。」

十四年春王正月，季孫宿、叔老會晉士匄、齊人、宋人、衛人、鄭公孫蠆、曹人、莒人、邾人、滕人、薛人、杞人、小邾人會吳于向。

左范宣子將執戎子駒支，曰：「今諸侯之事我寡君不如昔者，言語漏洩，職女之由。」對曰云云。宣子辭焉，使即事于會。	公羊無傳。何註：「月者，危刺諸侯委任大夫交會彊夷，臣日以彊，三年之後，君若贅旒然。」	穀梁無傳。

劉氏敞曰：「左傳所載皆不實，諸侯解體，非此戎之過。范宣子豈不知，何以誣之哉！去年蒐于緜上，傳曰諸侯遂睦，到此一年爾，何故遽有言語漏洩不如昔者之事。又曰宣子使即事于會，以成愷悌，然則是諸戎列于會矣，經又何以不序乎？」

十五年，劉夏逆王后于齊。

左　官師從單靖公逆王后于齊。卿不行，非禮也。

公羊　劉夏者何？天子之大夫也。外逆女不書，此何以書？過我也。

穀梁　過我，故志之也。

趙氏匡曰：「若實有單靖公逆王后，經不應不書，故知左氏妄也。公、穀皆曰過我，亦非也。豈有天子取后，將爲天下母，而得云外逆女不書乎？明是劉夏非卿，使逆后爲非禮，乃書以示譏爾。若使卿逆，卽常事不書矣。所謂外逆女不書者，謂諸侯于外國娶雖非禮，亦不書。」

案：凡出聘隣國，正與介兼行者，單擧正。若實有單靖公，經何爲略而不書，而單擧劉夏乎？況左傳亦自相牴牾，既云從單靖公，則靖公在行矣，又何得云卿不行？

十六年三月，公會晉侯、宋公、衞侯、鄭伯、曹伯、莒子、邾子、薛伯、杞伯、小邾子于湨梁。戊寅，大夫盟。

左　晉侯與諸侯宴于温，齊高厚之歌詩不類。荀偃使諸大夫盟高厚，高厚逃歸。于是諸侯之大夫盟，曰：

公羊　諸侯皆在是，其言大夫盟何？信在大夫也。何言乎信在大夫？徧刺天下之大夫也，君若贅旒然。

穀梁　湨梁之會，諸侯失正矣。諸侯會而曰大夫盟，正在大夫也。不曰諸侯之大夫，大夫不臣也。

「同討不庭。」

孔疏：「案傳荀偃以君臣不敵，故使大夫盟高厚，君使之盟，非自專也。高厚既已逃歸，仍恐餘國有二心，故遂自共盟，以一其志。」

趙氏匡曰：「平公父卒至此纔五月，豈有便行宴樂歌舞之理。又云高厚逃歸，案若已在會而逃歸渝盟，經文不合不書。僖五年會首止，鄭伯逃歸不盟，襄七年會于鄬，陳侯逃歸，並書以明其罪，何得獨此不書，則知左氏此傳皆不足憑也。」

朱子曰：「諸侯出會而大夫自盟，這箇自是差異，不好。」

案：左傳及杜註、孔疏皆曲爲晉解釋，云非大夫之專，與公、穀異。彙纂亦兩存其説，云揆之情事亦合。然聖經于敍列諸侯下特著大夫盟三字，不是無意。自後平公失伯，列國之大夫擅權，皆自此啟，則公、穀之説精矣。合之趙子之論，則左氏尤不必泥也。

十九年，晉士匄帥師侵齊，至穀，聞齊侯卒，乃還。

左聞喪而還，禮也。	公羊還者何？善辭也。何善爾？大其不伐喪也。此受命于君而伐齊，則何大乎其不伐喪？大夫以君命出，進退在大夫也。	穀梁還者，事未畢之辭也。君不尸小事，臣不專大名，善則稱君，過則稱己。士匄外專君命，故非之也。然則爲士匄者宜柰何？宜墠帷而歸命乎介。

陸氏淳曰："穀梁云匄宜墠帷而歸命于介。案不伐喪，常禮也，更待君命是詐讓小善，非人臣盡忠之道。"

劉氏敞曰："穀梁謂還者，事未畢，以爲貶士匄。如公子遂至黄乃復，公孫敖如周不至而復，復者，穀梁所謂事畢也，然則春秋反不貶遂與敖乎？"

朱子曰："春秋分明處只是晉士匄侵齊，至穀，聞齊侯卒，乃還。這分明是與他。"

黄氏仲炎曰："後世若隋高熲將兵伐陳，會陳有喪，必請于文帝，奉詔而班師，斯庶幾春秋之義，穀梁之説得之。公羊云進退在大夫，謬矣。"

案：黄氏泥于春秋合禮不書之義，故每事皆從貶削，如召陵、城濮、蕭魚皆多加責備，未必合春秋之旨。如此條尤顯與朱子異，然亦可備一說。

二十三年八月，叔孫豹帥師救晉，次于雍榆。

左	公羊	穀梁
禮也。	曷爲先言救而後言次？先通君命也。	言救後次，非救也。

彙纂曰：「救而書次，遲回觀望，非能救者也，春秋譏之。左氏以爲禮，公羊以爲先通君命，皆誤矣。」

二十九年春王正月，公在楚。

左	公羊	穀梁
釋不朝正于廟也。	何言乎公在楚？正月以存君也。	閔公也。

陳氏岳曰：「如晉而不朝正者，常也，故不書。如楚不朝正者，非常也，故書。」

高氏閌曰：「公不奔天王之喪，而以俟楚子之葬，久留于楚，逾夏乃歸，故聖人特于朝正之時書公所在，與昭公失國在乾侯同。」

金氏賢曰：「公羊曰存君，穀梁曰閔公，愚謂亦罪公也。公在位三十年，未聞有在京師者，故曰亦罪公也。」

吴子使札來聘。

左	公羊	穀梁
不解經義，故不録。杜註：「吴子，餘祭。既遣札聘上國而後死。札以六月到魯，未聞喪。不稱公子，其禮未同于上國。」孔疏：「札至魯徧觀周樂，因以六月到魯，未及聞餘祭之喪，故每事皆從吉禮。」	吴無君無大夫，此何以有君有大夫？賢季子也。何賢乎季子？讓國也。	吴其稱子何也？善使延陵季子，故進之也。其名，成尊于上也。

程氏端學曰：「吴子使札來聘，三傳賢之，而胡傳及張氏諸儒以不稱公子爲貶。夫札以名見而不書氏，與楚椒、秦術等耳，于襃貶兩無所取也。且札讓國致亂在三十年之後，孔子安得預去公子而貶之乎！春秋即此事而論其曲直可矣，未嘗因此事而論他事之善惡也。」

彙纂曰：「吳能以禮來聘，春秋書子以進之。札以名書，當以杜註、孔疏爲正，非褒貶之所係也。公羊以札能讓國而賢之，穀梁以吳能使賢而善之，皆非經旨。至胡傳謂札以讓國階禍，聖人特書名以示貶，則鑿之甚矣。」

三十年，晉人、齊人、宋人、衛人、鄭人、曹人、莒人、邾人、滕人、薛人、杞人、小邾人會于澶淵，宋災故。

左	爲宋災故，叔孫豹會諸侯之大夫，以謀歸宋財。既而無歸于宋，故不書其人。卿不書，不信也。不書魯大夫，諱之也。
公羊	會未有言其所爲者，此言所爲何？録伯姬也。此大事也，曷爲使微者？卿也。其稱人何？卿不得憂諸侯也。
穀梁	會不言其所爲，其曰宋災故，何也？不言災故，則無以見其善也。其曰人何也？救災以衆。何救焉？更宋之所喪財也。澶淵之會，中國不侵伐夷狄，夷狄不入中國，無侵伐八年，善之也，晉趙武、楚屈建之力也。

劉氏敞曰：「左氏云罪失信，非也。失信者如清丘之盟，直貶其人而已。今獨舉其事，又貶其人，非特惡失信而已。公羊云此大事，卿不得憂諸侯。夫諸侯相聚而更宋之所喪，何大事之有。大

夫受君命以出，卽是諸侯耳，何用必其非諸侯之命乎！穀梁云善之，亦非也。一國失火自焚其財，諸侯何至羣聚而謀之。以此爲善，是春秋貴小惠而不貴道也。」

朱子曰：「程子所謂春秋大義數十，如成宋亂、宋災故之類，乃是聖人直著誅貶。」

案：劉氏原父駁三傳之説精矣。然穀梁之尤舛者，尤在善弭兵之策，謂中國無侵伐八年，是晉趙武之力，此乃大謬。夫釋蔡般弑君之賊不誅，而沾沾于歸宋財，使日後楚虔得借討亂爲名而烹滅陳、蔡，此最害事。然所以爲此者，亦由泥于弭兵之説。謂蔡屬楚，無用亟動干戈以渝盟，第行小惠，如承平故事。此趙武之昧于理，闇于事機，謀國之最不善者，何反善之乎！

春秋三傳異同表卷四十二之四

錫山顧棟高復初　輯
古岑程廷鏞魚門　參

昭公

二年冬，公如晉，至河乃復。季孫宿如晉。

左	晉少姜卒，公如晉，及河，晉侯使士文伯來辭，曰：「非伉儷也，請君無辱。」公還。季孫宿遂致服焉。致少姜之襚服。
公羊	其言至河乃復何？不敢進也。
穀梁	恥如晉，故著有疾也。公如晉而不得入，季孫宿如晉而得入，惡季孫宿也。

劉氏敞曰：「穀梁云著有疾，非也。但云至河乃復，安知有疾乎？」

李氏廉曰：「案左氏晉之辭公未爲失，春秋止罪公之輕動耳，若胡傳無乃成少姜之爲適乎！又聞義不徙，而强爲非禮之行，亦非也。」

王氏錫爵曰：「失在公不能守正而妄動。至季孫宿如晉，蓋公既返，而猶有所未盡于心，故遣宿將命以終其事，此理之易見者。公、穀之説反使經意晦而不明，恐皆非也。」

彙纂曰：「據事直書，而公動不以禮，自取其辱可知矣。公羊以爲不敢進，釋公羊者以爲晉將執公，不亦謬乎！是時魯、晉方睦，公即位踰年，未聞獲罪于晉，而晉欲執公，何耶？」

四年秋七月，楚子、蔡侯、陳侯、許男、頓子、胡子、沈子、淮夷伐吴，執齊慶封，殺之。

左使屈申圍朱方。八月甲申，克之，執齊慶封而盡滅其族。	公羊此伐吴也。其言執齊慶封何？爲齊誅也。慶封走之吴，吴封之于防。然則曷爲不言伐防？不與諸侯專封也。	穀梁此入而殺，其不言入何也？慶封封乎吴鍾離。其不言伐鍾離何也？不與吴專封也。

彙纂曰：「慶封，弑君之賊，法所當討，故書執書殺，明其罪之可誅。楚圍身爲弑逆，懷惡而討，故不書楚子，所以別于殺徵舒。至公、穀以爲不與吴專封，則失之矣。既書伐吴，則慶封所受之邑亦何必更言伐乎！」

九月取鄫。

左	公羊	穀梁
左言易也。莒亂，著丘公立而不撫鄫，鄫叛而來，故曰取。凡克邑，不用師徒曰取。	公羊其言取之何？滅之也。滅之則其言取之何？內大惡，諱也。	穀梁無傳。

劉氏敞曰：「公羊云諱滅，非也。莒已滅鄫矣，此又能重滅之乎？」公羊本謂鄫未滅，故因而爲之辭耳。

五年春王正月，舍中軍。

左	公羊	穀梁
左卑公室也。初作中軍，三分公室，而各有其一。季氏盡征之，叔孫臣其子弟，孟氏取其半焉。及其舍之也，四分公室，季氏擇二，二子各一，皆盡征之，而貢于公。	公羊舍中軍者何？復古也。然則曷爲不言三卿？五亦有中，三亦有中。	穀梁貴復正也。

汪氏克寬曰：「季氏以國民四分之，而已取其半，非獨欲弱公室，亦欲乘叔孫婼之未定其位，弱叔、仲二家而强己。公羊以爲復古，穀梁以爲復正，皆非也。荀悦云：『春秋之義，舍中軍則善之。』皆惑于公、穀之説。」

七年春王正月，暨齊平。

左齊求之也。癸巳，齊侯次于虢，燕人行成。二月戊午，盟于濡上。燕人歸燕姬。 杜註：「齊伐燕，燕人賂之，反從求平。」	公羊無傳。	穀梁暨猶暨暨也。暨者，不得已也。以外及内曰暨。

家氏鉉翁曰：「左傳爲燕暨齊平，穀梁以爲魯暨齊平，當從穀梁。」詳見杜註正譌表。

八年秋，蒐于紅。

左	公羊	穀梁
大蒐于紅，自根牟至于商、衛，革車千乘。杜註：「不言大者，經文闕。」	何以書？蓋以罕書也。疏曰：「何註：『罕，希也。』蒐之法須比年作之，今此不然，故云以罕書。」	正也。因蒐狩以習用武事，禮之大者也。

李氏廉曰：「蒐狩合禮者，常事，不書。非時非地及越禮則書之。穀梁以秋蒐爲正，公羊以爲以罕書者，皆非也。」

案：春秋凡單書時者，皆指首月。此之秋，蓋七月也。周之秋七月，夏之五月，未當行蒐之時。穀梁以爲正，蓋穀梁主用夏時，此亦其一證也。

葬陳哀公。

左	公羊	穀梁
冬十一月壬午，楚師滅陳。輿嬖袁克殺馬毀玉以葬。	無傳。	不與楚滅，閔公也。

彙纂曰：「趙氏謂袁克非大臣，何能辨葬死君，又何能告諸侯使會葬。黎氏謂陳爲楚師所據，

魯豈于其葬而使臣往會之。蓋楚靈滅陳，而葬其故君以示恩，猶齊襄之滅紀而葬紀伯姬耳。至滅陳之後，諸侯震恐，故下文九年春魯使叔弓會楚子于陳，以致其敬。豈有未加敬于楚之前，反先使人會葬陳君之理。蓋常例必往會葬而後書，獨此役以變例得書，是亦所謂存陳之意而已矣。」

案：存陳之說亦未是，愚另有論，附凶禮表後。

先母舅曰：「楚葬之也，蒙上文言耳。據左氏則陳哀克葬之，魯決不敢往會，胡以得書于經。」

九年夏四月，陳災。公、穀作火。

左陳災。鄭裨竈曰：「五年陳將復封，封五十二年而遂亡。」

公羊陳已滅矣，其言陳火何？存陳也。曰存陳，悕矣。曷爲存陳？滅人之國，執人之罪人，殺人之賊，葬人之君，若是則陳存悕矣。

穀梁國曰災，邑曰火。火不志，此何以志？閔陳而存之也。

劉氏敞曰：「何休謂陳爲天所存，非也。此自聖人欲存之，故録耳，安知天意。」

高氏閌曰：「如邶、鄘二國既爲衞所并，聖人還存邶、鄘之風，亦不與衞人并諸侯，而存天子之建國也。」

朱子曰：「漢建安二十五年之初，漢尚未亡，通鑑便作魏黃初元年，奪漢太速，與魏太遽，大非春秋存陳之意。」

彙纂曰：「公、穀皆以爲存陳，謂不與楚之滅陳，是矣。但公羊又謂執人之罪人云云，則似楚之滅陳，不失爲仗義之師，殊非經旨。」

案：胡康侯謂楚已滅陳，必不遣使告于諸侯，言亡國之有天災也。蓋當日叔弓會楚子于陳，目擊其事，歸語陳災，魯史遂書之耳。趙木訥則謂楚嫌天災之在楚，而以陳赴，聖人亦因其名而存陳。案外災非赴不書，木訥之説似更有理。

十一年冬十有一月丁酉，楚師滅蔡，執蔡世子有以歸，用之。

左	公羊	穀梁
楚子滅蔡，用隱太子于岡山。 孔疏：「父既死矣，猶稱世子者，君死而國被兵，未暇以禮即位，故國以世子告。」	此未踰年之君也。其稱世子何？不君靈公，不成其子也。惡乎用之？用之防也。蓋以築防也。	此子也。其曰世子何也？不與楚殺也。

劉氏敞曰：「公羊謂不君靈公，不成其子。予謂不成其子，而稱世子，義與文反。又曰用之築防，此直似兒戲。」

家氏鉉翁曰：「蔡有嬰城固守，國亡身死，特存其世子之名，録其爲宗社死也。」

十三年夏四月，楚公子比自晉歸于楚，弒其君虔于乾谿。

左 不解經義，故不録。

公羊 此弒其君，其言歸何？歸無惡于弒立也。靈王爲無道，作乾谿之臺，三年不成，公子棄疾脅比而立之。

穀梁 歸而弒，不言歸。言歸，非弒也。弒君者日，不日，比不弒也。

汪氏克寬曰：「弒逆大惡，聖人不以妄加于人，豈以無惡而稱弒乎！公羊之説非也。穀梁云不日，比不弒。里克、商人、陳乞之弒皆不日，豈皆不弒乎？棄疾脅比而君之，與隋司馬德戡、裴虔通之于宇文化及相類。雖化及聞謀變色流汗，迎入朝堂，戰慄不能言，而綱目書化及弒其君，且不以煬帝爲弒君父之賊而末減也，其得春秋書楚比之意矣。」

蔡侯廬歸于蔡。陳侯吳歸于陳。

左	公羊	穀梁
平王即位，封陳、蔡，復遷邑。隱太子之子廬歸于蔡，悼太子之子吳歸于陳，禮也。	此皆滅國也。其言歸何？不與諸侯專封也。	此未嘗有國也，使如失國辭然者，不與楚滅也。

陸氏淳曰：「公羊曰不與專封，此本是列國，今不過復其所爾，何名專封。穀梁曰不與楚滅，今方記與復，何關滅事，責其滅時乎！」

汪氏克寬曰：「不言自楚歸，若二國之自能與復焉爾。」

十九年夏五月戊辰，許世子止弒其君買。冬，葬許悼公。

左	公羊	穀梁
許悼公瘧，飲太子止之藥卒。太子奔晉。書曰「弒其君」。君子曰：「盡心力以事君，舍藥物可也。」	賊未討，何以書葬？不成于弒也。曷爲不成于弒？止進藥而藥殺也。譏子道之不盡，是以君子加弒焉爾。曰許世子止弒其君買，是君子之聽止也。葬許	日弒，正卒也。正卒，則止不弒也。不弒而曰弒，責止也。止曰：「我與夫弒者。」不立乎其位，哭泣歠飦粥，嗌不容粒，未踰年而死。君子即止自責而責

悼公，是君子之赦止也。

之也。又曰：日卒，時葬，不使止爲弑父也。

萬氏孝恭曰：「許止之事，雖若可恕，萬一後世臣子幸君父之疾，進藥以斃之，而自託不知嘗藥之義，是啟之爲亂原也。」

案：三傳皆謂止非弑，歐陽公謂止實非弑，聖人不必妄加之名。趙氏木訥力主其說。愚考左氏傳及杜註、孔疏，止之罪狀已昭然，歐陽公非刻論也。另有論附亂賊表後。黄氏仲炎亦曰：「如三傳之說，則罪疑惟重，非聖人忠厚之意。蓋止進藥而藥殺，與漢霍顯之行毒許后相似。苟以不嘗藥而掩蓋其情，則亂臣賊子皆得借是以逃罪矣。」

二十年夏，曹公孫會自鄸出奔宋。鄸，穀作夢。

左無傳。

公羊奔未有言自者，此其言自何？畔也。畔則曷爲不言其畔？爲公子喜時之後諱也。何賢乎？讓國也。君子惡惡止其身，善善及子

穀梁自夢者，專乎夢也。言力能專制。曹無大夫，其曰公孫何也？言其以貴取之，而不以叛。言其貴足以專制，而今能不以邑叛，所以善之，而罪

曹伯。	孫。 會，子臧之子。鄭，子臧之采邑也。	

陸氏淳曰：「穀梁云善會之不以邑叛。夫臣不叛君，常事爾，豈有可褒之理。其稱公孫，蓋即王命之卿，但以國小之故，不能自崇樹其大夫，請命于王者少，惟此與成二年公子首凡二人耳。其他無事不見于經，不得謂之無大夫也。言自鄭者，緣先據以叛，今力屈而奔，與魚石自宋南里奔、宋公之弟辰自蕭來奔義正同。叛時不書，不告耳。公羊曰爲賢者之後諱，然則賢者之後便得恣其不臣乎？此說尤鄙。」

王氏樵曰：「公羊猶曰諱，胡氏直謂其待放而後出奔，得去國之禮而賢之。又曰：待放出奔，臣子常禮，免于貶足矣，而何以賢之？爲公子喜時之後賢之也。視公羊尤迂曲矣。」

案：公羊之說，陸氏辨疑、劉氏權衡俱駁之，其理易明。而胡傳仍其說而加甚，至謂後世有乞録用賢者之後公臣之世，蓋得春秋之旨，何見之頗哉！

黄氏仲炎曰：「自鄭出奔宋者，蓋自其國都出，止于鄭，又自鄭而奔宋，故春秋以自鄭書爾。春秋叛則書叛，奔則書奔，未有奔而可誣爲叛，叛而可諱爲奔者。使奔而可諱，周公當先爲管叔諱之。」

案：公、穀二家之說正相反，一則曰叛，一則曰力足以叛而不叛。愚謂春秋止紀一奔大夫爾。

其曰自鄭者，猶鄭詹自齊逃來。春秋無叛文，何從知其叛，更何從知其力足以叛而不叛也。陸氏淳比之魚石、宋辰，亦似硬坐。此二人叛迹顯有可據，烏得以自之一字偶同，遂加以叛逆之罪乎！文定據穀梁善之之説，至謂待放出奔，得去國之禮，尤屬無據。大抵諸儒泥于一字，遂至褒貶如此相遠。竊以黃氏之説爲近之，公、穀及陸氏皆不免于鑿也。

二十一年冬，蔡侯朱出奔楚。

左	公羊	穀梁
費無極取貨于東國，而謂蔡人曰：「君王將立東國。若不先從王欲，楚必圍蔡。」蔡人懼，出朱而立東國，朱愬于楚。	無傳。何註：「出奔者，爲東國所篡也。」疏云：「左氏與此同，穀梁作蔡侯東。」	東者，東國也。何爲謂之東？王父誘而殺焉，父執而用焉，而又奔之，惡之而貶之也。

案：此係闕誤，朱卽東字之譌，而又脱一國字耳，當從穀梁説。但其云貶去半名則非也。餘詳見闕文表。

二十二年，劉子、單子以王猛居于皇。

左	公羊	穀梁
六月丁巳，葬景王，王子朝作亂，逐劉子。壬戌，單子逆悼王于莊宮，告急于晉。秋七月戊寅，以王次于皇。	其稱王猛何？當國也。	以者，不以者也。王猛嫌也。

劉氏敞曰：「公羊云當國，非也。王猛乃王矣，未逾年，不可稱天王，又不可以諸侯例稱子。何則？獨言子則似魯之子，冠王于子則又與他王子相亂，故稱王繫猛耳。穀梁曰王猛嫌，非也。若王猛嫌，豈得云居乎！」

嚴氏啟隆曰：「劉、單以者，言猛不能自立，出入皆劉、單之功，非聖人貶之也。胡傳泥于以之一字，曰挾天子令諸侯而專國柄，功罪倒置矣。」

彙纂曰：「凡書以者，美惡存乎其事，非皆貶也。單、劉之以猛爲正，尹召之以朝則罪矣。諸儒說皆謬。」

秋，劉子、單子以王猛入于王城。

左　晉籍談、荀躒帥九州之戎及焦、瑕、温、原之師，以納王于王城。

公羊　王城者何？西周也。其言入何？篡辭也。

穀梁　入者，内弗受也。

劉氏敞曰：「公羊曰篡辭，非也。必若以入爲篡，下有天王入于成周，亦可云篡乎？穀梁云内不受，非也。必以入爲内弗受，則天王入于成周，亦弗受乎？」

家氏鉉翁曰：「劉、單守正者也。春秋書以，其所當以也。」

冬十月，王子猛卒。

左　不成喪也。杜註：「釋所以不稱王崩。」

公羊　此未踰年之君也。其稱王子猛卒何？不與當父死子繼、兄死弟及之辭也。

穀梁　此不卒者也。其曰卒，失嫌也。范註：「猛本有當國之嫌，其卒則失嫌，故録之。」

劉氏敞曰：「公羊之説非也。向言王猛者，以文不可繫子。今言王子者，死當以子禮治之，明是乃王之子也。言卒者，未踰年之君，猶子赤、子般，皆言卒也。穀梁曰失嫌，亦非也。猛未踰年，不可言崩，又不可言薨，是以通言卒耳，何嫌之失。」

李氏廉曰：「公、穀皆以子猛爲篡，故書卒，義不可從。」

高氏攀龍曰：「前稱王猛，此何以復稱王子猛？于其卒從其恆稱，義不在焉，不沒其實而已。」

先師高紫超氏曰：「太子立未踰年不宜稱王。春秋書王猛者，爲王子朝而起變例耳。故于其居王城也書王，而于其卒也仍書王子，從其本也。」

二十三年，晉人圍郊。

左	公羊	穀梁
春王正月壬寅朔，二師圍郊。王師、晉師。癸卯，郊、鄩潰。	郊者何？天子之邑也。曷爲不繫于周？不與伐天子也。	無傳。

趙氏匡曰：「案此實非伐天子也。若實伐周，豈爲其掩惡哉！」

戊辰，吳敗頓、胡、沈、蔡、陳、許之師于雞父。胡子髡、沈子逞滅，獲陳夏齧。

左	公羊	穀梁
不言戰，楚未陳也。	此偏戰也。曷爲以詐戰之辭言之？不與夷狄之主	中國不言敗，此其言敗何也？釋其滅也。

中國也。

彙纂曰：「公羊謂此爲偏戰，而經以詐戰之辭書之，非也，蓋泥于日月之例而爲此言耳。穀梁謂言敗以釋其滅，亦非也。亦有師敗而君不滅者，豈必言敗以釋其滅乎！是役楚爲戎首，先儒皆以爲楚師未與吳接，故止書六國。然傳稱楚師大奔，則經亦當書敗楚。聖人所以略楚不書者，不與六國之從楚也。」

二十四年，叔孫舍至自晉。左、穀無叔孫字。舍，左作婼。

左：二月，婼至自晉，尊晉也。

杜註：「貶婼族，所以尊晉。婼，行人，故不言罪己。」疏云：「卿當備書名氏，今去婼之氏，喜于得免，所以尊晉而自屈也。」

公羊無傳。

疏云：「叔孫舍不去氏者，蓋以無罪故也。」

穀梁大夫執則致，致則挈，由上致之也。

范註：「上爲宗廟。致臣于廟，則直名而已，所謂君前臣名。」

啖氏助曰：「左傳載叔孫婼欲殺晉士彌牟云云，按叔孫忠賢，以身體國，豈肯殺彊國之大夫以賈禍而累國乎！」

案：舍至書氏，公羊與左、穀不同，胡傳獨取公羊，而公羊又無傳疏者。以爲意如有罪，故去氏，叔孫賢，故無貶。胡氏蓋用劉原父因其可褒而褒之之意。彙纂亦並存其說。愚謂三傳皆不足憑也。蓋去氏與不去氏，三傳所傳授異爾，由脫簡與不脫簡之分，實非義所存。叔孫雖賢，不必以不去氏賢之。至左氏以舍族爲尊晉，尤爲無理。春秋只據實而書，以志魯之衰弱與晉伯之不綱爾，豈以去氏與不去爲叔孫一人之褒貶哉！東萊呂氏謂原父能知他人之鑿，而不自知其鑿，蓋說經之通病矣。

二十五年秋七月上辛，大雩。季辛，又雩。

左	公羊	穀梁
書再雩，旱甚也。	又雩者，非雩也，聚衆以逐季氏也。	季者，有中之辭也。又，有繼之辭也。范註：「不言中辛，中辛無事。緣有上辛大雩，故言又。」

啖氏助曰：「案雩但禮官與女巫而已，何足以攻季氏乎！」

劉氏敞曰：「若七月聚衆，則何至九月公乃出奔乎？」

三十一年，黑肱以濫來奔。肱，公作弓。

左 賤而書名，重地故也。邾庶其、莒牟夷、邾黑肱以土地出，賤而必書。三叛人名，以懲不義。

杜註：「不書邾，史闕文。」

孔疏：「穀梁言邾人以濫封此黑肱，使爲別國，故不繫于邾。以非天子所封，故無子男爵號。蓋不知其文闕，而妄爲說耳。」

公羊 文何以無邾婁？通濫也。曷爲通濫？賢者子孫宜有地也。賢者孰謂？謂叔術也。何賢乎？讓國也。

何註：「通濫爲國，故使無所繫。叔術，邾婁顏公之弟。」

穀梁 其不言邾黑肱何也？別乎邾也。其不言濫子何也？非天子所封也。

范註：「邾以濫邑封黑肱，故別之若國。」

李氏廉曰：「此條大例本只與庶其、牟夷書法同，左氏得之。但左氏于齊豹書盜之說，先儒多不取。」

汪氏克寬曰：「二傳皆云邾黑肱，而經文不繫邾者，闕文耳。或以爲通濫爲國，或以爲別乎邾，皆妄說也。齊、楚大國且未嘗分其地以封子弟，況蕞爾之邾乎！或曰又謂濫乃天子之地，而黑肱乃天子之命吏，此尤穿鑿之臆說。夫王吏守土，則得自專其地矣，何爲奔于諸侯耶？」

彙纂曰：「叔術以弟妻嫂，亂人倫也。天子誅顏，而叔術爲顏報讎，犯王命也，其得罪于春秋大矣。公羊乃以爲賢，不亦謬乎！」

三十二年春王正月，公在乾侯，取闞。

左公在乾侯，言不能外內，又不能用其人也。 杜註：「言公內不容于臣子，外不容于齊、晉，所以久在乾侯。人謂子家羈。」	公羊闞者何？邾婁之邑也。曷爲不繫乎邾婁？諱亟也。 何註：「與取濫爲亟。」	穀梁無傳。

孔氏穎達曰：「案傳，定元年將葬昭公，季孫使役如闞公氏，將溝焉。則闞是魯公葬地，非是邾

邑。」

趙氏鵬飛曰：「三年之閒，歲首皆書公在乾侯，存公，且誅季氏之不臣也。而左氏每歲各爲之說，鑿矣。」

定公

元年春王。

左	無傳。
公羊	定何以無正月？正月者，正卽位也。定無正月者，卽位後也。卽位何以後？昭公在外，得入不得入，未可知，在季氏也。
穀梁	不言正月，定無正也。定之無正何也？昭公之終，非正終也。定之始，非正始也。昭無正終，故定無正始。不言卽位，喪在外也。

西亭辨疑曰：「公、穀欲發定無正之義，乃分春王二字爲一節，胡氏因之，致使經義反晦。定公卽位于六月戊辰，此時位尚未定，春秋豈可預責其罪耶？蓋是年正二月無事，三月適有執仲幾事，故書之。其義責晉，非責魯，二節合看自明。」

先母舅曰：「定公卽位于六月之戊辰，則正月非定公之正月，無緣削正月，以見其無正。經本以春王三月爲句，公、穀自析而二之，何與聖人事耶。夫昭公薨于乾侯，越明年六月而定公即位，魯曠年無君，統紀幾絶，春秋備書于册，而魯君臣之罪著矣，安用以小巧穿鑿爲哉！」

三月，晉人執宋仲幾于京師。

左 春王正月辛巳，晉魏舒合諸侯之大夫，將以城成周。魏子涖政。衛彪傒曰：「易位以令，魏子其不免乎！」田于大陸，焚焉，還，卒于甯。宋仲幾不受功，乃執仲幾以歸。三月，歸諸京師。	公羊 其言于京師何？伯討也。伯討則其稱人何？貶。曷爲貶？不與大夫專執也。	穀梁 此其大夫，其曰人何也？微之也。何爲微之？不正其執人于尊者之所也，不與大夫之伯討也。

啖氏助曰：「前年冬十一月城成周，左氏云會于狄泉，此年正月又言合諸侯之大夫于狄泉，一本用夏正，一本用周正，以此重疊致誤也。據前已言魏子南面，衛彪傒譏之，此又重言，與前不異，故知必重也。」

李氏廉曰：「此條以事言之，則以王事討有罪，以義言之，則大夫專執人于王側，而不歸諸王吏，故春秋亦不與以伯討，穀梁、胡氏是矣。公羊以爲大夫不得專執，則是以于京師爲伯討則非。」

九月，大雩。

左	公羊	穀梁
左無傳。	公羊無傳。何註：「定公得立，尤喜而不恤民之應。」	穀梁雩月，雩之正也。秋大雩，非正也。毛澤未盡，人力未竭，未可以雩。古之神人有應上公者，通乎陰陽，君親帥諸大夫而請焉。

啖氏助曰：「雩者以祈雨也，若待毛澤盡，人力竭，雖雨何益哉！穀梁以日月爲例，故有此分別爾。又大雩凡山林川澤能興雲雨者皆祈焉，不必專于上公也。」

二年夏五月壬辰，雉門及兩觀災。

左	公羊	穀梁
左無傳。	公羊其言雉門及兩觀災何？兩觀微也。然則曷不爲言	穀梁其不曰雉門災及兩觀何也？災自兩觀始也。先言

左	公羊	穀梁
	雉門災及兩觀？主災者兩觀也。曷爲後言之？不以微及大也。	雉門，尊尊也。

趙氏匡曰：「此是雉門延及兩觀，義理分明，據實成文耳。穀梁乃曰自兩觀始，違經妄説，殊可怪也。」

杜氏諤曰：「魯以周公之故立雉門兩觀，僭天子也。凡春秋譏魯之僭禮，必因事而託義，若雉門兩觀不災，則不可得而録之。今災及而書，實譏其僭也。」

四年，劉卷卒。

左	公羊	穀梁
左無傳。杜註：「卽劉蚠也。奉命出盟召陵，死則天子爲告同盟，故不具爵。」	公羊劉卷者，天子之大夫也。外大夫不卒，此何以卒？我主之也。杜註：「主會者當有恩禮。」疏云：「召陵之經，劉子爲首，其主會明	穀梁此不卒而卒者，賢之也。寰内諸侯也，非列土諸侯。何以卒？天王崩，爲諸侯主也。范註：「昭二十二年景王崩，嘗以賓主之禮相接，能

	矣。」	爲諸侯主。」

家氏鉉翁曰：「劉子擁立二君，卒安宗社，二百四十年周家大臣，未有其比，故特書其卒葬。」彙纂曰：「召陵之盟，劉子與焉，故其卒也來赴于魯，而魯史書之耳。公羊以爲我主之，穀梁以爲爲諸侯主，皆不可從。」

十一月庚辰，吳入郢。

左文繁不録。杜註：「弗地曰入。吳不稱子，史略文。」	公羊吳何以不稱子？反夷狄也。君舍于君室，大夫舍于大夫室，蓋妻楚王之母也。	穀梁曰入，易無楚也。若曰楚無人。何以不言滅？欲存楚也。何以謂之吳？狄之也。不正乘敗人之績而深爲利，居人之國，故反其狄道也。

趙氏匡曰：「楚君尋反國，國不絕祀，故不言滅。穀梁妄爲義説爾。又云吳不稱子，不正其乘人之敗而深爲利，則凡諸入者，悉是乘人敗，何不總狄之乎？」

王氏樵曰：「公、穀以前之稱子爲褒，後之不稱子爲貶，皆非也。吳之爲吳自若也。以其師而敗楚者，蔡人之憤；利其有而入郢者，吳人之志。春秋前之稱子，非進而褒之，既書蔡侯之以，則其立文不得不然耳。後書吳入郢，亦正爲依實而書。諸儒泥于一字見褒貶之說，故忽而予吳，忽而貶吳，而于聖人伸蔡侯傷中國之微意，則莫能發也。」

五年夏，歸粟于蔡。

左以周亟，矜無資。杜註：「蔡爲楚所圍，飢乏，故魯歸之粟。」	公羊孰歸之？諸侯歸之。曷爲不言諸侯歸之？離至不可得而序，故言我也。	穀梁諸侯無粟，諸侯相歸粟，正也。孰歸之？諸侯也。不言歸之者，專辭也。

案：公、穀以爲諸侯歸粟，杜註以爲魯歸粟，二說不同，彙纂並存之。要之非義所存。但左以爲周急，穀梁以歸粟爲正，似以此條爲春秋褒辭則非也。蔡自二百年來被楚之害亦屢矣，前年棄疾圍蔡，娶城八月，力屈被執，何不以此時歸粟，而歸粟于破楚入郢之後乎！特書之，而聖人之情見矣。

方氏苞曰：「魯獨歸之粟也。歸粟必壤地相近，水道可通。魯歸蔡粟以淮也，告糴于齊以濟也，秦輸晉粟以河也，若齊、晉、宋、衞則但能歸蔡財，安能輸之粟哉！知與戍陳義異者，戍非一國所能任。」

八年冬，從祀先公。

左	公羊	穀梁
陽貨欲去三桓，冬十月，順祀先公而祈焉。辛卯，禘于僖公。杜註：「順祀當退僖公，故于僖廟行順祀。」疏云：「于僖廟行禘禮，使先公之神徧知之。」	從祀者何？順祀也。文公逆祀，去者三人。定公順祀，叛者五人。何註：「諫不從而去曰去，諫不以禮而去曰叛。」	貴復正也。

胡傳：「蜀人馮山曰：『昭公至是始得從祀于太廟。』其說是也。季氏絶昭公兆域，此時尚未得從昭穆而祔祭。及陽虎欲殺季孫，託于正以售其不正，始以昭公之主從祀太廟，蓋欲取媚于國人。」汪氏克寬曰：「昭公之葬稱謚，疑已祔祭祖廟，而從祀不稱昭公，與禘于莊公書法不侔，則當以三傳爲是。諸儒如高氏閌、薛氏季宣俱兩用之，而彙纂亦並存四傳之説，迄無一定。愚謂胡氏之説非也，蓋以從祀爲祔祀，係後世之俗稱，如從祀孔廟及功臣從祀帝王廟之類，春秋時文法未必有

此也。且果係昭公此時入廟，則當大書特書，以明著季氏之不臣，及從前舉朝臣子莫肯面折廷諍之罪，何爲反隱昭公不言，是欲爲誰諱乎！三傳之説必有所據，無容另出新意爲也。」

荆南馮氏曰：「昭、閔、僖皆有謚安得統謂之先公。據左氏順祀先公而祈焉，蓋自遠及近，而遍于羣公也。」

盜竊寶玉大弓　九年夏四月，得寶玉大弓。

左陽虎説甲如公宮，取寶玉大弓以出，入于讙、陽關以叛。夏，陽虎歸寶玉大弓，書曰「得」，器用也。凡獲器用曰得，得用焉曰獲。

孔氏穎達曰：「自劉歆以來説左氏者，皆以爲夏后氏之璜、封父之繁弱，成王所以分魯公也。公羊曰云云，彼不知魯有

公羊寶者何？璋判白、弓繡質、龜青純。判，半也。半珪曰璋。白藏天子，青藏諸侯。魯得郊天，故錫以白。質，拊也。純，緣也。謂緣甲頓也。千歲之龜青髯。喪之書，得之書。

穀梁寶玉者，封圭也。始封之圭。大弓者，武王之戎弓也。征伐之弓。周公受賜，藏之魯。得寶玉大弓不地何也？羞也。

分器，繆爲言耳。且所盜無龜，知其並是妄也。」

趙氏匡曰：「左氏凡獲器用曰得。得者，對失之辭。若器必言得，郜大鼎何以云取乎？穀梁曰不地，羞也。按緣未出境而得，故但以得爲名。且書以竊猶不羞，書地有何羞乎！」

高氏閌曰：「書得寶玉大弓，以見器之空還，而不獲盜者以正典刑，則亦幸而得之爾。」

十三年秋，晉趙鞅入于晉陽以叛。冬，晉趙鞅歸於晉。

左	公羊	穀梁
秋七月，范氏、中行氏伐趙氏之宮，趙鞅奔晉陽，晉人圍之。韓、魏以趙氏爲請。十二月辛未，趙鞅入于絳，盟于公宮。	此叛也，其言歸何？以地正國也。趙鞅取晉陽之甲以逐君側之惡人，曷爲以叛言之？無君命也。 何註：「操兵向國，故初謂之叛。後知其意欲誅君側之惡，故書歸以赦	此叛也，其以歸言之何也？貴其以地反也，許悔過也。許悔過則何以言叛？其入無君命也。 范註：「專入晉陽以興兵甲，故言叛。實以驅惡而安君側，故于其釋兵

之。」

言歸。」

高氏閌曰：「先儒以歸爲善辭，遂謂鞅有叛迹而無叛心。春秋先正其罪，以厲臣節；此許其歸，以廣君恩。是大不然。人臣無君命輒據土興兵，此豈可赦。況衞孫林父亦書歸，何善之有！」

彙纂曰：「人臣之罪莫大于叛，春秋所必誅。趙鞅專地而結韓、魏以脅其君，復入于晉，聖人書之，所以譏晉侯之失刑，而三卿分晉之禍實始于此。公、穀不察，謂趙鞅以地正國，陸氏淳遂云非叛君，孫氏復云此王法所赦，劉氏敞云其忠義足恃，謬妄相承，不可以訓。」

案：公羊謂趙鞅逐君側之惡人，穀梁云許悔過，范甯謂驅惡以安君側，故于其釋兵言歸，皆謬也。據左氏趙鞅因誅殺不辜致與范、中行爲難，范、中行非有罪也，特不當擅伐趙氏耳，非君側之惡人，與君父爲難者也。旋結韓、魏，脅君求入，春秋書秋叛冬歸，此與唐世牙將殺節度使即授以節度使相似，著晉之無政刑也。公、穀以歸爲赦辭，諸儒相因。至原父更謂其忠義足恃，與經旨大反矣。

哀公

二年，晉趙鞅帥師納衞世子蒯聵于戚。三年春，齊國夏、衞石曼姑帥師圍戚。

左	夏，衛靈公卒。六月乙酉，晉趙鞅納衛太子于戚。使太子絻，八人衰絰，僞自衛逆者。告于門，哭而入，遂居之。三年春，齊、衛圍戚，求援于中山。
公羊	戚者何？衛之邑也。曷爲不言入于衛？父有子，子不得有父也。齊、衛曷爲圍戚？伯討也。曼姑受命乎靈公而立輒，以曼姑之義爲固可以拒之也。輒之義可以立乎？曰可，不以父命辭王父命。
穀梁	納者，內弗受也。何用弗受也？以輒不受也。輒不受父之命，受之王父也。信父而辭王父，則是不尊王父也。此衛事也，其先國夏何也？子不圍父也。不繫戚于衛者，子不有父也。

程子曰：「爲輒計者，委于所可立，使不失君之社稷，而以身從父，則義矣。公、穀王父命之說非是。」

彙纂曰：「公羊以輒爲可立，胡傳辨之，以爲輒未受靈公之命，二說皆非也。卽使受靈公之命，便可拒蒯聵而不容其入乎？又謂輒辭位避父，則衛之臣子當拒蒯聵而輔之，尤爲悖理。輔其子而拒其父，天下豈有無父之國哉！」

案：衛輒拒父，齊助其子以拒其父，直書之而罪自見矣。公羊謂爲伯討，謬極。穀梁謂子不圍父，極是。但以齊先之，遂得免于圍父之愆乎！又何迂拙乃爾。

四年春，盗殺蔡侯申。殺，公、穀作弑。

左 蔡昭侯如吳，諸大夫恐其又遷也，公孫翩逐而射之，入于家人而卒。

公羊 弑君賤者窮諸人。此其稱盗以弑何？賤乎賤者也。賤于稱人者。孰謂？謂罪人也。

穀梁 稱盗以弑君，不以上下道道也。如閽不得君其君之比。内其君而外弑者，不以弑道道也。尊内其君而疏外弑者，故不與以弑君之名，抑之爲盗，若鄭伯髡頑實被臣弑，書自卒同例。

案：公羊以盗爲罪人，疑無據。穀梁之説尤無理，疏外弑者，而反爲寬其罪，尊内其君，而反爲佚其賊，何見疏者之幸而見尊者之不幸也！至胡傳謂蔡侯背楚誑吳，謀國不臧，夫人得而害之，故變文書盗。翩弑君，而略其名氏，姓與霍皆翩之黨，稱國以殺而不去其官，此尤背理之甚。君卽無道，臣不可以行弑。況蔡侯將如吳，諸大夫直恐其又遷，非大惡也。胡傳乃于君父求備，爲亂賊出脱，如此則春秋爲助亂之書矣，豈可訓乎！孫氏復謂責蔡之臣子不能距難，家氏鉉翁謂亂黨衆，不容悉書，則得之矣。互見刑賞表。

又案：公孫翩非賤者，況當日既已殺翩，則罪人已得，又何不書蔡公孫翩弑其君乎？曰盗者，不可得而指名之辭。

方氏苞曰：「書曰盜，不知賊之在也。若係公孫翩，則直書其人可矣，無爲以盜書也。惟不知賊之在，故辰以懼罪而奔，姓、霍以見疑而殺也。」

五年閏月，葬齊景公。

左	公羊	穀梁
無傳。	閏不書，此何以書？喪以閏數也。喪曷爲以閏數？喪數略也。	不正其閏也。范註：「閏月，附月之餘日，喪事不數。」

徐氏彥曰：「鄭志趙商問曰：『文六年閏月不告朔，猶朝于廟。穀梁傳云：閏月，附月之餘日，喪事不數。又此條閏月葬齊景公，公羊傳云：喪以閏數。此二傳義反，于禮斷之何居？』答曰：『居喪之禮以月數者數閏，以年數者不數閏。』鄭氏之意，以爲彼云喪事不數者，謂期與三年也。此云喪以閏數者，謂大功以下也。若穀梁之意，以爲大功以下及葬皆不數閏。」

案：數閏不數閏，公、穀二傳不同，諸儒各有所主，彙纂亦並存之。愚謂穀梁之說爲是，此條書葬齊景公，以示譏也。今世五服之喪皆不數閏，如穀梁說。

又案：春秋凡書閏月，皆指閏十二月，置閏多在歲終。文六年閏月不告月，左傳列在十一月丙寅晉殺續簡伯之後。此年齊景公以九月卒，併計閏月爲五月而葬，此皆置閏在歲終之驗也。

七年秋，公伐邾。八月己酉，入邾，以邾子益來。

左	公羊	穀梁
秋，伐邾，遂入邾，處其公宮。邾衆保于繹。以邾子益來獻于亳社，囚諸負瑕。	入不言伐，此其言伐何？內辭也。若使他人然。若不諱，宜舉其重，曰公入邾婁。今伐、入兩書，使若魯公伐而去，他人入之以來者。邾婁子益何以名？獲也。曷爲不言其獲？內大惡諱也。	益之名，惡也。惡其不能死社稷。其言來者，有外魯之辭焉。

劉氏敞曰：「公羊之說非也。邾、魯相近，故初秋伐之，八月又入之，此自兩事，理當並書耳。且入邾婁，使若他人猶可諉，以邾婁子益來，又可云他人乎？穀梁曰來者外魯之辭，非也。今春秋不外其君，則當曰以邾子益歸乎？」

王氏樵曰：「伐邾者，三家也。公雖在行，而無與于其事。魯自作三軍分公室以後，權不在公，凡納叛人叛邑，內惡悉書而不諱，以諱不在公也。胡子謂書邾子來而不諱者，欲見後書歸邾子之爲能改其惡而與之也，其義迂矣。」

八年春王正月，宋公入曹，以曹伯陽歸。

左	公羊	穀梁
宋公伐曹，遂滅曹，執曹伯陽以歸，殺之。	曹伯陽何以名？滅也。曷爲不言滅？諱同姓之滅也。何諱乎同姓之滅？力能救之而不救也。	無傳。

劉氏敞曰："此時魯自救不暇，豈有不救同姓之滅春秋遂責之乎！且責魯不救，而諱曹之滅，縱釋宋公之惡，而反責無罪之魯乎！"

鄭氏玉曰："或謂滅者，亡國之善辭，上下能同力。曹亡與虞同，故不書滅。案曹之與虞，事既不同，書法亦異，難以例觀也。或又以爲曹亡于春秋之終，與滅繼絶，夫子嘗有此言，至此不忍言滅，義失之巧。宋公既殺曹伯，後又無復曹之事，則竟滅矣。入字疑誤。"

彙纂曰："虞不書滅者，晉存其祀而不以滅告也。宋之入曹，或亦當然。孟子時猶有曹交，爲曹君之弟，則戰國之世曹尚未亡，蓋滅而復存，如陳、蔡、許之類。"

夏，齊人取讙及闡。

左	公羊	穀梁
齊悼公之來也，季康子以其妹妻之，卽位而逆之。季	外取邑不書，此何以書？所以賂齊也。曷爲賂齊？	惡內也。范註："此言取，蓋言賂

左	公羊	穀梁
魴侯通焉，女言其情，弗敢與也。齊侯怒。夏五月，齊鮑牧帥師伐我，取讙及闡。	爲以邾婁子益來也。	也。魯前年伐邾，以邾子益來。益，齊之甥也。畏齊，故賂之。」

家氏鉉翁曰：「公、穀以齊爲邾，故取讙、闡。左氏則以爲季姬未歸故。觀齊之兵端，當從二傳，非以女故。蓋齊取二邑要魯以存邾爾。」

十三年，公會晉侯及吴子于黄池。

左	公羊	穀梁
公會單平公、晉定公、吴夫差于黄池。秋七月辛丑，盟，吴、晉争先。司馬寅請視之，反，曰：「肉食者無墨。（氣色下。）今吴王墨，夷德輕，不忍久，請少待之。」乃先晉人。	吴何以稱子？吴主會也。曷爲先言晉侯？不與夷狄之主中國也。其言及吴子何？會兩伯之辭也。曷爲以兩伯之辭言之？重吴也。吴在是則天下諸侯莫敢不至也。	黄池之會，吴子進乎哉？遂子矣。吴，夷狄之國也，祝（斷也。）髮文身，欲因魯之禮，因晉之權，請冠端而襲，以尊天王，吴進矣。子，卑稱也。辭尊稱而居卑稱，以會乎諸侯。

陸氏淳曰：「左云吳子將以公見晉侯。啖子曰此時吳方爭長而不後晉，豈肯帥魯侯以見晉乎！又言將囚子服景伯以宗祝之言恐之，尤近兒戲。趙子曰左氏有單平公，而不書于經者，緣吳、晉敵禮而會，如今賓主對舉酒，自然單子無坐位，故不書。且經文有及字，是兩伯之義分明也。公羊云吳爲會主，與經文背，又云吳在是，則天下諸侯莫敢不至。趙云黃池，魯地，故魯獨會之耳。若更有諸侯，不當不序。穀梁曰黃池之會，吳子進矣。趙子曰此爲吳同爲會主，故不書人。傳不達此理，遂妄爲說爾。」

彙纂曰：「左氏曰先晉，國語曰先吳，二說諸儒互有所主。夫宋之盟，晉國方彊，而卒先楚人，則謂晉定之不能先吳，似也。吳方在會，而邊遽以越亂告，則謂吳子內惕而不敢復爭，春秋所書次第乃其事實，亦似也。趙氏匡則謂吳、晉敵禮而會，如今賓主對舉酒，故晉史即云晉爲先，吳語即云吳先歃，各自護其主，亦似有理。」

孔子穎達曰：「左氏經據魯史策書，傳采魯之簡牘，所書必是依實。國語當國所記，或可曲筆直己。傅玄云國語非丘明所作，凡有共說一事而二文不同，必國語虛而左傳實。」

案：蠻夷雖大皆曰子。此稱吳子者，因上文公會晉侯，吳不可單稱號。若書吳人，又沒夫差親在會之實。據實而書，無他義也。或謂嘉其尊王，進而書子，或謂吳貶號從子，皆失之鑿。楚自入春秋即稱王，而經俱書楚子，未聞楚貶號也。鄭氏玉謂齊桓之盛，未能責楚僭王之罪，豈以晉之衰弱反能使吳王黜其僭號乎！其不然明矣。

十四年春，西狩獲麟。

左	公羊	穀梁
左春，西狩于大野，叔孫氏之車子鉏商獲麟，以爲不祥，以賜虞人。仲尼觀之，曰：「麟也。」然後取之。	公羊孰狩之？薪采者也。曷爲以狩言之？大之也。曷爲大之？爲獲麟大之也。麟者，仁獸也，有王者則至，無王者則不至。有以告者，曰：「有麕而角者。」孔子曰：「孰爲來哉！孰爲來哉！」反袂拭面，涕沾袍。曰：「吾道窮矣。」	穀梁引取之也。狩地，不地不狩也。非狩而曰狩，大獲麟也。其不言來，不外麟于中國也。不言有，不使麟不恆于中國也。范註：「麟自爲孔子來魯引而取之。」疏云：「天意若曰以夫子因魯史記而脩春秋故也，然則孔子修春秋乃獲麟之驗也。」

趙氏匡曰：「公、穀二傳以經不言狩人之名，故有薪采引取之說，不知舉獸獲之義，是以爾也。」

汪氏克寬曰：「說左氏者以春秋感麟而作，學公、穀者以爲春秋文成致麟。竊疑聖人作經絕筆于獲麟之一句，則非經成而麟至矣。苟曰經成而後麟至，則春秋筆絕于哀公十三年十二月螽，殊無意義。特世儒推尊孔子作經之效極其盛，故云然耳。」

陳氏際泰曰：「若謂春秋感麟而作，獲麟之歲，距孔子之卒爲時幾何，而汲汲操筆乎！且使麟不獲，孔子遂終不作春秋，否也。一曰文成麟至，麟而獲也，烏在其爲瑞而可以應文成也。胡傳謂春秋以天道終，是卽文成麟至之説而益張大之，皆尊聖人而不得其實。大抵孔子之作春秋，或在定公末年，或在哀公初年，與夫哀十年之前後，俱未可知也。」

案：諸説紛紛，俱嫌穿鑿。卽朱子之解，亦似未盡。愚另有論附于左。

春秋絶筆獲麟論

春秋二百四十二年，終於獲麟。説者謂夫子感麟而作，又以爲春秋文成致麟。何休之説尤誕妄，杜氏既絀之。文定乃承其意，謂春秋經成道備，嘉瑞應焉，而以天道終之，比諸簫韶九奏，鳳儀於庭，魯史成經。麟出于野，無論不經，而聖人毋乃涉于自誇大。至宋鄭氏樵則以爲終于獲麟，聖人初無意。歐陽氏謂義在春秋，不在起止。如此則春秋宜終于哀之十四年或十三年冬，不宜以首春一事遽爾絶筆，則又似非無意。朱子謂某不敢指定是書成感麟，亦不敢指定是感麟作，大概出非其時，被人殺了，是不祥。意謂感其不祥而遂絶筆，則亦非無所寓意。然愚嘗反覆通經，而知諸儒之説非矣，卽朱子亦未爲得。蓋春秋之經因是年請討陳恆之不行而絶筆也。夫春秋爲天下之無王作，臣弑其君，子弑其父，生人之道絶矣。故不得已而作春秋，汲汲乎别嫌明微，正名定分。其用於魯也，則墮三都以張公室。逮其歸老，季氏伐顓臾則沮，旅泰山則沮，口誅筆伐，猶望人心懾于大義而不敢肆。至十四年之四月，陳恆執其君寘于舒州，六月行弑。孔子是時年七十一，沐浴請討，而魯之君臣哆然不應，則是人心死而天理絶，天下無復知篡弒之爲非者，于是喟然太息曰：「已矣，無爲復望矣！」遂輟簡廢業，而是春適有西狩獲麟一事，春秋遂以是終焉。是則春秋之絶筆者，爲大義之不復伸也，豈區區爲一物之微而漫託于不可知之氣數哉！夫春秋責人事而不言災祥，就使麟獲果不祥，猶當勤人事爲補救，若以麟出非其時，明己當退隱，則是春秋撥亂世反之正之書，而以一己之遇合終，私而不公，尤非聖人之志。曰春秋之弒君多矣，何獨于陳恆爲兢兢？曰諸國皆遠于魯，而孔子是時猶望大行其道于天下，起而正之。卽哀十年弒齊侯陽生而以卒赴，猶懼人之見討，至此顯然行弒。魯與齊爲脣齒，且甥舅之邦，聖人于此蓋日懼三桓之爲陳氏也，故其荅季子然問仲由、冉求曰：「弒父與君，亦不從。」至請討不行，顯然勢合而交成其絶筆也。目不忍見，口不忍言，故斷其簡于春秋，而著其事于魯論，曰後世有能伸討賊之義者，是卽吾春秋之志也。此則聖人未竟之心史也夫！

余作此論，當乾隆之辛酉在鄧年丈悔廬學使署中，時校士溫台山，行篋中無書，越明年掌教淮陰書院，從李明府假得春秋經解，獲覩宋家則堂先生春秋詳說，內一條云：「春秋以誅亂賊而始，亦以誅亂賊而終。陳恆弒君，孔子沐浴請討，公不能用，是歲春秋以獲麟絶筆。蓋魯大亂，君以弒死者四世，春秋所以始。齊大亂，君以弒死亦三世，春秋所以終。」閱至此，不覺大快，知人心之同然，雖相距五百載，如面質一堂，自此紛紛以獲麟起義者可息矣。因附識于此，以明余之非臆說。

春秋入國滅國論

案公羊曰：「入者，得而不居此。」徵之秦人入滑，楚人入陳，吳入郢，魯入邾之事，則信爲得之矣。然春秋之例合於此者，則不可通于彼。愚嘗合前後反覆觀之，而知其非然也。隱二年莒人入向，無駭帥師入極，此爲書入之始。考極地在今山東兗州府魚臺縣西，近魯之棠地，而終春秋世極不見于經，則極爲魯滅明矣。莒人入向，而宣四年公伐莒取向，則向已爲莒邑，而隱二年向爲莒滅明矣。且卽公羊創此例，而于無駭不氏，則又曰疾始滅，穀梁又云以滅同姓貶，則卽一傳之中而前後自相矛盾如此，而謂入非滅乎！且秦人入滑而秦不能有，後入于晉。衞侯燬滅邢，而衞亦不能有，後亦入于晉。同一得而不居也，而于秦則曰入，于衞則曰滅，而謂滅與入有異乎？無異乎？楚莊縣陳，聽申叔時之言而反之，鄉取一人焉，曰夏州，以是爲得而不居，信矣。楚靈王滅陳、蔡，而平王復封之，亦未嘗遂有陳、蔡之國，而書曰滅陳滅蔡者何故？然猶曰楚靈志在滅國，終其世陳、蔡爲楚屬邑，聖人第據楚靈之事書之爾。至如哀八年宋景公滅曹，執曹伯陽以歸，殺之，曹入于宋爲邑，後向魋入于曹以叛，此其爲滅，斷斷無疑，而反書曰入曹，則入與滅之無分輕重，顯然易明矣。乃公羊創此例於隱二年春秋之始，而復回護其說于哀八年春秋之終，于宋入曹則曰不言其滅，諱同姓之滅也。蓋謂魯力能救而不之救，以致見滅，爲魯諱。然此時魯方自救不暇，春秋豈宜厚責其救同姓之滅，且欲爲魯諱，而反縱釋宋公滅國之大惡，于法尤倒置。蘇子由氏又謂曹伯陽無道，自取滅亡，與晉人執虞公不言滅同例，則春秋何責曹太刻，待宋太寬。或又謂曹亡于春秋之終，夫子嘗以興滅國繼絶世爲言，故于此不忍書滅，尤爲穿鑿。總之，皆誤于公羊之一言，欲牽合其説，輾轉入于支離而不自知也。然則春秋之或書滅、或書入、或書遷者謂何？曰此各就其實事書之爾，無他義也。固守力屈而就斃則書滅，空虛無備而直入則書入，空其地，易其民，毁其宗廟則書遷，均爲貶絶之甚辭，而要非輕重之所在，知此而于春秋之全旨無不合矣。

答萬季埜黄棃洲春秋祔廟問答後

問云：「鄭註謂既祔主，復返于寢，後人多因之，而朱子主之尤力，惟陳用之、吴幼清謂無復返寢之理，今將從之，先生以爲何如？」

答云：「諸儒總緣錯解左傳之文而誤也。左言特祀于主，似乎主不在廟，故有祔已復寢之文，不知既已復寢，則烝、嘗、禘于廟者爲新主乎？爲祖廟乎？爲新主，新主在寢，不當言于廟。若爲祖廟，則四時常祀，不當繫之于此。蓋祔者，既虞之後，埋重於祖廟門外，卽作新主，以昭穆之班祔于皇祖廟中，各主不動如故。此時之祭，只皇祖與新主兩位，所謂兩告之也，更不及别祖。自此以後，小祥、大祥、禫祭之類皆于祖廟，特祭新死者，并皇祖亦不及。烝、嘗、禘于廟者，烝嘗四時吉祭，行于廟中，亦不及新死者。左氏言此者，嫌新主在廟，有礙于吉祭也。三年喪畢，親過高祖者當祧，于是改檐易塗，羣主合食于廟，以次而遷，而新主遷居禰廟矣。」

案棃洲此條亦爲有見，其言卒哭而祔，三年喪畢而遷，正合朱子所謂祔與遷自是兩事之説，且無礙于喪事即遠之義，可謂圓通矣。但其解特祀于主爲特祀于祖廟中，以翻鄭氏返主于寢之案，究不能無疑。何則？古禮吉凶不相干，故凶服不入廟門，小祥、大祥、禫祭俱未即吉，而可于廟中行受服、釋服之禮乎？疑一也。特祀新死者于皇祖之廟，並不及皇祖，于皇祖不無漠然，疑二也。四時吉祭皇祖之廟，亦與新死者之主在廟中，而祭不及，又不無漠然，疑三也。總之，練與卒哭是殷、周之祔之異制，見於檀弓可考，三年喪畢而遷，當是殷、周之禮所同。至祔以後遷以前返主與不返主，則姑存鄭氏之説爲疑案，不必更曲爲之説矣。

春秋闕文表卷四十三

錫山　顧棟高復初　輯
江都　馬曰琯秋玉　參

敘

儒者釋經，爲後王典制所自起，國家善敗恆必由之，可不慎哉！春秋文多闕誤，三傳類多附會，而公、穀尤甚，迹其流弊，種毒滋深。其大者如紀子伯、莒子盟于密，本闕文也，而習公、穀者遂謂紀本子爵，後因天子將娶于紀，進爵爲侯，加封百里，以廣孝敬。漢世因之，凡立后先封其父爲侯，進大司馬大將軍，封爵之濫自此始，而漢祚以移，由不知闕文故也。蓋嘗推而論之，日食闕書日朔者凡十，本史失之，而穀梁則曰言日不言朔，食晦日也，言朔不言日，食既朔也。案自襄十五年以後無不書日朔者，豈自此至獲麟近百年總無食于前食于後，而獨參差不定于襄以前乎？則穀梁之説非也。外諸侯卒闕書名者凡十，亦史失之，而左氏則曰不書名，未同盟也。案隱元年及宋人盟于宿，而八年宿男卒不名；成十三年滕會諸侯同伐秦，而十六年滕子卒不名；杞與魯結昏，而僖二十三年杞成公卒不名，則左氏之説非也。夫人不書姜氏及去姜存氏、去氏存姜者凡四，而左傳則曰不稱姜氏，絶不爲親禮也。賈逵又云哀姜殺子罪輕，故但貶去姜，公、穀又以出姜不宜成禮于齊、穆姜不宜從夫喪娶，故俱貶去氏。夫去姜存氏、去氏存姜，不成文理，況文姜、哀姜之罪，豈待去其姓氏而明。至夫人方爲處女，事由父母，而必責其問合禮與否，無乃蹈拊驂移臼之譏乎！亦拘固不通甚矣。王不稱天者凡六，其三史脱之，其三從省文，而胡氏于錫桓公命，歸成風之賵及會葬，則云聖人去天以示貶。夫歸仲子之賵，王已稱天矣，豈于前獨罪宰咺，而于天王無貶，于此數事又獨責天王，而于榮、召無譏乎！桓五年三國從王伐鄭，此自省文爾，與公朝于王所同義，而胡氏以爲桓王失天討，豈朝于王所，不責諸侯，而反責王乎！必以桓十四年不書王爲責桓無王，則宣亦篡弒，何以書王？必以桓四年七年不書秋冬爲責王失刑，則昭十年不書冬、定十四年不書冬，又何以説？秦伐晉、鄭伐許，晉伐鮮虞，皆是偶闕人字，而公、穀以爲狄之。夫秦且無論，晉之罪莫大于助亂臣立君，襄十四年會孫林父于戚以定衛，當日不聞狄晉，鄭伯射王中肩，未嘗有微詞示貶，而沾沾責其伐許伐鮮虞，亦可謂舍其大而圖其細矣。凡此皆公、穀倡之，而後來諸儒如孔氏穎達、啖氏助、趙氏匡、陸氏淳、孫氏復、劉氏敞亦既辨之矣，而復大熾于宋之中葉者，蓋亦有故焉。自諸儒攻擊三傳，王介甫遂目春秋爲斷爛朝報，不列學宫，文定反之，矯枉過正，遂舉聖經之斷闕不全者，皆以爲精義所存，復理公、穀之故説，而吕氏東萊、葉氏少蘊、張氏元德諸儒俱從之，由是春秋稍明于唐以後者，復晦昧于宋之南渡，豈非勢之相激使然哉！夫蔑棄聖人之經與過崇聖人之經，其用心不同，而其未得乎聖人垂世立教之旨則一也。愚故不揆檮昧，瀏覽諸家之説，於南渡以後兼取黄氏仲炎、吕氏大圭、程氏端學、俞氏臯、齊氏履謙五家，列闕文凡百有餘條，俾學者于此不復强求其可通，則于諸儒支離穿鑿之論亦埽除過半矣。輯春秋闕文表第四十三。

春秋闕文表 羨文省文附

日食闕書日朔凡十。又疑誤三。

隱三年春王二月己巳，日有食之。

杜氏預曰：「不書朔，史失之。」

先母舅曰：「或日或不日，或朔或不朔，並是史闕文。襄十五年以後無不書朔日者矣。」

桓十七年冬十月朔，日有食之。

左傳：「不書日，官失之也。」

陳氏傅良曰：「自文以上日食有不書日者，自文而下皆書日，故曰桓、莊之世多闕文。」

莊十八年春王三月，日有食之。

孔氏穎達曰：「不書朔與日，脫也。」

孫氏復曰：「日朔俱失之。」

孫氏覺曰：「春秋日朔俱不書者，惟二而已。」

程氏端學曰：「或經成而後闕之。」

僖十二年春王三月庚午，日有食之。

杜氏預曰：「不書朔，官失之也。」

僖十五年夏五月，日有食之。

左傳：「不書朔與日，官失之也。」

文元年二月癸亥，日有食之。

杜氏預曰：「癸亥，是月一日，不書朔，官失之。」

宣八年秋七月甲子，日有食之，既。

杜云：「月三十日食。」

宣十年夏四月丙辰，日有食之。

杜氏預曰：「不書朔，官失之。」

宣十七年六月癸卯，日有食之。

杜氏預曰：「不書朔，官失之。」

齊氏履謙曰：「案是年六月無癸卯，其食限亦不在六月，推曆當爲周正五月乙亥朔入食限，應是傳寫之誤也。」

襄十五年秋八月丁巳，日有食之。

杜氏預曰：「八月無丁巳，丁巳，七月一日也，日月必有誤。」

鄭氏樵曰：「日食不書朔者八，左氏曰官失之也，公羊曰二日也，穀梁曰晦也。唐人以曆追之，俱得朔日，則左氏之説長矣。」

莊二十五年六月辛未朔，日有食之，鼓、用牲于社。

孔氏穎達曰：「杜以長

襄二十一年九月庚戌朔，日有食之。冬十月庚辰朔，日有食之。

襄二十四年秋七月甲子朔，日有食之，既。八月癸巳朔，日有食之。

曆校之，此是七月朔日，經書六月誤。用鼓非常月，故譏之。」齊氏履謙曰：「經文原非六月，後世傳寫之誤爾。」

齊氏履謙曰：「經書頻月食有二，距前月合朔去交三十一度弱，定無再食之理，非常之變亦不至此，並是傳寫之誤也。」

外諸侯卒闕書名凡十。

隱七年，滕侯卒。	程子曰：「不名，史闕文。」劉氏敞曰：「左氏云不書名，未同盟也，非也。嘗同盟者卒，未必皆名，未嘗同盟者卒，未必不名。」
隱八年辛亥，宿男卒。	俞氏臯曰：「同盟，故來赴。不名，闕文也。元年及宋人盟，而穀梁以爲未能同盟，誤矣。」季氏本曰：「諸侯死則書名，乃策書常體。蓋
莊三十一年夏四月，薛伯卒。	俞氏臯曰：「不日不名，闕文也。」
僖二十三年冬十有一月，杞子卒。	高氏閌曰：「不名，史失之。」汪氏克寬曰：「杞與魯結昏，而成公卒不書名，皆闕文也。」
宣九年八月，滕子卒。	彙纂曰：「不日又不名，皆史闕也。」

諸侯之衆死而不名，則其世無所別。故凡不書名者，皆闕文也。」彙纂曰：「凡不書名，諸儒以爲史失之，是也。胡傳以爲赴不以名，而經書其名，是聖人筆之，恐無可據。」

成十四年，秦伯卒。

高氏閌曰：「秦桓公也，史失其名。」

成十六年夏四月辛未，滕子卒。

汪氏克寬曰：「滕同伐秦，而滕子卒不書名，是史失之。」

昭五年，秦伯卒。

家氏鉉翁曰：「史失其名，非貶也。」湛氏若水曰：「不名者，史書之略耳，無關于竊取之義。公羊以爲匿嫡之名，非也。」

定九年，秦伯卒。

史失其名。

哀三年冬十月癸卯，秦伯卒。

史失其名。

時月日闕誤凡二十八。

隱凡十年無正月。	隱自元年以後皆不書正月。公羊謂隱將讓乎桓，故不有其正。穀梁謂隱不自正，元年有正，所以正隱也。程氏端學曰：「十年之閒偶無繫正月之事，又偶有闕月日之文，故終隱公不得書正月也，公、穀直捕風捉影之説耳。」彙纂又謂隱在位十一年，王命凡五至，身既不朝，又不報聘，是不奉正朔自隱始，故不書正以示義。愚謂隱不朝王，不報聘，則統
元年三月，公及邾儀父盟于蔑。	葉氏夢得曰：「不日，闕文也。記史者以事繫日，以日繫月，其常也。有不可以盡得，則有時而闕焉。此魯史之闕，而春秋不能益也，以爲非義所在也。閒有待之以見義者，癸酉大雨震電，庚辰大雨雪，見時之失也。癸亥公之喪至自乾侯，戊辰公卽位，見卽位之節也。」吕氏大圭曰：「凡事成于日者日，成于月者月，成于時者時，不然則皆失之也。」
桓凡十四年不書王。	先儒謂桓無王也，元年書王所以治桓，二年書王所以治督，十年書王謂天數之終，十八年書王謂正桓公之終，大抵皆祖穀梁之説。程氏端學曰：「此爲闕文無疑，聖人豈屑屑去一字以示褒貶使後世揣摩臆度。必傳寫之誤，而後世不敢增益之耳。必欲就闕文生義，則桓十四年書夏五而無月，昭十年、定十四年俱不書冬，又將何以爲義乎！」
桓四年、七年不書秋冬。	杜氏預曰：「史闕文。」朱子曰：「或謂貶天子之失刑，不成議論。」程氏端學曰：「先儒皆謂逆亂天道，歲功不成，故不具四時，穿鑿殊甚。使孔子果以四年冢宰聘桓而闕秋冬，則次年仍叔子復聘，當復闕秋冬而不闕。果以七年穀、鄧來朝而闕秋冬，當先闕于滕子來朝，與四國會稷以成宋亂之時，而又不闕，孔子之取義于是乎疎矣！」又曰：「杜氏謂闕文固
桓五年春正月甲戌、己丑，陳侯鮑卒。	孫氏復曰：「闕文也。」李氏廉曰：「左傳云再赴，公羊則曰君子疑焉，穀梁則曰舉二日以包之，皆不究闕文之義。」劉氏敞曰：「或曰甲戌之下當有陳侯之弟佗殺陳世子免十字。」程氏端學亦謂經有書弑君而賊不討者，未有討賊而不書弑君者。使魯史但有蔡人殺陳佗之事，而不見陳佗弑君事，夫子將併殺陳佗不録，必不

觀十一年之事而是非自見，不必每年削其正月以示義。隱自元年以後皆不書正月者，自是正月以後無事可書，或以年代久遠，但書春秋而史佚其月，公羊所謂傳聞異辭是也。必從而爲之説，則鑿矣。

呂氏大圭曰：「春秋書王本以律天下之不王，豈因桓之不王而遂自去其王乎！果以桓無王而不書王，則當始末盡然，又奚以元年、二年、十年、末年俱各書王，聖人書法頓自改易，又安能使學者之必知其意。蓋桓之春秋闕文多矣，孔子作春秋授諸弟子，則其傳之也，豈能無脱誤哉！」黄氏仲炎謂天下之惡無大于篡逆者，滂宫壞室，殺之無赦，當不俟終日，何待二年之後耶！其不書王，蓋

善，然謂之史闕文則不可。蓋聖人闕疑，闕其事之不可知者爾。若秋冬書首月以備四時，此非有實事，即魯史果闕，聖人亦宜正之，豈得亦仍其闕以惑世哉！」

傳疑于後，此必筆削以後之闕文也。黄氏仲炎曰：「若魯史有二日並存之訛，不應述而不削，遺無故之疑。」

葬陳桓公。

吴氏澂曰：「不書月，史失之。蓋陳佗篡立而葬之也。」俞氏皋曰：「不書月，日，闕文也。」

桓九年春，紀季姜歸于京師。 呂氏大圭曰：「不書歸月，史失之，春秋不得而增益也。」家氏鉉翁主此說。伊川謂書王國之事不可用無王之月，故但書時，似牽强不可從。	
桓十二年丙戌，公會鄭伯盟于武父。丙戌，衛侯晉卒。 孫氏復曰：「再言丙戌者，羨文也。此盟與卒同日耳，經未有一日而再書者。」	
桓十四年夏五。 孫氏復曰：「孔子作春秋，專其筆削，損之益之，以成大中之法，豈其日月舊史之有闕者，不隨而刊正之哉！此云夏五無月者，後人傳之脱漏耳。或云此本連下鄭伯使其弟語來盟爲一句，中脱一月字耳。」	亦如夏五闕月之類耳。
莊十六年冬十有二月，邾子克卒。 俞氏皐曰：「不日，闕文也。」	
莊二十有二年夏五月。 孔氏穎達曰：「莊公獨稱夏五月，及經四時有不具者，皆闕繆也。」 孫氏復曰：「春秋未有以五月首時者，此言夏五月，蓋五月之下有脱事爾。」 高氏閌曰：「非五月之下脱簡，則是誤以四月爲五月。何休謂譏莊公娶讎女，不可以奉先祖，承祭祀，猶五月不宜以首時。此蓋	

因下秋七月公及齊高傒盟于防，爲莊公謀昏之始，故生出如此穿鑿爾。」

僖七年秋七月，曹伯班卒。

彙纂曰：「季氏本以不日爲不赴，謂嗣子有爭，故不暇赴，非也。曹與魯屢同盟會，無不赴之理，若不赴，則亦不書矣。書卒不書日，闕文也。」

僖十四年冬，蔡侯肸卒。

劉氏敞曰：「穀梁以爲諸侯時卒，惡之也，非也。臣子小慢則赴不具月日，大慢則都不赴，春秋因而不改。若必以爲惡此君，故書時而不書日，則鄭厲、衞惠篡國叛王，春秋何爲不惡之哉！」

案：劉氏謂臣子慢則赴不具月日，亦非也。豈有千里告喪，而忘記月日之理。即使不

僖二十八年壬申，公朝于王所。

杜氏預曰：「壬申，十月十日。有日而無月，史闕文。」

孫氏復曰：「日繫于月，此不月者，脱之。」

僖二十九年秋，大雨雹。

季氏本曰：「不書月日，闕文也。」

案：雨雹爲非常之災，豈有經一時皆雨雹之理乎！季氏以爲闕文無疑。

文六年春，葬許僖公。

俞氏皐曰：「葬不書月，史闕文。」

具，魯之君臣亦當細加考究而後書于策，豈有仍其率略而漫書之乎！此蓋孔子脩春秋以後之闕文也。

文九年冬，葬曹共公。

俞氏皐曰：「不書月日，闕文也。」

宣三年，冬十月丙戌，鄭伯蘭卒。葬鄭穆公。

趙氏鵬飛曰：「葬不月，闕文也。丙戌卒而丙戌葬，無是理矣。」

宣五年，叔孫得臣卒。

黄氏震曰：「卒不書日，諸家皆生義例，未必然。或云闕文者，恐近之也。」彙纂曰：「得臣卒不書日，闕也。胡傳據何氏休説以爲得臣不能止仲遂邪謀，故削去其日。夫仲遂身爲逆者，其卒且書日，又季孫行父亦奔走齊國助

成十七年十一月，公至自伐鄭。壬申，公孫嬰齊卒于貍脤。

穀梁：「十一月無壬申，乃十月也。」疏云：「以下文十二月丁巳朔逆推之，則壬申爲十月十六日。」案：經文原本應于冬公會伐鄭之下，即書壬申公孫嬰齊卒于貍脤，蓋嬰齊從伐鄭，還

成十八年春王正月，晉殺其大夫胥童。庚申，晉弒其君州蒲。

何休公羊註：「日者，二月庚申。日上繫于正月者，以正月見幽，二月庚申日死也。」疏云：「知庚申爲二月日者，以去年十二月丁巳朔，依長曆推之，今年正月小，則知今年二月爲丙辰朔，由丙

	襄九年冬十有二月己亥，同盟于戲。 杜註：「傳言十一月己亥，以長曆推之，十二月無己亥，經誤。」正義云：「經書十二月，而傳言十一月，必有一誤。而傳于戲盟之下更言十二月癸亥，門其三門。己亥在癸亥之前二十四日，以
	襄十一年，會于蕭魚。 杜氏預曰：「經書秋，史失之。」正義曰：「經雖無月，但蒙上秋七月之文，又會下有冬，故以爲會在秋也。傳言日月次第分明，是經謬，史官失之耳。」 趙氏汸曰：「傳于此年之事，自四月己亥以後所書日月甚詳，經
成逆謀，其左右仲遂尤力，而卒亦書日，何獨誅于得臣哉！」	襄三十年夏四月，蔡世子般弒其君固。 孫氏復曰：「不日者，脫之。」
至中途而卒。壬申爲冬十月十六日也。下方書十有一月，公至自伐鄭，則月日無誤矣，此蓋春秋之錯簡也。	昭十年不書冬。 杜氏預曰：「史闕文。」 孫氏復曰：「此年無冬者，脫也。」 汪氏克寬曰：「何休謂昭公娶吳孟子之年，故貶之，非也。傳受承誤而漏之耳。」
辰數至庚申，當爲二月五日，正月中之寕得有之乎！」	定元年春王。 此本連下三月爲一句，因正二月無事可書，故直書春王三月，晉人執宋仲幾于京師也。西亭辨疑曰：「公、穀欲發定無正之義，乃分春王二字爲一節。胡氏因之，致使經義反晦。定公卽位于六月之戊辰，此時位尚未定，春秋豈可

長曆推之，十一月庚寅朔，己亥爲十一月初十日，十二月己未朔，癸亥爲十二月初五日，十二月不得有己亥，經誤以十一月爲十二月也。」

書七月己未盟于亳城北，後有公至自伐鄭及楚子、鄭伯伐宋二事，則經書再伐鄭在九月明矣。鄭受伐，乃使良霄如楚，諸侯觀兵鄭東門，鄭人行成。又晉、鄭交涖盟已不得復在九月，況涖盟後始退師爲蕭魚之會，豈復一月中事乎！蓋下文冬字當在會于蕭魚上，不知何由致誤也。」

案：杜、孔皆謂經書秋是經誤，但其説未分明，得東山而始暢。今案：此年傳云：「冬十月丁亥，鄭子展出盟晉侯。十二月戊寅，

預責其罪耶？」

會于蕭魚。庚辰，赦鄭囚。」下秦人伐晉傳：「壬午，武濟自輔氏。己丑，秦、晉戰于櫟。」從戊寅至壬午纔五日，至己丑十二日，則自會蕭魚至伐晉俱爲十二月事，而楚執鄭良霄約略在會之前後不多時。蓋鄭人一面告楚，一面行成。公在會尚未知有楚執良霄之事，逮公至自會而後鄭人來告良霄見執，晉人來告秦人來伐，方知楚燄已息而心恨未已。魯史因其赴告之前後而書之，以志晉悼之功，其實二事在公未至魯之

	定十二年春，薛伯定卒。夏，葬薛襄公。 案：季氏本曰：「卒不赴，併月不知，故止書春。」愚謂不赴，魯史何從知？又何用會葬？今世士大夫無不訃而往弔喪之理，此
前也。蓋鄭之至楚，秦之至晉俱近，而公自鄭反魯極遠，反國之後而二國來告更遲，故書法次第如此耳，畢竟冬字當在會于蕭魚之上。古人文法疏略，自不拘此等，讀者當善會之。	定十四年不書冬。 杜氏預曰：「史闕文。」 孫氏復曰：「此年無冬，脱之。」 家氏鉉翁曰：「何休云：『是年歸女樂，孔子行。不書冬者，貶也。』此牽合之說，聖
	哀十年，薛伯夷卒。秋，葬薛惠公。 案：卒葬日月皆不具，是闕文。
	哀十三年夏，許男成卒。秋，葬許元公。 闕文，同上。

直是修成後闕文爾。

人豈以去位之故而削冬不紀乎！」

王不稱天凡六。誤稱天子一。

莊元年，王使榮叔來錫桓公命。

孫氏復曰：「不書天者，脫之。」

黃氏仲炎曰：「啖氏謂王寵篡弑，以黷三綱，故去天以示貶。果爾，則孔子脩春秋不惟行法于諸侯大夫，而褫奪其爵氏，并加討于天王，而褫奪其爵號也，僭亦甚矣。況桓之四年、五年、八年王

文五年春王正月，王使榮叔歸含，且賵。

孫氏復曰：「王不言天者，脫之。下會葬同此。」

吴氏澂曰：「不書天，脫簡也，非貶。」

呂氏大圭曰：「春秋書錫命二，王使榮叔來錫桓公命，天王使毛伯來錫公命也。錫桓公命，固不能行法，錫

文五年三月辛亥，葬我小君成風，王使召伯來會葬。

俞氏皐曰：「薨而王歸含賵，葬而使公卿會，則魯僖以妾母爲夫人，實周成其惡矣。直書而義自見，何待不書天而後爲貶乎！」

桓五年，蔡人、衞人、陳人從王伐鄭。

程氏端學曰：「王不稱天，省文耳，與公朝于王所同義。胡傳謂王奪鄭政而怒其不朝，以諸侯伐焉，非天討，故不書天。張氏洽謂王以小忿伐鄭，而大姦大惡乃屢聘焉，故不稱天，皆鑿說。」又云：「朱子以春秋之任

僖二十八年，公朝于王所。

王不書天，亦省文，同上。

程氏端學曰：「春秋兩書公朝于王所，其義本責魯而不責王也。亦不書天，則省文從可知矣。」

凡三次來聘，此非寵篡逆以黷三綱乎？何以皆書天王，而獨于追錫桓公命而去天以示貶也。春秋直書其事，卽見其罪，不以去天爲貶。朱子亦謂若稱天王，其罪自見。」趙氏鵬飛曰：「不書天，闕文。或者附會天命天討之事，以求不書天之旨，鑿矣。」

文公命，獨爲得禮乎！使榮叔歸成風含賵，召伯來會葬，固爲非禮。使宰咺歸惠公仲子之賵，獨非妾母乎！王不去天，何也？説者又曰名冢宰所以示貶，然則榮叔獨不可貶乎？豈歸仲子之賵，罪在冢宰，而不在天王，歸成風含賵，罪在天王，而不在榮叔乎！凡此皆傳寫之誤。」

付之。張洽嘗云春秋直書其事而善惡自見，不必以一字爲褒貶，如法家之深刻，其授受之際必以是告之，及其爲傳則每事相反，豈頓忘其師説耶。」

案：鄭伯射王中肩，春秋不聞著辭以貶，而反以王非天討而不稱天，可謂助臣而抑君矣。又案：不書王師敗績，先儒皆謂聖人諱之而不忍言，非也。此係魯史不書也，何則？魯史之文從赴告，鄭伯老奸，當日且使祭仲勞王，問左右，安敢以敗王師告。王

			不聞赫然震怒，更徵諸侯之師致討，自不當以敗告，然則魯史何從知之，但書某國某國從王伐鄭而已。	
僖二十八年壬申，公朝于王所。 王不書天，亦省文，義同上。	成八年，天子使召伯來賜公命。 杜氏預曰：「天子、天王，王者之通稱。」俞氏皋曰：「天子當作王，賜當作錫，俱文誤也。」啖氏曰：「二傳不知文誤，妄生穿鑿。」			

夫人姓氏闕文凡四。

莊元年三月，夫人孫于齊。	僖元年，夫人氏之喪至自齊。	文四年夏，逆婦姜于齊。	宣元年，遂以夫人婦姜至自齊。	

孫氏復曰：「不言姜氏，貶之也。」吴氏澂、程氏端學俱以爲闕文。愚謂此或是省文爾，若以爲貶，哀姜之孫，又何以書夫人姜氏孫于邾乎？或曰文姜殺夫，哀姜殺子，罪有輕重。夫殺夫殺子，俱是弑君，恐不得分輕重。或又謂文姜鳥獸行，忘其族姓，故不稱氏。果爾，則哀姜之淫其叔，可以爲異姓而未滅乎！凡淫亂之人，苟除曰文而外其餘倫理皆可不顧，非聖人垂訓之道也。且後此會穀，會防，如齊師，享祝丘，

杜氏預曰：「不稱姜，闕文也。」而孫氏復曰貶之。又云孫于邾不貶者，不以子討母也。此而貶者，正王法也。此蓋從公、穀之謬說。賈逵又云殺子輕，故但貶去姜。孔氏穎達曰：「姜氏是夫人之姓，二字共爲一義，不得去姜存氏。去氏存姜。若必欲去，自可去其夫人之尊號。但去一姜字，復何所明。于薨于葬未嘗有貶，何故喪至獨去一姜。」公羊云：「貶必于其重者，莫重乎其以喪至也。」案：禮之成否在于薨葬，何以喪至獨

俞氏皋曰：「不書氏，不書夫人，脱簡也。曰婦，有姑之辭。穀梁謂成婦于齊，非也。遂以夫人婦姜至自齊，亦豈成婦乎！范甯又謂夫人能以禮自防，則夫婦之禮不成于齊，故譏公而夫人與有貶。案：昏姻之禮，夫來請之，父母許之，夫人此時不得自主，乃欲加此責備乎！即云非禮，亦罪在齊侯，于夫人何與，而乃以此貶去氏，尤不通之甚也。」

杜註：「不書氏，史闕文。」公、穀皆以不稱氏爲貶夫人，謂宣公喪娶，夫人從之，亦非禮。孔氏穎達曰：「去氏稱姜，不成文義。若以爲貶，當去夫人之號，減一氏字，復何所明。夫人稱姜氏，猶遂之稱公子也，遂豈可去子稱公乎！況從夫喪娶，自可罪其父母，何可貶責夫人。宣公非淫掠，乃欲使齊女守貞乎！」胡傳亦謂婦人無專行，蓋罪齊侯爾。案：若罪齊侯，何爲獨責其女而去夫人之氏乎！

其忘廉喪恥已甚，又何爲不去姜氏以示貶乎？總之國君弑而夫人奔，直書于策而罪狀顯然已具，不用更去氏以示貶也。此因上桓十八年公與夫人姜氏遂如齊以後，一年之中，但書桓公見弑一事，中無異事閒斷，故此但書夫人，而即可知其爲文姜，承上文之辭耳，不必曲爲之説也。元齊氏履謙亦謂一事再見，故從省。

得爲重。喪至已加貶責，于薨于葬不應備文，何故葬我小君復得成禮。故杜直斷以闕文，公、穀殆妄爲之説耳。

趙氏鵬飛曰：「孔子曰：『辭達而已矣。』曰夫人氏，所謂辭不達者，其爲闕文審矣，安可鑿爲之説。」

吴先生曰：「若去姜，何不于薨于夷去之。」

黄氏仲炎曰：「春秋書葬哀姜稱小君，則上文夫人氏當是偶闕姜氏，而以爲貶削，過矣。」

莊二十六年，曹殺其大夫。 孫氏復曰：「不書名字者，脱之。」杜氏預曰：「非其罪。」陳君舉氏謂赤挾戎篡竊，大夫有不義其君者，不名以惡君也。愚謂如此則被殺者皆係忠臣，如明建文諸臣之死永樂之難者，聖人當特書其名以表其忠，以著其君之惡，無爲反没之也。莘老亦云舊史失其名，孔子安得而妄加之。此亦是仲尼新意變例。
僖二十五年，宋殺其大夫。 孫氏復曰：「不稱名氏者，脱之，與莊二十六年曹殺其大夫義同。」
文七年，宋人殺其大夫。 孫氏復曰：「不言名氏者，脱之，義見前。」
文八年，宋人殺其大夫司馬。宋司城來奔。 孫氏復曰：「不書名氏者，脱之。三傳説以官舉，于義皆未安。何者？莊二十六年曹殺其大夫，僖二十五年宋殺其大夫，文七年宋人殺其大夫，皆以官舉，則此不書名氏爲簡編之脱，斷可知矣。」

未然，如果舊史已闕，聖人宜併削而不書矣，此必孔子脩成以後闕文爾。

秦、鄭、晉伐國闕書人字凡三。

文十年秦伐晉。	黃氏仲炎曰：「此年秦伐晉，成三年鄭伐許，昭十二年晉伐鮮虞，皆脫人字，如夏五闕月是也。說春秋者皆云不稱人，狄之也。抑不思春秋諸侯舉無道之師以伐人者衆矣，孰非可狄者，何獨是耶！宣二年秦伐晉，
成三年，鄭伐許。	孔氏穎達曰：「直舉國名，傳無其說，知是告辭略，故史異文爾。賈逵云：『鄭小國，與大國爭諸侯，又一歲再伐許，不稱將帥，狄之也。』」案：此年夏，鄭公子去疾帥師伐許，明年冬，
昭十二年，晉伐鮮虞。	杜氏預曰：「不書將帥，史闕文。」齊氏履謙曰：「鮮虞，杜氏謂白狄別種在中山者。公、穀欲附狄晉之說，故或以鮮虞爲中國，或以爲晉同姓國，皆非也。此與文十年秦伐晉、成三

猶此年伐晉也，而以秦師書。成四年鄭伐許，猶三年伐許也，而以鄭伯書。定四年晉伐鮮虞，猶昭十二年伐鮮虞也，而以晉士鞅、衛孔圉書，何爲而不狄之哉！此可以見其說之窮矣。」家氏鉉翁于此條則以爲有闕文，于鄭伐許、晉伐鮮虞又以爲非闕。鄭伐許而狄之者，以爲世濟鄭莊之惡。晉伐鮮虞而狄之者，以爲晉無中國之志。又曰：「春秋以一字爲褒貶，凡狄秦、狄晉之類，皆書法條貫所在。」夫同缺一人字，而忽生異

鄭伯伐許，先後並無貶責，何獨此伐偏刺之。

程氏端學曰：「不特史有詳略，又安知非脱誤乎。其夏去疾伐許，亦書帥師，何以不狄？」又曰：「始伐許不狄，今再伐，故狄之；然則四年冬鄭三伐許，其罪尤夥，何以反不狄之，而稱鄭伯乎！荆楚猾夏，大爲無道，春秋何不狄之，而書楚師、楚子乎！此皆一字褒貶之弊也。」又曰：「呂氏本中謂以小事而略之，亦未然。若以事小而略，則昭十五年晉荀

年鄭伐許三處，皆春秋闕文爾。若舊説以爲狄秦、狄鄭、狄晉，則秦之不通中國，鄭之背晉從楚，其狄已久，又何待至此闕其主帥，然後以爲狄哉！」

案：三處不稱人，蘇氏轍、程氏端學、王氏樵皆主闕文之說，而黄氏仲炎言之尤暢，此條齊氏履謙所駁公、穀狄晉之説尤爲有理。夫欲以晉爲狄道，而反以鮮虞爲中國。本夷狄也而中國之，本中國也而夷狄之，爲闕一人字而顛倒夷夏如此，何其說

論如此，又前後自相矛盾，何不思之甚也。
吳帥師伐鮮虞，事亦小也，何爲不略之哉！」
之迂以曲乎！其爲闕文更無疑也。

盟會闕文凡五。

隱二年，紀子伯、莒子盟于密。	孫氏復曰：「闕文也。」左氏以子帛爲履緰之字，蓋傳會爾。愚謂子伯是侯字之誤，以一字分作兩字耳。誤見三傳異同表。
莊十六年，會齊侯、宋公、陳侯、衛侯、鄭伯、許男、滑伯、滕子同盟于幽。	公羊有公字。 孫氏復曰：「不言公者，諱之也。」愚謂此亦闕文，脱一公字爾。前十三年公會齊侯盟于柯，既不諱公矣，何獨于此焉諱乎！經固
僖十九年冬，會陳人、蔡人、楚人、鄭人盟于齊。	公羊作公會。 杜氏預曰：「地于齊，齊亦與盟。」 陳氏傅良曰：「內不言公，諱之也。」 張氏洽曰：「宋襄欲圖伯而諸侯不服，故楚假不忘桓德之説求參與列國之盟會。陳、
僖二十九年夏六月，會王人、晉人、宋人、齊人、陳人、蔡人、秦人盟于翟泉。	會上公、穀有公字。 杜氏預曰：「魯侯違禮盟天子大夫，諸侯大夫又違禮盟公侯，王子虎違禮下盟，故不言公會，又皆稱人。」 汪氏克寬曰：「春秋內
襄三十年，晉人、齊人、宋人、衛人、鄭人、曹人、莒人、邾人、滕人、薛人、杞人、小邾人會于澶淵。宋災故。	左傳云：「不書魯大夫，諱之也。」愚謂此亦晉人之上闕叔孫豹會四字耳。若以爲諱，則魯會諸侯之非

有前不書以示義，而後此皆從同者，未有前後皆從同而中閒獨闕一公字以爲諱者也。又云：「桓會多矣，不可皆不見公，故于此一諱之。」果爾，宜先諱于柯之盟。齊氏履謙曰：「此左氏經之闕文，當依公羊有公字。趙先生亦曰闕文也。」杜氏預又曰：「魯會之。不書其人，微者。」亦非也。案：齊桓始伯，魯以小國豈敢以微者與齊侯會。八國諸侯皆其君親臨，而魯獨遣微者往，此事理情勢之必不然

蔡及鄭皆近楚而素服之者，故先受其謀。齊孝公親見其父極力攘楚，聽其甘言，納之國都而與盟，僖公亦忘是懲之志，偕之同歃，楚因是得行其志。春秋諱公而人諸侯，所以謹其始也。」

諱公而外以微者書，惟于齊、翟泉二盟爲然，于齊素中外之辨，翟泉無上下之分也。」案：齊之盟，公羊有公字，翟泉之盟，公、穀俱有公字，此蓋各據所傳授之經，二傳之本不闕，而左傳偶闕耳，不必以諱生義也。果以爲諱，説公、穀者又當如何立義乎？且以諱公而外稱人遂以爲貶，則如桓二年書公會齊侯、陳侯、鄭伯于稷，以成宋亂，又何爲不諱公，而更序諸侯之爵乎？胡傳更護之曰：「書成宋亂，則其責已明，不必諱公

義者多矣，桓二年會于稷，以成宋亂，僖二十八年公會諸侯盟于宋，成二年公會楚公子嬰齊于蜀，黨逆助亂，背華即夷，絶不一諱，而獨于此焉諱乎！且不爲君諱，而反爲大夫諱乎！況澶淵之盟，非有大惡，如左傳不過責其失信，如諸儒所云亦謂其不討蔡般而歸宋財爲舍大圖小耳，較之會稷、盟宋，其事相什佰，亦無可諱，以是知爲闕文無疑也。

	者也。且前後盟會無不書公，則無不親涖，而獨于此同盟之始使微者攝之，亦不通甚矣。況公羊現有公字，則此非闕文而何哉！
	與貶諸侯之爵次，然後見其罪。」則春秋于桓既直書公矣，又加一斷語，于僖則併沒公不書，何獨寬于僖而刻于桓。借曰僖賢而桓賊，而當日諸侯之罪案，又因桓、僖二君之賢否以爲書爵書人之輕重，聖人之好惡，不應用心屈曲如是，此皆説之不可通者也。

外諸侯名謚、國名闕誤凡五。

桓六年，實來。	孫氏復曰：「闕文也。」三傳咸謂實是州公
桓十七年，葬蔡桓侯。	杜氏預曰：「稱侯，蓋
莊二十四年，郭公。	杜氏預曰：「蓋經闕誤
文十二年春王正月，郕伯來奔。	
昭三十一年，黑肱以濫來奔。	孫氏復曰：「此邾黑肱

者，以上承五年冬州公如曹，下無異事言之耳。然極考其說，皆未安，其間文有脫漏。師氏協曰：『不應踰時隔年而書實來，必闕文也。』」

謬誤。」

趙氏鵬飛曰：「五等諸侯卒，從其爵，葬皆稱公。今蔡桓侯獨書侯，蓋修經之後傳寫誤也。前乎此宣公葬書公，後乎此平公葬亦書公，何獨于桓侯葬獨書侯。啖氏又以蔡季之賢能爲其兄請謚，穿鑿尤甚。魯之考公、煬公，齊之丁公、乙公，俱當成、康之世，豈反不請謚乎！豈成、康之世容其僭，而平王以後反得其正乎！」

案：何氏休以桓有賢弟而不能任用，反疾害之，而立獻舞，國幾

也。」

孫氏復曰：「闕文也。公、穀連上赤歸于曹爲句，以赤爲郭公名者，義未安，蓋後人傳授文有脫漏爾。」

程氏端學曰：「不名，史闕之。」

也。不言國者，脫之。」

	亡，故抑桓稱侯。啖氏不用，而更創爲請謚之説，所謂能知他人之鑿，而不自知其鑿，不若杜氏預謂誤文之爲直捷也。

侵戰圍滅入救闕文衍文凡九。

莊九年，及齊師戰于乾時，我師敗績。	孫氏復曰：「內不言敗，此言我師敗績者，羨文，蓋後人傳授妄有所增耳。」
僖二十五年春，王正月丙午，衛侯燬滅邢。	先母舅曰：「四傳皆謂滅同姓稱名，然齊滅萊、楚滅夔，皆滅同姓，何以不名。朱子曰經文只隔夏四月癸酉一句便書衛侯燬
僖二十八年，晉侯入曹，執曹伯。畀宋人。	葉氏夢得曰：「是當曰畀宋人田，闕一田字，經成而亡之也。方執曹伯時，宋圍猶未解，無從畀宋人。晉侯有疾，侯獳貨晉史，歸曹
文十四年，叔彭生帥師伐邾。	季氏本曰：「此卽叔仲彭生也，脱一仲字耳。」方氏苞曰：「十一年承筐之會稱叔仲彭生，此文闕也。」
宣元年，楚子、鄭人侵陳，遂侵宋。晉趙盾帥師救陳。	杜氏預曰：「傳言救陳、宋，經無宋字，蓋闕。」胡傳謂非闕文，宋有弒逆之罪，不當救，故聖筆削之也。愚

成三年，晉郤克、衛孫良夫伐	
成十三年，公會晉侯、齊侯、宋	卒，恐是因而傳寫之誤。」 家氏鉉翁曰：「滅同姓，如晉之滅虞、滅虢，無道甚矣，而不名，惟衛滅邢而名之。木訥謂下文書衛侯燬卒，以連文致傳録之誤，而燬字褒貶不在是。此説是也。」 黃氏仲炎曰：「苟以爲惡衛侯而名之，則晉、齊、楚皆無惡乎？杜氏謂上書衛侯滅邢，而傳寫者見下文衛侯燬卒，遂誤增其名爾。」
定六年，季孫斯、仲孫忌帥師	伯，則曹伯之歸蓋自晉，不自宋也。畀之者田而已。」 案：左傳執曹伯，分曹、衛之田以畀宋人，本係兩事，因經文闕一田字，從前只作一事解釋，與京師楚同義。葉氏此條非獨創解，亦的解矣。
哀十三年，晉魏多帥師侵衛。	
	謂趙盾黨弑，聖人正當直書以正其罪，無緣反削之而代爲之諱也。春秋有書之以見義，未有没之以見義者。況陳在宋南，楚之侵必先陳而後及宋，晉之救必先宋而後及陳，豈有越宋而南救陳之理乎！程積齋謂晉興師救陳之時，楚尚未侵宋。愚謂晉果救陳，楚必不敢犯晉師而北向宋矣。經當云救宋及陳，而後來有脱漏耳。

嗇咎如。

經文闕嗇咎如潰四字，據左傳嗇咎如潰，上失民也。杜氏預曰：「此傳釋經之文，而經無嗇咎如潰，蓋經闕此四字。」孔疏云：「若經本無此文，則左公爲橫益經文而加失民之傳，故知是經闕也。」劉炫亦同此解。

公、衛侯、鄭伯、曹伯、邾人、滕人伐秦。

杜註：「不書秦師敗績，蓋經文闕漏。」正義曰：「杜不解不書敗績之故，欲以爲秦曲晉直，不以曲者敵直，則莫甚于韓之戰，而亦書戰于韓也。欲以爲不告故不書，則當日公親在行，復不須告。欲以爲無功諱恥，則克獲有功，亦無所諱，故云經文闕漏。」

圍鄆。

孫氏復曰：「前曰仲孫何忌，後曰仲孫忌，傳寫脱之也。」據此則爲筆削後之闕文顯然易見者。何忌現爲大夫，魯史何至逸其一名。卽使魯史有闕，孔子亦宜正之，豈亦有疑而未敢增益者乎！此與哀十三年晉魏曼多帥師侵衛，書曰魏多者同爲闕字。而公羊便謂春秋譏二名，何休謂二名難諱，孔子作春秋欲存臣子之敬，改古禮爲後世之法，甚矣其誣也。且卽公羊春秋其前後皆

左氏春秋作魏曼多，公羊春秋闕一曼字，據此足見後人傳授之誤。左氏所傳偶不闕，而公羊所傳之經偶闕耳，又何以謂譏二名乎！

稱何忌，獨此一處少何字，便爲此說，又何以解于經文前後之爲二名者乎！

補遺

隱九年三月癸酉，大雨，震電。	左傳：「九年春王三月癸酉，大雨霖以震，書始也。凡雨自三日以往爲霖。」杜氏預曰：「此傳解書霖，而經無霖字，經誤也。」案：此條公、穀俱作大雨震電，而左氏獨作霖以震。此蓋左氏所
僖二年，城楚丘。	先師高紫超氏曰：「城楚丘之上當先有衞遷于楚丘一句，而今闕遷之文。若上未嘗有衞遷之文，而下忽書城楚丘，百世而下讀者但知爲楚丘而已，安知爲衞楚丘；但知爲城楚丘而已，安知爲
宣十五年，〔二〕王札子殺召伯、毛伯。	杜註：「王札子，王子札也。蓋經文倒札字。」
成元年冬十月。	穀梁傳：「季孫行父禿，晉郤克眇，衞孫良父跛，曹公子手僂，同時而聘于齊。」范氏甯曰：「穀梁作傳皆釋經以立義，未有無其文而橫發傳者。疑冬十月下云季孫行父如齊，脫此六字。」
成十四年秋，叔孫僑如如齊逆女。	杜氏預曰：「成公逆夫人，最爲得禮，而經無納幣者，文闕絕也。」孔氏穎達曰：「闕絕者，闕而文斷絕。蓋疑仲尼脩定後其文始闕也。」

傳授之本與公、穀互異爾，後來劉炫之徒俱以爲經誤。可見聖經傳流，諸弟子當日古文蝌蚪傳寫錯誤者多矣，究竟左與公、穀未知孰誤。若據記異講，則霖以震尤屬變怪，甫經三日之震霖，而庚辰隨卽大雨雪，陰陽錯行，莫甚于此。	諸侯城楚丘；衛與諸侯且不之知，而又欲令人茫然冥悟，以爲是聖人惡桓之不請命，惡桓之事封，不亦晦乎！故當有闕文無疑也。或謂楚丘之上脱一衛字，是未可知。」			
襄十五年春，宋公使向戌來聘。二月己亥，及向戌盟于劉。 孔氏穎達曰：「劉，釋例：地闕，蓋魯城外之近地。」	襄十四年，衛侯出奔齊。 葉氏夢得曰：「衎之不名，闕文也。或曰孫、甯逐衎而立剽，剽得位非正，故不以兩君之辭與之。是不然，北燕伯款出奔齊，燕	昭八年，蒐于紅。 左傳：「秋，大蒐于紅，自根牟至于商衛，革車千乘。」杜氏預曰：「革車千乘，不言大者，經闕文也。」	昭二十一年冬，蔡侯朱出奔楚。二十三年夏六月，蔡侯東國卒于楚。 穀梁朱作東，曰東者，東國也。	哀四年，盜殺蔡侯申。公、穀俱作弑。 趙氏鵬飛曰：「蔡侯申不宜與高祖同名。闔弑吳子書弑，而此書殺，不應異。同蓋字誤也。」

高氏閌曰：「凡因聘而盟者，必在國內，成三年及荀庚盟，及孫良夫盟，十一年及郤犨盟，襄七年及孫林父盟是也。劉蓋王畿采地，豈有來聘魯而遠盟于劉者。蓋下文有劉夏，傳者因以爲春夏之夏，與文四年夏逆婦姜于齊同，遂誤增于劉二字耳。」案：魯地之劉，杜無註。孔氏謂城外近地者，蓋疑辭，無實據。況魯之所畏事者莫如晉，十一年晉以公爲貳于楚，留公九月，使郤犨來抗盟公，魯宜加禮恐後，而荀庚、郤

有君矣，蔡侯朱出奔楚，是東國謀纂矣，而款與朱何嘗不名。惟衛鄭奔不以名見，蓋叔武不取于爲君而攝之也；曹負芻歸不以名見，蓋子臧不取于爲君而逃之也，則內無君而不嫌耳。今剽有國十有三年，凡會盟征伐，春秋未嘗不書以衛侯，及甯喜殺之，正其名曰弒君，孰有如是而非君者。吾故知其爲闕文，而非義之所在也。」案：公羊有衍字，宜從公羊。葉氏闕文之説是也。

吕氏大圭曰：「前書蔡侯朱出奔楚，而此書蔡侯東國卒于楚，穀梁以朱爲東，穀梁所書疑是，而脱又一國字耳。何者？朱無歸人卒葬之文，而東國無出奔之事，疑只是一事。」案：左、公羊皆以朱與東國爲兩人，汪氏克寬又引史記蔡世家而辨穀梁之説爲非是。然考史記世家無蔡侯朱，年表于昭二十一年云蔡侯東國奔楚，與穀梁吻合，則朱即東國無疑矣。況出奔與卒不越兩年，若以爲兩人，則必朱訴于

犨俱只于國內盟之，何獨畏于向戌，而盟于城外乎！疑高氏所謂誤文者得之。趙木訥亦云魯地無劉，劉乃王畿內之采邑，經文繼書劉夏逆王后于齊，其事相連屬，後世傳之誤耳。

楚，楚拘東國，而東國復卒于楚。何以朱被逐之君而不書其卒，東國係簒國之賊而不志其奔，聖人係所見之世立文，不宜如此之脫落無次序也，其爲闕誤無疑。

春秋俱係孔子修成以後闕誤論

案孔氏穎達曰：「春秋闕文有二，有史本闕，聖人因而不改者，有係脩成後始闕者。」愚謂史闕而聖人因之，無是理也。孔子修春秋，垂訓百世，必擇其善可爲法、惡可爲戒者書之。若前史爲闕，宜并削而不録，此何關于勸懲，而重書之，以惑誤來世，故知皆修成以後闕也。然易、詩、書三經與春秋並傳于世，其闕文百不一二見，而春秋之闕文獨多，何也？曰：是亦有故焉。古者用竹簡汗青爲書，易于剥蝕，須掌于官中，每歲脩輯。易掌于太卜，書藏于柱下，詩隸于樂官。易自天子至士庶所習用，國家有大事則詔卜筮。書則太史陳之，以詔王善敗。詩則燕饗祭祀，比諸樂歌。故偶有闕誤，隨卽較正。而春秋自脩成以後，則爲孔氏之私書，又定、哀以後多有所刺譏隱諱，故當時游、夏不能贊一辭，而曾子、子思亦無一語及春秋。至孟子始標出知我罪我及其義則丘竊取之言，而是時去孔子已百年矣。書藏于私家，其補綴脩輯必不能如官中之勤，闕誤是理之所有，無可疑者。左氏約生在孟子前後，故已有以紀子伯爲履緰之字，以甲戌、己丑爲再赴。而公、穀則生于漢時，據所傳聞，謬誤尤甚。幸左氏爲史官，得見列國之史與魯未筆削之春秋，此二書皆掌于官中，其義雖不存，而文之闕誤則無有，故左氏得據爲傳，其日月與經互異，往往傳是而經誤，此尤其顯然可見者。孔子嘗自言曰辭達而已矣，若春秋之去姜存氏、去氏存姜，及曹、宋之大夫不書名，不達已甚，顯係闕斷。宋儒不察，皆目爲意義所存，雖經杜、孔、啖、趙之駁正而不悟也，豈不謬哉！夫左氏親見國史，最有功于春秋。而當其時孔聖之經已多闕，左氏不知而反爲之說，如澶淵之會，傳據國史本有叔孫豹會四字，幽之盟，公羊氏經現有公字，而左氏所傳授之本偶無之，遂以爲諱不書公，諱不書大夫，不知春秋時會盟之非義者多矣。僖二十八年公會諸侯盟于宋，成二年公會楚公子嬰齊于蜀，絶不一諱，何獨于此焉諱。是則聖經之闕誤，因左氏而明，左氏且不知而妄生穿鑿，何況後來餘子哉！曰：文定之爲傳，近世亦有知其非者，而列于學宫，歷代不廢，何也？曰：在朝廷之公令自不得不用胡傳，以其字字發揮，便于經筵之進講，敷陳大義，士子之命題，横發議論耳，要非經義之本然也。夫明知其非是而不得不遵用之，此所以説經而經愈晦也。

春秋僖二十四年冬晉侯夷吾卒論

余嘗謂春秋闕誤多自經成以後，左氏不知而强爲之説。更有左氏作傳時未嘗誤，因漢、晉以來傳寫之譌，爲杜氏之傳會曲成者，則如僖二十四年晉侯夷吾卒是也。左傳惠公之卒以二十三年九月，而經在明年之冬。杜氏謂晉文定位而後告惠公之喪，經文從赴。程氏端學謂惠公之卒，此時非有内亂外伐，安得不告喪，必待文公之至而後告？借使文公入而告，必曰先君某以某年某月某日卒，魯史因而書之，必不書其赴到之日也。余則謂四字當是三字之誤，晉之九月爲周之冬十一月，傳因赴告從晉夏正，而經自用周正耳。然則謂左氏之未嘗誤，何也？曰：文公告惠公之喪，此出于杜氏之説，左傳無之也。左傳于二十四年正月秦伯納重耳曰：經不書，不告入也。二月殺懷公于高梁，不書，亦不告也。此時魯一意事楚，目中無重耳，謂此亦當如夷吾之儔，不久爲秦俘繫耳。故自入國至創伯凡五年中閒無書一晉事者，晉殺吕、郤不書，勤王及圍原皆不書，豈有獨書一夷吾卒之理。晉文豈有不告己之入，而反告惠公之喪之理。且懷公以踰年之君，晉文來告，豈容没去。若欲諱其弑君之實，而以惠公死期遲至經年，掩耳盜鈴，貽笑鄰國，晉文君臣必不爲也。竊意丘明作傳時，晉侯夷吾卒猶在冬十有一月杞子卒之下，自是懷公來赴，此後晉使絶不通往來，故懷公以踰年而見殺，重耳以公子而反國，經皆無從書，非爲文公諱而不書也。至丘明作傳以後，諸儒傳寫誤置在二十四年冬。杜氏曲爲遷就，謂文公定位而後告惠公之喪，殊不思告者何人，豈有不預先書其入國之理乎！左傳謂不書，不告入也，萬無可疑。公羊則以爲爲文公諱，家氏鉉翁、高氏閌則以爲桓公書入，以其簒兄，文公于長幼次當立。果爾，聖人宜別有書法，胡乃没而不書，謂之褒乎貶乎？高氏更謂魯未與晉通，而此書惠公卒者，以見文公之入。文公不書入者，以申生既死，文公以次當立。故竊意文公之入若告自當書，無爲書惠公之卒以見文公之入。文公于次果當立，則其入又胡爲不書，聖人用心不宜委曲如此。故余謂左氏作傳時經文未誤。若此時已作二十四年晉侯夷吾卒，則文公告惠公之喪當自左傳發之，無俟杜氏之補註也。

凡經傳互異者，學者舍傳從經，此正理也。夷吾之卒不日而時，必因赴告之疎；秋冬之異，必因周正、夏正之別，皆不辨而明。獨二十三、二十四經年之隔，致千年聚訟。今定爲傳寫之誤，直是卓識。愚則謂左氏原本已爲杜氏割裂錯置，其誤不在傳寫，而在割裂時置放失簡耳。聊備一說何如。華芋園評。

校勘記

〔一〕〔宣十五年〕「十五」原誤作「十四」，據春秋改正。

春秋齊紀鄭許宋曹吞滅表卷四十四

錫山顧棟高復初 輯
同邑鄒宗周希濂 參

叙

春秋時齊與宋、鄭爲大國，而紀鄰於齊，許鄰於鄭，曹鄰於宋，三國有狡焉啓疆之計，則必首及焉。顧曹、許之滅俱在春秋之末季，而紀之亡轉盻在十餘年之内，其故何也？曹、許猶差遠於宋、鄭，而紀之與齊近在卧榻之側，齊爲今青州府臨淄縣，紀爲今青州府壽光縣。齊不得紀則不能展舒一步，故雖以桓、莊竭力援之，爲之結昏於天王，求介於莒、鄭，而僅勉强延旦夕之命也，此則其勢爲之也。然曹、許所以得延至二百年之久者，蓋亦藉桓、文之力焉。自突出忽入，而許叔始得入於許。至厲公再得國，而齊桓已霸諸侯，束手聽命，宋、鄭、曹、許俱從容受職於壇坫之上，雖有桀黠無所復施。至桓之耄年，宋襄與曹同受牡丘之盟，而旋伐曹，此時已有吞曹之志，顧方以圖伯爲事，未敢遽肆兼併。逮泓敗身傷，而曹、許俱折而入於楚矣。晉文執曹伯，畀宋人，合諸侯以圍許，宋、鄭於此非無耽耽朵頤之意，然迫於公義，欲私攘尺寸之地，而諸侯環視，莫敢先動。至成之三年，晉景中衰，鄭兩歲三伐許，且明言疆許田，其意以爲許余俘邑也。公孫獲所處西偏之地，是鄭當有。成十五年遷於葉，而許之全境盡屬鄭，此亦足快其并兼之志矣。乃許至四遷，託楚求庇，流離顛越，靡有止所。而鄭如鷹鸇之逐兔，楚師一敗，旋即俘其君以歸。使楚有保小字弱之仁，而鄭爲封豕長蛇之暴，豈不重可歎哉！至曹之事大國尤恭謹，尤非許之甘心從楚比也。方齊桓之世，存三亡國，曹與宋比肩同事。晉累世執霸權，興師徵召，曹未嘗不在諸侯之列，止以地近于宋而畏宋。宋襄始伯而伐曹，宋景再伯而旋滅之。桓、文以定人國爲事，而宋至殄文、昭之裔，斯又足悲也。夫春秋之世，滅國多矣，而三國之亡尤爲可憫。聖人于此屢書不一書，而於他國無之。余爲撮其始末，可以識聖人微意之所在。嗚呼！曹、許之亡，當伯事之已息，而紀之亡，當伯事之未興，天下之不可一日無伯，此非其明效大驗也哉！輯春秋齊紀鄭許宋曹呑滅表第四十四。

春秋齊紀鄭許宋曹吞滅表

齊滅紀始末

桓二年，紀侯來朝。

胡傳：「齊欲滅紀，紀侯求魯爲之主。」

吳氏澂曰：「齊謀并紀，而鄭助之。紀國小弱，度不能自存，以魯與齊、鄭睦，故來朝魯以求庇。」

案：齊、鄭于六年如紀，而紀于二年即來朝，先事防患，知齊之蓄謀久矣。

桓三年，公會紀侯于郕。

張氏洽曰：「紀與魯親，而求援于魯，以抗齊、鄭，故因其二年來朝而與之會也。」

桓五年，齊侯、鄭伯如紀。

左傳：「齊侯、鄭伯朝于紀，欲以襲之。紀人知之。」

吳氏澂曰：「許近于鄭，紀近于齊。鄭欲得許，與齊同謀之，而卒得許。齊欲得紀，與鄭同謀之，而卒得紀。」

桓六年，公會紀侯于郕。

左傳：「紀來諮謀齊難也。」

孫氏復曰：「此與二年書來朝、三年會郕同旨。」

高氏閌曰：「以紀之微而捍齊之强者十有七年，亦紀侯憂畏諸謀之功也歟？」

冬，紀侯來朝。

左傳：「紀侯來朝，請王命以求成于齊。公告不能。」

案：程子謂紀侯不能上訴于天子，近赴于諸侯，而求援于魯桓，宜其不能保國。然八年祭公來逆王后于紀，託后族之尊，其求庇天家也至矣，卒之天子不能保其后族，何以責紀侯之不能上八年，祭公來，遂逆王后于紀。

杜註：「王使魯主昏，故祭公受命而迎。天子娶于諸侯，使同姓諸侯爲之主。」案：此亦魯爲紀謀，欲結昏于王家以自固也。

九年春，紀季姜歸于京師。

黄氏震曰：「魯爲紀納后于王之後，紀雖從魯、鄭敗齊，而齊僖不敢報怨，猶知畏義也。逮僖卒而襄立，春與魯盟黄，而夏與魯戰奚矣。」

桓十二年，公會紀侯、莒子盟于曲池。

程子曰：「隱二年，紀、莒盟于密，是時紀謀齊難，故魯桓與之盟莒以援之耳。」吴氏澂曰：「紀爲齊難，危急甚矣，魯桓切切爲紀謀，故屢會焉。然僅求援于小弱之莒，亦何益哉！」湛氏若水曰：「爲魯桓者，當爲之請于天子，明下禁令，各守封疆，而齊不服從王命，則當會連帥以伐之；何訴哉！」

桓十三年，公會紀侯、鄭伯及齊侯、宋公、衛侯、燕人戰。齊師、宋師、衛師、燕師敗績。

胡傳：「齊合三國以攻紀，魯、鄭援紀而與戰，戰而不地于紀也。」季氏本曰：「齊、鄭本一黨，及武父之盟，鄭、魯合矣。齊欲滅紀，魯援之，故桓公與紀、鄭合，以與齊戰。」

桓十七年，公會齊侯、紀侯盟于黄。

左傳：「平齊、紀也。」高氏閌曰：「紀懼齊之見圖，每爲之備。而齊多詐，故爲此盟，示之以不疑，俾之弛怠而不我慮。故尋盟既退，魯遂與齊戰于奚。二年，齊遂遷紀之三邑。」

莊元年，齊師遷紀郱、鄑、郚。

孔疏：「齊欲滅紀，故徙其三邑之民而取其地。」

家氏鉉翁曰：「書師書遷，言大衆迫而遷之耳。」

莊三年秋，紀季以酅入于齊。

葉氏夢得曰：「夫惟紀季入齊而後紀侯可以去其國，紀季不失其爲仁，紀侯不失其爲義。」

爲會之紛紛，而無益於救紀也。」

冬，公次于滑。

左傳：「將會鄭伯謀紀故也。鄭伯辭以難。」

公羊：「刺欲救紀而後不能也。」

張氏洽曰：「公欲憫紀之難，而度其力終不能救，故次師于滑，將以鄭之不會而辭于紀，非實有救紀之心也。」

吳氏澂曰：「魯莊將會鄭伯爲紀謀，而祈哀乞憐于齊。鄭伯知齊之滅紀不可止也，故辭而不會。」

莊四年三月，紀伯姬卒。

先儒皆謂叔姬以賢故録其卒，録叔姬之卒，不得不録伯姬，緣其末，以原其本也。愚謂此爲紀侯大去，齊侯葬紀伯姬張本，見伯姬死甫踰月，紀侯棄其殯而急去，委其妻葬于仇人之手，生死別離之慘于言外見之，此聖人化工之筆也。

夏，齊侯、陳侯、鄭伯遇于垂。

許氏翰曰：「蓋謀取紀，是以紀侯見難而去。」

胡氏甯曰：「蘇子由以鄭伯爲子儀，謂春秋有一國二君，善發春秋之意。然鄭伯實厲公，終始能君，故不没其實，出奔、入櫟、會垂，皆書其爵，不没其實也。」

案：鄭突于三年之冬魯謀會鄭以存紀則辭以難，四年之夏反與齊侯遇垂以謀取紀，

	紀侯大去其國。 穀梁曰：「大去者，不遺一人之辭。」 案：春秋諸亡國之中，惟紀侯無所失道，朝
	六月乙丑，齊侯葬紀伯姬。 高氏閌曰：「魯實伯姬父母之國，既不能救其國，恤其喪，反使齊侯假以爲名。聖人以
	莊十二年春王三月，紀叔姬歸于酅。 劉氏敞曰：「紀君奔國滅，紀侯之沒尚不書，
	莊二十九年冬十有二月，紀叔姬卒。 家氏鉉翁曰：「叔姬秉節守義，不爲國亡而
蓋鄭突險人，惟利是視，知齊志之必不可回，與其媚魯，不如媚齊。遇垂之後，紀侯不及葬其夫人而遂去。比事書之，而齊侯迫逐之慘，鄭伯陰狡之行，俱可概見，不必以稱人稱爵爲褒貶。如以爲褒貶，則此遇垂之役皆稱爵矣，聖人豈反予之乎？	莊三十年八月癸亥，葬紀叔姬。 案：紀亡已二十七年，此特紀季葬之于酅，

于魯，昏于天王，繼而會盟，繼而會戰，其圖全宗社至矣。逮事勢危迫，以國予季，脫身而去，既得延宗社之祀，又不苦戰以殘民命，此與太王之去邠何異。卒之紀季能成其志，叔姬能守其節，節行萃于一門，風義足高千古。聖人特書曰大去，而伯姬、叔姬之卒葬無一遺，其憫之也至矣。	此罪魯，文見乎此，而取義在彼也。」	叔姬何以得書？春秋欲因叔姬之行以明紀季之義，言季之以酅入齊，非利之也，凡欲存國耳。」	變其所守，故春秋特錄之。」	而魯往會葬爾。聖人特繫之于紀，蓋以酅存則紀存，此即紀季以酅入齊之意也。春秋凡國滅不書，妾媵不書，叔姬以亡國之妾媵而卒葬俱得書者，聖人憫之之意深矣。

案：自桓五年齊侯、鄭伯如紀至莊四年紀侯大去其國，凡十有七年。

鄭滅許始末

隱十一年，公及	桓十五年，許叔	莊二十九年，鄭	僖三十三年，晉	成三年夏，鄭公

齊侯、鄭伯入許。

左傳：「齊侯以許讓公，公不受，乃與鄭人。鄭使許大夫百里奉許叔以居許東偏。」

吳氏澂曰：「欲得許地者，鄭之本謀，遂破許國者，鄭之專功，特借齊、魯兵力以同伐，逮齊、魯讓鄭，鄭卽受之而不辭，竟得遂其志。」

張氏洽曰：「三國同伐許，鄭不能獨有之，使獲佐許叔以居外，有存國之名，而許實屬鄭。」

案：此年齊佐鄭入許，

入于許。

孔氏穎達曰：「言其自許東偏而入于許國，非從外國入也。鄭莊以十一年卒，今始入者，蓋鄭突不使其復。忽既得位，親仁善鄰，存許以德許人，冀其爲己之援也。」

孫氏覺曰：「許嘗爲鄭所有，此時鄭有爭國之亂，許叔得乘其勢入許而復其國，聖人美之，故特書其字。」

人侵許。

張氏洽曰：「許、鄭世讎也，然許自盟幽之後，不與于齊桓之會，鄭人侵之，或齊之命歟？自後許始從中國。」

人、陳人、鄭人伐許。

左傳：「討其貳于楚也。」

嚴氏啟隆曰：「許自此服晉，至宣十二年敗邲後復事楚。」

案：許于春秋之世凡三變，齊桓之伯，許無役不從，至諸侯伐鄭，而楚子圍許以救鄭，許于中國親矣。逮晉文之興，許堅從楚，至合諸侯以討之而猶不服。故僖二十八年書諸侯遂圍許，與僖六年書諸侯遂救許，爲書法之對照。蓋齊桓能服許，而急于赴義

子去疾帥師伐許。

左傳：「許恃楚而不事鄭，鄭子良伐許。」

案：自隱十一年鄭莊入許之後，至是歷一百二十四年矣，比肩以從盟會，召陵之役，許亦與焉。閒一二興師，俱從大國之命，未嘗以私意爲侵伐也。蓋當時伯令方行，無敢萌并兼之志。至是晉伯衰，陡起戎心，謂許東偏之地是吾祖所啟之故境，復謀侵奪。其謂許恃楚而不事鄭者，乃欲借爲兵端耳。鄭方事楚之不暇，安

桓五年鄭即偕齊如紀，兩國朋比以吞滅列國，齊、鄭合而天下始多故矣。	冬十有一月，鄭伐許。家氏鉉翁曰：「鄭莊滅許，自知不義，置之而去。今襄公以兵加許，歲至于再。莊有悔過之心，而裔孫濟惡，自
	成四年冬，鄭伯伐許。左傳：「鄭公孫申帥師疆許田，許人敗諸展陂。鄭伯伐許，取鉏任、泠敦之田。」李氏廉曰：「鄭自隱十
	成九年，鄭人圍許。左傳：「鄭伯如晉，晉人討其貳于楚，執諸銅鞮。欒書伐鄭，鄭公孫申曰：『我出師以圍許，爲將改立君者，
以救之，晉文不能服許，而窮兵黷武以圍之。觀兩遂字，而桓、文之優劣見矣。然此役之後，許復從晉，兩列會盟。至遷葉以後，許始自絕于中國，雞澤不會，而盟會遂無復有許，于楚之猾夏無不從。此固鄭爲之，亦由晉之不能懲鄭以庇許也。	成十四年，鄭公子喜帥師伐許。左傳：「鄭子罕伐許，敗焉。戊戌，鄭伯復伐許。庚子，入其郛。許人平以叔申之封。」杜註：「四年鄭公孫申
敢與楚爭許乎，不過利許之土地耳。	成十五年，許遷于葉。左傳：「許靈公畏偪於鄭，請遷于葉。」案：許故地今爲河南許州府，葉爲今南陽府裕州葉縣，係楚方

是許卒爲鄭所併。」

一年入許之後，鄭、許世讎，至此凡書于經者又四侵伐矣。」

而紓晉使，晉必歸君。』」

疆許田，許人敗之，不得定其封疆，今許以是所封田求和于鄭。」案：鄭莊使許叔居許東偏，公孫獲處許西偏，至桓十五年許叔入許，則自東偏而入居故國，西偏之地已復爲許有。此所謂疆許田者，蓋經略西偏之地，而許國半屬於鄭矣。

高氏閌曰：「許、鄭之怨久矣，三年再伐，四年伐，九年圍之，今又伐焉。使晉厲而霸，則鄭人怒鄰兼弱敢如是乎！故明年遂遷于葉，避鄭以依楚，明晉不足恃也。」

城外地。許既遷，而許之全境盡屬于鄭，鄭人謂之舊許是也。自遷葉以後，而晉之盟會侵伐無許，楚之盟會侵伐無不有許矣。

襄十六年，叔老會鄭伯、晉荀偃、衛甯殖、宋人伐許。

左傳：「許男請遷于晉，諸侯遂遷許，許大夫不可，晉人歸諸侯。鄭伯會諸侯之大夫以伐許，討其未遷也。」案：許男請遷于晉，蓋實有慕中國之心。許大夫不可，蓋料晉之不能庇許，而懼受鄭之魚肉也。許既違晉意，鄭遂借晉力以洩私憤，身自請行，恣其蹂踐，宜許之銜恨切骨而欲以死報也。

襄二十六年八月壬午，許男甯卒于楚。

左傳：「許靈公如楚，請伐鄭，曰：『師不興，孤不歸矣。』八月，卒于楚。楚爲之伐鄭，而後葬許靈公。」杜註：「十六年伐許，獨鄭伯自行，故許恚，欲報之。」高氏曰：「許雖遷葉，猶在方城之外，鄭患未息也。」

昭九年，許遷于夷。

杜註：「許畏鄭欲遷。」左傳：「楚公子棄疾遷許于夷，實城父。取州來、淮北之田以益之。」案：城父故城在今江南鳳陽府亳州東南七十里，蓋在楚之東北，而葉仍入楚。

昭十八年，許遷于白羽。

杜註：「自葉遷也。許畏鄭樂遷。」案：昭十一年楚靈王滅蔡，遷六小國于荊山，許亦與焉。是許自夷而復遷于荊山矣。十三年平王立，復封陳、蔡，許亦復居于葉。十八年楚王子勝言于楚子曰：「許于鄭，仇敵也，而居楚地。葉在楚，方城外之蔽也。鄭欲伐許，許曰：『余舊國也。』鄭曰：『余俘邑也。』是楚喪地矣。君盍遷許。」楚子使遷許于析，實

定四年，許遷于容城。

王氏葆曰：「許四遷皆受楚令，經以自遷爲文，蓋違鄭害而願遷也。」高江邨曰：「容城卽漢之華容城，今爲荊州府之監利縣。」非也。定六年鄭滅許，傳曰因楚敗。此時昭王新復國，華容近在國都之側，鄭亦豈能至此。或曰容城卽在葉縣西，差爲近理耳。

	定六年，鄭游速帥師滅許，以許男斯歸。 左傳：「因楚敗也。」 案：此年滅許，非止取許之故地，并許所遷容城之地而奪之，蓋鄭地漸于南陽矣。許在鄭南，楚欲伐鄭，猶隔一許，至是鄭與楚爲接境，鄭之滅許，適
白羽。據傳云葉在楚，方城外之蔽，明其欲遷之。時許當在葉，故杜云自葉遷。 又案：白羽今爲河南南陽府鄧州之內鄉縣，蓋在楚之西北。	

以自斃耳。

李氏廉曰：「自隱十一年鄭入許，而齊、鄭之黨合，天下遂無王。自定六年鄭滅許，而齊、鄭之黨又合，天下遂無晉。」

哀元年，許男從楚子圍蔡。

杜註：「蓋楚封之。」

案：許自遷葉以後，不與諸侯之盟會，惟宋、虢二盟，及楚靈大會于申，伐吳滅賴，無役不從，許遂爲楚之私屬，然聖人不責許也。楚敗而許滅，楚復而許封。并吞弱小，出于中夏，而興滅繼絶，反自蠻夷，聖人詳書于策，惡鄭而憫許，并傷中國之無伯也。

案：自隱十一年鄭入許，至定六年滅許，凡二百零八年。

宋滅曹始末

僖十五年，宋人伐曹。	左傳：「討舊怨也。」張氏洽曰：「莊十四年，曹從齊桓伐宋，宋至今憾之。今諸侯始貳，曹方有王事，而襄公乘虛伐之。」李氏廉曰：「伐宋非獨一曹，而獨讎曹之深者，曹在宋之宇下，必
僖十九年夏六月，宋公、曹人、邾人盟于曹南。	杜註：「曹雖與盟而猶不服，不肯致餼，無地主之禮，故不以國地，而曰曹南。」
秋，宋人圍曹。	左傳：「討不服也。」汪氏克寬曰：「宋之加兵于曹凡七，自僖十五年曹佐齊桓伐厲而伐之，至此乃環其國而攻之，〔一〕宣三年復圍，哀之三年、六年樂髡、向巢再伐，七年又圍，八年遂入而俘其君，終滅其國。比
宣三年，宋師圍曹。	左傳：「報武氏之亂也。」高氏閌曰：「武氏之亂，非曹人所致，宋文不能內睦九族，而興兵圍人之國，不亦左乎！」家氏鉉翁曰：「宋鮑大罪未討，以兵伐人，春
哀三年，宋樂髡帥師伐曹。	薛氏季宣曰：「討樂大心之亂也。」高氏閌曰：「曹本屬宋，既而叛之。」

欲吞噬而後已也。十九年圍曹，至曹陽之衰，宋景用師尤亟。哀三年有樂髡之伐，六年有向巢之伐，七年書人以圍，八年書公以伐，而曹亡于宋矣。」 案：宋襄在齊桓在時即背牡丘之盟而伐曹，以報私怨而攘齊伯，志小而氣躁，此時已有吞曹之心矣。		事考之，不貶而罪自見矣。」	秋據事書之，不待貶斥而惡自見矣。」 案：諸儒多以稱人爲貶，僖十九年書宋人，此書宋師，褒貶豈在是乎！	
哀六年，宋向巢帥師伐曹。 高氏閌曰：「樂髡伐之猶未服，且爲入曹起也。」	哀七年秋，宋人圍曹。 左傳：「曹伯陽好田弋，曹鄙人公孫彊好弋，言田弋之說，說之。因訪政事，有寵，	哀八年春王正月，宋公入曹，以曹伯陽歸。 左傳：「宋公伐曹，將還，曹人詬之。公怒，		

	使爲司城以聽政。彊言霸説于曹伯，曹伯乃背晉而奸宋，宋人伐之，晉人不救。遂亡。」	命反之，遂滅曹，執曹伯及司城彊以歸，殺之。」 案：此滅國也，而宋公書爵，則稱爵爲褒之説謬矣。		

案：自僖十五年宋人伐曹，至哀八年宋公入曹，凡一百五十九年。

校勘記

〔一〕「至此乃環其國而攻之」「國」字下原有一墨釘。同治刻本無墨釘，而有「都」字。

春秋亂賊表卷四十五

錫山　顧棟高復初　輯
同里受業沈金鰲天禄　參

敍

春秋弑君二十有五，稱人者三，稱國者四。三家雜然發傳，左曰君無道也，文十六年。公羊曰稱國以弑者，衆弑君之辭。文十八年。穀梁曰君惡甚矣，成十八年。其大旨略同。啖氏于莒弑其君庶其傳辨之曰：「春秋弑君例，惡甚者不書賊臣之名，懲暴君也可。施乎君臣，猶恐害教傷化，但恐暴君無所忌憚，不得已而立此義。」豈有父爲不道，子可致逆。嗚呼！三傳謬矣，啖亦未爲得也。夫君父一而已矣，聞有弑君之賊，人人得而誅之，豈有暴虐之君，夫人得而弑之者乎！使欲懲暴君而先寬弑逆之罪，使忍爲大惡者，俱得有所緣以藉口，是春秋教人爲篡弑也，烏覩所謂春秋成而亂臣賊子懼乎！然則其義云何？彙纂之言曰：「春秋因魯史，魯史之文因赴告，有可損而不能益也。」夫弑君之賊，大抵當國者居多，其情必不肯以實赴。今使後世有殺人者不得其名姓，則有當日之勘驗，有司之鞫審，大吏之駁詰，而後真犯始出。春秋無是也天王不問，列國不問，苟本國之臣子與爲比黨，而以委罪于微者赴，如羽父弑隱公而討寪氏之類。則魯史無從而得其是非之實，只得從其赴而書之。孔子生百年後，而欲遍考七十二國之所聞以定其真，則顯與國史異，而又恐所聞者之未必果實，此疑獄也，故削其所諉之人而懸其獄，以俟後日之自定，此聖人闕疑之學也。然則弑君而書其名氏者，其人果皆以弑逆自居乎？曰：是各有故焉。弑君而其賊見討者則書名氏，如衞州吁、齊無知、宋萬、陳夏徵舒、鄭公子歸生、蔡世子般是也。有弑君而其人當國亦得書名氏者，其國之史臣出死力以争之，晉董狐書趙盾、齊太史書崔杼是也。有弑君而代爲君，且又當國，其名氏亦可得而指者，楚商臣弑其君頵、齊商人弑其君舍、陳乞弑其君荼。商臣蠻夷之習若禽獸然，不知弑父之爲罪。商人蔑視舍無威，不以爲君。而陳氏方倜然欲代有齊國，無所顧忌，已不知諱，舉國無代爲之諱，其事昭彰耳目。齊、魯又近，魯現使單伯請叔姬而見執，雖不赴，而魯史得據實事書也。又如里克弑奚齊，斯時里克當國，及弑卓子，而惠公殺里克，故後以弑赴，而前以殺其君之子赴也。棄疾假手于比，而已卽殺之，故比以弑其君虔赴，而已以討賊赴也。宋華督、衞甯喜雖亦當國有權，而督方以立馮爲己功，賂四國以求立，華氏既行賂，則不以弑赴而可知其爲弑。喜以弑剽復衎爲復正，彼以復正赴，而列國可知其爲弑也。許世子止爲法受惡，故亦不諱。其姓氏之可指者，俱各有的然所以然之，故聖人亦從而書之。其不以實赴者，聖人第削其歸獄之人，如寫氏及圉人犖、卜齮之類。以俟後人徐求元惡大憝之所在，此萬世之權衡也。若必欲得其人，則孔子不當天子方伯之任，不能命司寇以鞫定其獄，而第就於傳聞以訂國史之誤，安知所聞之果實乎！左氏載齊懿公之弑也由邴歜、閻職，又安知非公子元使此二人賊殺之，而特歸獄此二人乎？則其赴于魯而魯史書之者，必在二人矣，而聖人不與也。其不與者何也？聖人之嚴也。鄭髡頑、楚麇、齊陽生實弑而以卒赴，聖人亦卒之。卒之何也？事介隱微，無從昭晰，聖人亦無如何也。若謂聖人明知亂賊之人，而特末減之，以著暴君之罪，又謂楚圍方大合諸侯于申，聖人憫中國之不能討，而先略圍之簒弑，以扶中國，是謂掩耳盜鈴，求之愈深曲，而于聖人之意愈背馳，是諸儒之過也。輯春秋亂賊表第四十五。

春秋亂賊表

弒君

汪氏克寬曰：「通一經弒君二十有五，稱世子弒者三，楚商臣、蔡般、許止；公族而削其屬與氏者四，衞州吁、齊無知、宋督、宋萬；稱公子者三，齊商人、鄭歸生、楚比；大夫而稱氏稱名者六，晉里克、趙盾、陳夏徵舒、齊崔杼、陳乞、衞甯喜；稱人者三；稱國者四；稱閽稱盜者各一。夫世子有父之親，有君之尊，位其所固有，國其所宜君，而至推刃于君父，窮凶極惡，不待貶絶而自見。然考其所由致之故，爲之君父者必失其道，以及于此，則首惡之名寧不爲天下萬世之大戒乎！公族而不書其屬與氏，兩致其貶。程子謂身爲大惡，自絶于先君，故不得爲先君子孫。文定謂不待以公子之道，使致大惡，故以國氏。二義蓋互相發。或有以公子書者，程子謂又見其以天屬之親而反爲寇仇，而其君寵之太過，任之太重，以至于亂，其罪亦不可掩矣。其稱人以弒者，謂多行無道，肆于民上，爲國人之所欲弒，蔽賊于國人，則操刀爲大惡者，可末減爾。稱國以弒，不書其人，則著當國執政大臣之罪。稱閽以弒而不稱君，則見閽寺之賊不得君其君，而狎近刑人，至于不克保身者，君之過也。稱盜則匹夫之微，視如路人，又非閽人之比，故并不書弒。」案：汪氏義例多未安，詳各條下。

隱四年戊申，衛州吁弑其君完。
桓二年春王正月戊申，宋督弑其君與夷及其大夫孔父。
莊八年冬十有一月癸未，齊無知弑其君諸兒。
莊十二年秋八月甲午，宋萬弑其君捷及其大夫仇牧。

此公族而削其屬與氏者也。

孔氏穎達曰：「自莊公以上弑君者皆不書氏，閔公以下皆書氏。」劉氏敞曰：「凡弑君而稱公子，公子而命爲大夫者也，未命爲大夫則不稱公子。」

案：此四條不稱公子，程子謂聖人削之也。蓋以其身爲大惡，自絶于先君，故削之。大義既明于初，其後弑立者則皆以屬稱，或見其寵任之太過以致亂，或見其以天屬而反爲寇仇，立義各不同。愚謂同一弑君，前後何忽異例，又何爲至閔公以下而忽異，蓋程子不知未命不書族之義，故云爾也。春秋之初，諸侯猶請命于天子，不自命大夫，故隱、桓之世，如無駭、翬、挾、柔、溺及鄭之語、齊之年，俱不稱公子，初不以其弑君而削之也。莊公以後諸侯之公子多自命爲大夫，故其弑君亦稱公子。此乃時世之異，非聖人有意嚴于前而寬于後也。弑君初不因削公子而見其罪，亦不以書公子而益甚其罪，程子之説未免支離。

僖十年，晉里克弑其君卓及其大夫荀息。哀六年，齊陳乞弑其君荼。	宣二年秋九月乙丑，晉趙盾弑其君夷皋。	宣十年癸巳，陳夏徵舒弑其君平國。	襄二十五年夏五月乙亥，齊崔杼弑其君光。	襄二十六年春王二月辛卯，衛甯喜弑其君剽。

此大夫而書名書氏者也。

文十四年，齊公子商人弑其君舍。	宣四年夏六月乙酉，鄭公子歸生弑其君夷。	昭十三年夏四月，楚公子比自晉歸于楚，弑其君虔于乾谿。		

此稱公子者也。

文十八年，莒弑	成十八年，晉弑	昭二十七年夏	定十三年，薛弑	

其君庶其。

吳氏澂曰：「如左氏之言，則是僕以太子弑父也。春秋何以書國弑乎？且僕既與國人同弑君，則當自立，又何以奔魯乎？疑僕因國人下以字當作之字，謂僕因國人之弑君，懼并及禍而來奔也。」

卓氏爾康曰：「僕既因衆以弑，便應得國，如何來奔？國人既惡庶其，何復立其所愛？若僕實弑，春秋何爲沒而不書？吳幼清遂欲改以字作之字，不知以已二字古人通

其君州蒲。

程氏端學曰：「張洽問：『胡傳若許欒書之弑，何也？』朱子曰：『亦嘗疑之。』愚謂晉字下有弑君賊名而闕之耳，不然則左氏不可信也。厲公之惡未至若陳靈、晉靈之甚，二君見弑，猶書夏徵舒，猶書趙盾，豈有欒書、中行偃弑君，聖人反匿其名而爲衆弑之辭哉！」愚謂此因悼公當日未能誅欒書故耳，既未能正書之罪，則其赴告自必含糊其辭而稱衆弑。魯史既承其告而書之矣，夫

四月，吳弑其君僚。

案：春秋不書光弑君而書吳，汪氏克寬以光本壽夢之嫡孫，諸樊兄弟欲致國季札而不可，則當立光以爲君。吳之大臣不立光而立僚，所以致此弑逆之禍，歸罪于吳當國之大臣，極是有見。湛氏若水謂考其跡而罪人斯得，亦是。至杜氏預以爲罪在僚，劉氏敞以爲國人皆欲弑之，此則悖理之言，不可訓矣。

其君比。

胡傳稱國以弑者，當國大臣之罪也。孫復以爲舉國之衆皆可誅，非矣。潁川常秩曰：「孫復之于春秋動輒有罪，蓋商鞅之法爾。」

用，其文以也，其義已也，已字作解，則義既可通，字不必改矣。因有二義，蓋因緣之因，非因附之因也。」

子脩春秋，又何從翻案。謂其君惡甚，爲書、偃未滅者，大謬。詳見三傳異同表。

此稱國以弒者也。

文十六年冬十有一月，宋人弒其君杵臼。

呂氏大圭曰：「稱人以弒，則其國人咸有罪焉。宋人利公子鮑之惠，奉而欲立之，因昭公田孟諸攻而殺之，是宋國之人皆欲弒之也。」

文十八年夏五月戊戌，齊人弒其君商人。

汪氏克寬曰：「歜、職以僕御之賤，既斃商人，舍爵而行，略不畏忌，如肆行于無人之境，則齊人固惡商人而欲其斃也，春秋以弒君係之齊人宜矣。」

襄三十一年十有一月，莒人弒其君密州。

胡傳：「左氏稱展輿因國人以攻莒子，弒之，乃立。信斯言則子弒其父也，而春秋有不書乎！故趙匡謂其文當曰展輿因國人之攻莒子，弒之，乃立，而後來傳寫誤爲以字爾。」家氏鉉翁曰：「春秋置其子之大惡而歸過于其父，義必不然。蓋展輿特見立于國人，使能討賊于既立之後，則庶乎可免矣。」

此稱人以弒者也。

彙纂曰：「通經稱人以弒者三，稱國以弒者四，胡傳多主君無道之說，而杵臼、商人則罪在一國之人，州蒲則欒書有恕辭，吳僚、薛比則當國大臣之罪，密州則止辨左氏之誤，庶其則並不發傳。然揆以全經，如晉、楚、陳三靈皆爲無道，何以直書趙盾、夏徵舒、公子比弒君之名，則其說未能盡合也。然則經意安在耶？曰：春秋因魯史，魯史從赴告，有所損而不能益也。臣弒其君，子弒其父，其以實赴者幾何，其罪必有所諉，大都微者當之也。聖人參稽國史，以及七十二邦之所聞，欲正其所誅，則赴告異辭，欲從其所諉，則真凶漏網，與其移辜以蔽獄，不若懸案以徵凶，故書曰某國弒其君、某國人弒其君，雖無所指名，而亂臣賊子之罪亦有不得而逃者矣。」

文元年冬十月丁未，楚世子商臣弑其君頵。

何氏休曰：「楚無大夫，言世子者，甚惡世子弑父之禍也。稱世子，所以明有父之親；稱其君，所以明有君之尊。」

襄三十年夏四月，蔡世子般弑其君固。

昭十九年夏五月戊辰，許世子止弑其君買。

彙纂曰：「春秋書世子弑君者三，楚商臣、蔡般皆立乎其位，而止弗立乎其位，此比事而可知其非弑者也。然悼公之死由于世子之藥，則止雖非弑，而弑君之罪有不得而辭者，故加弑焉，所以教天下之爲臣子者也。」詳見三傳異同表。

此世子而弑君者也。

襄二十九年，閽

哀四年春王二

弒吳子餘祭。	
月庚戌，盜殺蔡侯申。公、穀作弒。	趙氏鵬飛曰：「閽弒吳子書弒，而此書殺，閽盜均臣，吳子、蔡侯均君，書法不應異同，蓋字誤也。」互見闕文表。

此弒稱閽稱盜者也。

內諱不書弒者五。

隱十一年冬十有一月壬辰，公薨。	穀梁：「公薨，不地故也。」
桓十八年夏四月丙子，公薨于齊。	朱子曰：「孔子直書，義在其中。云公會齊
莊三十二年冬十月己未，子般卒。	范氏甯曰：「在喪，故稱子。不書弒，諱
閔二年秋八月辛丑，公薨。	陳氏傅良曰：「魯之春秋固書曰公子慶父弒公子武闈，聖人脩之
文十八年冬十月，子卒。	公羊：「子卒者孰謂？謂子赤也。」胡傳：「上書大夫並

胡傳：「不書弒，示臣子于君父有隱避其惡之禮。不書地，示臣子于君父有不没其實之忠。不書葬，示臣子于君父有討賊復讎之義。」	侯于某，公與夫人姜氏如齊，公薨于齊，公之喪至自齊，夫人孫于齊，此等雖無傳亦可曉。」張氏洽曰：「魯君見弒有二，在内則不書地，以存其實，在外則不容不書其地，而以上下文見之。」	也。」	曰公薨，諱之也，不忍言也。然而不地，且不葬，是隱、閔二公所獨，則雖諱而亂賊之獄具矣。」汪氏克寬曰：「或謂不地，固見其弒，終無以著亂賊之罪。然于閔薨之後，比書夫人孫、慶父奔，則斧鉞之誅顯然矣。」	使，下書子卒，夫人歸，則知罪之在公子遂矣。下書孫于邾，出奔莒，則知罪之在夫人與慶父矣。」陳氏傅良曰：「凡君在喪恒稱子，未葬稱子某。成之爲在喪之君，以弒罪罪宜公也。」

實弒而書卒者三。

襄七年，鄭伯髡頑如會，未見諸侯。丙戌，卒于鄵。	昭元年冬十有一月己酉，楚子麇卒。 左傳：「楚公子圍將聘	哀十年三月戊戌，齊侯陽生卒。 左傳：「公會吴子、邾		

左傳：「鄭僖公將會于鄬，子駟相，不禮焉。及鄬，子駟使賊夜弒僖公，而以瘧疾赴于諸侯。」

杜註：「實爲子駟所弒，以瘧疾赴，故不書弒。」

劉氏敞曰：「曷爲承其赴而遂書卒？偏絶其臣子也。」

案：劉氏敞謂從赴書卒，以見鄭無臣子，極是。公羊謂爲中國諱，穀梁謂不使夷狄之民加乎中國之君，極謬。詳見三傳異同表。

于鄭，未出竟，聞王有疾而還，入問王疾，縊而弒之，使赴于諸侯曰：『共王之子圍爲長。』」

陳氏傅良曰：「圍弒其君，晏然赴于他國，如恒辭，猶鄭騑也，而其臣子聽焉，從而書卒，所以誅楚之臣子聽賊之所爲也。」

彙纂曰：「楚圍弒麇之跡，當日必甚秘，而以僞赴，故魯史亦承赴而書之，春秋因而不革，與髡頑書卒同義。胡傳謂圍以篡弒而主會盟，聖人憫列國之衰微，懼人欲之橫流，而略其篡弒，失經旨

子、鄭子伐齊南鄙，師于鄎。齊人弒悼公，赴于師。」

杜註：「以疾赴，故不書弒。」

案：此條傳書弒而經書卒，杜氏預謂以疾赴，所謂春秋因魯史，魯史從赴告，列國不興問罪之師，聖人無從翻案者是也。胡傳謂齊侯爲魯人悔懼，辭師于吳，得變之正。吳人欲遂前言，背違正理，是狄道也。齊之臣子不能將順上及其君，此天下大變，常理之所無，故没其見弒之禍，而以卒書，所謂不忍以夷狄之民加

	矣。」	中國之君也。夫既云齊侯變而克正，無不善之積，而蒙見弑，此宜尤可哀。而不雪其被弑之慘，齊之臣子不能將順而至弑君，此常理所無，而反寬其弑逆之罪，天下有此情理乎！舛已甚矣。		

案：此三條實弑而書卒，劉氏謂從赴，偏絶其臣子聽亂賊之所爲而莫之禁也。公、穀于髡頑傳首立異義，胡傳從而取之，故其于麇之弑則謂楚靈大合諸侯于申，從而與會者十有三國，聖人憫中國之衰微而不能討，故略其簒弑而書卒。此卽公羊爲中國諱之説也。于陽生之弑則謂吴以狄道加齊，齊順其意而弑君以説，故没其見弑。此卽穀梁不忍以夷狄之民加中國之君之説也。其立説蓋有自來，以此求經愈深曲而愈背馳矣。

不書弑而書殺者一。

僖九年冬，晉里克殺其君之子奚齊。

穀梁曰："其君之子云者，國人不子也。"啖氏極取之。西亭辨疑云："奚齊乃驪姬出，卓子姬之娣出，卓又少于奚齊，而國人乃君之，何耶？此蓋以晉侯方卒，奚齊未立乎其位，而里克殺之，故不得與踰年君同稱耳。"

出君

汪氏克寬曰："春秋書君出奔者十有二，鄭突、衛朔、燕款、蔡朱、莒庚輿、邾益皆書名，啖氏所謂君奔例書名，言其失地，非復諸侯也。鄭忽、曹羈、莒展輿不稱爵，忽、羈未成君，展輿雖踰年，而以弒立，不可稱爵也。衞鄭不名，則以叔武攝而位未絕也。衞衎位已絕而不名者，著衎之立以正，非突、朔之比。而剽之簒實逆，非如忽、黔牟可以兩君言之也。郕朱儒不名，小國紀録簡略耳。」

杜氏預曰：「諸侯奔亡，皆迫逐而苟免，非自出也。經以自奔爲文，責其不能自固。或曰臣出其君，而其罪不彰，無乃掩奸乎！」啖子曰：「出君之罪，史氏知之，春秋舉王綱，正君則，而治道興矣。」

桓十一年，鄭忽出奔衞。 蘇氏轍曰：「鄭忽，未踰年之君也。未踰年之君稱子。不稱子，何也？國人不附，大國不援，以至出奔，蓋未嘗君也，故不曰子。」	莊二十四年，曹羈出奔陳。 趙氏匡曰：「羈，未踰年之君，出奔不書爵，言不能嗣先君也。」陳氏岳曰：「戎既侵曹，而羈曰奔，是曹懼戎而出其君明矣。」	昭元年，莒展輿出奔吴。 季氏本曰：「莒展雖踰年，不稱爵，爲弒君者所立，不以爲君也。」		

此出奔而不書爵者。

僖二十八年，衛侯出奔楚。

蘇氏轍曰：「衛侯鄭失地而不名，何也。使元咺奉叔武以受盟，國猶其國也。」

文十二年春王正月，郕伯來奔。

案：失地之君例書名，此不書名者，公羊以爲兄弟辭。若以兄弟之國不名，曹伯陽、衛侯衎何以書乎？程氏端學謂史闕之。互見闕文表。

襄十四年己未，衛侯出奔齊。公羊作衛侯衎。

汪氏克寬曰：「衛侯不道失國，當從公羊書名。今考二十五年入夷儀，三傳皆不名，經必有義，不可强合失國書名之例。」

案：葉氏夢得謂衎之不名，闕文也。互見闕文表。

此出奔而不書名者。

桓十五年五月，鄭伯突出奔蔡。

桓十六年十有一月，衛侯朔出奔齊。

昭三年，北燕伯款出奔齊。

昭二十一年冬，蔡侯朱出奔楚。

昭二十三年秋七月，莒子庚輿

劉氏敞曰：「突何以名？奔而名者，見有君也。忽未入，其曰有君何？忽雖未入，國固其國也。」

奔齊。

張氏洽曰：「朔立已五年，二公子不能獨逐之，必因周室欲討。而後二子得行其志。所以莊六年王人子突救衞，公羊之説其必有所據矣。朔殺兄奪國，王命絶之，故名。」

彙纂曰：「燕大夫相與比而殺其君之外嬖，威脅其君而出之，厥罪大矣。左氏乃以經書出奔爲罪款，胡傳及諸儒皆從之，是何刻以繩君而緩于誅逆乎！」

胡氏銓曰：「楚虔誘殺蔡般，執用蔡有，蓋蔡君不共戴天之讎，朱乃奔而親之，惡何可言哉！」

來奔。

高氏閌曰：「庚輿不正而立，又不安其國而出奔，與鄭突同。」

哀十年春王二月，邾子益來奔。

陳氏傅良曰：「吴人討邾，春太子爲政，而邾子出奔。此其但書奔何？以是爲自失國也。」

此出奔書名者。

王氏樵曰：「案春秋惟弒君書某弒其君，至于君爲其下所出，止書出奔而已。胡傳謂舊史書孫林父、甯殖出其君，而仲尼筆削稱衞侯出奔，恐無此理。出之爲言不容而見逐之謂也。臣子施于君父，而史官直書于策則非辭也，故但言出奔而已。專以爲歸罪其君者，害教之言也。」

天王出居三。

僖二十四年冬，天王出居于鄭。 杜註：「襄王也。天子以天下爲家，故所在稱居。」 孔疏：「出居，實出奔也。以出居爲名，而不書奔，殊之于列國。」
昭二十二年，王室亂，劉子、單子以王猛居于皇。 先母舅曰：「出居于鄭書出，居于皇、居于狄泉不書出者，在畿内也。」
昭二十三年，天王居于狄泉。 趙氏鵬飛曰：「王猛、敬王不書出，而獨襄王書出者，王猛立于皇，敬王立于狄泉，俱未得入成周，二王皆即其地而立，非自内立而出居于外，其實非出，安可言出。襄王立已十六年，叔帶

逼王，而王出居于鄭，實自内出，豈可不書出。二者各適其事，非故書出以示貶，不書出以爲無貶也。以出爲貶襄王者，自二傳天子無出之論始。」

案：襄王出居于鄭，賊在子帶也。王猛居于皇，敬王居于狄泉，賊在子朝也。而經止以天王自出、自居爲文，不著子帶、子朝之名氏，體自當如此。若書王子帶出天王居于鄭，王子朝出王猛居于皇，便覺非體。解此則知諸侯被逐，以自奔爲文之義矣。

又案：趙東山謂天王蒙塵不書，苟自取則書。莊二十年子穨之亂，惠王處于鄭，定六年周儋翩率王子朝之徒因鄭人以作亂，天王處于姑蕕，經皆不書，以惠王避子穨，敬王避儋翩，非王自取。而襄王以狄伐鄭，立狄女爲后，復王子帶以生亂，其失位皆自取，故書其出。此論殊未然。據左氏之言，惠王亦未得爲無過。以敬王避儋翩爲非自取，而王猛之居皇，敬王之居狄泉，豈其自取乎！禍由景王，安可以其父而咎其子也。至趙氏鵬飛曲護襄王，謂叔帶爲惠王陳嬀之所愛，故寧避之而出居于鄭，以俟天下之勤王，比之舜之于象。此尤未是。襄王之罪在召狄伐鄭，立狄女爲后，又不謹于內廷，致奸淫生亂耳。豈可以其不誅叔帶，遂曲諒其心而逭其罪乎！要之，襄王自有罪，第不以書出而見其罪耳。

公孫一。公居五。公在三。

昭二十五年九月己亥，公孫于齊。

先母舅曰：「內諱奔曰孫。公有國至是二十五年，不能安于其國。其孫也，亦公之自孫而已。稱公孫，諱公，亦責公也。若季氏之惡，則固不待貶而自見矣。」

昭二十六年三月，公至自齊，居于鄆。

孫氏復曰：「居于鄆者，公爲意如所拒，不得入于魯也。」

葉氏夢得曰：「諸侯國內曰居，國外曰在，諸侯以國爲家者也。天子內外皆曰居，天子以天下爲家者也。」

秋，公至自會，居于鄆。

汪氏克寬曰：「告廟則書至。禮，君去其國，太宰取羣廟之主以從。昭公去鄆而返，亦或告于祖禰。但是時季氏彊悖，專有魯國，史官阿附，必不敢書公至，吾夫子以所見之世而特志耳。五書至，必繫以居于鄆，不言居鄆，則疑于復國。」

昭二十七年春，公如齊。公至自齊，居于鄆。

家氏鉉翁曰：「居于鄆，志公之失位也。失位矣而猶書至書居，所以存魯君而抑亂賊也。每歲凡五見焉，及鄆潰，乃書公在乾侯，亦所以存公而繫魯臣民之望也。鄆，魯境，故書居。乾侯，晉地，故書在。」

冬十月，公如齊。公至自齊，居于鄆。

趙氏鵬飛曰：「公朝齊者二，會齊者一，齊終無以爲公謀也，故明年公如晉，求于晉焉。」

昭二十九年春，公至自乾侯，居于鄆。	孔氏穎達曰：「二十六年書公至自齊，公雖不至齊都，而得與齊侯相見，故書公至自齊。往年公如晉，次于乾侯，雖入晉，竟不得與晉侯相見，故書至自乾侯。」
昭三十年春王正月，公在乾侯。	胡傳：「公去社稷于今五年，每歲首月不書公者，在魯四封之內，則無適而非其所也。至是鄆潰，客寄乾侯，非其所矣。歲首必書公之所在者，蓋以存君，不與季氏之專國也。」
昭三十有一年春王正月，公在乾侯。	王氏錫爵曰：「左氏曰：『言不能外內也。』蓋不知春秋存君之義。」
昭三十有二年春王正月，公在乾侯。	趙氏鵬飛曰：「三年之間，歲首皆書公在乾侯，存公所以誅季氏之義也。左氏每歲各爲之說，鑿矣。」

案：昭公失國，賊由季氏，而經以自孫、自居、自在爲文。不斥季孫之名氏者，非爲季氏諱也，臣子立文，自應如此。若書季孫意如出公居于鄆，便不成體統，聖人所不忍言。春秋謹名分之書，季孫之罪自于上下文見之爾。此事聖人所親歷，深惡痛恨，嘗不惜大聲疾呼，而其書法只自如此，則凡列國君之見逐，止書出奔。以爲專歸罪其君者，豈識春秋之旨哉！

叛六。

先母舅曰：「經書叛五，叛人十二。始襄公二十六年，襄以前大夫猶未至叛也。樂大心入蕭從叛人，不言叛，其叛可知。書自陳、自曹者，胡傳曰：『結鄰國以入叛，陳、曹與有罪焉。』」

襄二十六年，衛孫林父入于戚以叛。 高氏閌曰：「叛甚于奔，前此諸大夫有不利于己則奔而已，未有若林父之叛者，故書叛自林父始。」	定十一年春，宋公之弟辰及仲佗、石彄、公子地自陳入于蕭以叛。	秋，宋樂大心自曹入于蕭。	定十三年秋，晉趙鞅入于晉陽以叛。 高氏閌曰：「鞅入晉陽以拒范、中行，而不知投鼠忌器之義，故聖人直名曰叛，以著其不由君命、專土興兵之罪。」	冬，晉荀寅、士吉射入于朝歌以叛。 王氏葆曰：「趙鞅貪憤專戮，其罪宜逐。寅、吉射以午之故興兵首禍，則又爲無君。故三臣之奔，春秋俱以叛書之。」
昭二十一年，宋華亥、向寧、華定入于宋南里以叛。				

胡傳：「戚與朝歌及蕭皆其所食私邑，南里則宋國城內之里名也。與宋分國而居矣，故以南里繫之宋，以著逼脅其君之罪。」

復入三。

胡氏寧曰：「孫林父、宋辰、趙鞅、荀寅皆據外邑以自保，故書叛。魚石、欒盈將以亂國，故書復入。」

蘇氏轍曰：「不言叛者，將以亂國，非直叛君而已，故魚石、欒盈之罪重于趙鞅、宋辰也。」

成十八年夏，楚子、鄭伯伐宋，宋魚石復入于彭城。

襄二十三年，晉欒盈復入于晉，入于曲沃。

杜註：「兵敗奔曲沃。據曲沃衆，還與君爭，

襄三十年，鄭良霄出奔許，自許入于鄭。

胡傳：「不言叛者，將以滅國，非直叛也，若

杜氏諤曰：「春秋之法，復入重于入，入重于復歸。書復入者，惡甚之辭。」	非欲出附他國，故不言叛。」	華亥之入南里，宋辰之入蕭。其書叛者，皆據土背君以自保，未有滅國之謀也。」		

三叛人。

孔氏穎達曰：「諸侯之臣入其私邑而以之出奔者，皆書爲叛，衛孫林父、宋華亥、宋公之弟辰、趙鞅、荀寅等皆書爲叛。叛者，背其本國之大辭也。邾庶其、莒牟夷、邾黑肱亦以邑叛本國，但叛來歸魯，書曰來奔，内外之辭，言俱是叛而辭異耳。」

李氏廉曰：「春秋内大惡諱，此直書不諱者，蓋三叛之受，皆公不在國，而季孫受之也。觀文十八年莒僕以寶玉來奔，納諸宣公，而春秋不書，則知在君則諱，在大夫則不諱。」

襄二十一年，邾庶其以漆、閭丘來奔。	昭五年夏，莒牟夷以牟婁及防兹來奔。	昭三十一年冬，黑肱以濫來奔。不言邾，史闕文。		

孔子成春秋而亂臣賊子懼論

或曰：「子謂春秋之文因魯史，魯史之文因赴告，如是則弒逆之事得以自爲隱諱，何以稱孔子成春秋而亂臣賊子懼乎？」余應之曰：「子謂亂臣賊子懼者，第書其弒逆之名于策而懼乎？吾恐元凶劭及安慶緒、史朝義之徒，雖日揭其策以示于前，而彼不知懼也。且此亦夫人能書之，何待聖人。況人已成爲簒弒而懼之，亦復何益。聖人之作春秋，蓋有防微杜漸之道，爲爲人君父者言之，則書所云制治于未亂，保邦于未危是也；爲爲人臣子者言之，則禮所云齒路馬有誅是也。聖人嘗自發其作春秋之旨于坤卦之文言曰：『臣弒其君，子弒其父，非一朝一夕之故，其所由來者漸矣，由辨之不早辨也。』是故兵權不可竊，翬帥師、公子慶父帥師及鄭公子歸生帥師必書，謹其漸也。盟會不可專，公子遂盟晉、盟雒戎必書，晉趙盾盟于衡雍、楚公子圍會于虢必書，亦謹其漸也。人君知其漸而豫爲之防，則無太阿旁落之患；臣子懍其漸而力爲之避，則無功高震主之疑。此則游、夏不能贊一辭，聖人獨斷之于心而書之于策，以詔天下萬世者也。且人而忍推刃于其君父，是人而禽獸也，禽獸焉知懼。惟當夫威權已逼，聲勢漸成，覬覦初萌，形迹未露，是人禽之界，聖人燭其隱微而大書特書以惕之，俾天下萬世之讀是編者，人人恥爲大惡，而不敢一毫踰臣子之常分，有以寢邪謀而戢異志。此聖人之作春秋，所爲撥亂世而反諸正也。孟子謂孔子作春秋以存幾希之統，直接堯、舜、湯、文者，端在于此。若謂聖人第從其實而書之，且或未得其實而欲訪求傳聞而得之，則聖人豈能從百年後竊司寇之大權，而妄欲與魯史爭真僞哉！」

春秋逐君以自奔爲文論

春秋亂賊最甚弑君，其次逐君。弑君或書國，或書人，或書名氏，余既爲討著之矣。至出君則概以君自奔爲文，不書逐君者之名氏。此蓋聖人之特筆，不由赴告，不因魯史，欲以警惕震動乎人君，使知謹其操柄，而得制馭臣子之道也。何以明之？考襄二十年傳：「衛甯惠子疾，召悼子曰：『吾得罪于君，悔而無及也。名藏在諸侯之策，曰孫林父、甯殖出其君。』」此則當日赴告與列國史官書法之明證。而經於十四年第書衛侯衎出奔齊，若爲孫林父、甯殖掩其惡，何哉？曰：此聖人端本清原之義，欲垂萬世鑒戒，所謂游、夏不能贊一辭者也。夫君，出令者也，社稷于是乎凝承，臣民于是乎統馭。故君而見弑，則討賊之義嚴諸臣子。君身尚在，則制馭之道責諸君身。君而淫虐不道，或闒冗萎薾，則君不君，而徒以一身寄諸巍巍之上，如一葉之戰秋風，幾何其不飄墮也哉！曰出奔者，言己不能居其位。此太康之距于河，五子之歌之所以痛恨，厲王之流于彘，板、蕩詩人之所以告哀者也。人君知鑒乎此而發憤自强，如宣王之能中興，則有方叔、召虎爲之臣，如晉悼之能復伯，則有荀罃、魏絳爲之佐，功業爛然，天禄永固，何至竄亡相繼也哉！

許世子止弒其君論

案三傳皆謂止非弒，彙纂亦從之，而斥歐陽子之説爲非是。愚案左氏之言與公、穀別。如左所云，則許世子不得辭乎弒。諸儒所稱不嘗藥，與左氏之言絶遠。若據之以爲非弒，是非特不信經文，并錯看左傳矣。夫所謂不嘗藥者，庸醫不識病症，妄投藥劑，人子失于不知，遂致大故，若此後世多有謂之非弒可也。而左傳則云：「許悼公瘧。五月戊辰，飲太子止之藥卒。太子奔晉。」又云：「舍藥物可也。」杜註：「藥物有毒，當由醫，非凡人所知。」責止身爲國嗣，國非無醫，而輕果進藥，如此則無論誤與故，皆不得辭乎弒。夫醫不三世，不服其藥。君父有疾，其慎重宜何如者？以晉國之大，猶求醫和、醫緩于秦。許止身爲儲嗣，年尚幼小，國事所當與知，非素習方書、精通藥劑者，而不延醫診視，率意自爲，是以君父爲嘗試也。雖果嘗藥，何益于事。固有平人服之無恙，而投劑失宜，遂致立斃者，亦不得以其嘗藥，遂可求解于弒君之罪。是則左氏所云已顯然爲弒君立案，而謂止非弒君其可乎！彙纂又解之曰：「止之非弒，有可屬辭比事而知之者，楚商臣、蔡般皆立乎其位，而止則弗立乎其位。」左傳明言太子奔晉，夫國人以弒赴于諸侯，必其爲國人不容而逃竄求免，未幾病死，不得以弗立乎其位而明其非弒也。又謂許與陳、蔡皆密邇於楚，楚虔能假討賊之名以滅陳、蔡，何獨釋許不問？夫楚之滅陳、蔡，不過欲利其土地耳，豈真爲討賊哉！而許素屬楚，其地亦無足貪，故遂置而不問，不得以蠻夷之舉動定人之罪狀虚實。至冬而葬，止已出奔，罪人已得，國人以禮葬舊君，魯遣使往會，其弒逆之跡已昭然暴白于天下，更不宜以書葬爲赦止之罪。歐陽子謂既以大逆加人，又輒赦之，則自侮其法而人不畏，春秋之用法不若是也。至穀梁之説尤爲誣妄，哭泣歠飦粥，嗌不容粒，未踰年而死，則是止爲孝子也。在有司折獄固當矜疑，而聖人作經遽加以大逆之罪，與操刃而殺其父者同科，此殘刻之吏周興、來俊臣之所不爲，而謂聖人爲之乎！若懼後世有假託者，而借一止以立教，則是聖人加誅于無罪之人也。殺一不辜而得天下不爲，誅一無罪以垂教萬世，聖人用心不如是之迂且曲也。趙氏木訥謂歐陽子固嘗攻之，吾願鳴鼓而先登。然歐陽止謂宜信經棄傳，愚謂卽據左傳而其罪狀已顯然。謹標出之，以告後世之善讀左氏者。

乾隆十一年三月下浣一日復初氏識。

孔子請討陳恆論

案左氏續經傳：「哀十四年，齊陳恆弑其君壬于舒州。孔子齊三日，而請伐齊。公曰：『魯爲齊弱久矣，子之伐之，將若之何？』對曰：『陳恆弑其君，民之不予者半。以魯之衆加齊之半，可克也。』」嗟乎！此誠知己知彼，乘機赴會，足徵大聖人經濟不外尋常理勢之中。而子程子顧絀之，謂如是是以力，不以義。孔子之所以勝齊者，特其餘事耳，豈計魯人之衆寡。嗚呼！先生此言殆失之矣。夫興師討罪，兵凶戰危，必計出萬全而後可舉事。若不計其力之不能，則如王玄謨之伐魏，韓侂胄之伐金，〔一〕何嘗不名正言順，而卒喪師辱國，蹙地千里。若謂名其爲賊，無憂不服，則如漢翟義之討莽，唐徐敬業之討武氏，海内翕然稱義舉，終于家族誅夷，身首異處。又其甚者，董承、伏完之于曹氏，毒流帝后，漢祚旋移，是皆無益于事而禍敗隨之。是以君子必審計利害，而不忍輕以民命爲嘗試也。且其言曰上告天子，下告方伯，此尤迂緩不識時務之論。夫陳氏之愚其民久矣，獨當驟弑簡公，人心惶駭，齊之義士尚有挾公憤而思食其肉者，簡公之人尚有念故君而欲報其仇者，故其道可急取，不可緩圖，宜獨斷，不宜牽制。必若告于天子方伯，無論周天子守府，而當日之方伯則晉也，且聽命于韓、趙、魏，與陳氏脣齒耳，告之萬萬無益。而周、晉去魯俱二千餘里，往返動羈時日，徒令陳氏得以其閒收合人心，誅鋤異己，雖復討之，勢必不克。且程子之謂告之者，豈謂其真能命將興討罪之師乎？抑明知其不可而姑告之以爲名乎？不知其不可，是愚也；明知其不可而姑告之，是僞也，曾謂大聖人而出此。然則孔子之志宜奈何？曰：魯之兵權在三子，而三子之兵權在家臣，觀陽貨、弗擾且能以其衆畔，而冉求、季路獨不可出其兵以仗義討賊乎！孔子能使由、求墮費墮郈，而三子靡然聽從，豈孔子當日奉魯君之命，命家臣出其卒，而三子敢或梗令乎！誠得哀公一言，聽許委夫子以兵權，空魯國之甲，使家臣將之，此時子路雖仕衛，而冉有自在也，加以樊遲、有若皆勇鋭之士，移檄遠近，聲罪致討，吾知四鄰諸侯必有聞風響應，而齊之甲士且倒戈來迎，縱不能梟陳恆之首，亦當誅當日之推刃于齊君者，而更定齊嗣。如此則國威可振，周道可興，夫豈空言而不可見諸實事者哉！宋之儒者以力爲諱，而但執正誼不謀利之説，謂事第當揆于義，不論其力之能不能，如此則書所謂「同力度德」、孔子「好謀而成」非矣。孔明之成敗利鈍，非所逆睹，蓋謂其謀出萬全，至事之萬有一失，則聽之天耳，夫豈僥倖以嘗試者哉！余向惡夫世之詆訾宋儒者，至先生此論，心竊疑其有未然，故備論之。

黄楚望氏曰：「陳恆之事，魯若任孔子，亦不得不用魯衆加齊半之説。蓋聖人德義雖孚于人，然亦須臨事而懼，好謀而成，豈得全然不論兵力，故當斟酌事情與彊弱之勢以告君也。」

附先師高紫超先生公羊賊不討不書葬論

公羊内賊不討不書葬，外仇不復言葬，義之精者也。然考經所書則不盡然，經固有内賊未討而亦書葬者，若蔡景、許悼之書葬，則于所謂内賊未討不書葬者，其説未信矣。然則或葬或不葬者謂何？曰：禮成而葬者書葬，委屍而藁葬者不書葬。蓋凡所謂葬者，非徒掩之于土已也，將必有子孫之踊從焉，公卿之備位焉，鄰國之賵奠焉。凡賊既討者，必重更棺斂，告于鄰封，成禮而葬。蓋元凶既去，而忠臣孝子得以自盡其心也，如是而安得不書葬。若賊未討者，往往弑逆之賊猶擅國柄，懟其君父，藁葬路隅，若欒書以車一乘葬厲公于東門之外，鄰封不與知，公卿不備位，則是不成乎葬也，如是而安得書葬。更有逆子推刃其父，欲自掩其弑逆之迹，而反告于鄰封，隆禮以葬，四鄰諸侯亦皆遣使以供其事，則是實行葬禮矣，如是而又安得不書葬。然則凡討賊者必成禮而葬，則經亦書葬，非以討賊之故而始書葬也。凡賊未討者多委棺暴屍不成乎葬，則經亦不書葬，非以不討賊之故而不書葬也。更有鬼蜮譸張，假飾以葬，則經亦書葬，又不以不討賊之故而不書葬也。是則或葬或不葬，聖人一皆據實書之耳。然而葬則書葬，足以安既死之魄，而慰枕戈待旦之心。藁葬不書葬，足以彰暴骸之慘，而激同仇泣血之志。僞爲葬者亦書葬，又以明其巧飾之惡，而一時之會葬者，皆當擊其首而碎之也，而聖人之立義固精矣。

校勘記

〔一〕〔韓侂胄之伐金〕「胄」字原誤作「冑」。

春秋左傳兵謀表卷四十六

錫山　顧棟高復初　著
瀋陽受業唐庚保西崑　參

敍

史稱關壯繆好左氏，諷誦略皆上口，而岳忠武尤好左氏春秋，嘗曰用兵在先定謀，欒枝曳柴以敗荆，莫敖采樵以致絞，皆謀定也。二公佐漢、宋中興，而生平經略靡不由於左傳。甚哉！經術之足以戡亂也。余觀春秋二百四十二年，列國交兵，其行軍用師屢矣。春秋以前爲湯、武之仁義，春秋中葉爲桓、文之節制，逮其季年，吴、越用兵則以蠻夷輕生狎死之習，運後世出奇無方之智，而鄭、宋交取師爲戰國長平之阬所自始，世運遷流，豈一朝一夕之故哉！傳文所載，初年仍古法用車，最後毁車崇卒，吴、楚、越則用舟師。其用兵之制曰偏兩、曰卒伍、曰乘廣、曰游闕，其陳法則爲鸛、爲鵝、爲魚麗之陳、爲支離之卒，其兩軍交鋒則曰挑戰、曰致師、曰夾攻、曰横擊、曰衷、曰萃、曰覆、曰要，其假物立威曰蒙虎、曰燧象。大抵世愈降則戰愈力，而謀亦益奇。綜其大要爲類十有二，臚而列之，俾知儒者胸中當具有武事，匪徒侈文雅章句之業而已。輯春秋左傳兵謀表卷第四十六。

春秋左傳兵謀表

息民訓卒	僖二十四年，晉侯入國。	晉侯始入而教其民，二年欲用之。子犯曰：「民未知義，未安其居」。于是乎出定
知彼知己	僖二十八年城濮之戰。	楚子使申叔去穀，使子玉去宋，曰：「無從晉師。晉侯在外十九年矣而果得晉國。
設守要害	文十三年晉守桃林。	晉侯使詹嘉處瑕，以守桃林之塞。杜注：「以備秦。」 襄二年
亟肄疲敵	襄九年盟戲之役。	知武子曰：「許之盟而還師以敝楚人。吾三分四軍，與諸侯之銳以逆來者，於我未病，楚不
持重不戰	莊二十八年荆伐鄭。	子元以車六百乘伐鄭，入自純門，及逵市。縣門不發，楚言而出。子元曰：「鄭有人
毀軍設覆	隱九年鄭伯敗戎師。	公子突曰：「使勇而無剛者嘗寇，而速去之。君爲三覆以待之。戎輕而不整，貪而無
先聲奪人	文七年令狐之戰。	趙盾曰：「我若受秦，秦則賓也。不受，寇也。既不受矣，而復緩師，秦將生心。先人有奪人
先入致死	隱十一年鄭伯入許。	潁考叔取鄭伯之旗蝥弧以先登，子都自下射之，顛。瑕叔盈又以蝥弧登，周麾而呼曰
攻瑕必克	桓五年鄭伯敗王師。	子元曰：「陳亂，民莫有鬭心。若先犯之，必奔。王卒顧之，必亂。蔡、衛不枝，固
亂敵耳目	昭元年太原之役。	魏舒曰：「彼徒我車，所遇又阨，以什共車，必克。困諸阨，又克。請皆卒，自我始。」乃毀
乘其不備	隱五年鄭敗燕師。	衛人以燕師伐鄭，鄭祭足、原繁、洩駕以三軍軍其前，使曼伯與子元潛軍軍其後。燕人畏鄭
要其歸路	僖三十三年殽之役。	孟明帥師襲鄭，蹇叔之子與師，哭而送之曰：「晉人禦師必于殽。」孟明滅滑而還。先軫

襄王，入務利民，民懷生矣，將用之。子犯曰：「民未知信，未宣其用。」於是乎伐原以示之信。民易資者明徵其辭。子犯曰：「民未知禮，未生其共。」於是乎大蒐以示之禮，作執秩以正其官，民聽不惑而後
險阻艱難，備嘗之矣；民之情偽盡知之矣，天假之年，而除其害。天之所置，其可廢乎！」 宣十二年邲之戰。 隨武子曰「楚君伐鄭，怒其貳而哀其卑，叛而伐之，服
齊城東陽。 齊人使諸姜宗婦來送葬，召萊子，萊子不至，故晏弱城東陽以偪之。六年四月，晏弱城東陽而遂圍萊。甲寅，堙之，傅于堞。十二月丁未滅萊。 襄二年諸侯城
能矣，猶愈於戰，暴骨以逞。」 昭三十年伍員謀楚。 對吳子曰「楚執政衆而乖，莫適任患。若爲三師以肄焉，一師至彼必皆出。彼出則歸，彼歸則出，亟肄以罷之
焉。」諸侯救鄭，楚師夜遁。 僖四年召陵之盟。 屈完對齊侯曰：「君若以德綏諸侯，誰敢不服。君若以力，楚國方城以爲城，漢水以爲池，雖衆無所用之。」屈完及諸侯盟。
親，先者見獲必務進，進而遇覆必速奔，後者不救則無繼矣。」從之。戎人之前遇覆者奔。祝聃逐之。衷戎師，前後擊之，盡殪。戎師大奔。 桓六年楚武王侵隨。 鬬伯比言
心，軍之善謀也。」訓卒利兵，秣馬蓐食，潛師夜起。戊子，敗秦師于令狐，至於刳首。 宣十二年邲之戰。 孫叔敖曰「寧我薄人，無人薄我。軍志曰：『先人有奪人之心』，薄
「君登矣！」鄭師畢登。壬午，遂入許。 文二年彭衙之戰。 彭衙既陳，狼瞫以其屬馳秦師，死焉。晉師從之，大敗秦師。 成二年鞌之戰。
將先奔。既而萃于王卒，可以集事。」從之。曼伯爲右拒，祭仲足爲左拒，高渠彌以中軍奉公，戰于繻葛。命二拒曰：「旝動而鼓！」蔡、衛、陳皆奔，王卒亂，鄭師合以攻之，王卒大敗。 桓八年速杞之
車以爲行，五乘爲三伍，爲五陳以相離，兩於前，伍於後，專爲右角，參爲左角，偏爲前拒以誘之。翟人笑之。未陳而薄之，大敗之。 昭十七年長岸之戰。 吳公子光請於其衆
三軍而不虞制人。六月，鄭二公子以制人敗燕師于北制。 桓十三年羅敗楚師。 屈瑕及鄢亂次以濟，遂無次，且不設備。及羅，羅與盧戎兩軍之，大敗之。
發命遂與姜戎。夏四月辛巳，敗秦師于殽，獲百里孟明視、西乞術、白乙丙以歸。 襄三年鳩茲之役。 子重伐吳，爲簡之師。克鳩茲，至于衛山。使鄧廖帥組甲三百、被練三千

用之。出穀戍，釋宋圍，一戰而霸。文二年孟明修政。孟明增修國政，重施于民。趙成子言於諸大夫曰：「秦師又至，將必避之，懼而增德，不可當也。」宣十二

而舍之，德刑成矣。德立刑行，政成事時，典從禮順，若之何敵之？」宣十二年邲之戰。伍參言于王曰：「晉之從政者新，未能行令。其佐先穀剛愎不仁，未肯用命。其三帥

虎牢。秋，會于戚。孟獻子曰：「請城虎牢以偪鄭。」知武子曰：「善。」冬，復會于戚，遂城虎牢，鄭人乃成。襄十年戍鄭虎牢。諸侯之師城虎牢而戍之。晉師城梧及

多方以誤之，既罷而後以三軍繼之，必大克之。」從之，楚于是乎始病。昭三十一年吳侵潛、六，圍弦。吳人侵楚伐夷，侵潛、六。楚沈尹戌帥師救潛，吳師還。吳師圍

文三年王官之役。秦伯伐晉濟河焚舟，取王官，及郊。晉人不出遂自茅津濟，封殽尸而還。文十二年河曲之戰。臾駢曰：「秦不能久，請深壘固軍以

于楚子曰「我張吾三軍而被吾甲兵，彼則懼而協以謀我，漢東之國隨爲大，隨張必棄小國，小國離，楚之利也。少師侈，請羸師以張之。」王毀軍而納少師。桓九年楚敗鄧師。

之也。」遂疾進師，車馳卒奔乘晉軍。宣十五年宋及楚平。楚師將去宋，申犀稽首于王之馬前，曰：「毋畏知死而不敢廢王命，王棄言焉。」王不能答。申叔時曰「築室反

郤克傷于矢，流血及屨，未絕鼓音，曰：「余病矣！」張侯曰：「擐甲執兵，固即死也，病未及死吾子忍之。」左并轡，右援枹而鼓，馬逸不能止，師從之。齊師敗績。逐之，三周華不注。襄十年

戰。季梁曰：「楚人上左，君必左，無與王遇。且攻其右，右無良焉必敗。偏敗，衆乃攜矣。」弗從。戰于速杞，隨師敗績。桓十一年蒲騷之役。鄖人軍于蒲騷，將與隨、絞、

曰：「喪先王之乘舟，豈惟光之罪衆亦有焉。請藉取之以救死。」衆許之。乃使長鬣者三人潛伏于舟側，曰：「我呼餘皇，則對。師夜從之。」三呼，皆迭對。楚人從而殺之。楚師亂，吳人大敗之，復取餘皇

莊十四年，〔二〕楚滅息。楚子如息以食入享，遂滅息，以息嬀歸。僖五年晉滅虞。晉滅虢，師還，館于虞，遂襲虞，滅之。僖二十

以侵吳，吳人要而擊之，獲鄧廖。襄十四年皋舟之役。子囊師于棠，以伐吳，吳不出而還。子囊以吳爲不能而弗儆。吳人自皋舟之隘要而擊之，獲楚公子宜穀。

年邲之戰。欒武子曰「楚自克庸以來，其君無日不討國人而訓之，于民生之不易禍至之無日，戒懼之不可以怠。在軍無日不討軍實而申儆之，于勝之不可保紂之百克而卒無後。訓之

者專行不獲，聽而無上，衆誰適從。此行也，晉師必敗。」宣十五年，宋告急于晉。晉侯欲救之，伯宗曰「不可。天方授楚，未可與爭。雖晉之强，能違天乎！諺曰

制，士魴、魏絳戍之。襄十八年平陰之役。齊侯禦諸平陰，塹防門而守之，廣里。夙沙衛曰「不能戰，莫如守險。」昭五年，〔二〕楚城鍾離、巢、

弦。左司馬戌右司馬稽帥師救弦，及豫章，吳師還。始用子胥之謀也。

待之。」從之。士會曰「臾駢必實爲此謀，將以老我師也。」成九年鄭人立君。鄭伯如晉，晉人討其貳於楚也執諸銅鞮。欒書伐鄭，鄭公孫申曰「我出師以圍許爲將改

楚使鬬廉帥師及巴師圍鄾，鄧養甥、聃甥帥師救鄾。三逐巴師，不克。鬬廉衡陳其師于巴師之中以戰而北。鄧人逐之，背巴師而夾攻之。鄧師大敗，鄾人宵潰。桓十二年伐絞

耕者，宋必聽命。」宋從之。宋人懼，乃及楚平。成二年陽橋之役。子重曰：「君弱，羣臣不如先大夫，師衆而後可。」乃大户，已責，逮鰥，救乏，赦罪。悉師王卒盡行。彭名御戎，

偪陽之役。主人縣布堇父登之，及堞而絶之。隊，則又縣之。蘇而復上者三，主人辭焉，乃退。帶其斷以徇于軍三日。昭十七年長岸之戰。司馬子魚以其屬先死，楚師

州、蔞伐楚師。莫敖患之，鬬廉曰：「鄖人軍其郊，必不誡。且日虞四邑之至也。君次于郊郢，以禦四邑，我以鋭師宵加于鄖。鄖有虞心而恃其城莫有鬬志。若敗鄖師，四邑必離。」從之。遂敗鄖師于

以歸。定十四年檇李之役。〔三〕句踐患吳之整也，使死士再禽焉，不動。使罪人三行屬劍于頸，而辭曰：「二君有命，臣奸旗鼓，不敏于君之行前，不敢逃刑，敢歸死。」

二年泓之戰。宋公及楚人戰于泓，宋人既成列，楚人未既濟。司馬曰「彼衆我寡，乃其未既濟也，請擊之。」公曰「不可。」既濟而未成列，又以告。公曰：「未可。」既陳而後擊之，宋師

襄二十三年，〔四〕齊伐晉。齊侯伐晉取朝歌。爲二隊，入孟門，登太行，張武軍於熒庭，戍郫邵，封少水，乃還。趙勝帥東陽之師以追之，獲晏氂。昭十三年乾谿

以若敖、蚡冒，蓽路藍縷，以啓山林。」
襄九年晉侯息民。
晉侯歸，謀所以息民。魏絳請施舍，輸積聚以貸。自公以下，苟有積者，盡出之。國無滯積，亦無困人。公無禁利，亦

國君含垢，天之道也。君其待之。」
成十六年鄢陵之戰。
郤至曰：「楚有六閒不可失也。其二卿相惡；王卒以舊；鄭陳而不整；蠻軍而不陳；陳不違晦；在陳而囂，合而加囂

州來。冬，吳伐楚，入棘、櫟、麻，以報舟師之役。楚沈尹射奔命於夏汭，箴尹宜咎城鍾離，薳啟彊城巢，然丹城州來。
昭二十六年，晉守闕塞。
晉知躒、趙鞅帥師

立君者而紓晉使，晉必歸君。」晉欒武子曰：「鄭人立君，我執一人焉，何益？不如伐鄭而歸其君，以求成焉。」十年五月辛巳，鄭伯歸。
成十六年鄢陵之戰。
欒書曰：「楚師輕

之役。楚伐絞，軍其南門。屈瑕曰：「絞小而輕，輕則寡謀，請無扞采樵者以誘之。」從之。絞人獲三十人。明日，絞人爭出，驅楚役徒於山中。楚人坐其北門，而覆諸山下，大敗之。
僖二十

蔡景公爲左，許靈公爲右。二君弱，皆强冠之。于是乎諸侯畏晉，而竊與楚盟。是行也，晉辟楚，畏其衆也。
成六年繞角之役。
析公曰：「楚師輕窕，易震蕩也。若多鼓鈞聲

繼之，大敗吳師，獲其乘舟餘皇。
昭二十一年新里之戰。
齊烏枝鳴曰：「用少莫如齊致死，齊致死莫如去備。彼多兵矣，請皆用劍。」從之。華氏北，復即之。廚人濮以裳

蒲騷。
莊十年乘丘之戰。
齊師宋師次于郎。公子偃曰：「宋師不整，可敗也。宋敗，齊必還。」公弗許。自雩門竊出，蒙皐比而先犯之。公從之。大敗宋師于乘丘。齊師乃

遂自到也。師屬之目，越子因而伐之，大敗之。
哀十七年笠澤之役。
越子伐吳，吳子禦諸笠澤，夾水而陳。越子爲左右句卒，使夜或左或右，鼓譟而進。吳師分以禦之。越子

敗績。
僖三十三年泜之役。
晉陽處父侵蔡，楚子上救之，與晉師夾泜而軍。陽子使謂子上曰：「子若欲戰，則吾退舍，子濟而陳，遲速惟命。不然，紓我。老師費財，亦無益也。」

之弑。楚師還自徐，吳人敗諸豫章，獲其五帥。
昭二十三年離姑之役。
邾人城翼，還自離姑。武城人塞其前，斷其後之木而弗殊，邾師過之，乃推而蹷之，遂取邾

無貪民。行之期年國乃有節。三駕而楚不能與爭。

襄二十四年荒浦之役。吳人爲楚舟師之役故召舒鳩人，舒鳩人叛楚。楚子師于荒浦，使沈尹壽與師祁犁讓之。舒

各顧其後，莫有鬭心。舊不必良，以犯天忌。我必克之。」

襄九年秦乞師于楚。楚子許之。子囊曰「不可。當今吾不能與晉爭。晉君類能而使之，舉不失選，官不

師納王，使女寬守闕塞。杜注「備子朝。」

竄，固壘而待之，三日必退，退而擊之，必獲勝焉。」

襄十八年純門之師。鄭子孔欲去諸大夫，將叛晉而起楚師以去之。楚子庚治兵于汾。于是諸卿從鄭伯伐齊。子孔、子展、子

八年城濮之戰。狐毛設二旆而退之，欒枝使與曳柴而僞遁，楚師馳之。原軫、郤溱以中軍公族橫擊之。狐毛、狐偃以上軍夾攻子西，楚左師潰。楚師敗績。

宣十二年邲之

以夜軍之，楚師必遁。」從之，楚師宵潰，獲申驪而還。

成十六年鄢陵之役。苗賁皇徇曰「蒐乘補卒，秣馬利兵，脩乘固列，蓐食申禱，明日復戰。」乃逸楚囚。王聞

褭首，而荷以走，曰「得華登矣！」遂敗華氏于新里。

定四年柏舉之戰。夫概王請于闔廬曰「楚瓦不仁，其臣莫有死志。先伐之，其卒必奔，而後大師繼之，必克。」弗許。夫概

還。

文十六年滅庸之役。庸人帥羣蠻以叛楚，麇人帥百濮聚于選，將伐楚。楚人謀徙于阪高。蔿賈曰「我往，寇亦能往，不如伐庸。夫麇與百濮謂我飢不能師，故伐我也。若我出

以三軍潛涉，當吳中軍而鼓之，吳師大亂，遂敗之。

乃駕以待。子上欲涉，大孫伯曰「晉人無信，半涉而薄我，悔敗何及？不如紓之。」

文十七年郔垂之役。周甘歜敗戎于郔垂，乘其飲酒也。

成十六年鄭敗

師。

定四年柏舉之戰。吳子伐楚，舍舟淮汭，自豫章與楚夾漢。左司馬戌謂子常曰「子沿漢而與之上下，我悉方城外以毀其舟，還塞大隧、直轅、冥阨。子濟漢而伐之，我

鳩子敬逆二子，而告無之且請受盟。二子復命，王欲伐之。薳子曰：「彼告不叛且請受盟，而又伐之，伐無罪也。姑歸息民以待其卒。卒而不貳，吾又何求？若猶叛我，無辭有庸。」乃還。

易方，君明臣忠上讓下競。當是時也，晉不可敵，事之而後可。」

襄十八年純門之師。

鄭子孔欲去諸大夫將叛晉而起楚師以去之。楚子使告子庚，子庚稽首而對曰：「諸侯方睦於

西守。二子知子孔之謀，完守人保。子孔不敢會楚師。楚師多凍，役徒幾盡。

襄二十六年南里之役。

楚子伐鄭，鄭人將禦之。子産曰：「晉楚將平，諸侯將和，楚王是

戰。士季使鞏朔、韓穿帥七覆于敖前故上軍不敗。楚子使潘黨率游闕四十乘，從唐侯以爲左拒，以從上軍。駒伯曰：「待諸乎？」隨季曰：「楚師方壯，若萃于我吾師必盡。不如收而去之。」殿其卒而

之，乃宵遁。

襄元年彭城之役。

雍子發命于軍曰：「歸老幼，反孤疾，二人役歸一人，簡兵蒐乘，秣馬蓐食，師陳焚次，明日將戰。」行歸者而逸楚囚，楚師宵潰。晉降彭城而歸

王曰：「所謂臣義而行不待命者，其此之謂也。今日我死，楚可入也。」以其屬五千先擊子常之卒。子常之卒奔，楚師亂，吳師大敗之。

定九年夷儀之役。

齊侯伐晉夷儀。敝

師，必懼而歸。百濮離居各走其邑，誰暇謀人？」乃出師。旬有五日，百濮乃罷。使廬戢黎侵庸，七與之遇，以驕之。庸人曰：「楚不足與戰矣。」遂不設備。楚子遂滅庸。

昭二十三年雞

宋師。

鄭子罕伐宋，宋將鉏樂懼敗諸汋陂。退，舍于夫渠，不儆。鄭人覆之，敗諸汋陵，獲將鉏、樂懼。

襄二十五年巢之役。

吳子諸樊伐楚，門于巢。巢牛臣曰：

自後擊之，必大敗之。」

昭十四年，楚子息民。

楚子使然丹簡上國之兵於宗丘，且撫其民。使屈罷簡東國之兵於召陵，亦如之。好于邊疆，息民五年而後用師，禮也。

哀五年伍員料

晉，臣請嘗之。若可，君而繼之。不可，收師而退，可以無害，君亦無辱。」

昭十六年吳滅州來。

令尹子旗請伐吳，王弗許，曰：「吾未撫民人，未事鬼神，未脩

故昧于一來。不如使遲而歸，乃易成也。」子展說，不禦寇。十二月乙酉，入南里，墮其城。涉于樂氏，門于師之梁。縣門發，獲九人焉。涉于汜而歸。

襄二十七年宋之盟。

退，不敗。

襄十三年庸浦之戰。

吳侵楚，養由基奔命，子庚以師繼之。養叔曰：「吳乘我喪，謂我不能師也，必易我而不戒。子爲三覆以待我，我請誘之。」子庚從之。戰丁庸浦，大

諸宋。

襄九年盟戲之役。

甲戌，師于汜，令於諸侯曰「脩器備，盛餱糧，歸老幼，居疾于虎牢，肆眚，圍鄭。」鄭人恐，乃行成。

襄十八年平陰之役。

無存先登，求自門出，死于霤下。東郭書讓登，犂彌從之，曰：「子讓而左，我讓而右，使登者絕而後下。」書左，彌先下。既克城，齊侯賞犂彌，犂彌辭，曰：「有先登者，臣從之。」賞東郭書，辭，曰：

父之戰。

吳伐州來，楚薳越帥師及諸侯之師奔命救州來。子瑕卒。吳公子光曰：「諸侯從於楚者衆，而皆小國也，畏楚而不獲已，是以來。胡、沈之君幼而狂，陳大夫齧壯而頑，頓與

「吳王勇而輕，若啟之，將親門。我獲射之，必殪。」從之。吳子門焉，牛臣隱於短牆以射之，卒。

昭五年鵲岸之役。

楚子以諸侯伐吳，薳射以繁揚之師會于夏汭。越大夫常

越。吳王夫差敗越于夫椒，越子使大夫種因吳太宰嚭以行成。伍員曰「不可。句踐能親而務施，施不失人，親不棄勞，與我同壤而世爲仇讎，克而弗取將又存之，後悔無及。」弗聽。退而告人曰

守備，未定國家而用民力，敗不可悔，子姑待之。」

定四年陳料吳楚。

吳入楚，使召陳懷公。懷公朝國人而問焉。逢滑曰「吳未有福，楚未有禍。楚未可棄，吳未可從。而

晉、楚各處其偏。伯夙謂趙孟曰「楚氛甚惡，懼難。」趙孟曰「吾左還入于宋，若我何？」辛巳將盟于宋西門之外，楚人衷甲。趙孟患之以告叔向。叔向曰：「匹夫一爲不信，猶不可。若合諸侯之卿，以

敗吳師。

襄二十五年舒鳩之役。

楚令尹子木伐舒鳩，吳人救之，子木遽以右師先，子彊、息桓、子捷、子駢、子孟帥左師以退。吳人居其間七日。子彊曰：「久將墊隘，隘乃

齊侯登巫山以望晉師，晉人使司馬斥山澤之險，雖所不至必旆而疏陳之。使乘車者左實右僞以旆先，輿曳柴而從之。齊侯見之，畏其衆也，乃夜遁。

昭十三年盟于平丘。

「彼，賓旅也。」乃賞犂彌。得敝無存尸三襚之。

許蔡疾楚政。七國同役而不同心，帥賤而不能整，無大威命，楚可敗也。若先犯胡沈與陳，必先奔。三國敗，諸侯之師乃搖心矣。諸侯乖亂，楚必大奔。」從之。戰于雞父。以罪人三千先犯胡沈與陳，

壽過帥師會楚子于瑣。聞吳師出，薳啟彊帥師從之，遽不設備，吳人敗諸鵲岸。

昭五年蚡泉之役。

莒牟夷以牟婁及防茲來奔。莒人來討不設備。叔弓敗諸蚡泉，莒未陳也。

「越十年
生聚，十
年教訓，
二十年之
後，吳其
爲沼乎！」

晉，盟主
也，若以
晉辭吳，
若何？」公
曰：「國勝
君亡，非
禍而何？」
對曰：「楚
雖無德，
亦不艾殺
其民。吳
日敝於兵
暴骨如
莽，而未
見德焉。
天其或者
正訓楚
也。禍之
適吳，其
何日之
有？」陳侯
從之。

爲不信，
必不捷
矣。且吾
因宋以守
病，則夫
能致死。
與宋致
死，雖倍
楚可也。」
哀十三
年黃池
之盟。
秋七月辛
丑，盟，吳
晉爭先。吳
趙鞅呼司
馬寅曰：
「日旰矣，
大事未成
二臣之罪
也。建鼓

禽也。不
如速戰。
請以其私
卒誘之，
簡師陳以
待我。不
然，必爲
吳禽。」五
人以其私
卒先擊吳
師，吳師
奔，登山
以望見楚
師不繼，
復逐之，
傳諸其軍
簡師會
之，大敗
吳師，遂
滅舒鳩。
定七年

叔向曰：
「諸侯有
閒矣，不
可以不示
衆。」八月
辛未，治
兵，建而
不旆。壬
申，復旆
之。諸侯
畏之。晉
侯不見公
子服惠伯
對云云，
叔向曰：
「寡君有
甲車四千
乘在，雖
以無道行
之，必可
畏也。況
其率道，

三國亂，
吳師擊之
獲胡、沈
之君及陳
大夫。舍
胡、沈之
囚使奔
許與蔡、
頓，曰：
「吾君死
矣！」師譟
而從之，
三國奔，
楚師大
奔。

昭十二
年，晉
滅肥。
晉荀吳僞
會齊師者
假道于
鮮虞，遂
入昔陽。
秋八月壬
午，滅肥。
昭十三
年中人
之役。
鮮虞人聞
晉師之悉
起也，而
不警邊且
不設備。
晉荀吳自

定十三年垂葭之役。

齊侯、衛侯次于垂葭，使師伐晉，將濟河，邴意茲曰：「銳師伐河內，傳必數日而後及絳。絳不三月不能出河，則我既濟水矣。」乃伐河內。

哀元年

整列，二臣死之，長幼必可知也。」對曰：「請姑視之。」反曰：「肉食者無墨，今吳王有墨，國勝乎？太子死乎？且夷德輕，不忍久，請少待之。」

齊國夏伐我。

陽虎御季桓子，公斂處父御孟懿子，將宵軍齊師。齊師聞之，墮伏而待之。處父曰：「虎不圖禍，而必死。」苫夷曰：「虎陷二子於難。不待有司，余必殺女。」虎懼，乃還，

其何敵之有？」魯人懼，聽命。

甲戌同盟于平丘。

昭二十一年鴻口之役。

華登以吳師救華氏。齊烏枝鳴戍宋。廚人濮曰：「先人有奪人之心，後人有待其衰。盍及

著雍以上軍侵鮮虞，及中人，驅衝競，大獲而歸。

昭十七年晉滅陸渾。

晉侯使屠蒯如周請有事於雒與三塗。萇弘曰：「客容猛，非祭也，其伐戎乎！君其備之。」九

吳師在陳。

楚大夫皆懼。子西曰：「二三子恤不相睦，無患吳矣。昔闔廬食不二味，居不重席，室不崇壇，勤恤其民而與之勞逸，是以民不罷勞。吾先大夫子常易之，所以敗我也。今聞夫

不敗。

附：設閒用諜

隱元年鄭伯克段。

太叔完聚，繕甲兵，具卒乘，將襲鄭。夫人將啟之。公聞其期，曰：「可矣。」命子封帥車二百乘以伐京。

其勢且未定也。伐諸！若入而固，則華氏衆矣，悔無及也。」從之。丙寅，齊師、宋師敗吳師于鴻口。

哀四年楚滅戎蠻。

蠻子赤奔晉陰地。楚司馬起豐、析與狄戎，以臨上雒。左師軍于

月丁卯，晉荀吳帥師涉自棘津，使祭史先用牲于雒。陸渾弗知，師從之。庚午，遂滅陸渾。

昭十八年，邾人鄅。

鄅人藉稻，邾人襲鄅。鄅人將閉門，邾人羊羅攝其首焉，遂

差珍異是聚，觀樂是務，視民如讐，而用之日新。夫先自敗也已，焉能敗我。」

哀十四年陳恆弒君。

孔子三日齊而請伐齊。公曰「魯爲齊弱久矣，子之伐之將者之

莊二十八年荆伐鄭。

子元以車六百乘伐鄭，入自純門及逵市，諸侯救鄭。楚師夜遁。鄭人將奔桐丘，諜告曰：「楚幕有烏。」乃止。

僖二十五年衞滅邢。

蒐和，右師軍于倉野，使謂陰地之命大夫曰：「晉、楚有盟，善惡同之。不然，將通于少習以聽命。」趙孟曰：「晉國未寧，安能惡於楚？必速與之。」遂執戎蠻子與其五大夫，以畀楚師于三户。

入之，盡俘以歸。

昭二十二年晉滅鼓。

六月，荀吳略東陽，使師僞糴者負甲以息于昔陽之門外，遂襲鼓，滅之。

昭二十四年舟師之役。

何？」對曰「陳恆弒其君，民之不與者半，以魯之衆加齊之半，可克也。」

衛人將伐邢，禮至曰：「不得其守國不可得也。我請昆弟仕焉。」乃往，得仕。春，伐邢，二禮從國子巡城，掖以赴外，殺之。正月丙午，滅邢。

僖二十五年，秦、晉

楚子爲舟師以略吳疆。越大夫胥犴勞王于豫章之汭，王及圉陽而還。吳人踵楚而邊人不備，遂滅巢及鍾離。

定四年吳從楚師。

及清發，夫概王曰「困獸猶鬭，況人乎？若知伐鄀。
楚鬭克、
屈禦寇以
申息之師
戍商密。
秦人過析
隈，入而
係輿人以
圍商密，
昏而傅
焉。宵，坎
血加書，
僞與子儀
子邊盟
者。商密
人懼曰：
「秦取析
矣，戍人
反矣。」乃
降秦師。
昭十三

不免而致
死，必敗
我。若使
先濟者知
免，後者
慕之，蔑
有鬭心
矣。半濟
而後可
擊也。」從
之，又敗
之。
哀二年
吳 遷
蔡。
吳洩庸如
蔡，而遂
納師。師
畢入，衆
知之。蔡
侯告大夫

年楚弒靈王。

觀從以蔡公之命召子干、子晳，及郊而告之情，强與之盟，入襲蔡。蔡公將食，見之而逃。觀從使子干食，坎用牲，加書，而速行。已徇於蔡曰：「蔡公召二子，將

殺公子駟以說。哭而遷墓。冬，蔡遷于州來。

哀四年楚襲梁、霍。

楚人將謀北方，致蔡於負函，[五]致方城之外於繒關，曰：「吳將泝江入郢，將奔命焉。」爲一昔之期，襲梁及霍，圍蠻

納之與之盟而遣之矣，將師而從之。」衆奉蔡公，帥陳、蔡、不羹、許、葉之師以入楚。

哀十六年白公之亂。

楚太子建適鄭，又適晉，與晉人謀襲鄭，乃求復焉。鄭人復之如

氏，蠻氏潰。

初。晉人使諜于子木，請行而期焉。子木暴虐于其私邑，邑人訴之。鄭人省之得晉諜焉。遂殺子木。

校勘記

〔一〕〔莊十四年〕原誤作「莊四年」。據左傳，楚滅息在莊公十四年，今改正。

〔二〕〔昭五年〕楚城鍾離、巢、州來在昭公四年，此云「五年」，誤記。

〔三〕〔定十四年檇李之役〕「十四年」原誤作「四年」，據左傳改。

〔四〕〔襄二十三年〕「二十三年」原誤作「二十二年」，據左傳校改。

〔五〕〔致蔡於負函〕「蔡」字原誤作「祭」，據左傳哀公四年文改。

春秋左傳引據詩書易三經表卷四十七

錫山顧棟高復初 輯
金匱俞魯瞻岱巖 參

敘

昔孔子假年學易，於子夏、子貢許其可與言詩，明他弟子不能與也。太史公謂孟子長于詩、書，而孟子曰：「說詩者不以文害辭，不以辭害志。以意逆志，是爲得之。」又曰：「吾于武成，取二三策。」孔、孟之訓人讀書如此。蓋聖賢以經垂教，凡學者脩己治人之術，胥于此焉在。夫豈拘牽文義，膠泥詁訓，同固哉叟之見哉！自漢儒各守師說，專門名家，于是有同一經而黨枯護朽，此是彼非，蘄說經而經愈晦。余觀左氏所載賦詩凡二十五，引書據義二十二，言易十有七。善哉乎，鄭夾漈之言之也，曰：「吾于敬仲之筮得互體之說焉，于畢萬之筮得變卦之說焉，於穆姜之筮得動以靜爲主之說焉，于南蒯之筮得不占險之說焉，于秦伯之筮得繫辭之異于今文者之說焉。」豈惟易哉，凡詩與書靡不然也。洪範「沈潛剛克，高明柔克」，而傳謂之商書，明箕子有不臣周之義。巧言之卒章怒孫文子，識河流變遷之始。于褰裳、蔓草、有女同車與蘀兮贈答韓宣子，知毛、鄭之說之有所自，而朱子概斥爲淫奔有未安。嗚呼！當時經學昌明，君卿大夫澤躬爾雅，謹守矩矱，一舉動必有占，一酬答必有賦，故賦吉日而具田備，賦匏有苦葉而具舟，而歌相鼠而不知，誦蓼蕭而弗答，卽知其有敗亡之禍。微特士大夫也，穆姜以一淫婦人而占易而知簠史之非，賦詩而拜大夫之辱，豈非先王詩、書、象數之教浸漬于人心者久，故通行于天下而無閒哉！後世遭秦滅學，漢儒掇拾于煨燼之餘，或經口授，故者南北之説經各異，于是詩有齊、魯、韓、毛，書有古、今文，易有連山、歸藏、周易，而春秋之經學亡矣。輯左氏引據詩書易三經表第四十七。

春秋左傳引據詩書易三經表

易

莊二十二年，陳敬仲奔齊傳。	閔元年，晉滅耿、滅霍、滅魏傳。	閔二年，成季以僖公適邾傳。	僖十五年，晉、秦戰韓傳。	又戰韓傳。
敬仲之少也，周史有以周易見陳侯者，陳侯使筮之，遇觀之否，曰：「是謂『觀國之光，利用賓于王』。此其代陳有國乎？不在此，其在異國；非此其身，在其子孫。光，遠而自他有耀者也。坤，土也。巽，風也。乾，天也。	畢萬筮仕于晉，遇屯之比。辛廖占之，曰：「吉。屯固、比入，吉孰大焉？其必蕃昌。震爲土，車從馬，足居之，兄長之，母覆之，衆歸之，六體不易，合而能固，安而能殺，公侯之卦也。」	成季之生，桓公使筮之，遇大有之乾，曰：「同復于父，敬如君所。」	卜徒父筮之，吉，其卦遇蠱，曰：「『千乘三去，三去之餘，獲其雄狐。』蠱之貞，風也；其悔，山也。歲云秋矣，我落其實，而取其材，所以克也。」	初，晉獻公筮嫁伯姬于秦，遇歸妹之睽。史蘇占之，曰：「不吉。其繇曰：『士刲羊，亦無衁也；女承筐，亦無貺也。西鄰責言，不可償也。歸妹之睽，猶無相也。』震之離，亦離之震。『爲雷爲火，爲嬴敗姬。車說其輹，火焚其旗，不利行師，敗于宗丘。歸妹

風爲天于土上，山也。山有之材，而照之以天光，於是乎居土上，故曰『觀國之光，利用賓于王』。猶有觀焉，故曰其在後乎！風行而著于土，故曰其在異國乎！若在異國，必姜姓也。姜，太嶽之後也。山嶽則配天。物莫能兩大。陳衰，此其昌乎？」				睽孤，寇張之弧。姪其從姑，六年其逋，逃歸其國，而棄其家，明年其死于高梁之虛。』」
僖二十五年，晉侯勤王傳。子犯筮之，遇大有之睽，曰：「吉。遇『公用亨于天子』之卦。天爲澤以當日，天子降心以逆公，不亦可乎？	宣六年，鄭公子曼滿傳。與王子伯廖語，欲爲卿。伯廖告人曰：「無德而貪，其在周易豐之離，弗過之矣。」	宣十二年，晉、楚戰于邲傳。知莊子曰：「周易有之，在師之臨，曰：『師出以律，否臧。凶。』執事順成爲臧，逆爲否。衆散爲弱，川壅爲澤。	成十六年，晉、楚戰于鄢陵傳。公筮之。史曰：「吉。其卦遇復，曰：『南國蹙，射其元王，中厥目。』國蹙王傷，不敗何待？」	襄九年，穆姜薨東宮傳。始往而筮之，遇艮之八。史曰：「是謂艮之隨。」姜曰：「亡。是于周易曰：『隨，元、亨、利、

大有去睽而復，亦其所也。」

有律以如己也，故曰律。否臧，且律竭也。盈而以竭，夭且不整，所以凶也。不行之謂臨。」

貞，无咎。』元，體之長也；亨，嘉之會也；利，義之和也；貞，事之幹也。有四德者，隨而无咎。我皆無之，豈隨也哉？必死于此，弗得出矣。」

襄二十五年，齊崔杼娶棠姜傳。

筮之，遇困之大過，示陳文子，文子曰：「夫從風，風隕妻，不可娶也。且其繇曰：『困于石，據于蒺藜，入于其宮，不見其妻，凶。』困于石，往不濟也；據于蒺藜，所恃傷也；入于其宮，不見其妻，凶，無所歸也。」

襄二十八年，諸侯如楚傳。

子太叔歸，復命。告子展曰：「楚子將死矣。周易有之，在復之頤，曰『迷復，凶』，其楚子之謂乎！欲復其願，而棄其本，復歸無所，是謂迷復。」

昭元年，晉侯有疾傳。

晉侯求醫于秦，秦伯使醫和視之，曰：「是謂近女室，疾如蠱。」趙孟曰：「何謂蠱？」對曰：「在周易，女惑男、風落山謂之蠱。」

昭四年，叔孫豹卒傳。

穆子之生也，莊叔以周易筮之，遇明夷之謙，以示卜楚丘。曰：「是將行，而歸爲子祀。以讒人入，其名曰牛，卒以餒死。明夷，日也。日之數十，故有十時。明而未融，其當旦乎，故曰『爲子祀』。離，

昭七年，衛立靈公傳。

衛襄公嬖人婤姶生孟縶，已又生子名之曰元。孟縶之足不良。孔成子以周易筮之，曰：「元尚享衛國。」遇屯。又曰：「余尚立縶。」遇屯之比。以示史朝。朝曰：「『元亨』，又何疑焉？」成子曰：「非長之謂乎？」對曰：「康叔名

火也；艮，山也。離爲火，火焚山，山敗。於人爲言，敗言爲讒。純離爲牛，故曰『其名曰牛』。謙不足，飛不翔；垂不峻，翼不廣。故曰『其爲子後乎』。吾子，亞卿也，抑少不終。」

之，可謂長矣。孟非人也，將不列于宗，不可謂長。且其繇曰：『利建侯。』嗣吉，何建？建非嗣也。二卦皆云，子其建之！」

昭十二年，南蒯畔季氏傳。

南蒯枚筮之，遇坤之比，曰「黃裳元吉」，以爲大吉也。示子服惠伯，曰：「即欲有事，何如？」惠伯曰：「忠信之事則可，不然，必敗。易不可以占險，將何事也？且可飾

哀九年，宋公伐鄭傳。

晉趙鞅卜救鄭，陽虎以周易筮之，遇泰之需，曰：「宋方吉，不可與也。微子啟，帝乙之元子也。宋、鄭，甥舅也。祉，祿也。若帝乙之元子歸妹而有吉祿，我安得吉焉？」

乎？中美能黃，上美為元，下美則裳，參成可筮。猶有闕也，筮雖吉，未也。」	乃止。			

占易共十七。

詩

僖二十三年，晉公子重耳適諸國傳。	公子賦河水，公賦六月。趙衰曰：「重耳拜賜！」公子降，拜，稽首，公降一級而辭焉。衰曰：「君稱所以佐天子者命重耳，重耳敢不拜？」
文四年，衛甯俞來聘傳。	公與之宴，為賦湛露及彤弓。不辭，又不答賦。使行人私焉。對曰：「昔諸侯朝正于王，王宴樂之，于是乎賦湛露。諸侯敵王所愾，而獻其功，王于是乎賜之彤弓一、彤
文七年，晉先蔑奔秦傳。	先蔑之使也，荀林父止之，弗聽，為賦板之三章，又弗聽。
文十三年，鄭伯會公棐傳。	鄭伯與公宴于棐，子家賦鴻鴈。季文子曰：「寡君未免于此。」文子賦四月，子家賦載馳之四章，文子賦采薇之四章。鄭伯拜，公答拜。
成九年，季文子致女傳。	季文子如宋致女，復命，公享之。賦韓奕之五章。穆姜再拜，曰：「大夫勤辱，不忘先君，以及嗣君，施及未亡人，先君猶可望也。」賦綠衣之卒章而入。

矢百、玈弓矢千，以覺報宴。今陪臣來繼舊好，君辱貺之，其敢干大禮以自取戾？」

襄四年，穆叔如晉傳。

晉侯享之，金奏肆夏之三，不拜。工歌文王之三，又不拜。歌鹿鳴之三，三拜。使行人問之，對曰：「三夏，天子所以享元侯也，使臣弗敢與聞。文王，兩君相見之樂也，臣不敢及。鹿鳴，君所以嘉寡君也，敢不拜嘉？四牡，君所以勞使臣也，敢不重拜？皇皇者華，君教

襄八年，范宣子來聘傳。

公享之。宣子賦摽有梅，季武子曰：「誰敢哉？譬于草木，寡君在君，君之臭味也。歡以承命，何時之有？」武子賦角弓。賓將出，武子賦彤弓。宣子曰：「城濮之役，我先君文公獻功于衡雍，受彤弓于襄王，以爲子孫藏。匄也，先君守官之嗣也，敢不承命？」

襄十四年，會于向傳。

范宣子將執戎子駒支，戎子賦青蠅而退，宣子使即事于會。

襄十四年，伐秦傳。

叔向見叔孫穆子，穆子賦匏有苦葉，叔向退而具舟。

襄十四年，衛侯出奔傳。

孫蒯入使。公飲之酒，使太師歌巧言之卒章。太師辭，師曹請爲之，以怒孫子，蒯懼。

使臣曰：『必諮于周。』臣聞之：『訪問于善爲咨，咨親爲詢，咨禮爲度，咨事爲諏，咨難爲謀。』臣獲五善，敢不重拜？」	襄十六年，穆叔聘晉傳。 穆叔如晉聘，且言齊故。見中行獻子，賦圻父。獻子曰：「偃知罪矣。」見范宣子，賦鴻鴈之卒章。宣子曰：「匄在此，敢使魯無鳩乎！」
	襄十九年，季武子如晉拜師傳。 晉侯享之，范宣子賦黍苗。季武子興，再拜稽首，曰：「小國之仰大國也，如百穀之仰膏雨焉。若常膏之，其天下輯睦，豈唯敝邑。」賦六月。
	襄十九年，穆叔會柯傳。 穆叔見叔向，賦載馳之四章。叔向曰：「肸敢不承命。」
	襄二十年，季武子如宋報聘傳。 褚師段逆之以受享，賦常棣之七章以卒。宋人重賄之。歸，復命，公享之，賦魚麗之卒章。公賦南山有臺。武子去所，曰：「臣不堪也。」
	襄二十六年，齊侯、鄭伯如晉傳。 齊侯、鄭伯爲衛侯故如晉，晉侯兼享之。晉侯賦嘉樂，國景子相齊侯，賦蓼蕭。子展相鄭伯，賦緇衣。叔向命晉侯拜二君，曰：「寡君敢拜齊君之安我先君之宗祧也，敢拜鄭君之不貳也。」國子賦轡之柔矣，子展

賦將仲子兮，晉侯乃許歸衞侯。

襄二十七年，齊慶封來聘傳。

齊慶封來聘，其車美。叔孫曰："服美不稱，必以惡終。美車何爲？"與慶封食，不敬。爲賦相鼠，亦不知也。

襄二十七年，會于虢傳。

鄭伯享趙孟于垂隴，子展、伯有、子西、子產、子太叔、二子石從。趙孟曰："請皆賦，以卒君貺，武亦以觀七子之志。"子展賦草蟲。趙孟曰："善哉，民之主也。"伯有賦鶉之賁賁。趙孟曰："牀笫之言不踰閾，況在野乎？"子西賦黍苗之四章。趙孟曰："寡君在，武何能焉？"子產賦隰桑。趙孟曰：

襄二十七年，楚薳罷如晉涖盟傳。

晉侯享之。將出，賦既醉。叔向曰："薳氏之有後于楚國也，宜哉！"

襄二十八年，齊慶封來奔傳。

叔孫穆子食慶封，慶封氾祭，穆子不說，使工爲之誦茅鴟，亦不知。

襄二十九年，公在楚傳。

公還，及方城。聞季武子取卞，公欲無入。榮成伯賦式微，乃歸。

昭元年，會于虢傳。令尹享趙孟，賦大明之首章。趙孟賦小宛之二章。事畢，趙孟謂叔向曰：「令尹自以爲王矣，何如？」對曰：	
夏四月，鄭享晉、魯、曹之大夫傳。趙孟、叔孫豹、曹大夫入于鄭，鄭伯兼享之。趙孟賦瓠葉。子皮遂	「武請受其卒章。」子太叔賦野有蔓草。趙孟曰：「吾子之惠也。」印段賦蟋蟀。趙孟曰：「善哉，保家之主也。吾有望矣。」公孫段賦桑扈。趙孟曰：「『匪交匪敖』，福將焉往？」卒享，文子謂叔向曰：「伯有將爲戮矣。其餘皆數世之主也。子展其後亡者也。」
昭二年，韓宣子來聘傳。公享之，季武子賦緜之卒章。韓子賦角弓。武子拜，曰：「敢拜子之彌縫敝邑，寡君有望矣。」武子賦節之卒	
昭三年，鄭伯如楚傳。楚子享之，賦吉日。既享，子産乃具田備，王以田江南之夢。	
昭十二年，宋華定來聘傳。享之，爲賦蓼蕭，弗知，又不答賦。昭子曰：「必亡。」	

「其可哉！雖可，不終。」	戒穆叔，且告之。穆叔曰：「趙孟欲一獻。」子皮曰：「敢乎？」穆叔曰：「夫人之所欲也，又何不敢？」禮終乃晏。穆叔賦鵲巢，趙孟曰：「武不堪也。」又賦采蘩，曰：「小國爲蘩，大國省穡而用之，其何實非命？」子皮賦野有死麕之卒章，趙孟賦常棣，且曰：「吾兄弟比以安，尨也可使無吠。」	章。既享，宴于季氏。有嘉樹焉，宣子譽之。武子曰：「宿敢不封殖此樹，以無忘角弓。」遂賦甘棠。宣子曰：「起不堪也。」遂如齊。自齊聘于衞，衞侯享之。北宮文子賦淇澳，宣子賦木瓜。		
昭十六年，鄭六卿餞韓宣子傳。宣子曰：「請皆賦，起亦以知鄭志。」子齹賦野有蔓草。宣子曰：	昭十七年，小邾子來朝傳。公與之燕。季平子賦采菽，穆公賦菁菁者莪。昭子曰：「不有以	昭二十五年，叔孫婼聘宋傳。宋公享昭子，賦新宮，昭子賦車轄。		

「孺子善哉！吾有望國，其能久乎？」

矣。」子產賦鄭之羔裘。宣子曰：「起不堪也。」子太叔賦褰裳。宣子曰：「起在此，敢勤子至于他人乎？」子太叔拜。子游賦風雨，子旗賦有女同車，子柳賦蘀兮。宣子喜，曰：「鄭其庶乎！賦不出鄭志。」皆獻馬焉，而賦我將。子產拜，使五卿皆拜。

賦詩共二十八。

尚書

隱六年，鄭伯侵	莊八年，郕降齊	僖五年，晉假道	僖二十三年，晉	僖二十四年，鄭

陳傳。

商書曰：「惡之易也，如火之燎于原，不可鄉邇，其猶可撲滅？」

師傳。

夏書曰：「皋陶邁種德，德乃降。」杜註：「夏書，逸書也。」

伐虢傳。

宮之奇曰：「鬼神非人實親，惟德是依。故周書曰：『皇天無親，惟德是依。』又曰：『黍稷非馨，明德惟馨。』又曰：『民不易物，惟德繄物。』」

懷公殺狐突傳。

卜偃曰：「周書有之：『乃大明服。』己則不明，而殺人以逞，不亦難乎？」

殺子臧傳。

子臧好聚鷸冠，鄭伯殺之。君子曰：「詩云：『彼其之子，不稱其服。』子臧之服，不稱也夫。夏書曰：『地平天成』，稱也。」杜註：「逸書。」

僖二十七年，晉侯作三軍傳。

謀元帥，趙衰曰：「郤縠可。臣亟聞其言矣，說禮、樂而敦詩、書。夏書曰：『賦納以言，明試以功。』君其試之。」

文五年，晉陽處父聘衛傳。

反過甯，甯嬴從之。及温而還。其妻問之。嬴曰：「以剛。商書曰：『沈潛剛克，高明柔克。』夫子壹之，其不没乎！」

文七年，晉郤缺謂趙宣子傳。

郤缺言于趙宣子曰：「日衛不睦，故取其地。今已睦矣，可以歸之。夏書曰：『戒之用休，董之用威，勸之以九歌，勿使壞。』盍使睦者歌吾子乎？」

宣六年，赤狄伐晉傳。

晉侯欲伐之，中行桓子曰：「使疾其民，以盈其貫，將可殪也。周書曰：『殪戎殷。』此類之謂也。」

宣十五年，晉侯賞中行桓子傳。

羊舌赤說是賞也，曰：「周書所謂『庸庸祗祗』者，謂此物也夫。」

成二年，申公巫臣諫納夏姬傳。

楚莊王欲納夏姬，申公巫臣曰：「君召諸侯，以討罪也。今納夏姬，貪其色也。貪色爲淫。淫爲大罰。周書曰『明德愼罰』，文王所以造周也。若興諸侯，以取大罰，非愼之也。君其圖之。」

成十六年，晉、楚戰鄢陵傳。

范文子立于戎馬之前，曰：「君幼，諸臣不佞，何以及此？君其戒之。周書曰：『惟命不于常。』有德之謂。」

成十六年，晉郤至獻楚捷傳。

單子語諸大夫曰：「溫季其亡乎！位于七人之下，而求掩其上。怨之所聚，亂之本也。夏書曰：『怨豈在明？不見是圖。』」

襄十三年，晉侯蒐于緜上傳。

君子曰：「讓，禮之主也。范宣子讓，其下皆讓。欒黶爲汰，弗敢違也。書曰『一人有慶，兆民賴之，其寧惟永』，其是之謂乎！」

襄二十一年，邾庶其以漆、閭丘來奔傳。

臧武仲曰：「在上位者灑濯其心，軌度其信，可明徵也，而後可以治人。夏書曰『念茲在茲，釋茲在茲，明言茲在茲，允出茲在茲，惟帝念功』，將謂由己壹也。」

襄二十三年，臧紇奔邾傳。

仲尼曰：「有臧武仲之知，而不容于魯國，抑有由也，作不順而施不恕也。夏書曰『念茲在茲』，順事、恕施

襄二十六年，蔡聲子復楚伍舉傳。

聲子曰：「善爲國者，賞不僭而刑不濫。若不幸而過，寧僭無濫。

襄三十一年，公作楚宮傳。

穆叔曰：「太誓云：『民之所欲，天必從之。』君欲楚也夫，故作其宮。若不復適楚，必死是宮也。」

襄三十一年，衛北宮文子論楚令尹傳。

周書數文王之德，曰：「大國畏其力，小國懷其德。」言畏而愛之

昭十四年，叔向斷獄傳。

晉邢侯與雍子爭鄐田，韓宣子命叔魚斷其獄。叔魚受賂，蔽罪邢侯。邢侯怒，殺叔魚與雍子于朝。宣

也。」

夏書曰：『與其殺不辜，寧失不經。』

也。

子問其罪于叔向。叔向曰：「三人同罪，施生戮死可也。己惡而掠美爲昏，貪以敗官爲墨，殺人不忌爲賊。夏書曰：『昏、墨、賊，殺』，皋陶之刑也，請從之。」

哀六年，楚子軫卒傳。

孔子曰：「楚昭王知大道矣。其不失國也，宜哉！夏書曰：『惟彼陶唐，帥彼天常，有此冀方。今失其行，亂其紀綱，乃滅而亡。』又曰：『允出茲在茲。』由己率常，可矣。」

哀十一年，吳將伐齊傳。

子胥諫吳王曰：「越在我，心腹之疾也，不如早從事焉。使醫除疾，而曰『必遺類焉』者，未之有也。盤庚之誥曰：『其有顛越不共，則劓殄無遺育，無俾易種于茲邑。』」

引書據義共二十二。

左氏引經不及周官儀禮論

余年十八歲執經，高先生卽令讀周禮，二十一先府君見背，從授喪服及士喪禮三篇，已而漸及通經。當時深信篤好，見有人斥周禮爲僞者，心輒惡之。五十以後輯春秋大事表，凡十四年而卒業，乃始恍然有疑，非特周禮爲漢儒傅會，卽儀禮亦未敢信爲周公之本文也。何則？周禮六官所掌，凡朝覲、宗遇、會同、聘享、燕食，其期會之疎數，幣賦之輕重，牢醴之薄厚，各準五等之爵爲之殺，而適子誓于天子，則下其君之禮一等，未誓則以皮帛繼子男。而儀禮有燕禮以享四方之賓客，聘禮以親邦國之諸侯，公食大夫禮以食小聘之大夫，而覲爲諸侯秋見天子之禮，其米禾薪芻有定數，牢鼎几筵籩豆脯醢有常等，靡不釐然具載。是宜天下諸侯卿大夫帥以從事，若今會典之罔敢踰尺寸。而春秋二百四十年，若子產之爭承，子服景伯之卻百牢，未聞據周禮大行人之職以折服强敵也。甯俞之不答彤弓及湛露，叔孫穆子之不拜四牡及文王，未聞述儀禮燕食之禮以固辭好惠也。郤至聘楚而金奏作于下，宋享晉侯以桑林之舞，皆踰越制度，雖恐懼失席，而不聞據周公之典以折之。他如鄭成公如宋，宋公問禮于皇武子；楚子干奔晉，晉叔向使與秦公子同食，皆百人之餼；而楚靈大會諸侯，問禮於左師與子產，左師獻公合諸侯之禮六，子產獻伯子男會公之禮六，皆不言其所考據，各以當時大小彊弱爲之等。是皆春秋博學多聞之士，而於周公所制會盟聘享之禮，若目未之見，耳未之聞，是獨何與？若周公束之高閣，未嘗班行列國，則當日無爲制此禮；若既行之列國矣，而周公之子孫先未有稱述之者，豈果弁髦王制不遵法守歟？不應舉世盡懵然若此。且孔子嘗言吾學周禮矣，而孔子一生所稱引無及今周官一字者。孟子言班爵禄之制與周官互異，家語言孺悲曾學士喪禮於孔子，而其詳不可得聞。夫書爲孔、孟所未嘗道，詩、書、三傳所未經見，而忽然出于漢武帝之世，其爲漢之儒者掇拾綴緝無疑。雖其宏綱鉅典，未嘗不稍存一二，而必過信之爲周公所作，則過矣。余從事經學五十年，始而信，中而疑，後乃確見爲非真。傳有之，「疑事無質，直而勿有」，請以質當世好古之君子。後日論定者，亦將有取于余言也。乾隆十三年二月中浣五日復初氏識。

春秋左傳杜註正譌表卷四十八

錫山　顧棟高復初　輯
安東受業程　樊是若　參

敍

昔杜元凱作春秋釋例，世人未之重，獨摯虞賞之曰：「左丘明本爲春秋作傳，而左傳遂自孤行。釋例本爲傳設，而所發明何但左氏，當亦孤行。」至今百世，遂爲定論。然愚嘗受其書而反覆之，杜氏之最精且博者，莫如作長曆以正春秋之失閏，作土地名以攷列國之地理，其學誠絶出古今。至其解釋經傳，不無齟齬，而其最大者尤在昭十五年周景王葬穆后傳註曰：「天子諸侯除喪當在卒哭。」復于隱元年宰咺歸賵、昭十二年子產辭享禮二傳疏通而證明之。杜氏釋經既誤，遂以此斷據朝廷大典爲一代定制，後世謂杜氏短喪，其詳具見晉志。考晉泰始十年武元楊皇后崩，既葬，博士張靖議，〔一〕皇太子宜從權制除喪卽吉，陳逵議以爲宜終服三年，有詔更詳議。時預爲尚書，建議以爲「古者天子諸侯三年之喪始同齊斬，既葬除喪服，諒闇以居，心喪終制，不與士庶同禮。皇太子宜卒哭除衰麻，以諒闇終制。」盧欽、魏舒問預證據所依，預云：「周公不言高宗服喪三年，而曰諒闇三年，此釋服心喪之文也。叔向不譏景王除喪，而譏其晏樂已早，明既葬應除，而違諒闇之制也。春秋，晉侯享諸侯，子產相鄭伯，時簡公未葬，請免喪以聽命，君子謂之得禮。宰咺來歸惠公仲子之賵，傳曰弔生不及哀，此皆既葬除喪服諒闇之證，學者未之思耳。喪服，諸侯爲天子亦斬衰，豈可謂終服三年耶！非必不能，乃事勢不得。故知聖人不虛設不行之制。」因遂具議爲奏。奏上，詔從其議，皇太子卒哭除衰麻。時預議初出，內外多怪之，或謂其違禮以合時。預乃使博士殷暢博采典籍爲之證據，可垂示將來。嗚呼！元凱歷事至久，讀書至深，親見當世行三年喪者多飲酒食肉，宴樂嫁娶，不循軌則；況以天子之喪，勒令天下士庶皆從重服，勢必小人皆違法犯禁，君子皆徇名失實，以爲制不稱情。讀春秋而見當日諸侯之例，皆既葬成君，列于會盟，不知此自當時之失禮，非先王本制也。欲執此爲定制，令上下可通行，爲短喪者立赤幟，論者謂其得罪名教，豈過論哉！嗚呼！元凱釋春秋而至倡爲短喪，歐陽永叔援儀禮而至倡爲兩本二父，經術之誤害于政事，千古同病，不可不戒也。謹條列其註左數條與其當日所建白列諸簡端，令後世考古者知別擇焉。輯春秋左傳杜註正譌表第四十八。

春秋左傳杜註正譌表

隱元年秋七月，宰咺歸賵傳：「弔生不及哀。」杜註：「諸侯以上，既葬則衰麻除，無哭位，諒闇終喪。」孔氏正義曰：「既葬除喪，惟杜有此説。正以春秋之例，皆既葬成君，明葬是人君之大節也。晉書杜預傳云：泰始十年，元皇后崩，依漢、魏舊制，既

僖三十三年，葬僖公傳：「凡君薨卒哭而祔，祔而作主，特祀于主。」杜註：「既葬反虞則免喪，故云卒哭。言凡君者，謂諸侯以上，不通于卿大夫。」正義曰：「大夫、士自初死至于卒哭，晝夜哭無時。謂之卒哭者，

宣十年冬，齊侯使國佐來聘。杜註：「既葬成君，故稱君命使。」胡氏曰：「雖葬先君，尚爲嗣子。蓋未踰年，未成君也。杜氏謂既葬成君，失之矣。」呂氏東萊曰：「成君在踰年，而不繫乎葬也。文公已葬，而子惡猶以子稱卒。」高氏閌曰：「諸侯未踰年稱子，葵丘之會，宋

襄九年八月癸未，葬我小君穆姜。冬十一月，〔三〕同盟于戲。晉侯以公宴，問公年，曰：「可以冠矣。大夫盍爲冠具？」季武子對曰：「君冠必以祼享之禮行之，以金石之樂節之，以先君之祧處

襄十六年，葬晉悼公傳：「平公即位，改服脩官，烝于曲沃。晉侯與諸侯宴于溫。」杜註：「既葬，改喪服。脩官，選賢能。禮，諸侯五月而葬。既葬，卒哭作主，然後烝嘗于廟。今晉踰月葬，作

葬，帝及羣臣皆除服，疑皇太子亦應除否，詔尚書集議。唯預以爲古者天子諸侯三年之喪始服齊斬，既葬除服，諒闇以居，心喪終制，不與士庶同禮。問預證據所依，預曰：『春秋，晉侯享諸侯，子産相鄭伯，時簡公未葬，請免喪以聽命，君子謂之得禮。宰咺歸賵，傳曰弔生不及哀。此皆既葬除服諒闇之證也。喪服，諸侯爲天子亦斬衰，豈可謂終服三年乎！』預又作議曰：『周景王有后、世子之喪，既葬除喪而宴樂，叔向譏

卒此無時之哭，惟朝夕哭耳。天子、諸侯則于此除喪，全不復哭也。」又曰：「諸侯七虞，每虞閒一日，是卒哭在葬後十四日，同在一月之内。故杜每云既葬卒哭，衰麻除。此言虞則免喪者，謂七虞皆畢乃免喪，免喪後日爲卒哭也。」

公稱宋子。惠公之葬既速，又未踰年而遣使，書曰齊侯，著其惡也。」

案：杜氏謂既葬成君，是卽其既葬免喪之誤，蓋一錯則無所不錯。

之。今寡君在行，請及兄弟之國而假備焉。」及衛，冠于成公之廟。

案：冠是嘉禮之大者，而穆姜爲襄公適祖母，當服承重三年。今以五月既葬免喪便可舉行冠禮，比宴樂更甚。此當日諸侯失禮之大者。而孔氏于昭十五年傳以爲傳皆無譏，此逢迎杜註之失，而尤害理也。

主而烝祭。傳言晉將有湨梁之會，故速葬。」

案：既葬除喪服，杜説已爲非禮。此則踰月而葬，既葬則改服而烝祭，與諸侯宴，且使諸大夫舞，責高厚之歌詩不類，晉之君臣于是無人心矣。而孔氏於昭十五年傳云皆無譏，此尤悖義傷教之大者。

之，曰：「三年之喪，雖貴遂服，禮也。王雖不遂，宴樂以早。」稱高宗不言喪服三年，而云亮陰三年，此釋服心喪之文也。譏景王不譏其除喪，而譏其宴樂早，則是既葬應除，而違亮陰之節也。由此言之，天子居喪，齊斬之制，菲杖經帶。既葬而除，亮陰終制，不復寢苫枕塊，以荒大政。蓋天子之位至尊，萬幾之政至大，羣臣之衆至廣，不得同之于凡人。故大行既葬，祔祭于廟，則除之。己不除則羣臣莫敢除，故屈己以除，亮陰終制，此定禮也。』議奏，詔從之。」

昭十二年，晉侯享諸侯，子產相鄭伯，請免喪而後聽命。六月，葬鄭簡公。杜註：「子產辭享，爲簡公未葬故，明既葬則爲免喪。」正義曰：「僖九年，宋桓公卒，未葬，襄公會諸侯，故曰子。是先君未葬有從會之禮也。鄭偪于楚，以固事晉，故父雖未葬，朝

昭十五年，景王葬穆后傳：「十二月，晉荀躒如周送葬。既葬除喪，以文伯宴。叔向曰：『三年之喪，雖貴遂服，禮也。』」杜註：「天子諸侯除喪當在卒哭，今王既葬而除，故譏其不遂。」正義曰：「傳稱既葬除

附：尚書說命：「王宅憂，亮陰三祀。」孔傳：「陰，默也。居憂信默，三年不言。」正義曰：「陰者，幽闇之義，故爲默不言。信謂信任冢宰也。案：杜議引尚書傳云：『亮，信也。陰，默也。君聽于冢宰，信默而不言。』鄭玄以諒闇爲凶廬，孔安國及杜預俱不用。」

附：論語：「子張曰：『書云：「高宗諒陰，三年不言。」何謂也？』子曰：『何必高宗，古之人皆然。君薨，百官總己以聽於冢宰三年。』」何註：「孔曰三年喪畢，然後王自聽政。」邢昺疏曰：「謂卒哭除服之後，三年心喪畢，

晉嗣君，不得已而行，于情可許。諸侯相享，享必有樂，未葬不可以從吉，故辭享爲得禮。」

喪，譏王不遂其服，知天子諸侯除喪當在卒哭也。此言除喪當在卒哭，而上下杜註多云既葬除喪者，以葬日卽虞，虞卽卒哭，卒哭與葬共在一月，故多舉葬約略言之。以葬是大禮，書于經故也。」

又曰：「王一動而失二禮。」杜註：「謂既不遂服，又設宴樂。」

然後王自聽政也，知非衰麻三年者。晉書杜預傳云：『古者天子諸侯齊斬，既葬除服，諒闇以居，心喪終制，不與士庶同禮。』是知三年喪畢謂心喪畢也。」

案：邢氏疏論語，亦引杜氏之說，謂既葬除服，心喪三年，用爲證據，杜氏作俑之罪不小。

正義曰：「以喪服將終，早除猶可，宴樂必不可也。襄十六年，葬晉悼公，平公卽位，與諸侯宴于溫。襄九年八月，葬我小君穆姜。其年十二月，晉侯以公宴于河上。傳皆無譏，則卒哭之後得宴樂。」

已上係杜氏論禮之誤，其説具見敍中。孔氏云：「既葬除喪，唯杜有此説。」則孔氏已心非之矣。

桓十五年，邾人、牟人、葛人來朝。杜註：「牟國，今

桓十六年傳：「衛宣公使伋子如齊，使盜待諸莘，將殺之。」

莊三十二年，城小穀。杜註：「今濟北穀城縣，後爲管

宣八年，楚人滅舒蓼。杜註：「舒、蓼，二國名。」

成九年，城中城。杜註：「魯邑，在東海廩丘縣西

泰山牟縣。」彙纂以爲今濟南府東二十里有牟城。

案：杜佑通典：「登州治蓬萊縣，春秋時牟子國，亦曰東牟郡，在濟南府治東九百十五里。」或疑去魯太遠，不應來朝。然僖二十九年介葛盧來朝，杜註云：「東夷國，在城陽黔陬縣。」案：今萊州府高密縣西有黔陬城。去魯更遠，介可來朝，何獨于牟而疑之乎！當以通典之言爲定，杜註非也。

杜註：「莘，衛地，陽平縣西北有莘亭。」

成二年戰于鞌傳：「師從齊，師于莘。」

杜註：「莘，齊地。」

案：杜氏以莘兩屬齊、衛，非也。陽平西北有莘亭，道阨險，自衛適齊必由之道。輿地志亦云：「陽平之莘，有二子爭死處。」今東昌府莘縣北有莘亭故城觀。鞌傳云：「及衛地。」下云：「師從齊，師于莘。」本自直

仲采邑。」

案：左氏牽于齊桓城穀而寘管仲之言，遂謂此年城小穀即此。考齊地之穀經傳凡六見，皆止稱穀，無稱小穀者。蓋齊自有穀，豈可强以小穀爲穀城耶？又謂公感齊桓之德，故爲管仲城私邑。李氏廉曰：「齊桓有功于魯，在高子來盟之後，此時未見有功之迹，安得爲管仲城之？」孫氏復謂宜從穀梁註，爲魯邑，曲阜縣西北有小穀城。杜註殆傅會左傳而誤也。互見三傳異同表。

孔氏正義曰：「二國名，蓋轉寫誤，當云一國名。案：釋例土地名有舒、羣舒、舒蓼、舒庸、舒鳩，以爲五名，則與文五年滅蓼同。蓋蓼滅後更復，故楚今更滅之。」趙氏鵬飛曰：「舒同宗而異國，故謂之羣舒、舒蓼、舒庸、舒鳩，皆舒也。杜氏以舒蓼爲二國，疎矣。舒庸、舒鳩豈亦兩國乎？」案：木訥之言甚當。杜註兩國，正義謂轉寫之誤，是矣。更引土地名謂有舒、羣舒、舒蓼、舒庸、舒鳩，以爲五名，更誤。羣舒

南。」

江南通志曰：「晉書志東海郡無廩丘縣，考後漢書志當作厚丘，今爲海州沭陽縣。廩丘是齊邑，左傳襄二十四年，齊烏餘以廩丘奔晉。杜註云：『今東郡廩丘縣故城。』是此誤也。當是厚字譌作廩字。而舊唐書志云沭陽，漢廩丘縣，是又因杜註而譌矣。」案：沭陽，兩漢書及晉書志俱云東海郡厚丘縣，南齊志曰北東海郡厚丘縣，至後魏始置沭陽郡，後周改爲沭陽縣，以其地在沭

接，則莘爲衛地，傳文明白可見，因中閒有韓獻子將斬人數句，文氣隔斷，又以「從齊師」三字，遂更指爲齊地，此看傳文不精細之故也。高江邨云：「莘原跨兩境，齊、衛皆得有之。是時晉師自衛來至齊疆。」終是回護杜氏之說耳。詳見都邑表。

猶言衆舒，豈可謂之一國乎？又云與文五年滅蓼同，蓋蓼滅後更復，故楚今更滅之，尤謬。蓼與舒蓼自是兩國，楚自穆王滅蓼而莊王嗣興，至此年僅隔二十二年，正當暴戾吞併之時，豈能復封樹小國，待莊王更滅。考桓十一年傳，鄖與隨、絞、州、蓼伐楚師，杜註：「蓼國，義陽棘陽縣東南湖陽城。」在今河南南陽府唐縣南八十里。文五年傳，楚滅蓼，杜註：「安豐蓼縣。」在今河南汝寧府固始縣東北。此年楚人滅舒蓼，

水之陽也。唐屬海州，至今不改。輿地志云厚丘廢縣在沭陽縣北六十里。又後漢志厚丘縣註云：「左傳城中城，杜預曰縣西南有中鄉城。」是魯中城之爲厚丘，厚丘之爲沭陽，源委歷然，而杜註厚丘之譌爲廩丘無疑矣。東郡廩丘縣在今山東曹州府范縣東南七十里，係齊邑，與魯無預。一云中城，魯內城，先儒及近日方望溪先生俱從此說，應並存之。

又案：先儒云魯城中城，因楚伐莒，莒潰，以無備故，故懼而城

襄三年傳：「楚子重取鳩茲，至于衡山。」杜註：「鳩茲，吳邑，在丹陽蕪湖縣東，衡山在吳興烏程縣南。」案：杜註衡山甚謬。鳩茲城在今江南太平	
昭五年傳：「吳敗楚于鵲岸。」杜註：「廬江舒縣有鵲尾渚。」高江村曰：「近志云今廬州府舒城縣西北有鵲亭，卽杜預所云也。然薳射自夏汭出，薳啟疆別從江道，交戰	
昭十二年傳：「晉荀吳僞會齊師者，假道于鮮虞，遂入昔陽。秋八月壬午，滅肥。」杜註：「鮮虞在中山新市縣。」	
昭二十一年傳：「敗華氏于新里。」杜註：「華氏所取邑。」案：下文云「翟僂新居于新里，既戰，說甲于公而歸。華妵居于公里，亦如之。」意亦城	杜無註。高氏地名攷謂今江南廬州府廬江縣西故舒城。本爲三國地，亦遼遠。若以爲卽文五年所滅之蓼，杜明註在安豐，與吳、越地懸隔，如何下文云盟吳、越而還乎？杜誤，孔更誤。
定十年，公會齊侯于夾谷。杜註：「卽祝其。」案：南畿志云：「祝其故城在今江南海州贛榆縣西五里，卽春秋時夾谷，漢爲縣，宋省。」考兩漢書及晉書	之。莒紀鄣邑在海州贛榆縣，而魯中城邑在海州沭陽縣，二邑本鄰近，楚伐莒事又在本年，情事想當有之。

府蕪湖縣東三十里，烏程爲今浙江湖州府附郭，時吳都尚在無錫，從無錫至湖州尚三四百里，楚兵不應反過吳都也。當塗縣東北六十里有橫山，橫與衡古通用，俱在太平府，此說得之。

不應在楚之内地。杜佑曰：『南陵大江中有鵲尾洲，即古鵲岸也。』此說可通。今江南太平府繁昌縣西南大江中有鵲尾洲，又池州府銅陵縣北十里有鵲頭山，高聳臨江，故江曰鵲江，岸曰鵲岸。」

昔陽，肥國都，樂平沾縣東有昔陽城。」又云：「鉅鹿下曲陽縣西有肥累城。」

高氏曰：「漢沾縣屬上黨郡，晉屬樂平郡，地在太行之東，去中山絕遠。劉炫駁杜曰：『齊在晉東，偶會齊師，當自晉而東行，假道鮮虞，遂入昔陽，則昔陽在鮮虞之東明矣。樂平沾縣在中山新市西南五百餘里，何當假道于東北之鮮虞，而反入西南之昔陽也。既入昔陽，而

内里名，如子產居東里之類耳。且前云「華氏居盧門，以南里叛。宋城舊墉及桑林之門以守」，則已與宋分國而居，安所事邑。大敗之後仍圍南里，明年始從南里出奔楚，是華氏始終不離宋城内，未嘗更有新邑也。

志俱有祝其縣，宋南齊志則云祝其、利城二縣寄治于京，非本縣矣。贛榆北至曲阜魯都有三百餘里，而齊更在魯北，齊强魯弱，豈能屈駕至魯之南境而與會，魯又何若越其國都而會齊于國之南鄙耶？舊說以濟南府淄川縣西南三十里有夾山，上有夾谷臺，爲齊、魯會盟處。猶以兩君相會不應去齊若此之近，去魯若此之遠。而以泰安府萊蕪縣有夾谷峪，名勝志以爲萊兵劫魯侯處，庶幾近之。若海州贛榆，

別言滅肥，則肥與昔陽不得爲一，安得以昔陽爲肥國之都。昔陽既是肥都，何以復言鉅鹿下曲陽有肥累城？謂肥名取于彼乎？肥爲小國，境必不遠，豈肥名取鉅鹿之城而建都于樂平之縣也。二十二年傳云：荀吳使師僞糴者負甲以息于昔陽之門外，遂襲鼓，滅之。則昔陽之爲鼓都信矣。既云鼓都，何以復云肥都。』是説也，孔穎達嘗反覆辨之，意在回護杜氏，輾轉支離，至末後之説仍依然折而入于劉。蓋杜見滅肥

則斷無是也。齊、魯以泰山爲界，史記明云其陽則魯，其陰則齊，豈有越今山東兖州、沂州二府而遠會于江南之海州，于勢則不便，于情爲非宜。此蓋與楚子重克鳩茲，至于衡山，謂衡山在烏程縣南同一誤也。

之文繫于入昔陽之下，遂疑昔陽爲肥都，而不復計其乖于滅鼓之傳。今案：前後漢志及水經注所稱皆同劉說，當從之。」案：高氏此條極爲精細，肥國都當以杜註鉅鹿下曲陽爲是，樂平沾縣之說非也。劉炫云「肥、鼓並在鉅鹿，鼓都在真定府晉州州治，卽隋鼓城縣，開皇十八年以昔陽縣改置。」足知昔陽爲鼓都，非肥都也。肥都在真定府藁城縣西南七里，魏收志藁城有肥累，卽杜註鉅鹿下曲陽北之肥累城也。

若沾縣之昔陽乃在今山西平定州樂平縣東五十里，俗呼夕陽城，相去絕遠，非也。

已上係杜氏地里之誤。

桓十六年冬，城向。杜註：「傳曰：『書時也。』而下有『十一月』，舊說因謂傳誤。不知此城向亦俱是十一月之事，但本事異，

莊二十五年六月辛未朔，日有食之。鼓、用牲于社。傳曰：「非常也。」杜註：「非常鼓之月。長曆推之，辛未實七月朔，置閏失所，

僖五年春，晉侯殺其世子申生。傳：「四年十二月戊申，縊于新城。」杜註：「書春，從告。」案：經書春，不書月數，蓋春二月也。晉

僖十年春王正月，晉里克弒其君卓。傳：「九年十一月，里克殺公子卓于朝。」杜註：「弒卓在前年，而以今春書者，從赴也。」案：晉之十一月爲周

僖十五年十有一月壬戌，晉侯及秦伯戰于韓，獲晉侯。傳：「九月壬戌，戰于韓原。」杜註：「經書十一月，從赴。」案：傳之壬戌，即經之

各隨本而書之耳。〔二〕又推校此年閏在六月，水星可在十一月而正。」

正義曰：「杜註既以冬屬之十一月，但十一月水星昏猶未正，故復推校曆數。此年閏在六月，節氣須早一月而正，十一月可以興土功，書時，非傳誤也。」

案：經書冬，而下有十一月，是夏正八月，正是不時，書之以示譏也。若以爲時，則常事不書矣。桓公簒弑

故致月錯。」

正義曰：「經雖書六月實非六月，故云非常鼓之月。長曆推此辛未爲七月之朔，由置閏失所，誤使七月爲六月也。」

案：傳云非常者，以六月爲夏正四月，是正陽之月不比隨常之月日食，故須伐鼓用牲以救之，是特發例。杜以爲置閏失所，實非六月，誤矣。下文「秋，大水，鼓，用牲于社于門」，亦非常也。亦之爲言，豈亦非常月乎？

用夏正，晉之十二月爲周之春二月。晉以十二月告，魯史自用周正改書春耳。杜謂以晉人赴告之日書之，非也。

之春正月，是夏正周正恆差兩月之明驗。傳從晉史，而經自用魯之簡牘爾。正義從杜，謂晉赴以今年弑者，非也。

壬戌。九月、十一月乃夏、周正之異名爾。杜謂從赴，且以傳之壬戌爲九月十三日，經之壬戌爲十一月十四日，恐相亂，故顯言之，尤非也。豈有九月戰，而以十一月赴者乎！

之君，舉動妄作，固所應有，何必曲爲解釋，令斷云傳誤。

已上係杜氏時日之誤。

殺大夫書名。

僖七年，鄭殺其大夫申侯。杜註：「申侯專利而不厭，故稱名。」
僖十年，晉殺其大夫里克。杜註：「奚齊先君所命，卓子又以在國嗣位，未爲無道，而里克累弒二君，故稱名以罪之。」案：杜此解尤謬，倘若
僖十一年，晉殺其大夫丕鄭父。杜註：「以私怨謀亂國，故書名。」
僖三十年，衛殺其大夫元咺。杜註：「咺見殺稱名者，訟君求直，又先歸，立公子瑕，故罪之。」
文九年，晉人殺其大夫先都。杜註：「以作亂討，故書名。」

文十年，楚殺其大夫宜申。 杜註：「謀弒君，故書名。」	
宣九年，陳殺其大夫洩冶。 杜註：「洩冶直諫於淫亂之朝以取死，故不爲春秋所貴而書名。」 正義曰：「情色之惑，君不能得之于臣，父不能得之于子，洩冶進無匡濟遠策，退不能危行言孫，忘蘧氏可卷之德，死而無益，故經同罪賤之文。」 案：此段杜、孔之論有	君無道，弒君之賊將稱字以褒之乎！
宣十三年，晉殺其大夫先縠。 杜註：「書名，以罪討。」	
宣十四年，衞殺其大夫孔達。 杜註：「書名，背盟于大國，罪之。」	
成八年，晉殺其大夫趙同、趙括。 杜註：「傳曰原、屏，咎之徒也。明本不以德義自居，宜其見討，故從告辭而稱名。」 案：杜此解尤牽强，同、括爲莊姬所譖而死，無以爲辭，乃根究邲戰一事，所謂欲加之罪，何患無辭也。拘牽之弊，至于如此。	

成十六年，楚殺其大夫公子側。	
襄五年，楚殺其大夫公子壬夫。	傷名教。責洩冶不能早諫則可，至謂其直諫取死，不爲春秋所貴，是以緘默苟容者爲賢，以捐軀犯難者爲不肖也。孔氏謂其懷寵不去。王氏經世有言，必欲皆爲子哀、叔肸，則亂世何賴有君子。左傳假託孔子之言，而正義復遠引家語謂孔子論此事，洩冶不得同于比干，是朝廷自一二宗族大臣外，舉無一可諫者也，豈不爲世教之罪人哉！
襄二十一年，楚殺其大夫公子	
襄二十三年，陳殺其大夫慶虎	
襄二十七年，衞殺其大夫甯喜。	

杜註：「子反背盟無禮，卒以敗師，故書名。」

杜註：「書名，罪其貪。」

追舒。

杜註：「書名者，寵近小人，貪而多馬，爲國所患。」

及慶寅。

杜註：「書名，罪其專國叛君。」

杜註：「甯喜弒剽立衎，衎今雖不以弒剽致討，于大義宜追討之，故以國討爲文而書名。」

昭二年，鄭殺其大夫公孫黑。

杜註：「書名，惡之。」

昭五年，楚殺其大夫屈申。

杜註：「書名，罪之。」

昭八年，陳人殺其大夫公子過。

杜註：「與招共殺偃師，書名，罪之。」

昭二十七年，楚殺其大夫郤宛。

杜註：「無極，楚之讒人，宛所明知，而信近小人以取敗，故書名。」

案：杜此解尤無聊。據傳郤宛何嘗親近費無極乎！

哀二年，蔡殺其大夫公子駟。

杜註：「懷土而欺大國，故罪而書名。」

桓二年，宋督弒其君與夷及其大夫孔父。

杜註：「孔父稱名，內不能治其閨門，外取怨於民，身死而禍及君，故貶之。」

劉氏敞曰：「春秋已名其君于上，不得字其臣于下，所謂君前臣名，禮之大節也。如杜之意，乃當名君字大夫，顛倒人倫乎！」

莊十二年，宋萬弒其君捷及其大夫仇牧。

杜註：「仇牧係宋卿，不警而遇盜，故書名。」

家氏鉉翁曰：「大夫死君之難，乃曰無善可褒，可乎？君前臣名，自是書法應爾。杜氏每以名字爲褒貶，因書名而求其所以書名之故，曲爲之說以貶之，因書字而求其所以書字之故，曲爲之說以褒之，其病甚大。」

僖十年，晉里克弒其君卓及其大夫荀息。

杜註：「荀息本無遠謀，從君于昏，故稱名。」

案：荀息從君于昏，信有之，然以爲稱名之故則非也。杜蓋與孔父、仇牧同一誤。

大夫出奔書名。

襄二十一年，晉欒盈出奔楚。杜註：「盈不能防閑其母，以取奔亡，故書名。」

昭元年，楚公子比出奔晉。杜註：「書名，罪之。」

案：楚圍弒君而比出奔，有何可罪。孔氏逢迎杜意，乃曰齊崔氏、宋司城無罪，則書氏書官，比無罪狀，第出奔，無可善，無可惡，

襄二十三年，臧孫紇出奔邾。杜註：「書名者，阿順季氏，廢長立少，以此奔亡，罪之。」

昭六年，宋華合比出奔衛。杜註：「合比事君不以道，自取奔亡，書名，罪之。」

案：合比爲寺人柳所譖而奔，無辜之甚。孔氏乃謂其請殺寺人

襄二十四年，陳鍼宜咎出奔楚。杜註：「慶氏之黨，書名，惡之。」

昭十二年，公子慭出奔齊。杜註：「書名，謀亂故。」

劉氏敞曰：「慭患季氏強，公室弱，與公謀去季氏，此則季氏之仇，而魯之忠臣矣。謀泄事變，卒爲強臣所逐，豈謀亂者哉！苟使慭

襄二十八年，衛石惡出奔晉。杜註：「甯喜之黨，書名，惡之。」

昭十五年，蔡朝吴出奔鄭。杜註：「朝吴不遠讒人，所以見逐而書名。」

案：朝吴被無極之讒，萬萬無可罪，而杜乃謂其不遠讒人，是朝吴于死後更受一重冤抑矣。

襄三十年，鄭良霄出奔許。杜註：「嗜酒荒淫，書名，罪之。」

昭二十年，宋華亥、向寧、華定出奔陳。杜註：「與君爭而出，書名，惡之。」

定四年，楚囊瓦出奔鄭。杜註：「書名，惡之。」	卽是罪，比得無叫冤于地下乎！
定十年，宋樂大心出奔曹。杜註：「書名，罪其稱疾不適晉。」宋公子地出奔陳。杜註：「貪弄馬以距君命，書名，罪之。」宋公之弟辰暨仲佗、石彄出奔陳。	柳，求媚于太子，而欲殺君之寵臣，是宜罪，此真所謂羅織也。
定十四年，衛趙陽出奔宋。杜註：「書名者，親富不親仁。」衛公孟彄出奔鄭。〔二〕杜註：「書名，與蒯聵黨，罪之。」	無罪而奔，遂書其字乎！」
哀四年，蔡公孫辰出奔吳。杜註：「弒君賊之黨，故書名。」	
哀十一年，陳轅頗出奔鄭。杜註：「書名，貪也。」衛世叔齊出奔宋。杜註：「書名，淫也。」	

	杜註：「辰忿而將大臣出奔，仲佗、石彄爲辰所牽帥。俱稱名，罪之也。」			

已上係杜氏稱名之誤。殺大夫無不稱名之理，而杜乃以稱名爲貶，至以洩冶之直諫而死，與里克、甯喜之弒逆同科。大夫奔無不稱名之理，而杜以稱名爲貶，至以公子憖之爲國除惡，與欒盈、良霄之叛臣同罪。一字之誤，玉石俱焚。其以稱字爲褒，則如司馬華孫來盟，謂其憂國舉職，而不知其爲公子鮑之私人也。足知名字褒貶之例，斷斷不可通于春秋。

莊十二年傳：「遇太宰督于東宮之西，又殺之。」	僖十五年，秦、晉戰韓傳：「侯車敗，詰之，對曰：『乃大吉	又戰韓傳：「卜徒父筮之，吉涉河。」案：涉河兩字當粘上	又戰韓傳：「大夫請以入。公曰：『獲晉侯，以厚歸也。既而喪	僖二十三年，重耳適諸國傳：「奉匜沃盥，既而揮之。」

杜註：「殺督不書，宋不以告。」

案：督相宋公兩世，爲國正卿共二十八年，宋豈有不以告之理。其告亦必先于牧，自是仲尼削之也。督係弑君逆賊，得逭天討，至晚年乃見殺，幸矣。雖魯史書之，聖人當特削以明春秋之義。杜氏于督無貶，而反以仇牧爲貶，不亦誤乎！

也。』」

杜註：「秦伯之軍涉河，則晉侯車敗也。秦伯不解，謂敗在己，故詰之。」

案：侯車當作候車，謂探候之車，如後世哨騎相似，蓋秦伯之偏師耳。卜徒父筮之，而偏師先敗，秦伯以其言不驗，故詰之，對曰：『此敗乃大吉也，三敗之後必獲晉君。』一時問答神氣是如此，乃字方有來歷。若說晉侯車敗，秦伯得勝，無緣要詰，乃字吉字讀，是卜徒父口中語，非敍事也。言當渡河取晉地耳，猶襄二十八年慶封傳曰：『克見血。』左氏峭句文法往往如此。其實秦未嘗涉河也。若說是秦伯之軍涉河，則秦在河西，晉在河東，疆界甚明。韓爲今陝西同州府韓城縣，既涉河而東矣，安得復有韓地乎！杜解尤錯。

又「千乘三去，三去之餘，獲其雄狐。」

正義曰：「如杜意則謂晉侯之乘車三度敗壞

歸，焉用之？』」

杜註：「若將晉侯入，則夫人或自殺。」

案：兩歸字俱當貼晉侯身上說。入廟獻俘，即下文云殺之也。秦伯云：『獲晉侯當好好送歸，若殺之，將以喪歸，焉用此。』左傳：「厚爲之禮而歸之。」史記越世家：「朱公長男竟持其弟喪歸。」歸字多如此用法，且下文有必歸晉侯可證，文義本易解。若如杜說，則喪歸當屬夫人。夫穆公在外，夫人在

杜註：「揮，湔也。」

正義曰：「懷嬴奉匜盛水，爲公子澆水洗手，既而以溼手揮之，使水湔污其衣。」

案：揮字只當作揮使遠去之揮。懷嬴是故懷公之妻，重耳初時未知。奉匜沃盥，猶言侍執巾櫛。既而知其爲姪婦，揮令遠去，欲以避嫌，故下文懷嬴怒曰：『卑我也。』玩既而一字，是中間略停少頃，與上沃盥是兩事。杜註即黏定上說，解作揮水之揮，謂以溼手揮之，使水湔

亦轉不去矣。杜又牽强說秦伯不解，疑敗在己，故詰，則秦伯不應瞶瞶至此。軍中消息，勝負瞭然，何至錯認。劉氏炫亦說是秦伯車敗，謂侯者，五等總名，國君大號，不應專屬之晉。又云：「韓戰之前，秦、晉未有交兵，何得言晉侯車有三敗。」孔氏又駁正之，曰：「秦是伯爵，晉實是侯爵，故知是晉侯車敗。」尤迂滯可笑。若然，則秦是伯爵，應稱伯車，楚是子爵，應稱子車乎？又謂晉侯車三敗，是車有敗壞，非兵敗，尤

而去，三去之後，而獲晉君也。」案：此解更謬。去當作平聲讀，與驅通，驅與狐俱入七虞韻。凡占辭無有不協韻者，詩小雅「鳥鼠攸去，君子攸芋」，去亦作平聲讀也。此三去，如易「王用三驅」相似。凡田獵之禮，皆用三驅。此言秦車三敗之後，三次整兵前進，必獲晉君也。解作敗壞而去，拙滯可笑。

宮中，即自殺亦不得云喪歸，歸字無著落矣。或疑秦伯未必如此長厚。予謂此非長厚，乃勢有所不得殺也。晉實强大，殺之則晉之臣子致死于我，秦烏得不畏。觀下文言「其後必大，姑樹德以待能者」，秦穆之心事可知矣。殺晉侯，直一匹夫，而有莫大之仇；歸晉侯，則外施不殺之恩，而陰有得地之實，秦早籌之熟矣。故以厚歸之言，實出本心，并不待夫人之登臺履薪也。

污其衣，似公子此時已帶調戲之意，正與當日情事相反。

牽强。車敗不過如鄭伯之車僨于濟，一乘兩乘之類耳。若說未交兵，兩軍相去尚遠，晉車偶然顛躓，秦何緣知？即知，亦何必著急而問？查正字通侯與候古人本通用，尚書禹貢：「五百里侯服。」孔氏曰：「侯，候也，斥候而服事。」射義：「射之有侯，所以候中否，明工拙也。」王制疏引元命包云：「侯者，候也，候王順逆，故謂之諸侯。」如此則侯字不煩改讀，已當作候字解。孔氏疏尚書、禮記已有的訓，何獨于此處不引作證，反多此牽强之說乎！

僖二十四年冬，晉侯夷吾卒傳：「僖二十三年九月，晉惠公卒。」

杜註：「晉文定位而後告惠公之喪。」

案：二十四年當係二十三年之誤。晉之九月爲周之冬十一月，傳因赴告從晉夏正，而經自用周正耳。經傳所載時日本合，杜氏不解秋冬爲夏正周正之别，又承四字之

僖二十八年，公子買戍衞，不卒戍，刺之。

杜註：「内殺大夫皆書。刺，言用周禮三刺之法，示不枉濫也。」

案：此刺字直訓殺字。爾雅釋詁：「刺，殺也。」說文云：「刺，直傷也。」與周禮三刺之義不同。周禮司刺之刺，蓋取審察之義。一刺曰訊羣臣，再刺

僖三十一年夏四月，四卜郊，不從，乃免牲，猶三望。

杜註：「三望，分野之星，國中山川，皆郊祀望而祭之。」

正義曰：「公羊以爲祭泰山、河、海。鄭玄以爲祭山川之名，諸侯非其地山川則不祭，且魯境不及于河。」

張氏洽曰：「鄭、杜恐臆說，蓋天子四望，魯

文六年，閏月，不告月，猶朝于廟。

杜註：「文公闕不告朔，怠慢政事，雖朝于廟，則如勿朝，故曰猶。猶者，可止之辭。」

案：汪氏克寬曰：「春秋書猶朝于廟，卽聖人愛禮存羊之意，謂朔雖不告，而朝廟不廢，則告朔之禮猶有存者。公、穀皆曰猶

文十三年，太室屋壞。

杜註：「太廟之室。」

正義曰：「天子之廟，上爲重屋。此是太廟當中之室，其上之屋壞，非太廟全壞也。」

案：杜、孔之誤，吳氏澂已駁之，詳三傳異同表。而家氏鉉翁獨取其說，謂魯用王禮，有太廟，有文世室、武世室。周公廟居中，魯公、武公爲兩世室。經書太室，謂太廟當

謁而不改，遂謂文公定位而後告惠公之喪。世豈有不告己之卽位，而先告先君之喪之理乎！另有論見闕文表後。

曰訊羣吏，三刺曰訊萬民，皆謂審問之而已。漢武帝置刺史，奉詔察州，亦取刺察事情之義，不訓殺也。彙纂云：「自鄭康成誤釋周禮之刺爲殺，于是杜氏預以下皆引三刺之義以釋此經，胡氏傳亦用之。不知公子買正是無罪而枉殺。公實畏晉，又畏楚，殺一子叢以首鼠兩大國之間，其事甚曖昧，豈得昭然用三刺之法，令臣吏萬民皆言合殺，乃始殺之乎！惟公羊傳云：『內諱殺大夫謂之刺。』家氏鉉翁曰：『殺無罪大

比天子闕其一，故三望。書曰猶者，言不當望而望祭也。如使魯望不出境，何爲言猶以譏之乎！公羊必有所受之矣。」案：分野、國中之說，乃賈逵、服虔、鄭玄之舊說也，杜氏襲用之，其意以三望原合禮，特廢郊天而脩小祀，故譏。不知成王賜魯重祭，三望原與郊禘而並錫，魯僭由來久矣，視爲常事，不悉書，因事而書，以志前之非禮耳。

者，可以已也。杜氏亦云可止之辭，大失春秋之意。」

中最尊之世，明是周公廟。其謬尤甚。武宮乃季孫行父所立，本是瀆祀，明堂位傅會爲武世室。況立在成之六年，此時尚未有，何得援以爲據乎！當從公、穀伯禽廟爲是。

	文十五年，齊人歸公孫敖之喪。 杜註：「大夫喪還不書，善魯感子以赦父，崇仁孝之教，故特錄敖喪歸以示義。」 案：敖慢天王，棄君命，罪在不赦，魯誅之可，絕之不爲立後亦可。乃更歸其喪，晏然若無是事者，此魯
夫，春秋所深惡，故不書殺而書刺，蓋知其無罪而殺之幽闇之中。』其義爲得之矣。」	宣十年，〔三〕陳夏徵舒弒其君平國。 杜註：「靈公惡不加于民，故稱臣以弒。」 案：靈公朋淫殺諫，無道已極，而杜氏爲寬之，此爲例所拘，强求其說而失之者也。左傳于宣四年鄭公子歸生弒其君著例曰：「凡弒君稱君，君無道也；稱臣，臣有罪
	宣十一年，楚納公孫寧、儀行父于陳。 杜註：「二子能外託楚以求報君之讎，內結强援于國，故楚莊得平步而討陳。賊討國復，功足補過，故君子善楚復之。」 案：此因左氏有禮之說，而其謬更甚焉者
	宣十二年，晉楚戰于邲傳：「晉人或以廣隊不能進，楚人惎之脫扃，少進，馬還，又惎之拔旆投衡，乃出。」 杜註：「惎，教也。」 正義曰：「脫扃拔旆，皆是教人之語，知惎爲教也。」 案：惎字當依說文作
	昭五年，舍中軍。 杜註：「罷中軍，季孫稱左師，孟氏稱右師，叔孫氏則自以叔孫爲軍名。」 案：杜氏此言不過因哀十一年傳孟孺子洩帥右師，而又言武叔退而蒐乘，疑叔、孟各自爲軍，故云爾。不知此是武叔怯懦，不躬出陳，而委孺子于

政刑之失，而三家所由强也。胡傳踵杜氏之謬，謂聖人以敖著教。陸氏淳謂既臣其子，不容不受其父之喪。夫堯、舜不聞以禹之興宥鯀之殛，況文伯、惠叔又未有大功，可贖其父之過乎！

也。」其意謂稱國以弑者爲君無道，明著弑君者之名氏爲臣有罪，已爲大謬不通，杜又從而爲之説。假令靈公惡加于民，遂將諱弑君者之名氏乎！

也。二子從君于昏，致君見弑，其罪與親弑君無異。且先儒謂其奔楚，必誘楚子以利，緜陳之謀，二子實啟之，使微申叔時之言，陳不國矣。如此陷君賣國之徒，尚謂其功足補過，而反責洩冶以賣直，惡正醜直，獎亂崇奸，杜氏其不免哉！

毒字解，定四年傳：「管、蔡啟商，惎間王室。」哀元年傳：〔四〕「少康爲牧正，惎澆能戒之。」杜于兩處俱訓惎字爲毒字，此傳亦宜依此解釋。若訓作教字，恐兩軍相敵，無教敵人出險之理，宜訓毒字爲近情。至正義謂脱扃拔旆，皆是教人之語，尤不可通。二句是敍晉人事，脱扃尚不能出險，更拔旆投衡，乃得出，非楚人口中語也。

敵。故孟氏亦懷怨望，無鬭志，五日而始從，未敗而先奔，不特叔、孟與季貳，并孟與叔亦互相推諉，莫肯盡力，此其證也。謂左右二軍而外另有叔孫之軍名，斷無是理。方望溪曰：「中軍既毁，則仍二軍矣。清之戰，季氏爲左師，孟叔爲右師，則謂三桓各有一軍，誤矣。」

昭七年，暨齊平

傳曰：「齊求之

也。」

杜註：「齊伐燕，燕人賂之，反從求平。」

劉氏敞曰：「杜氏之說與傳意錯，傳所云齊求之者，似捐齊求與魯爲平也。其下乃云：『癸巳，齊侯次于虢，燕人行成。』若齊已暨燕平，無緣更進次虢，燕乃行成也。且齊侯伐燕，燕人賂之，則傳當云燕求之，經當書暨燕平，不當反云暨齊平也。自昭公卽位以來，未嘗與齊通好，此年三月叔孫婼如齊涖盟，此則魯與齊平

之驗矣，亦猶定十一年冬及鄭平，叔還如鄭蒞盟，章灼不疑。」

已上係杜氏解經傳之誤。

春秋無書字之法論

蘇老泉春秋論曰：「諸侯而或書其名，大夫而或書其字。」胡文定因爲之說曰：「王朝大夫例稱字，列國之命大夫例稱字，諸侯之兄弟例稱字，中國之附庸例稱字。春秋書法有例當稱字，或黜而書名，例當稱人，或進而書字，則褒貶係焉。」嗚呼！大夫爲諸侯之臣，附庸之君下公侯伯子男一等。今君稱名，而臣稱字，公侯伯子男稱名，而附庸之君稱字，於崇卑之分，不幾倒置乎！爲此說者，不過欲以名字見褒貶爾。于是有以殺大夫之書名爲貶，至以泄冶之直諫而死，與里克、甯喜之弑逆同科；以大夫出奔之書名爲貶，至以公子憖之爲國除惡，與良霄、欒盈之叛臣同罪，而春秋之旨愈晦。善乎方氏望溪之言曰：「春秋從無書字之法。舊以王人子突爲字，非也。古有以子某名者，如陳子亢、介子推之類是也。以邾儀父爲字，非也。古有以某父名者，如齊侯祿父、儀行父、箕鄭父是也，而支離穿鑿之弊掃除過半矣。且左傳以儀父爲克之字，計其年分尤遼遠，盟于隱之元年，而卒于莊之十六年，相距四十六載，而儀父又未必以即位之初年而盟也。意克爲儀父之子，儀父之卒不書，至克而後書。」方氏之言得之矣。且邾儀父與介葛盧、郳黎來均爲附庸，則不宜有差別。今以儀父爲字，而以葛盧與黎來爲名，可乎？夫大夫之殺與出奔，列國無不以名赴而以字赴之理。列國不以字赴，魯史何從而得其字。魯史既不書其字，孔子于百年後更何從追書其字耶？杜于凡書名者皆曰惡之，必當日俱有字書于簡册，聖人特以惡之而斥其名。殊不知大夫既已正典刑與逃竄，其本國方深惡痛絶之不暇，豈更有褒嘉之辭，而以其字赴于諸侯耶？且春秋之法果以稱字爲褒，稱名爲貶，子貢之徒當必習聞之，哀十六年續經何不書曰仲尼卒，而書孔丘卒耶？

校勘記

〔一〕〔博士張靖議〕「靖」字原誤作「清」，今據晉書禮志中改。

〔二〕〔衞公孟彄出奔鄭〕「鄭」原誤作「陳」，據春秋定公十四年文改正。

〔三〕〔宣十年〕原誤作「宣九年」，據春秋宣公十年文改。

〔四〕〔哀元年傳〕「元年」原誤作「四年」。下所引「少康爲牧正」云云是左傳哀公元年文，今據改。

春秋人物表卷四十九

錫山顧棟高復初　輯
金匱弟龍光海門　參

敍

昔班孟堅纂漢書列表十，其終曰古今人表。余讀之殊苦其不倫，自邃古羲皇，以至孔子，下逮桀、紂、幽、厲、妲己、褒姒、夏姬之徒，列爲九等，猥雜已甚。且世代遼遠，難可悉數。以余觀春秋二百四十二年，人物號爲極盛，無論孔子大聖垂法萬世，卽如柳下惠之和聖，季札、蘧伯玉之大賢，亦古今罕儷，而讒佞亂賊之徒，後世之殊形詭狀者，亦莫不畢見于春秋之世。無他，國異政則賢否絶殊，世變亟則奸邪輩出也。謹就其中區其類爲十有三，曰賢聖，曰純臣，曰忠臣，曰功臣，曰獨行，曰文學，曰辭令，曰佞臣，曰讒臣，曰賊臣，曰亂臣，曰俠勇，而以方伎終焉。凡孔門弟子之見于左傳者，靡不具載，所謂附驥尾而名益顯，其餘寧慎無濫。而向戌、欒書之列於讒臣，衛子鮮之不得列乎獨行，亦春秋推見至隱，原情定罪之意云。輯春秋人物表第四十九。

春秋人物表

賢聖	共十五人。	柳下惠 蘧伯玉 延陵季子
純臣	共十三人。	衛石碏 齊鮑叔牙 衛甯俞
忠臣	合孝子共二十三人，又附二人。	魯孔父 宋仇牧 晉荀息
功臣	共二十一人。	周單子 劉子 魯季友 齊管
獨行	共八人，又附二人。	魯叔肸 公冶 曹子臧 晉介
文學	共十一人。	鄭子 宋皇武子 晉叔向 吳季
辭令	共七人。	魯展喜 周王孫滿 鄭燭之武
佞臣	共十五人，倖臣在內。	隨少師 鄭申侯 晉胥童
讒臣	共十五人。	晉外嬖五 東關嬖五 二人讒殺世子申生。
賊臣	共三十人。	衛州吁 魯羽父 宋華督
亂臣	共八十四人。	鄭叔段 齊連稱 管至父
俠勇	共四人。	魯曹沫 晉鉏麑 吳鱄設諸
方伎	共十九人。	周泠州鳩 晉師曠 楚鍾儀

先師 孔子 子路 冉有 樊遲 有若 子貢 子羔 琴張 澹臺子羽

鄭子皮 晉祁奚 鄭子産 齊晏嬰 魯臧孫達 叔孫婼 子家

宋蕩意諸 陳洩冶 吳伍員 魯叔仲惠伯 楚伍奢 司馬奮揚

仲 晉原軫 狐偃 趙衰 胥臣 秦蹇叔 百里奚 楚鬬伯比

之推 楚申包胥 宋子哀 曹公孫會 子臧之子。 鄭公孫黑肱 附：楚熊

札 楚倚相 晉士文伯 魯叔孫豹 衛北宮文子 鄭子太叔

秦西乞術 鄭商人弦高 楚椒舉 吳公子蹶由

夷羊五 長魚嬌 清沸魋 楚觀起 衞彌子瑕 宋向魋

宋寺人伊戾 向戌 二人比而殺世子痤。 楚費無極 逐太子建，殺伍奢。 鄢將師 與費無極比而

鄭高渠彌 齊無知 宋南宮萬 魯慶父 晉里克 楚世子商臣

鄭傅瑕 魯叔牙 楚令尹子元 周子頹 邊伯 子禽祝跪

楚石乞

魯梓慎 鄭裨竈 周内史過 虢史嚚 晉史蘇 卜偃 秦卜徒父

南宮敬叔 司馬牛 秦丕茲
羈 晉士燮 鄭子罕 魯仲孫蔑
司馬戌 公子閒 晉董狐 齊太史氏 衛世子伋 公子壽 晉世
孫叔敖 晉韓厥 知罃 魏絳 吳伍員 夫槩王 楚子西
宜僚 鄭騶褚商人
魯臧武仲 楚子革
公子朝 晉欒王鮒 齊梁丘據 楚伍舉 薳啟疆 宋寺人柳
殺郤宛。 吳伯嚭讒殺伍員。 魯豎牛讒殺孟丙、仲壬。 南遺與豎牛比而殺仲壬。 晉欒書
齊公子商人 宋公子鮑 齊邴歜、閻職 莒太子僕 魯公子遂 晉趙
詹父 蔿國 蘇子 齊易牙 寺人貂 周叔帶 頹叔 桃子
魯卜楚丘之父 周內史叔服善相人。 秦醫緩 醫和 晉桑田巫

子申生　楚御士棄疾　伍尚　以上五人係孝子。　魯秦子　梁子　齊丑父
子期　申包胥　沈諸梁
讒殺三郤。　宋寺人柳　華亥　二人比而讒逐華合比　晉范鞅　欒祁讒欒盈，范鞅爲之徵。　荀躒
盾　陳夏徵舒　鄭公子歸生　晉欒書　中行偃　齊崔杼
衞元咺　楚潘崇　魯公孫敖　楚鬭椒　鄭公子宋　陳孔寧
楚范巫矞似　晉梗陽巫皋　楚養由基　晉郵良　即王良。

鄭唐
苟
楚王孫由于
以上五人係免君于難者。
附：隨季梁
虞宮之奇

受祁勝賂，言于晉侯，滅祁氏、羊舌氏，更以計逐范中行氏。
梁嬰父
惡董安于，譖於知伯，使趙孟殺之。

衛甯喜
蔡世子般
楚公子比
許世子止
齊陳乞
陳恆
鄭子

儀行父
周王札子
魯叔孫僑如
宋魚石
向爲人
鱗朱

駟

楚公　子圍　蔡公

向帶　魚府　鄭尉　止　堵女　父　司臣　尉翩　司齊　衛孫　林父

甯殖
宋華臣
齊慶克
鄭良霄
晉欒盈
楚申公巫臣

郲庶
其
齊慶
封
慶舍
盧蒲
嫳
周王
子朝
尹氏
召伯
毛伯

陳慶	虎	慶寅	莒牟	夷	邾黑	肱	宋向	亥	向寧	華定

魯季孫意如
仲孫何忌
宋公之弟辰
仲佗
石彄
公子地
樂大

心 晉趙鞅 荀寅 士吉射 宋向魋 魯陽虎 公山不狃

楚觀從
蔓成然
公子棄疾
陳侯之弟招
公子過
楚囊瓦

曹公孫彊 魯司馬鬷 戾 季魴侯 衛蒯輒 渾良夫 褚師比

右各項俱極矜慎，純臣列士燮，而不列士會，以士會在秦時爲秦畫策謀戰故也。提彌明之于趙盾，董安于之於趙鞅，俱以身死難，而不得與于忠臣之列，以爲私家盡力，食其豢養之恩，而不明大義，特與佞倖有别耳。鬻拳兵諫，不可以訓；子文與管仲同時，而專事猾夏；華元合晉、楚之成，爲向戌弭兵之倡；趙武、韓起文雅優柔，使晉伯業不振，其功業俱無足稱，故俱没其名不列。楚子西與仲歸謀弑穆王，鄭羣公子謀殺子駟，俱事成則爲討賊，不成則身族滅而受惡名。春秋于楚大夫宜申稱國以殺，而不去其官，存恕道，此聖筆之權衡也。衛子鮮託于木門，終身不入衛國，疑可入獨行。然先儒謂其導甯喜以弑君，又不忍負甯喜而甘棄其君兄，亦未爲知道，較魯之叔肸、曹之子臧遠矣。卜齮、圉人犖及程滑親加刃于君父，而賊臣不列其名，以其微者，且安知非歸獄，罪當坐主謀，不使他人得分其罪。如後世魏高貴鄉公之死當坐司馬昭、賈充，不當及成濟也。齊襄之弑從死者三人，齊莊之弑從死者十人，後爲莊公報仇者二人，然平日從君于昏，苟私于所事，烏得謂明于大義，得免佞倖足矣。凡兹去取俱有微意，不得以脱漏爲嫌。壬戌十月下浣復初氏識。

鄭莊公論

春秋初年，列侯僭侈，多封樹子弟，以僭擬王室，而卒自受其斃。同時衛有州吁，晉有成師，鄭有叔段，皆擁强兵謀奪宗。其後桓公立十六年而州吁弑其君。成師傳莊伯，至武公，凡五弑君，歷六十七年而卒滅晉。獨莊公克平大憝，宗祧無恙。論者謂莊公養成段惡，志在欲殺其弟，歷千百年無有能平反是獄者，此信傳而不信經之過也。愚獨謂莊公之爲人狙詐猜忍，無一事不干天討，獨其處段未爲過當。夫段之作亂，路人皆知，形勢已成，使莊公而稍孱弱，不爲衛桓之駢首就夷，即爲晉之三世有亂，其機間不容髮。且以莊公之雄才，其欲殺段，宜無難者，而莊公未嘗窮追極討，如齊桓之殺子糾，楚平之殺子干、子晳，〔一〕仍使之餬口于四方，則所謂緩追逸賊，于親親之道正合。穀梁訓克爲殺，既于實事不符；而左傳謂稱鄭伯，譏失教。嗚呼，莊公豈能教段使不爲亂哉！段恃母之寵愛，常謂莊公之攘奪其位，其心每憤恨不平。使莊公而稍禁戢之，適足予以兵端而反噬，故母氏請京則聽，收貳至廩延，亦不發露，隱忍至二十二年之久。蓋猶有畏名義，念母與鞠弟之心，非可謂養成其惡也。且石碏純臣，豈有養成子惡之理，而石厚佐州吁弑君，石碏熟視十六年不能禁，直至問定君之計，詭計請陳而使殺之，此實出于無奈，而謂石碏之處心積慮成于殺子乎！嗚呼！于石碏之殺其子則謂之大義滅親，于莊公之以罪逐其弟則謂之處心積慮成于殺，此見世俗之情私于父子而薄于兄弟，遂以此立論。而莊公亦實爲衆所惡，無有肯爲之平反者。遂至明建文之世，燕師軼境，猶謂無使朕有殺叔父名，蓋猶懲鄭莊之事，而卒肇金川門之禍。讀書無識，千古眯目，可一歎也。莊公之罪，罪在誓母黃泉，爲得罪名教耳。使爲莊公者誠敬以感悟母氏，涕泣以訓誨其子，俾之率德改行，而復任爲大夫，則與周公之誅管、蔡而庸蔡仲合矣。若其處段固未甚害義也。後世于明建文之遜國則譏其不克負荷，于宣宗之誅高煦則美其克守先業，獨至論莊公則反是。春秋之世，篡弑相尋，往往寬假臣子而苛責君父，于稱人以弑則曰君無道也，又曰君惡甚矣，于莊公之誅亂臣則曰養成弟惡而殺之，使君父于凡桀驁悖逆之臣子真有進退維谷之勢。如此則春秋乃助亂之書，豈可訓乎！春秋初年，晉未與中國通，故成師三世之事不見于經，而鄭、衛二國則書法顯然著明。隱四年書「衛州吁弑其君完」，而桓公前有讒而弗見，後有賊而弗知之罪，亦難辭矣。隱元年書「鄭伯克段于鄢」，稱「鄭伯」，舉爵爲無譏；段不言弟，爲削其屬籍；書曰「克」，大鄭伯之能戡亂。斷以經之書法，而春秋君臣之義乃定。

鄭莊公後論

嗚呼！余讀春秋鄭伯克段傳，而竊歎明建文之世其所以處置燕王者，事事與鄭莊相反，宜其失守天下而卒不祀也。方莊公初立，武姜爲段請制，公曰：「制，巖邑也，虢叔死焉。」以極制防之心而出以慈愛，雖係奸謀，實關至計。而燕王雄踞北平，不能移駐他處，其失制馭一也。鄭莊之時，羣臣爭欲除段，而莊公持重不發，蓋欲蓄全力以待其敝。而建文失于輕遽，今日下罪書，明日削護衛，周、齊、湘、岷同受縲縶，俾之合志併力而疹以謀我，其失人心二也。段之雄武可埒燕王，而又多一姜氏爲之內主，而莊公一舉勝之，絶不震驚，此必有先爲不可勝之計。其二十二年之中未嘗一日忘備。而建文君臣方粉飾太平，制禮作樂，倣周官行井田之制，泄泄然不復以燕兵爲慮，其疎警備三也。嗚呼！儒者謀國，其居平議論，動謂莊公負叔段，叔段何負于莊公。意以藩臣弄兵如狂騃孺子，不久自斃。誰知有雄大桀驁如燕王者，頓移天祚，此時雖十族以殉，何補于國，此尤可歎息痛恨者也。夫子删詩，于鄭風録叔于田、大叔于田二詩，于唐風録揚水、椒聊二詩，當日民心之歸向叔段，與成師者情勢大略相似，而晉祚卒移于曲沃。莊公手平大難，宗社晏如，夫子大其功而曰克，正與録詩之意相對照，此尤大彰明較著者也。春秋于凡叛臣之入國者，一則曰鄭人殺良霄，再則曰晉人殺欒盈。稱人，謂夫人之所得殺，絶無憐憫伯有與欒盈之意。獨至叔段則曰段無罪，莊公養成其惡而殺之。從來書法及稱人爲貶，稱爵爲無譏，而于亂臣賊子則反是，尤不可解。嗚呼！春秋初年，奪適搆亂之事，列國多有，而其始靡不由于助亂。鄭共叔之亂，公孫滑出奔衛，衛桓爲之伐鄭，未幾而即見殺于州吁。州吁弑君，魯隱爲之伐鄭以定其位，未幾而卽見弑于羽父。鄭莊親受共叔之亂，而卒助魯桓，助宋莊。逮其子厲公，始而篡忽，繼殺子儀，且反公父定叔，曰：「不可使共叔無後于鄭。」亂臣賊子同惡相濟，雖其親父子且弗顧，而後之儒者又可助段而揚其幟乎！余熟覽春秋列國時事及有明建文之世，而歎左、穀釋經與經意悖，足爲後世召亂，謹書此以質後之君子。

鄭莊公第三論

余於莊公、叔段事既再爲論以明之，而穀梁之論尤謬。穀梁曰：「緩追逸賊，親親之道。」致明建文帝於燕師軼境之日，猶勅諸將無使朕有殺叔父名，使叛逆之臣聞之，輕騎深入，冒險突圍，諸將莫敢加兵，卒肇金川門之禍。是亡惠帝之天下者，穀梁一言啟之也。夫人臣無將，將則必誅。明其爲賊，敵乃可服。親則非賊，賊則非親，二者不容並立。見無禮於其君者，逐之如鷹鸇之逐鳥雀，況親執干戈，破城殺將之賊，而可縱釋不誅，以遺後患乎！且其言曰甚鄭伯之處心積慮成於殺，獨不曰段之處心積慮成於簒乎！釋其臣而責其君，爲亂賊立一護符，爲君父設一箝制。致周襄王於叔帶之難，倉皇出奔，曰寧使諸侯誅之，無傷母氏意。而後世儒者謂同於舜之處象。飾退讓之小名，忽宗社之大計，是徐偃之仁，宋襄之義，滅亡之道也。且以段之興兵聚衆，跋扈肆横，而曰猶取諸其母之懷中而殺之。夫段豈懷中之赤子乎！果爾，則周公先不宜致辟管叔于商矣。若謂周公爲國家除難，而鄭莊止利一身，殊不知莊公既立，則社稷爲重而身爲輕。段所圖利者，鄭之社稷，非止莊公一身也。若以此引嫌，則當於嗣位之初，先宜退讓而弗居，不當既立而輕以其國爲兒戲。公、穀俱謂殺母弟直稱君，甚之比於天王之殺佞夫。夫儋括欲弑王而立佞夫，佞夫不知，此出於無罪而見殺，烏可與段比例，故佞夫書弟而段不言弟，書法顯然具見。余謂孔子作春秋以討亂賊，而三傳不明大義，解經而適以亂經。孔子明書趙盾弑其君夷臯，三傳則曰非弑也，不討賊也。如此則司馬昭亦可云非弑。孔子明書許世子止弑其君買，三傳則云非弑也，進藥而藥殺也。如此則霍顯亦可云非弑。孔子明書趙鞅入于晉陽以叛，三傳則曰非叛也，欲清君側之惡人。如此則朱全忠、李茂貞之徒皆得以横行無忌。孔子明書子野卒與子般卒，子卒同例，三傳則曰毁也。如此則凡弑其君於宫庭隱處者，皆得以售其奸。夫趙鞅晉陽之甲，夫人而知其非趙盾。許止之獄，歐陽公有定論。卽子野之蒙弑，前明諸儒及近世方望溪氏猶有能白發其奸者。獨鄭莊、叔段之事，晦昧終古，使後世簒逆臣子成事則爲成師之世享晉國，燕王之晏有天下，不成而猶得爲叔段，蒙文人學士之哀憐，與孔子作春秋之意相反。昌黎云：「春秋三傳束高閣，獨抱遺經究終始。」豈無故哉！

衛石碏論

嗚呼！吾觀于春秋衛石子之事，而知古來之除奸必出于慎密持重，而輕發則未有不敗者也。當石碏之極諫于莊公時，此特禍之始萌耳。逮莊公薨而桓公立，此時莊姜爲主于内，石碏老臣柄政于外，豈不可奪其兵柄，斥居外國，亂何從生。而顧告老以去，此必度知桓公之爲人柔懦，不足與圖事。又州吁權譎，能使其衆，觀石碏之子厚爲之出死力，則其人可知。先發恐至僨事，故隱忍不發。至十六年亂果成，列國不惟不能討，而反爲之援。此時石碏決計圖之，然猶未敢聲言討賊，父子之閒未嘗偶露。至石厚問定君之計，乃使入陳請覲，告于陳而使執之，此特一匹夫之力耳。可見兵權在握，君無如其臣何，父無如其子何。然此計何不發之于十六年之前，使桓公不至于弑？而國君新立，州吁罪惡未著，則爲桓公内不能容其弟，莊姜下不能容其子，而石碏以殘害骨肉導其君，要亦不知其禍之至於此也。嗚呼！始之能慎，後之能斷，指麾談笑，變故立定，石碏可謂千古一人矣。後世具此大力，以小人而除小人則有若元載之于魚朝恩，史彌遠之于韓侂胄，而大臣謀國、誅翦巨憝則若王曾之除丁謂，楊一清用張永以除劉瑾，徐階之計除嚴嵩，俱外不設異同之迹，機會可乘，不祟朝而制其死命，譬之搏虎一擊，不勝則將爲所噬。吾獨悲夫明季諸君子，絶無長慮卻顧之術，虛張聲勢，恣意抨擊，俱入奸閹之手，卒之身塡牢户，而國運亦隨以斃。後之君子其亦觀于石碏之事，而審所措置哉！

晉狐偃趙衰胥臣論

從古一國之興，莫不有股肱宣力之臣，後利而先義，推賢而讓能。蓋自唐虞之世，禹、皋、稷、契交讓一堂，下逮春秋，伯者之佐，亦莫不稟此意以周旋，無後世草昧初起，飲酒爭功，拔劍擊柱之態。于此益知先王禮義之教，去人未遠也。余觀晉狐偃、趙衰、胥臣三人，出萬死不顧一生，從公子于外十九年，幸得返國，即使其才庸下，亦當居首功，況三人皆天下才。而當作中軍謀元帥之時，趙衰薦郤縠，又讓欒枝、先軫，狐偃讓于狐毛而己佐之。猶曰此其同列兄弟也，逮狐毛死，先軫子且居爲上軍將，而狐偃佐之，先軫死，子且居嗣爲中軍將，而趙衰佐之，胥臣亦舉郤缺。而終三人之世，未嘗將中軍。夫狐、趙于先且居爲丈人行，而先軫未嘗有從亡之功，乃父子並將中軍、上軍兩世，而狐、趙爲之佐，先氏偃然列其上而不疑，狐、趙泰然處其下而不慝，相與出奇效策，戮力同心。此豈文公之德有以致之，殆亦氣運使然，天生此三人以昌晉之伯也。至再世以後，狐偃子射姑以易班殺陽處父矣，趙盾逐賈季、放胥甲父矣，胥童以胥克之廢怨郤氏矣，植黨樹權，營私報怨，即其父子祖孫已有絕不相似者，殆亦有莫之爲而爲者耶？余觀人臣功名之會，莫不敗于爭而成于讓。樊舞陽以蓋世英雄，而淮陰侯謂生乃與噲等爲伍；李道宗以宗藩宿將，而尉遲敬德至拳毆道宗，目幾眇；趙韓王以儒臣佐命，亦不免有專權之譏，蓋讓德之難如此。元李思齊與察罕同起兵，逮察罕死，子擴廓總天下軍，而思齊不爲之下，至治兵相攻。若三人者，豈特天分過人，蓋亦沐于先王禮義之教，浸淫而不自知。觀趙衰之薦郤縠曰說禮樂而敦詩書，胥臣之舉郤缺曰敬德之聚，而子犯詔公子不以得國爲利，至蹈九死而不悔，非有得于聖賢之教而能然乎！夫三子偶不爲聖人所論列，而曾氏傳大學戒言利，而述舅犯仁親之訓，其意以爲過齊管仲遠矣。夫鮑叔牙薦管仲，而管仲治齊，專興魚鹽之利，不聞爲國樹人。三子所舉人才，晉國賴其利者再世，而管仲死，五公子争立，齊國大亂，不聞有管仲推轂之臣爲國柱石，主持國是，則較三子者之優劣，豈不大相遠哉！

鄭燭之武論

世多稱燭之武退秦師，謂與展喜犒齊同，能不戰而屈人之兵。以余考之，良不然，燭武特戰國策士之先聲，偷取一時之利，其實兆鄭二百年晉、楚之禍者，燭武爲之也。何則？鄭之大患在楚，而唯秦與晉合，則力足以抗楚庇鄭而無患。往者齊桓嘗勤鄭矣，卒之楚患未已，甚者江、黄則爲楚所滅。獨至城濮之役，晉合齊、秦攘楚，楚力屈遠遁，而鄭乃得安意事晉。今一旦秦、晉以小嫌伐鄭，其實主兵者晉也，爲鄭之計，宜屈體以求成于晉，晉退而秦亦退，秦、晉之懽不失，則晉之足以庇鄭者如故也。乃閒秦撓晉，用三帥戍之，未幾秦旋圖鄭，使晉襄不禦之于殽，而鄭蚤爲秦滅矣。一自殽之師起，而秦、晉之仇不解，楚且乘閒以合于秦，使晉力疲于西，不得復致力于東，楚得日蹢東諸侯而無忌，鄭且駸駸日逼矣。夫秦、晉、楚，匹也。燭武第知當日説秦可以紓二患，不知啟秦窺覦之心，而又多一秦患。幸而殽師扼之而秦患不至，而晉勢孤力分，不能抗楚，而楚禍方深，厥後秦、晉之仇二百年不解，而鄭國晉、楚之禍亦二百年不息，犧牲玉帛待于二竟猶不得免，是誰之咎哉！晉悼之興，結吴撓楚，楚之有吴患，猶晉之有秦患也，楚勢稍屈，而鄭亦得以稍安然。吴卒肆横，齊、魯且惴惴焉。向使秦、晉合力，足以制楚而有餘，無用召吴，中國不特無楚患，并無吴患矣。余反覆晉、楚二百年事，追原禍始，未嘗不歎息于燭武之一言爲之階也。後之當事變者，長慮卻顧，審擇所從，毋偷一時之利，而釀百年之害，致蹈燭武之故智哉！

衛蘧伯玉論

余觀伯玉世稱大賢，夫子亟稱之。及觀左氏傳于襄十四年孫、甯逐其君衎，逮二十五年衎復入，伯玉俱不對，從近關出。曰：嗟乎！左氏所稱，殆不可信。如果有之，是春秋之馮道也，尚安得爲伯玉乎哉！且夫子之作春秋，將以嚴君臣之分，立臣子之防，使爲人臣者盡忠不貳以事其君。今以伯玉此舉爲合道，是使後世之偷禄取容、全生苟免者有以藉口，與春秋之志違矣。夫食人之禄者，死人之事。傳曰：謀人之家，國危則亡之。當孫林父之以謀告伯玉也，伯玉能正色直辭以折之，使不敢動，上也。不然乞師大國，討孫、甯之罪而復其君，次也。不然則逃之深山，終身不復出，又其次也。乃衎出而臣剽，剽弑而復臣衎，有事則束身出境，無事則歸食其禄，視其君如弈棋，漠然不關其慮，是五代之季畔亂反覆者之所爲，而謂伯玉出此乎哉！或謂伯玉身非正卿，故委蛇以合道，又非也。夫位之崇卑不同，而其爲人臣子則一也。今有人欲劫質其父，謀之其子，更十年而復歸之，其子乃恝然不顧，其父之出也聽之，其父之歸也復受之，是尚安得爲人子乎！或又謂衞侯之出，其君實甚晏子所謂非其私暱，誰敢任之者，非歟？曰：晏子之論，後世猶有非之者，況獻公之出，特以不禮于權臣，而孫、甯謀先，非有淫昏不可道之行，尤不可與齊莊之弒同日語也。子朱子乃引爲卷而懷之之證，余疑其事而急辨之如此。曰：然則左氏非實録歟？曰：左、史一也，史于武公之德而謂其弒共伯而自立，豈弒立之事亦有可信者歟？

列國謚法考

鄭夾漈著謚法略，謂謚有美而無譏，臣子當大故之際而加譏貶于君父非先王之法。楚頵謚之曰靈，不瞑，曰成乃瞑，此蠻夷之習也。嗚呼！鄭氏好爲異論，而不自知其顯同于始皇之見。且鄭氏獨未聞孟子乎，「名之曰幽、厲，雖孝子慈孫，百世不能改。」孟子係周時人，幽、厲豈非惡謚，其疎謬不待辨而可知矣。迺余遍考春秋之世，通君臣皆有謚者，惟魯、衞、晉、齊四國爲然，然皆卿有謚，而大夫無謚，公族世卿有謚，而庶姓無謚。其餘遠國如秦、楚，中夏如宋、鄭，則君有謚而臣無謚。至吴、越、徐、莒，則君臣皆無謚。秦之蹇叔、百里奚，楚之令尹子文、孫叔敖、子重、子反，皆位爲正卿，著有功業，不聞以謚稱也。宋華元、向戌無謚，鄭之子皮、子産、子太叔，皆赫然著見于春秋之世，而後世不聞以謚稱。二百四十二年，莊公世惟一公父定叔、僖公世惟一皇武子、襄公世惟一馮簡子，哀七年有駟弘，別爲桓子思，九年有罕達爲武子賸，然杜註惟于公父定叔及駟弘明之曰謚，其餘則無註。又晉語鄭簡公使公孫成子來聘，韋注云：「成子，子産之謚。」此第見于國語，而左傳則無之。至魯、衞、齊、晉得謚者最多，篡弒之賊，如魯共仲、季平子，衛之孫文子、甯惠子，齊之崔杼，晉之趙盾，無不有謚。而衛之史魚、蘧伯玉無謚，孔子大聖人亦無謚，則以異姓非世爲卿。晉以祁奚、叔向之賢而無謚，則以雖公族而非爲正卿。晉有非公族而得謚者惟欒王鮒一人，則或以晉君之嬖而爲范氏私人之故。夫易名之典起于周公，當時以直道行之，而其後世惟論爵秩之崇卑，且爲世室大家所竊據，而虚稱美號加于簒逆之賊，如慶父之爲「共」，意如之爲「平」，謬盭尤甚。周公之後裔且然，況其外餘子乎！子貢與孔子尚論諸賢，如孔文子、公叔文子二人，斤斤有循名責實之思，而仲尼之卒，哀公作誄，子貢不聞請謚，意其時已成習尚，雖孔子大聖不得援公族之例以請歟？此外如陳之轅宣仲、公孫貞子，蔡之聲子，邾之茅成子，他國行謚亦閒有之，然傳文闕略，莫可深考。吳、越之君如闔閭、勾踐，皆無謚，故以延陵季子之賢而亦不得謚。成十四年莒子朱卒，楊氏士勛曰：「渠丘公也，葬須稱謚，莒無謚，故不書葬。」徐子章禹亦無謚，是則蠻夷之俗不知有謚，而鄭氏之言顧反之，此尤不思之甚也。夫諸國之無謚用夷禮，宋之無謚因殷禮，獨鄭爲王室懿親，冠蓋交于中國，而其謚見于傳者寥寥止三四人，然其行事皆不概見于春秋，其顯然著名者則無謚，此不可解者。余爲列其端緒，以俟後之君子博考而得其故焉。乾隆十年七月下浣五日復初氏識。

校勘記

〔一〕楚平之殺子干子晳〕「子干」原誤作「子于」，據左傳昭公十三年改。

春秋列女表卷五十

錫山顧棟高復初　輯
金匱華育濂師茂　參

敍

周家世有婦德，自周姜以迄任姒，世嗣徽音，文王后妃，化行江漢，其易汙亂以貞信，豈一朝一夕之故哉！逮春秋之世，四百餘年，禮教陵夷，衞興新臺之刺，齊有南山之行，魯以秉禮之國，再世女禍，文、武之家法盡矣。吾夫子作春秋內大惡諱，而夫人姜氏會齊侯于防、于穀，如齊師，享祝丘，繁稱不殺，豈非著其淫泆不道爲世鑒哉！夫上有好者，下必有甚焉。是以春秋卿大夫家咸淫姣失行，外于禮法，通室易內，恬不知恥。春秋大書紀叔姬、宋共姬之卒，蓋欲撥亂世反之正。而或謂叔姬不當歸酅，共姬女而不婦，聖人書之以示譏，一何剌謬乎！余倣孟堅遺意，將春秋列女區爲三等，最上節行，其次明哲，下則縱恣不度，因而亡國喪家，戕夫殺子者有之。嗚呼！鑒茲行事，變亦備矣。輯春秋列女表第五十。

春秋列女表

上　節行共十二人。

衛莊姜
戴嬀
許穆夫人
紀叔姬
宋共姬
楚季芈鍾建妻。
魯公父文伯母
晉趙衰妻
介之推母
郤缺妻

中　明哲共十一人。

楚鄧曼
秦穆姬
衛敬姜
晉季隗
姜氏齊桓公女。
曹僖負羈妻
晉伯宗妻
叔向母
鄭徐吾犯之妹子南妻。
齊辟司徒之妻

下　縱恣不度共三十二人。又附二人。

魯文姜
哀姜
敬嬴
穆姜
季姒
季姬齊悼公夫人。
庚宗婦人豎牛母。
周隗后
衛夷姜
宣姜宣公夫人。

齊杞殖妻
莒紀鄣婦人

鄭燕姞穆公母。

宣姜襄公夫人，靈公嫡母。
南子
孔悝母
孔姞孔文子女，太叔疾妻。
齊連稱從妹
聲孟子
棠姜
慶封妻
盧蒲嫳妻
宋襄夫人
晉驪姬
齊姜
貿君
祁勝室
鄔臧室
趙莊姬

欒祁欒盈母。
鄭子妻
陳夏姬
蔡世子般妻
楚太子建母
附：
鄭雍糾妻祭仲女。
齊盧蒲癸妻慶舍女。

案晉懷嬴、魯施孝伯女俱係失節婦人而非其罪，且其人亦頗明于見事機，識道理，然無可褒，如後世蔡文姬一流。息嬀委身事仇，更下一等。然自入楚以後，未聞失檢，卽有子元處王宮事，而不著其淫通事迹。魯鄫季姬左氏傳與公羊各異，然諸儒謂宜從公羊，姑闕疑，俱沒其名不列可也。鄭雍糾妻、齊盧蒲癸妻，雖與淫肆殊科，然亦人倫天理滅盡矣，特附于列女之下，用志春秋世變之極云。十月下浣又識。

衛夷姜晉齊姜辨

左傳，衛宣公烝於夷姜，生伋子，晉獻公烝於齊姜，生太子申生，說者因謂芝草無根，醴泉無源。愚嘗反覆核其年，而知左氏之誣也。據閔二年傳「惠公之卽位也少」，杜註謂蓋年十五六。宣公之在位止十九年，而朔尚有其兄壽，則奪伋妻之事，計當在卽位之元二兩年。伋年可娶，亦必當十五六。而宣公之兄桓公凡十六年而爲州吁所弑，則烝夷姜當在桓公卽位之初年矣。凡先君之妾媵嗣君，當嚴閉深宫，無有他公子得濁亂宫掖者，而宣公爲公子時又出居邢，遠寄他國，無由得近。借令有之，亦當閟不令宣，何乃顯然屬諸右公子，猖狂無忌如此。且夷姜何人，當卽莊姜之姪娣也，而右公子卽宣公之兄弟。莊姜嚴正，惡州吁之好兵，豈反不惡宣公之淫亂。而石碏老臣謀國，手定州吁之難，創深痛鉅，豈有迎穢迹彰聞之公子而奉以爲君，此萬萬必無之理。至獻公之于齊姜事尤不類。左傳莊二十八年，晉使太子申生居曲沃，重耳居蒲，夷吾居屈。係晉獻公之十一年。若申生是烝武公之妾所生，想當在卽位後，年不過十歲，重耳、夷吾必當更幼，以三稚子守宗邑與邊疆，適足啟戎心而使民慢，何謂威民而懼戎。又僖二十八年，杜註謂重耳年十七而亡，亡十九年而反，合共三十六年，至此年四十，據此則重耳守蒲時止六齡耳，尤不可當重任。觀楚子曰：「天假之年而除其害。」時楚子年已五十，而謂人四十者爲天假之年，可乎！案史記，重耳奔狄時年四十三，歸國時年六十二，則城濮之戰年已六十六，與左氏假年之説相符合，計守蒲時年三十二矣。而申生居長，則其生當在獻公爲曲沃世子時。是時武公暴起，方圖并晉，志意精明，豈有縱其子淫昏之事。卽使有子，豈宜復立爲太子。唐之高宗不聞于太宗之世而先通武后也。竊意夷姜、齊姜皆二君未卽位時所娶之適夫人，後因寵衰見廢，横加之罪，左氏因而甚之耳。史記俱不及烝淫事，于衛則曰宣公愛夫人夷姜，生子伋以爲太子。于晉則曰太子申生，其母齊桓公女也，曰齊姜。史公亦喜談女德者，而于此二君則母曰夫人，子曰太子，絶無曖昧不可道之事，此尤信而可徵者也。夫宣公奪子婦，獻公惑驪姬，以致大亂，幾亡國，俱無足深道，獨惜伋子之兄弟争死，申生不敢明驪姬之過，爲千古之純孝，而其母蒙不韙之名，不得不爲之辨，爲考其年之先後而論著之如此。

此華子師茂之説，余爲申其意而作辨。噫，讀書不具隻眼，多爲古人所誣。鄭氏康成箋匏有苦葉云刺夷姜，而取證于「雉鳴求其牡」一語，竟似襄夫人之欲通公子鮑矣。罪狀輾轉增加，夷姜有知，得毋叫冤于地下乎！乙丑六月上浣八日復初氏識。

春秋輿圖

錫山顧棟高復初著
金匱華淞半江定

古稱左圖右史，惟春秋列國，尤不可不圖。亦惟春秋列國尤難圖，以其强兼弱削，大小無定形，不可畫定分封時疆界爲某國；又犬牙相錯，棼如亂絲，有以今之一縣而四國錯壤者。今以本朝輿圖爲準，填寫春秋時列國都邑。曰河南，曰山東，曰山西，曰直隸，曰陝西，曰江南，而附四川於湖廣，附江西於江南，浙江爲圖八。又總圖一，止列國名。河圖二，詳未徙、已徙時分歧地界。淮水及江、漢圖各一。庶行軍之往來、屯戍之要害、使聘之郵遞、河道之遷變，開卷而瞭然具見，亦讀左之一助云。乾隆十年三月五日識。

京師

北燕

山西

山東

河南

河北

湖廣

江南

江西

浙江

福建

以下廣西

廣東

以下廣東

以下福建

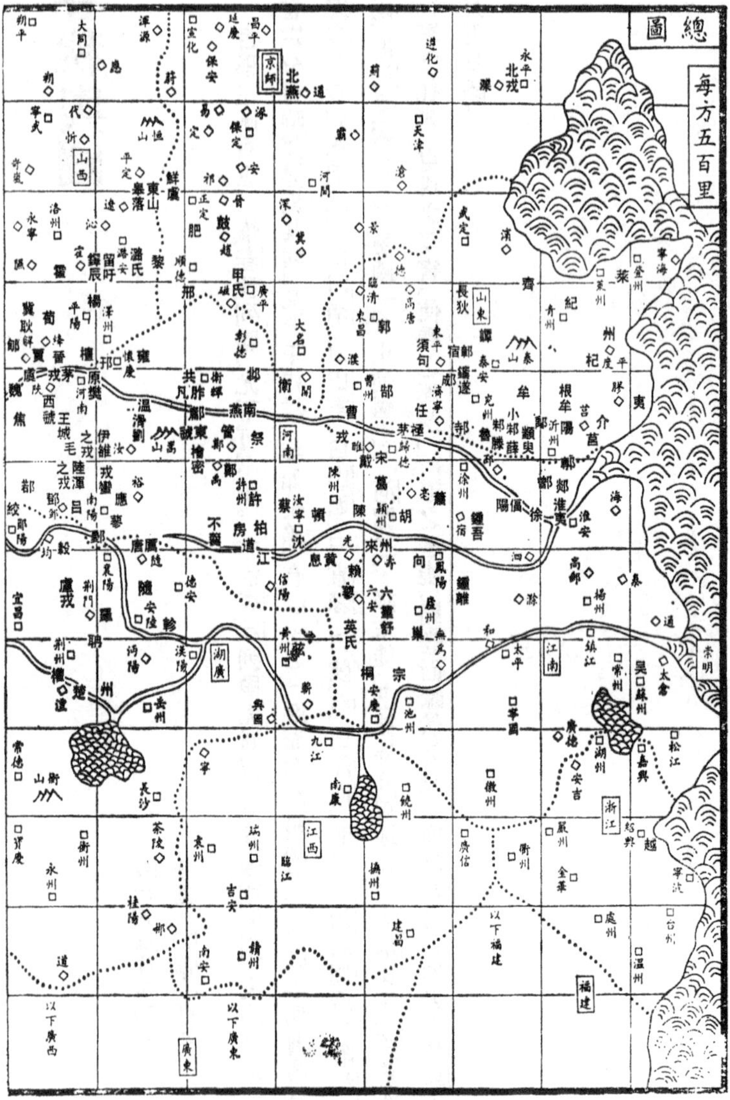

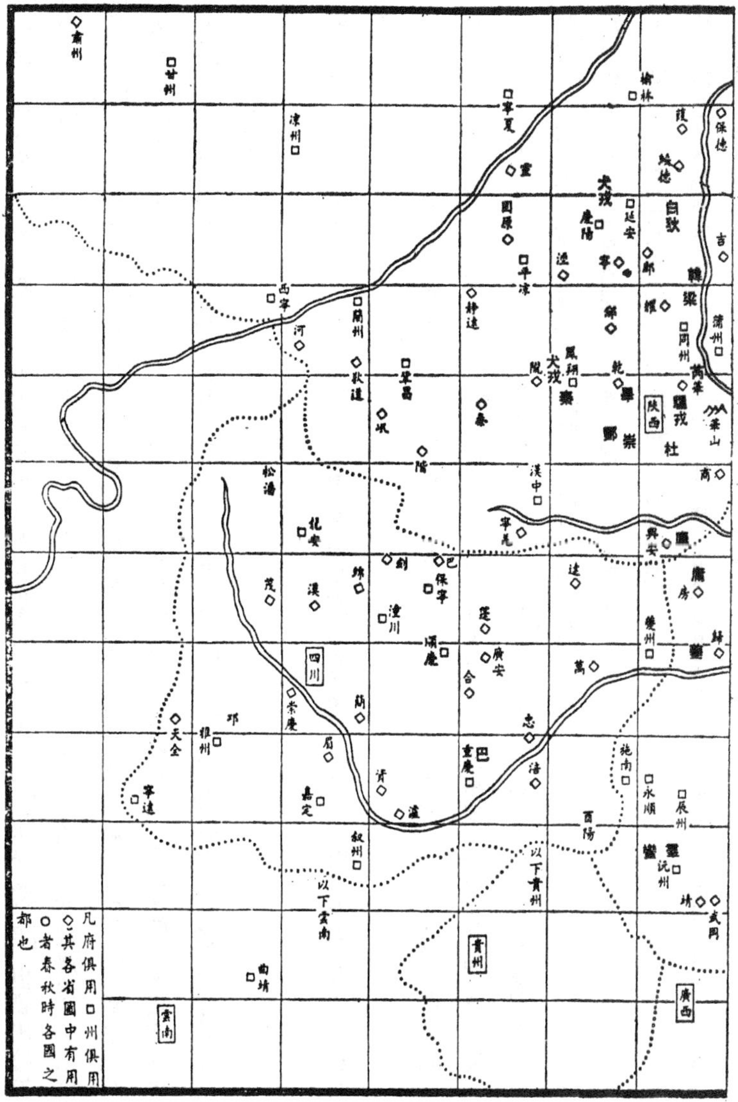
肅州
甘州
涼州
寧夏
榆林
葭
保德
靈
綏德
固原
犬戎
延安
白狄
慶陽
吉
平涼
涇
寧
鄜
西寧
蘭州
靜遠
韓
梁
邠
耀
蒲州
河
同州
鳳翔
犬戎
乾
芮
狄道
鞏昌
隴
秦
畢
華
驪戎
陝西
華山
岷
酆
崇
杜
階
松潘
漢中
商
寧羌
興安
龍安
劍
巴
保寧
達
茂
漢
綿
潼川
庸
房
蓬
夔州
順慶
廣安
歸
四川
萬
合
邛
天全
雅州
崇慶
忠
眉
巴
重慶
施南
涪
嘉定
瀘
永順
辰州
寧遠
酉陽
敘州
以下雲南
以下貴州
沅州
靖
武岡
貴州
曲靖
雲南
廣西
凡府俱用◇州俱用□其各省圖中有用○者春秋時各國之都也

此圖因局於尺幅，故於昭代輿地止列春秋時所有諸國省分。如福建、兩廣、雲、貴，但畫出接界處，不列府、州。以上十省，亦但列府、州不及縣。各省首府不載府名。晉、楚諸國，其都屢遷。今圖中如晉、衛、莒、杞、秦、吴六國，從其最後書之。蔡、許、邾、邢四國，列其始封。楚都郢最久，繫之荆州府。其初遷及屢遷始末，俱詳列於左，以資參考。至夏、商諸國，已詳存滅表中，兹不復載。又畫方計里，昉於朱思本。今惟總圖每方五百里，餘俱一百二十五里。本皇輿圖，以北極出地度，及東西偏度，俱每度二百五十里，每方得半度也。

晉　始封唐。今太原府太原縣。　遷於絳。亦曰翼，在今平陽府翼城縣東南。　再遷新田。仍謂之絳，在今平陽府曲沃縣西南。

衛　始封朝歌。在今衛輝府淇縣東北。　遷於楚丘。在今衛輝府滑縣東。　再遷帝丘。在今大名府開州西南。

蔡　始封蔡。在今汝寧府上蔡縣西南。　遷於新蔡。今汝寧府新蔡縣。　再遷州來。亦曰下蔡，在今鳳陽府壽州北。

許　始封許。在今許州府治石梁縣東。　遷於葉。今南陽府葉縣。　再遷夷。卽城父，在今鳳陽府亳州東南。　三遷白羽。一名析，在今南陽府内鄉縣西。　四遷容城。在今南陽府葉縣西。

莒　始封介根。在今萊州府膠州西南。　遷於莒。今沂州府莒州。

邾　始封邾。在今兗州府鄒縣東南。　遷於繹。在故都稍北。

杞　始封雍丘。今開封府杞縣。　遷於淳于。在今青州府安丘縣東北。　再遷緣陵。在今青州府昌樂縣西南。　復還淳于。

邢始封邢。在今順德府治邢臺縣西南。遷於夷儀。在今東昌府治聊城縣西南。

秦始封西垂。今秦州。遷於平陽。在今鳳翔府郿縣西。春秋初秦尚都此。再遷雍。在今鳳翔府治鳳翔縣南。

楚始封丹陽。在今宜昌府歸州東南。遷於丹陽。在今荊州府枝江縣西。春秋初楚尚都此。再遷郢。今荊州府治江陵縣。

吴始封吴。在今常州府無錫縣東南。遷於姑蘇。今蘇州府治吴縣。

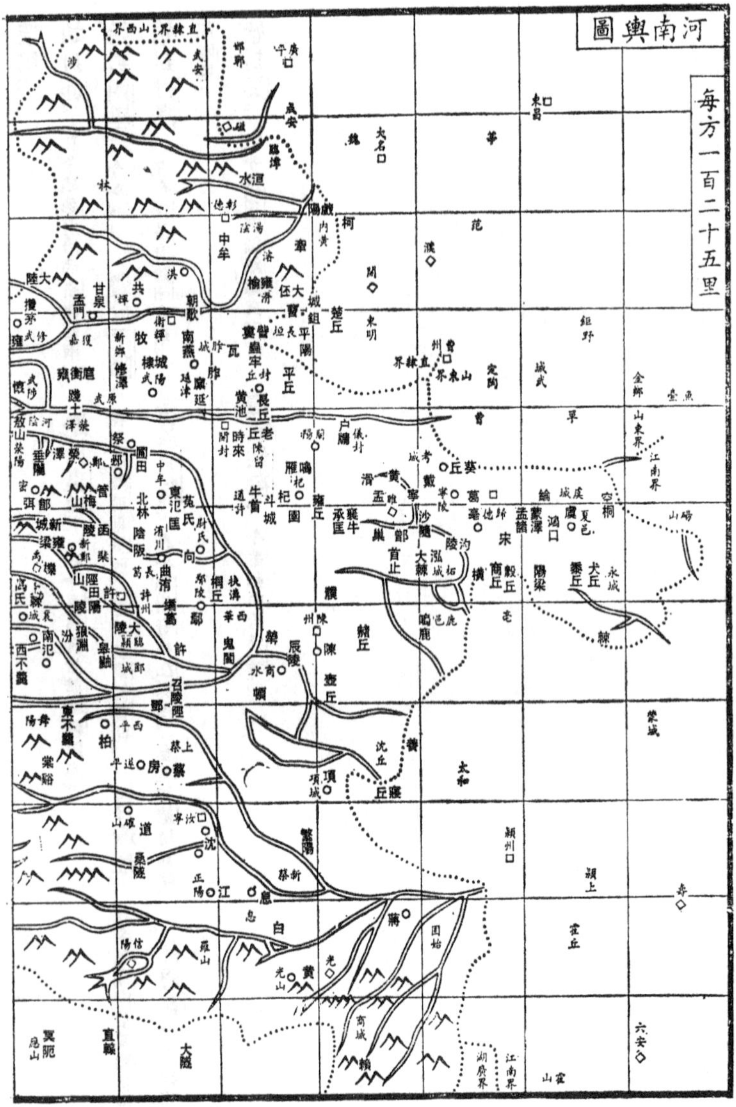
河南輿圖
每方一百二十五里

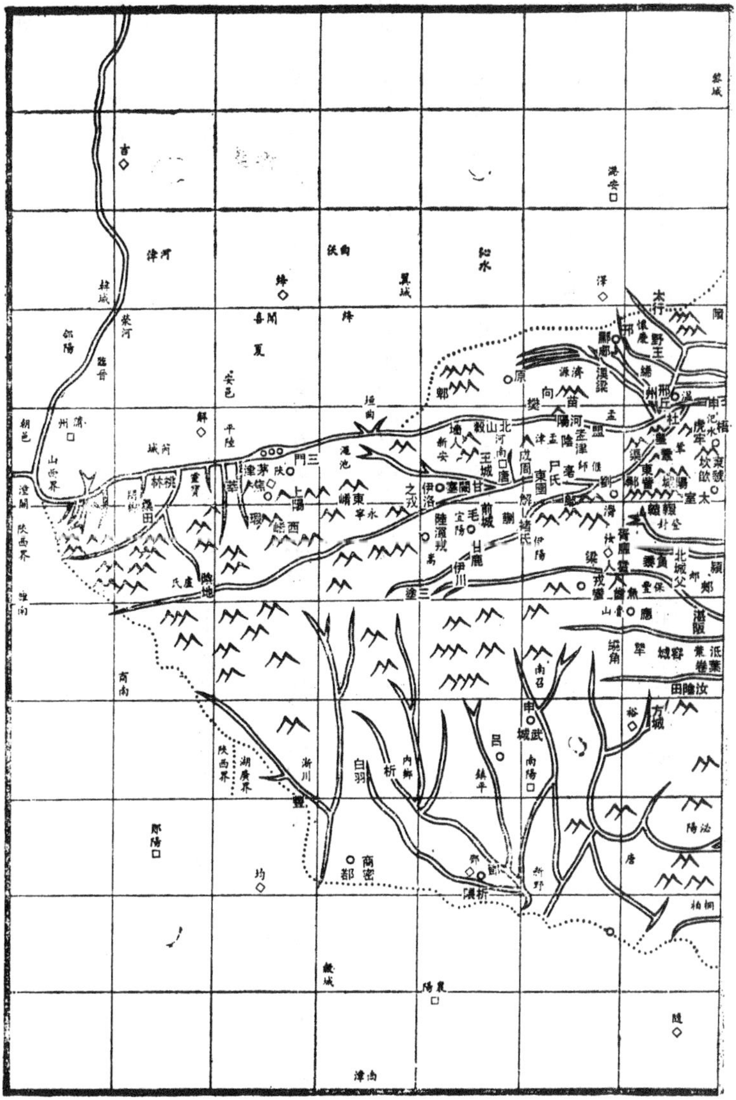
黎城
吉
河津
曲沃
汾水
絳
翼城
韓城
郃陽
臨晉
夏
安邑
解
平陸
三門
陝
上陽
東崤
西崤
澠池
新安
王城
成周
伊洛
前城
甘鹿
伊川
陸渾
懷慶
野王
太行
原
向
邢丘
溫
虎牢
汜水
商南
淅川
白羽
析
呂
申
南陽
鄖陽
均
商密
鄀
新野
唐
隨

開封府

祥符

鄭時來在縣東四十里。

陳留

鄭牛首在縣西南十一里。鄭斗城在縣南三十五里。宋老丘在縣北四十五里。

杞縣

杞始都雍丘，今縣治，後爲宋邑。鄭圉在縣南五十里。鄭鳴鴈在縣北四十里。宋曲棘在縣境。

尉氏

鄭向在縣西南四十里。鄭莵氏在縣西北四十里。

洧川

鄭匡在縣東北。鄭曲洧在縣南。鄭陰阪在縣西。

鄢陵

鄭鄢亦曰鄢陵，在縣西南四十里。

中牟

鄭東氾在縣南。鄭原圃卽圃田澤，在縣西北七里。鄭北林在縣西南。

陽武

鄭城棣在縣北十里。

封丘

魯黃池在縣西南七里。宋長丘在縣南八里。衞平丘在縣東四十里。衞鞫居在縣境。鄭蟲牢在縣北二里。

蘭陽

宋户牖在縣東北二十里。

鄭州

鄭管本管國，卽州治。祭國在州東北十五里，非鄭邑。鄭邲在州東六里。鄭梅山在州西南三十五里。

滎陽

古東虢國。鄭京在縣東南三十里。鄭索氏在京城西二十里。鄭垂隴在縣東二十里。京水在縣東二十二里。索水在縣南三十五里，卽旃然水。

滎澤

鄭踐土在縣西北十五里。鄭滎澤在縣南。

河陰

鄭敖山在縣西二十里。

汜水
鄭制卽虎牢，本東虢地，在縣西二里。鄭申在縣北。鄭梧在縣東。汜水出縣東三十二里浮戲山下。
浮戲山卽鄭戲童，亦曰戲。

陳州府

淮寧
陳都宛丘，在縣南三里。陳濮在縣北。陳辰陵在縣西南四十里。陳壺丘在縣南。宋檉卽犖，在縣西。宋赭丘在縣東。按後漢志長平縣有赭丘城，長平故城在今府城之東六十里。

商水
頓國今縣治。

西華
宋鬼閻在縣西南。

項城
項國今縣治。楚郔在縣境。陳厥貉、大冥俱在縣境。

沈丘
楚養在縣東北。楚沈邑卽寢丘，在縣南。

扶溝

鄭桐丘在縣西二十里。

許州府

石梁

許都在縣治東三十里，亦曰舊許。許展陂在縣西北。許鉏任、泠敦亦在縣境。魯許田在縣西北。周狐人在縣境。鄭陽陵在縣西北。鄭狼淵在縣西。

臨潁

鄭城潁在縣西北十五里。鄭大陵在縣北三十里。鄭皋鼬在縣西北。

襄城

鄭南氾在縣南。楚汾在縣東北，即戰國策汾、陘之塞，與新鄭陘山俱爲南北隘道。

郾城

楚召陵在縣東四十五里。楚陘在縣東南。楚鄧城在縣東南三十五里。

長葛

鄭長葛在縣北十二里，卽繻葛。

禹州

鄭櫟邑爲鄭別都，卽州治。鄭上棘在州南。鄭高氏在州西南。鄭雍梁在州東北。鈞臺在州城北門外。

密縣

鄶國卽鄶城，在縣東北五十里。鄭新密卽新城，在縣東南三十里。鄭弭在縣境。

新鄭

鄭都在縣治西北。制田在縣東北。棐卽棐林，在縣東二十五里。陘山在縣南三十里，亦曰陘田。函陵在縣北十三里。洧水在縣南，曰洧上，曰欒氏，曰洧淵。黄崖在縣東南二十里。棘澤在縣東南。瑣在縣北。皆鄭地。

歸德府

商丘

宋都商丘在今縣治西南三里。亳在縣西北，亦曰薄。此北亳也。縣東南四十里有穀熟故城，卽南亳也。偃師之亳，西亳也。惟西亳屬鄭。稷在縣境。蒙澤在縣東北三十五里。横在縣西南。新城在縣南。穀丘在縣南四十里。陽梁在縣東南三十里。孟諸澤在縣東北，接虞城縣界。睢水在縣南，凡曰睢上、睢澨、次睢之社皆此睢也。鴻口在縣東。皆宋地。

寧陵

葛國在縣北十五里。宋甯在縣西。宋沙隨在縣西六里。宋汋陵在縣南二十五里。宋大棘在縣西南七十里。

鹿邑

陳鳴鹿在縣西十三里。宋訾毋在縣境。潁水在縣南。

夏邑

宋朝郟在縣境。曹黍丘在縣西南。

永城

宋犬丘在縣西北三十里。楚棘在縣南。

虞城

古虞國。綸在縣西三十五里。宋空桐在縣東三十里。宋空澤、連中、大尹、多魚俱在縣境。

睢州

宋承匡在州西三十里。宋盂在州西北。衛首止在州東南。衛巢在州南二十里。衛襄牛在州境。鄭滑在州西北。鄭鄫在州東南。

柘城

宋泓水在縣北。

考城

戴國在縣東南五里。鄭取之，改名穀城。宋葵丘在縣治東。宋黄在縣西三十六里。

彰德府

安陽

衞商任在縣境。洹水在縣北四里，源出林縣西北林慮山。

湯陰

晉中牟據注、疏第言當在河北。張守節史記正義湯陰縣西有牟山，中牟當在其側。余初作晉中牟論，疑當在邢臺、邯鄲之閒。今考經文齊侯、衞侯次於五氏，五氏在今邯鄲縣西南。左傳衞侯將如五氏，卜過中牟。衞自開州至邯鄲，則湯陰其必由之境。湯陰至邯鄲一百六十餘里。傳言中牟人伐齊師者，亦不甚遠。今縣西五十里有中牟城，張氏之説亦未可盡非也。因附識於此。

內黃

衞柯在縣東北。衞戲陽在縣北。衞牽在縣西南，又曰脾、上梁之閒。

衞輝府

汲縣

衞牧在縣西南二十五里。棘津據寰宇記在縣南七里。水經注棘津故南津也。僖公二十八年晉將伐曹，假道於衞，衞人不許，還自南河濟，卽此也。晉伐陸渾，亦於此渡。按：昭十七年傳九月丁卯晉荀吳帥師涉自棘津，使祭史先用牲於雒，陸渾人弗知，庚午遂滅陸渾。陸渾在今河南府嵩縣，與汲縣相去七百餘里。丁卯至庚午僅四日，軍行安得如此之速？且晉欲掩襲陸渾之不備，正當從捷徑以渡，若迴遠七百餘里，倍道兼程，經歷鄭、衞諸國，其誰不知。據用牲於雒之文，則渡河又須涉雒，故假祭雒爲名以襲陸渾耳。若從汲縣南渡，於雒亦遠不相涉也。又考水經注此條兩言「河水於是有棘津之名」，此必他處之錯簡。大河津濟處非一，此棘津當在今河南府之北境而不可考矣。

新鄉

衛厥慭在縣境。

淇縣

衛都朝歌在縣東北。按：顏師古云自紂城而北謂之邶，南謂之鄘，東謂之衛。地名考邶城在今衛輝府東北，鄘城在今新鄉縣西，似未合。朱子云邶、鄘、衛三國西阻太行，北逾衡、漳，東南跨河，則邶境當至彰德府西北也。朝歌後屬晉。衛桑中在縣境。

輝縣

共國，今縣治。後入衛。凡國在縣西南二十里。鄭百泉在縣西北七里，後屬晉。晉孟門即太行白陘，在縣西五十里。

延津

鄭廩延，一名酸棗，在縣北十五里。

濬縣

晉雍榆在縣南十八里。大伾山在縣東二里。

滑縣

衛曹邑今縣治。衛楚丘在縣東六十里。衛瓦在縣東南。衛平陽在縣東南。衛訾婁在縣西南六十里。宋城鉏在縣東十五里。

胙城

胙國在縣西南。南燕國在縣西。

懷慶府

河内

晉野王，今縣治。邘國在縣西北三十里。按隱十一年王取鄔、劉、蔿、邘之田於鄭，而與鄭人蘇忿生之田凡十二邑。高氏地名考以邘邑爲武王子所封，此誤也。蓋鄔、劉等四邑俱在河南，温、原等十二邑俱在河北，故王欲以遠易近。今邘國更在十二邑之北，非即所取之邘邑明矣。邘邑必與鄔、劉相近。杜註闕。周鄻郕在縣西三十里，亦曰隰城。周絺在縣西南二十二里。周州在縣東南五十里。晉邢丘在縣東南七十里。太行陘在縣西北三十里。

濟源

周原在縣西北十五里，後屬晉。周陽樊在縣西南十五里，後屬晉。周向在縣西南。晉苗在縣南十五里。晉郫卽郫邵，在縣西一百里。湨梁在縣東。淇水源出縣西北。

原武

鄭衡雍在縣西北五里。鄭扈在縣西北。鄭修澤在縣北。

脩武

晉甯，今縣治。雍國在縣西。周攢茅在縣西北二十里。周隤城在縣西北。晉大陸在縣北。

武陟

周懷在縣西南十一里。周鄇田在縣西南。

孟縣

周盟在縣西南三十里，古孟津，即晉河陽。

温縣

周温在縣西南三十里。

河南府

洛陽

周王城在城内西偏，亦曰郟邑。成周在城東二十里。狄泉在城中。前城在縣西南五十里。甘在縣西南二十五里。訾在縣境。蒯在縣西南。穀在縣西北十八里。解在縣南。唐在縣南。褚氏在縣南。東圉在縣東，南圉澤亦應在此。北山即北邙山，在縣北十里。闕塞亦名伊闕，在縣西南三十里。萑谷在縣東。俱周地。揚、拒、泉、皋、伊、洛之戎在縣西南。

偃師

滑國在縣南二十里，亦曰費滑，亦曰侯氏。周鄔在縣西南。周劉在縣南十五里。周尸氏在縣西三十里。周胥靡在縣東南四十里。鄭亳城在縣西十四里。

鞏縣

周鞏在縣西南三十里。皇在縣西北。東訾在縣西南四十里。鄩在縣西南五十八里。郊邑與鄩相近。坎欿在縣東南。滎錡澗在縣西。社在縣北五里。谿泉在縣西南。渠在縣西。轘轅山在縣西南七十里。皆周地。古洛水在縣北少東八里入河，謂之洛汭，今東至汜水縣西北入河。

孟津

周陰卽平陰。按：昭二十二年傳晉籍談軍於陰。地名考引通典：河清縣，左傳所云晉陰也。唐之河清在今孟縣西南五十里。或者遂疑陰在河北，非也。陰以水南得名。杜注明云：陰地，晉河南山北，自上洛以東至陸渾皆是，則在南岸矣。二十三年傳晉師在平陰，杜注今河陰縣，河陰故城在今孟津縣南一里。平陰古爲津濟處，其東北卽孟縣，殆與二十二年之陰爲一地也。

宜陽

毛國在縣境。周甘鹿在縣東南五十里。

登封

周潁在縣東南四十里。周負黍在縣西南。太室卽嵩高山，在縣北十里，其西曰少室。陽城山在縣北三十八里。潁水在縣東三十里。

永寧

晉殽在縣北六十里。此爲東崤山。其西崤在陝州東南七十里。相去三十五里，亦曰二崤。

新安

周廧人在縣東北。

澠池

虢玤在縣界。

嵩縣

周伊川在縣東南一里，卽伊水。三塗山在縣西南十里。陸渾戎在縣北三十里，卽陰戎。

陝州

虢都上陽在州東南。虢莘在州西十五里。晉焦本焦國，在州南二里。晉瑕在州西南三十里，此與郇、瑕之瑕有別。三門卽底柱，在州東四十里黄河中。茅津在西北三里。

靈寶

晉桃林塞自縣西至潼關皆是。

閿鄉

虢桑田在縣東三十里，後屬晉。

盧氏

晉陰地在縣東北。

南陽府

南陽

申國在縣北二十里。呂國在縣西三十里。楚武城在縣北。

桐柏

楚稷在縣境。

唐縣

蓼國在縣南九十里。

鄧州

鄧國，今州治。楚析隈在州南七十里。

內鄉

鄀國在縣西南一百三十里，又爲商密。楚析在縣西，許遷白羽卽此。楚三户在縣西南。

淅川

楚豐在縣西南。

裕州

楚方城，今州治方城山，在州東北四十里，連接唐縣。楚汝陰之田在州與葉縣之間。楚新石在州境。

舞陽

東不羹在縣北，西不羹又在其西北。水經注汝水逕襄城縣故城南，又東南逕西不羹城南，又東南過定陵縣北。此西不羹應在定陵縣西北也。又湛水東逕不羹亭，亭北背汝水，於定陵城北入汝。此東不羹應在定陵縣稍西也。二不羹本相近。定陵故城在今舞陽縣北。其襄城故城當在今襄城縣西。諸家不審「故城」二字，以西不羹爲在今襄城縣東南，則東西相反矣。

葉縣

楚葉，今縣治。許遷於葉卽此。楚卷在縣南。楚湛阪在縣北三十里。楚泜在縣東北一里。許遷容城在縣西。許棫林、函氏俱在縣北。

汝寧府

汝陽

沈國在府城東南，汝水南岸。蔡莘在縣境。

正陽

江國在縣東南。楚沂在縣境。

上蔡

蔡國在縣西南十里。

新蔡

蔡徙此。蔡鄍陽在縣境。楚櫟在縣北二十五里。楚繁陽在縣北。

西平
柏國在縣西。
遂平
房國，今縣治。入楚曰吳房。楚棠溪在縣西北一百里。
確山
道國在縣北二十里。蔡桑隧在縣東。
信陽州
楚大隧在州東南百五十里。直轅在州南九十里。冥阨在州西南九十里。楚丘皇、訾、訾梁、負函俱在州境。
羅山
楚羅汭在縣境。
光州
黄國在州西十二里。黄踖陵在州西南。
光山
楚萊山在縣南一百五十里。
固始

蔣國在縣西北七十里，後入楚爲期思邑。述征記謂蔣國在尉氏縣西者誤。

息縣

息國在縣北三十里。楚白在縣東。

商城

賴國在縣南。

汝州

戎蠻子國在州西南。梁在州西南四十五里。霍在州東南二十里。魚齒山在州東南五十里，山下曰魚陵。

魯山

應國在縣東南三十里。鄭繞角在縣東南。楚犨在縣東南五十里。

郟縣

楚郟今縣治。楚北城父在縣西四十里。

伊陽

周郊垂在縣境。

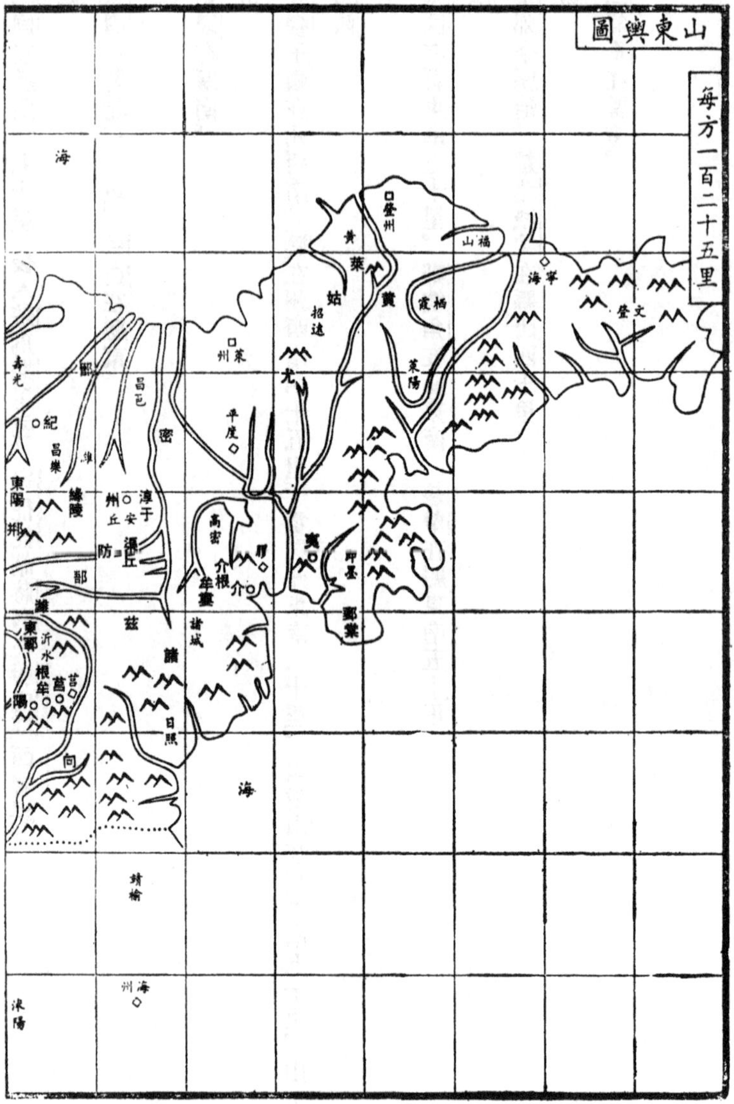
山東輿圖
每方一百二十五里
海
登州
黄
萊
姑
招遠
萊州
尤
平度
福山
棲霞
萊陽
黃
海寧
文登
壽光
郚
昌邑
紀
昌樂
濰
密
東陽
緣陵
淳于
州丘
安
鄑
防
邳
濰
高密
介根
牟婁
夷
膠
介
即墨
鄣
莱
茲
諸
諸城
東
鄆
沂水
根牟
莒
陽
日照
向
海
贛榆
海州
沭陽

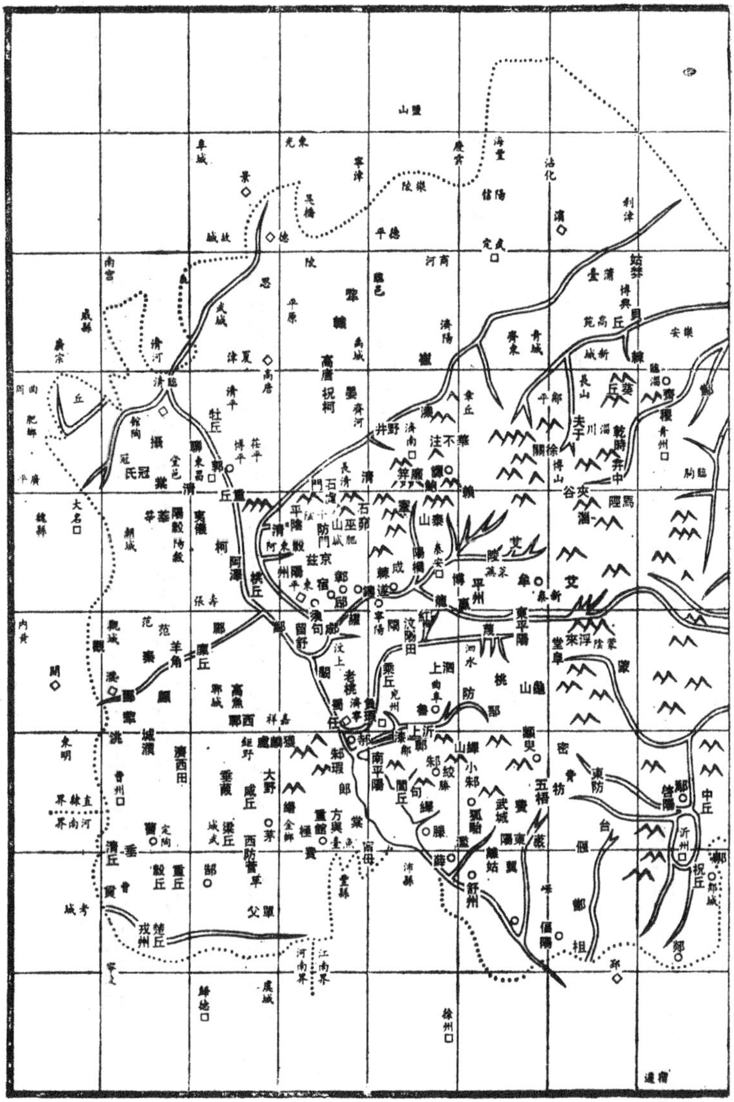
大名
曹州
兗州
沂州
泰安
青州
臨淄
徐州
歸德
考城
直隸界
河南界
江南界

濟南府

歷城

譚國在縣東七十五里。齊峯在縣南十里峯山下。齊鮑在縣東三十里鮑山下。齊賴在縣治東。齊華不注山在縣東北十五里，下有華泉。齊靡笄在縣南五里。齊濼在縣北，今小清河。

章丘

齊崔邑，杜註「在東朝陽縣西北」，東朝陽故城在今縣西北六十里，則有六十餘里矣。通志云二十五里誤。

淄川

齊徐關在縣西。齊袁婁或云在縣境。

長山

齊夫于卽於陵，在縣西南三十里。

齊河

齊晏在縣北二十里。齊野井在縣東。

禹城

齊高唐在縣西四十里。齊轅在縣西北。齊祝柯在縣西南十七里，卽古祝國，又曰督揚。齊媚在縣境。

臨邑

齊犂一名犂丘，一名隰，在縣西十里。晉英丘亦近犂地。

長清

齊盧在縣西南二十五里。齊石窌在縣東南三十里。齊石門在縣西南。齊清在縣東北，哀十一年之清。齊禚在縣境。

泰安府

泰安

魯紅在縣西南。魯龍在縣西南。魯陽橋在縣西北。齊嬴在縣東南五十里。齊博在縣東南三十里。泰山在縣北五里，其陽則魯，其陰則齊。

新泰

魯東平陽在縣西。魯龜山在縣西南四十里，山之北即龜陰田。魯敖山在縣東南十里。魯具山在敖山東南二十五里。

萊蕪

牟國在縣東二十里。魯萊、柞二山在縣境。齊平州在縣西。齊艾陵在縣東北。按：艾陵與艾山相近，魚齒山下爲魚陵，則艾陵亦應以艾山得名也。

肥城

齊巫山在縣西北七十五里。

東平州

須句國，即州治。宿國在州東二十里。鄣國在州東六十里。魯郈在州東南四十里。齊留舒在州西。陽州在州西北，本屬魯，後屬齊。

東阿

齊穀在縣東二十六里。齊周首在縣東。齊鄗在縣西南。齊北杏在縣境。齊鄟丘在縣境。衞清在縣東北。衞桃丘在縣西南四十里。

平陰

齊平陰在縣東北三十五里。齊防門在縣東二十九里。齊京兹在縣東南。齊郝在縣西，有郝山。齊垂在縣境。齊落姑在縣境。

兖州府

滋陽

魯乘丘在縣西北十里。魯昌衍在縣東南八十里。魯負瑕在縣西二十五里。祲祥或曰在縣境。拔或曰在縣境。

曲阜

魯都，今縣治。古奄國在縣東二里。郰即鄹，在縣西南二十里。貍脤在縣西。防在縣東二十里。此防山也，與東防、西防有別。洙水在縣北二里。泗上在縣北八里。沂上在縣南二里。逵泉在縣南五里。曲池在縣北。黨氏臺在縣東北八里。蒲圃在東門外。五父之衢在東南門外二里。皆魯地。

寧陽

遂國在縣西北。鑄國在縣西北。魯成在縣東北九十里。魯陽關在縣東北。魯讙在縣西北。魯闡在縣東北。魯汶陽田在縣東。魯棘在縣西北。魯蛇淵囿在縣西北。魯淄水在縣東北，與齊淄水有別。

鄒縣

邾都在縣東南二十六里。繹山即鄒山，在縣東南二十五里，邾文公遷此。邾閭丘在縣南。邾漆在縣北。邾句繹在縣東南。魯南平陽在縣西三十里。

泗水

魯卞在縣東五十里。蔑在縣東北四十五里。菟裘在縣西北。郚在縣東南。桃在縣東南。庚宗在縣東。皆魯地。

滕縣

滕國在縣西南十四里。薛國在縣南四十里。郳國即小邾，在縣東六里。魯奚在縣西南。魯取邾漷東田在縣境。漷水出鄒山，在縣南十五里。齊舒州在縣東南，本薛地。邾濫在縣東南六十里。邾狐駘在縣東南二十里。邾絞在縣北。

嶧縣

鄟國在縣東八十里。偪陽國在縣南五十里。魯蔇在縣東北八十里。楚柤在縣東南。

金鄉

茅國在縣西北四十里，後入於邾。宋防在縣西六十里，後入魯，謂之西防。宋緡在縣東北二十里。

魚臺

極國在縣西。魯郎在縣東北九十里。魯棠，一名唐，在縣東北十二里，有觀魚臺。魯甯母在縣東二十里。魯費在縣西南，此與季氏費邑有別。魯重館在縣西北十一里。宋方與在城北。

陽穀

齊陽穀在縣北五十里。齊柯在縣東北五十里，後爲阿邑。齊上鄍在縣境。衞阿澤在縣東。

汶上

郕國在縣西北二十里。郕夫鍾在縣北。魯鬫在縣西南。魯蜀在縣西南四十里，有蜀山。

濟寧州

任國，今州治。邿國在州東南。魯邾瑕在州南二十里。邾訾婁在州境。邾蟲在州東。宋老桃在州北六十里。

壽張

魯郿在縣東南五十里。

嘉祥

魯武城在縣境，襄十九年所城之武城也。子游爲武城宰即此。又有南武城，在費縣西南，曾子居武城是也。獲麟處在縣南二十五里。

沂州府

蘭山

鄅國在縣北一十五里，後入魯，爲啟陽。於餘丘國在縣境。魯中丘在縣東北三十里。魯祝丘在縣東南五十里。

郯城

郯國在縣西南百里。鄟國在縣境。

費縣

顓臾國在縣西北八十里。魯東防在縣東北六十里。魯東陽在縣西南七十里。魯費在縣西南七十里。魯武城在縣西南九十里。魯台在縣東南。魯丘輿在縣西。魯五梧在縣西。魯密在縣北。魯虛丘在縣境。魯取邾沂西田在縣境。鄭祊在縣西，後屬魯。邾翼在縣西南九十里，武城之南。邾離姑亦在武城南。邾偃在縣南。

莒州

莒都。莒向在州南七十里。莒壽餘、大龐、常儀靡三邑俱在州北。齊濰水出州西北九十里，至昌邑東北入海。

沂水
陽國在縣南。根牟國在縣東南。魯東鄆在縣東北四十里，本莒邑。齊沂水出縣西北一百七十里。
莒鄆在縣境。莒鄟陵在縣境。

蒙陰
齊蒙在縣東十里。齊堂阜在縣西北三十里。齊艾在縣西北一百二十里，有艾山。紀浮來在縣西北三十里，有浮來山。

曹州府

荷澤
曹郊在縣境。曹大城在縣境。

曹縣
曹重丘在縣東北八十里。曹揖丘在縣境。曹鄸在縣北。魯鹹在縣境。宋穀丘在縣東北三十里。宋楚丘在縣東南四十里。襄十年宋公享晉侯於楚丘，必是宋地。戎伐凡伯於楚丘，亦當在此。與衞地楚丘有別。宋貫在縣西十里。衞垂一名犬丘，在縣北三十里。衞有莘之墟在縣北十八里。戎在縣境，亦曰戎州。

濮州
衞城濮在州東南七十里。衞曲濮在州境。衞鄄在州東南二十里。衞犂在州東南。曹洮在州西南五十里。

范縣

魯秦在縣南二里。晉范在縣東三里。齊顧本古顧國，在縣東南五十里。齊廩丘在縣東南。衛羊角與廩丘相近。

鄆城

魯高魚在縣東北。魯西鄆在縣東十六里。

單縣

魯單父在縣南半里。宋萯在縣北。

城武

魯梁丘在縣東北三十里。宋郜，本郜國，在縣東南二十里。

鉅野

魯咸丘在縣南。衛垂葭卽郹氏，在縣西南。大野澤在縣東五里。

定陶

曹都在縣西南。曹鍾、邘二邑俱在縣境。

東昌府

聊城

郭國在縣東北。齊聊在縣西北十五里。齊攝在聊西二十五里，傳所云聊、攝以東也。一名聶，僖元年諸侯次於聶北救邢是也。邢遷夷儀在縣西南十二里。劉昭後漢書補注聊城有夷儀聚。按：諸侯次於聶北救邢，邢人潰出奔，師具邢器用而遷之，是夷儀當與聶相近。其後地入於衛，襄二十五年衛侯入於夷儀是也。

堂邑

齊清在縣東南三十里，此成十七年之清。齊棠在縣西北三十里。

博平

齊杏在縣境。

莘縣

衛莘在縣北八里。

冠縣

晉冠氏在縣北。

恩縣

縣西北六十里有東陽城，此漢以後東陽縣地。其晉之東陽甚廣，自太行山之東，直隸廣平、大名以北至冀州皆是。

高唐州

齊大隧在州境。

青州府

益都

齊馬陘在縣西南。齊丘輿或曰亦在縣境。

博山

夾谷在縣東。雍正十二年於益都、淄川、萊蕪三縣界析置博山縣。縣治本益都縣顏神鎮，在淄川縣西南。縣東有萊蕪故城，有夾谷。名勝志不知萊蕪有故城，遂以夾谷爲在今萊蕪縣，誤也。齊淄水出縣東南，至壽光縣北入海。

臨淄

齊都。葵丘在縣西五十里，亦名渠丘。此與會於葵丘之葵丘有別。乾時在縣西南二十五里，即時水，亦曰耏水。稷在縣西南十三里。棘在縣西北。弇中在縣西南。檀臺在縣東一里。遄臺在縣西五十里。皆齊地。紀鄑在縣東十九里。

博興

齊姑棼即蒲姑，在縣東北十五里。齊貝丘在縣南五里。

壽光

紀都在縣東南。

昌樂
杞遷緣陵，在縣東南三十里。
臨朐
齊東陽，在縣東。紀郱在縣東南。
安丘
杞都淳于在縣東北三十里。莒渠丘在縣南一里。莒防在縣西南。莒且于、壽舒俱在縣境。紀郚在縣西南六十里。
諸城
魯諸在縣西南三十里。杞牟婁在縣東北。莒兹在縣西四十里。
登州府
黄縣
萊國在縣東南二十里。齊姑水出縣西南三十里。紀黄在縣東南，後入齊。
萊州府
掖縣
襄六年傳齊滅萊，遷萊於郳。孔疏謂遷其君於小邾。或謂齊自有郳邑，即今縣治。存以俟考。齊尤水出縣東南三十里，傳所云姑、尤以西也。

昌邑

齊郱殿在縣西。莒密在縣東南十五里。紀鄑在縣西北三十里。

膠州

介國在州南七十里。

高密

莒介根在縣東南四十里，莒始封都此，後入齊。

卽墨

夷國在縣西六十里。齊郵棠在縣南八十里。

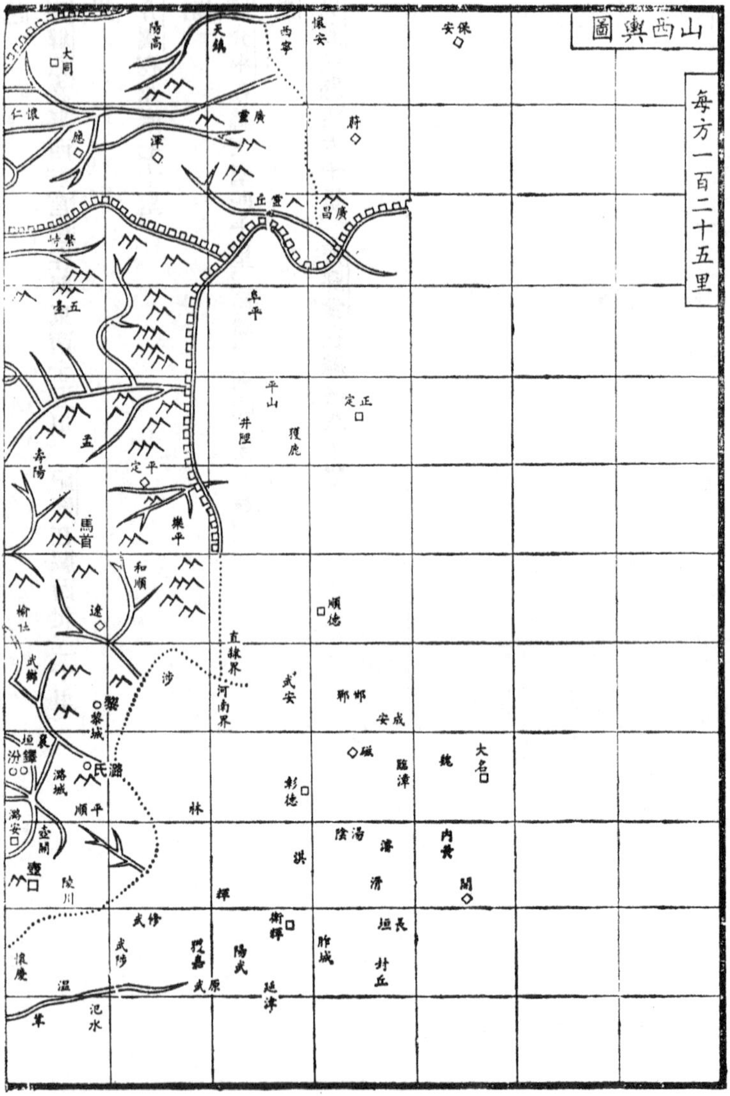
山西輿圖
每方一百二十五里
大同
高陽
天鎮
西寧
懷安
保安
懷仁
應
渾
廣靈
蔚
靈丘
廣昌
繁峙
五臺
阜平
平山
正定
井陘
獲鹿
盂
壽陽
平定
馬首
樂平
和順
順德
遼
榆社
直隸界
河南界
涉
武安
邯鄲
成安
武鄉
黎
黎城
襄垣
屯留
潞城
潞安
磁
臨漳
魏
大名
彰德
林
湯陰
壺關
平順
浚
內黃
淇
壺
陵川
滑
開
輝
衛輝
長垣
修武
武陟
獲嘉
陽武
胙城
封丘
懷慶
溫
原武
延津
濟
汜水

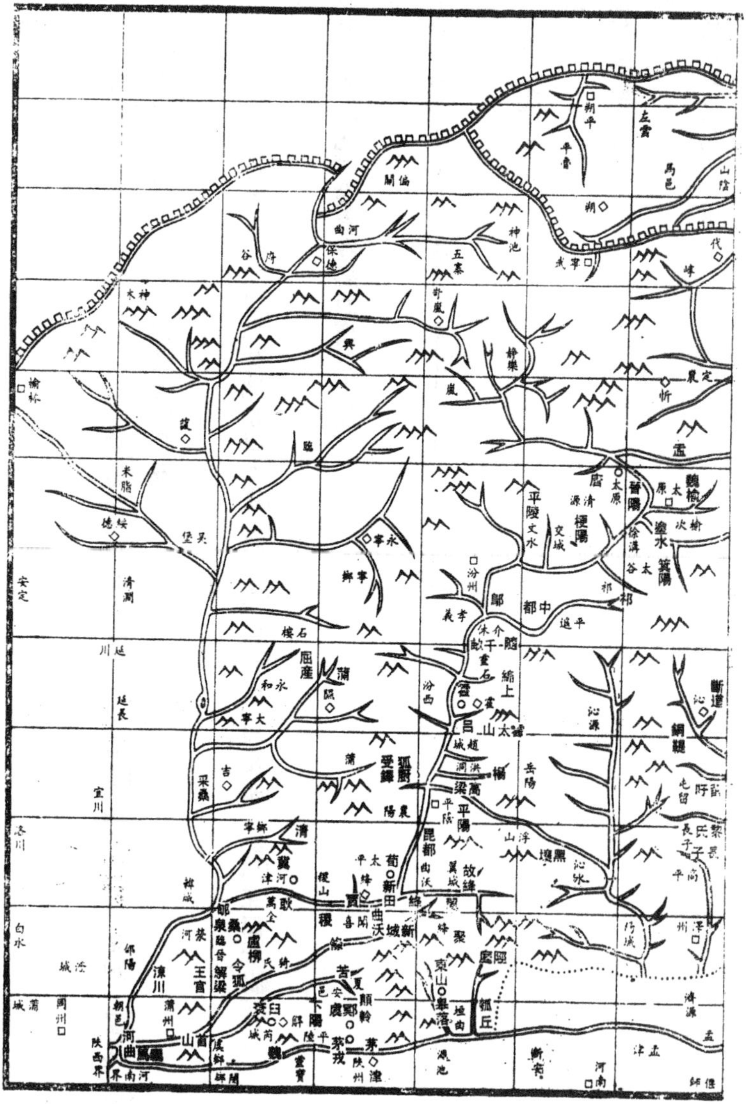
朔平
左雲
平魯
馬邑
朔
山陰
代
寧武
偏關
河曲
保德
神池
五寨
岢嵐
神木
興
靜樂
嵐
忻
定襄
榆林
臨
米脂
綏德
吳堡
永寧
寧鄉
石樓
太原
晉陽
清源
交城
文水
平陵
祁
徐溝
太谷
榆次
平遙
中都
介休
汾州
孝義
鄔
靈石
永和
大寧
蒲
吉
采桑
鄉寧
屈產
霍
太岳
趙城
洪洞
岳陽
平陽
翼城
浮山
曲沃
絳
新田
稷山
河津
萬泉
猗氏
解梁
臨晉
令狐
王官
首山
河曲
蒲州
朝邑
陝西界
河南界
虞
下陽
平陸
茅津
陝州
澠池
新安
孟津
河南
偃師
濟源
澤州
長子
屯留
沁水
沁源
陽城
宜川
延長
延川
安定
清澗
洛川
白水
澄城
韓城
郃陽
蒲城
同州
黎
路

太原府

陽曲

晉盂在縣東北八十里。按：哀四年齊伐晉取盂，日知録以爲當在順德、廣平之閒，是別一盂邑。地名考略以爲卽此盂。以下凡不繫國者皆晉地。

太原

古唐國。晉始封唐，後改曰晉，其地亦曰大夏，曰太原，曰大鹵，曰夏墟，曰鄂，又曰晉陽。

榆次

魏榆在縣西北。塗水在縣西南二十里。

大谷

箕在縣東三十五里。陽在縣東南十五里。

祁縣

祁在縣東南七里。

清源

梗陽，今縣治。

文水

平陵在縣東北二十里。

平定州

壽陽

馬首在縣東南十五里。

平陽府

臨汾

平陽，今縣治。高梁在縣東北三十七里。縣西有汾水，狐厨、受鐸在汾西，昆都在汾東。

洪洞

楊國在縣東南十八里，入晉名楊氏。

曲沃

絳在縣西南二里，亦曰新田。汾水在縣西三十五里，近汾之地曰汾隰。澮水在縣南五里，亦曰少水。

虒祁宫在縣西四十九里。

翼城

翼在縣東南十五里，即穆侯所徙之絳。孝侯改絳爲翼，獻公又謂之絳。景公遷於新田，謂此爲故絳。

陘庭即熒庭，在縣東南七十五里。

霍州

霍國在州西十六里，入晉名霍人。州東三十里有霍太山，即太岳。

蒲州府

永濟

河曲在縣西南五里。羈馬在縣南三十六里。涑川在縣東北二十六里，涑水亦稱洮水。首山在縣東南十五里。

臨晉

郇國在縣東北十五里，入晉爲郇瑕。解梁城在縣東南十八里。桑泉在縣東十三里。王官在縣南。郊亦近縣小邑。

猗氏

令狐在縣西十五里。廬柳在縣西北。

解州

臼衰在州西北。

安邑

條在縣境，縣南三十里有中條山。苦在縣東北二十里。

平陸

虞都在縣東北四十里。虞顛軨在縣東北五十里。虞鄍在縣東北二十五里。虢下陽在縣東北十五里。茅津在縣東南三十五里。茅戎在縣東南。

芮城
魏國在縣東北七里。
絳州
賈國在州境。一云在陝西蒲城縣西南，似未然。荀國亦當在州境，水經注臨汾縣西南有荀城，古荀國。臨汾故城在州東北二十五里。
垣曲
瓠丘在縣東南二十里。東山皋落氏國在縣西北六十里。
聞喜
曲沃在縣東二十里，桓叔所封。後爲別都，亦曰新城，曰下國。董在縣東北四十里，即董澤。
絳縣
聚在縣東南十里。
稷山
清，一名清原，在縣西北二十里。稷在縣南五十里。
河津
冀國在縣東。耿國在縣南十二里。
吉州

屈在州東北。二十一年傳言蒲與二屈，君之疆也，杜注：「『二』當爲『北』。」按：有北則必有南，故云二屈。采桑津在州西南，亦曰齧桑。

潞安府

長治

壺口在縣東南十三里。黎氏在縣西三十里。

長子

長子，今縣治。

屯留

留吁國在縣東南十里，入晉爲純留。

潞城

赤狄潞氏國在縣東北四十里。

黎城

黎國在縣東北十八里。

汾州府

孝義

瓜衍之縣在縣北十里。

平遥
中都在縣西十二里。
介休
隨在縣東。鄔在縣東北二十七里。綿上在縣東南二十五里。千畝原在縣南。
石樓
屈產在縣東南四里。
澤州府
沁水
黄父，一名黑壤，在縣西北四十里。
沁州
銅鞮在州南十里。斷道，即卷楚，在州東。
隰州
蒲在州北四十五里。交剛在州境。

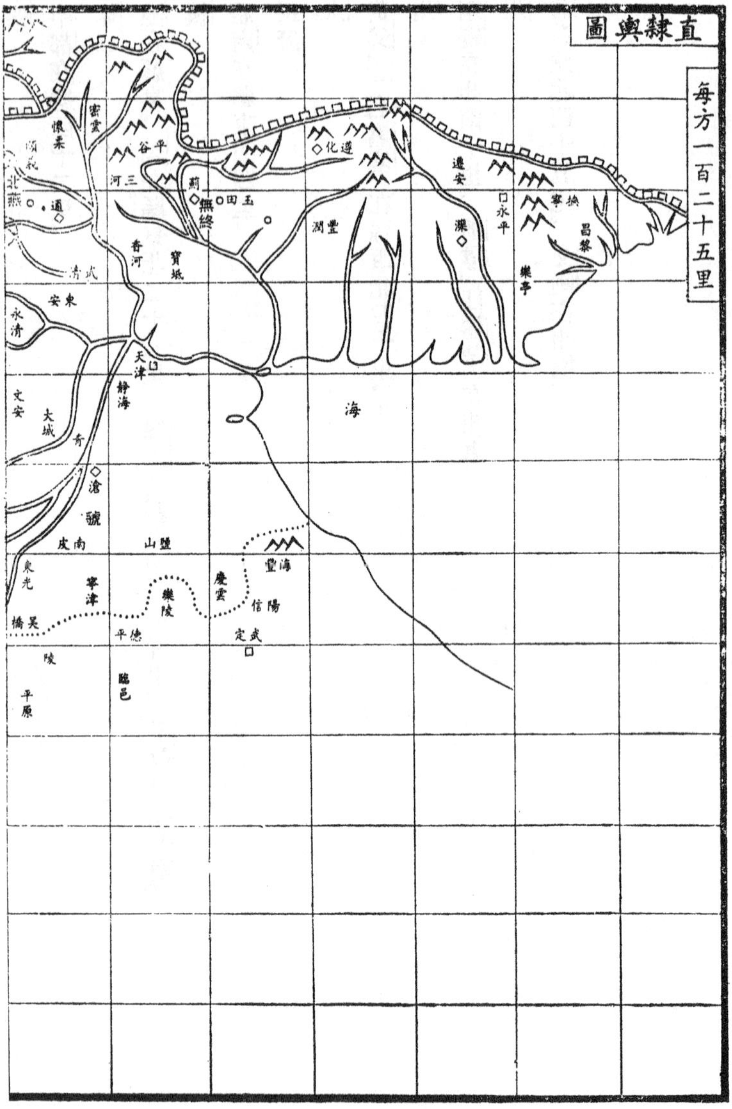
直隸輿圖
每方一百二十五里
密雲
懷柔
平谷
三河
順義
北燕
通
薊
無終
玉田
遵化
豐潤
遷安
永平
灤
撫寧
昌黎
樂亭
香河
寶坻
武清
東安
永清
天津
靜海
海
文安
大城
青
滄
虢
南皮
鹽山
海豐
慶雲
陽信
樂陵
寧津
東光
吳橋
德平
武定
陵
臨邑
平原

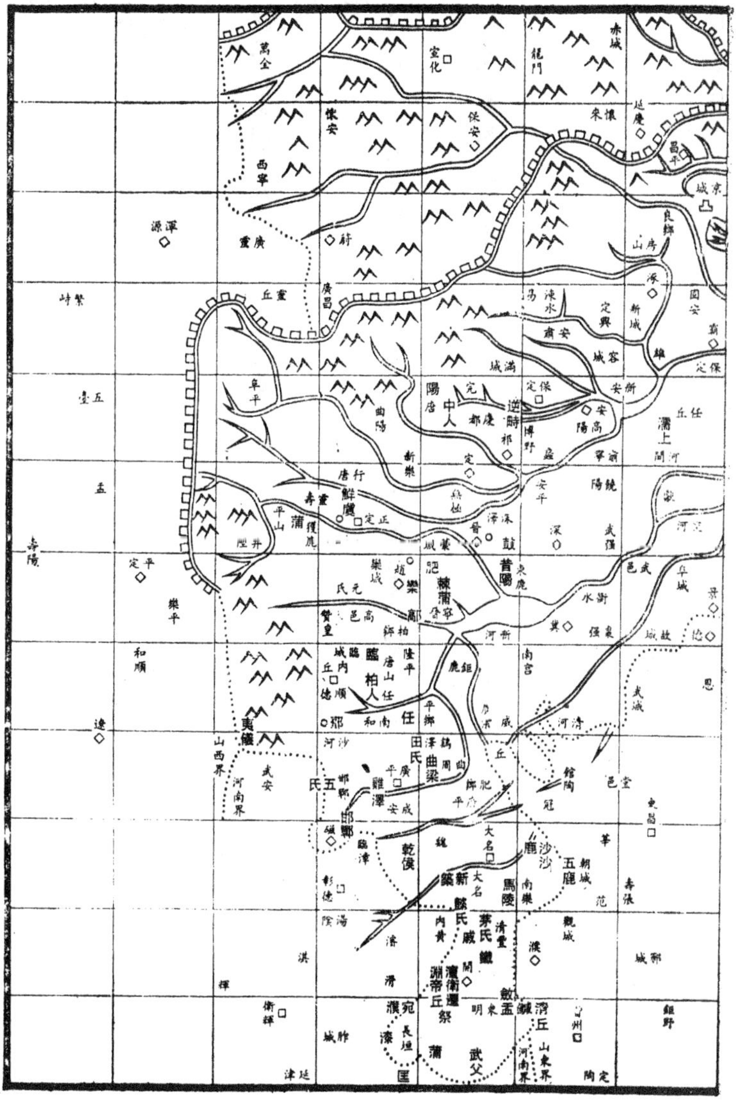
萬全
宣化
龍門
赤城
懷安
保安
懷來
延慶
昌平
京城
西寧
良鄉
房山
渾源
廣靈
蔚
廣昌
靈丘
繁峙
涿
固安
新城
定興
淶水
易
安肅
容城
滿城
霸
保定
雄
新安
阜平
曲陽
唐
完
中人
逆時
慶都
祁
博野
蠡
高陽
安
肅寧
饒陽
任丘
五臺
盂
新樂
定
行唐
靈壽
鮮虞
正定
平山
蒲
獲鹿
井陘
無極
藁城
晉
深澤
深
武強
安平
壽陽
平定
樂平
鼓
昔陽
束鹿
衡水
武邑
阜城
趙
欒城
欒
肥
棘蒲
寧晉
元氏
高邑
贊皇
柏鄉
鄗
冀
新河
棗強
故城
景
恩
和順
臨城
內丘
順德
臨
唐山
柏人
任
隆平
鉅鹿
南宮
平鄉
南和
邢
遼
夷儀
沙河
山西界
武安
河南界
廣宗
威
丘
清河
武城
館陶
冠
堂邑
雞澤
曲梁
曲周
肥鄉
廣平
五氏
邯鄲
成安
磁
臨漳
魏
乾侯
大名
沙鹿
五鹿
朝城
莘
東昌
壽張
范
新築
馬陵
南樂
觀城
彰德
湯陰
內黃
茅氏
清豐
戚
濮
鄆城
淇
輝
滑
開
衞
帝丘
澶淵
東明
衞輝
宛
長垣
蒲
武父
胙城
延津
匡
鉅野
定陶
山東界
河南界

順天府
大興
北燕都在今京師東偏。
永平府
玉田
無終國在縣治西，卽山戎，亦曰北戎。
保定府
唐縣
燕陽，亦曰唐，在縣北。中人在縣東北十三里，係鮮虞國地。
完縣
晉逆時在縣東南二十里。
易州
燕下都
河間府
任丘
燕濡上在縣西。

天津府

滄州

燕、虢在州境。

正定府

正定

鮮虞國在縣西北四十里，亦曰中山。

欒城

晉欒，今縣治。

平山

晉蒲，今縣治。

晉州

鼓國，今州治。州東南有昔陽，鼓國地。

藁城

肥國在縣西南七里。

趙州

晉棘蒲在州城中。

柏鄉

晉鄗在縣北十二里。

臨城

晉臨在縣東。

順德府

邢臺

邢國在縣西南，後入晉。晉夷儀在縣西百四十里。通典龍岡縣百五十里夷儀嶺，邢國所遷，有夷儀城。按：龍岡卽今縣治。邢本以畏狄而遷，若只在故都相近數十里，與不遷何異？當以聊城爲是。疑夷儀本邢故邑名，後遷於新邑，而仍以故地名之。衞滅邢，地入於衞，其故國之夷儀則入於晉，自是兩地。定九年齊侯、衞侯次於五氏，傳言伐晉夷儀；又晉師千乘在中牟，杜注謂救夷儀也。此夷儀自當在邢臺。若在聊城，則與中牟、五氏俱遠不相涉。晉鄗亦近邢地。

唐山

晉柏人在縣西十二里。

任縣

晉任在縣東南。

廣平府

永年

晉雞澤在縣西。晉曲梁在縣東北，本赤狄地。

雞澤

赤狄甲氏國在縣境。

邯鄲

衛邯鄲在縣西南三十里，後屬晉。晉五氏，亦曰寒氏，在縣西。晉木門在縣境。

成安

晉乾侯在縣東南十三里。

大名府

元城

衛五鹿在縣東四十五里。按：五鹿杜氏兩註，其所云衛縣西北者，蓋即元城縣東，無兩地也。衛縣，今山東觀城縣，與府接界。衛馬陵在縣東南十里。衛沙，亦曰瑣，在縣東。沙鹿山在縣東三十五里。

長垣

衛蒲，今縣治。衛匡在縣西南十五里。衛宛濮在縣北。衛漆在縣西二十里。鄭祭在縣東北，祭仲爲祭封人是也。此與周畿内之祭有別。或疑鄭并祭國以封仲，非。

魏縣

衛新築在縣南二十里。

東明

鄭武父在縣西南。按：桓十二年公會鄭伯，盟於武父，杜註鄭地。定四年傳祝鮀言衛封畛土畧自武父以南，杜註衛北界。孔疏謂鄭、衛俱有武父是也。地名考以武父在曹縣境，疑爲宋地，誤矣。

開州

衛遷帝丘，在州西南三十里。澶淵在州西北。按：後漢書志杼秋縣有澶淵聚，注引左傳盟於澶淵卽此。杼秋，今江南蕭縣。此誤以澶淵爲宋地也。杜註明云澶淵在頓丘縣南，衛地，近戚田。古頓丘在今內黃縣西。襄二十六年傳會於澶淵，以討衛疆戚田。杜蓋據此傳又云「向戌不書，後也」，若是宋地，不應宋人獨後。三十年傳會於澶淵，謀歸宋財，既而無歸於宋。此只是口説，非有輜重往返之勞，不必其地近宋也。戚在州北七里。戚西北五十里有懿氏城。戚東鄙爲茅氏。鐵在州北五里。鹹在州東南六十里。盂，一名斂盂，在州東南。清丘在州東南七十里。圉在州東。昆吾觀在州東二十五里。皆衛地。

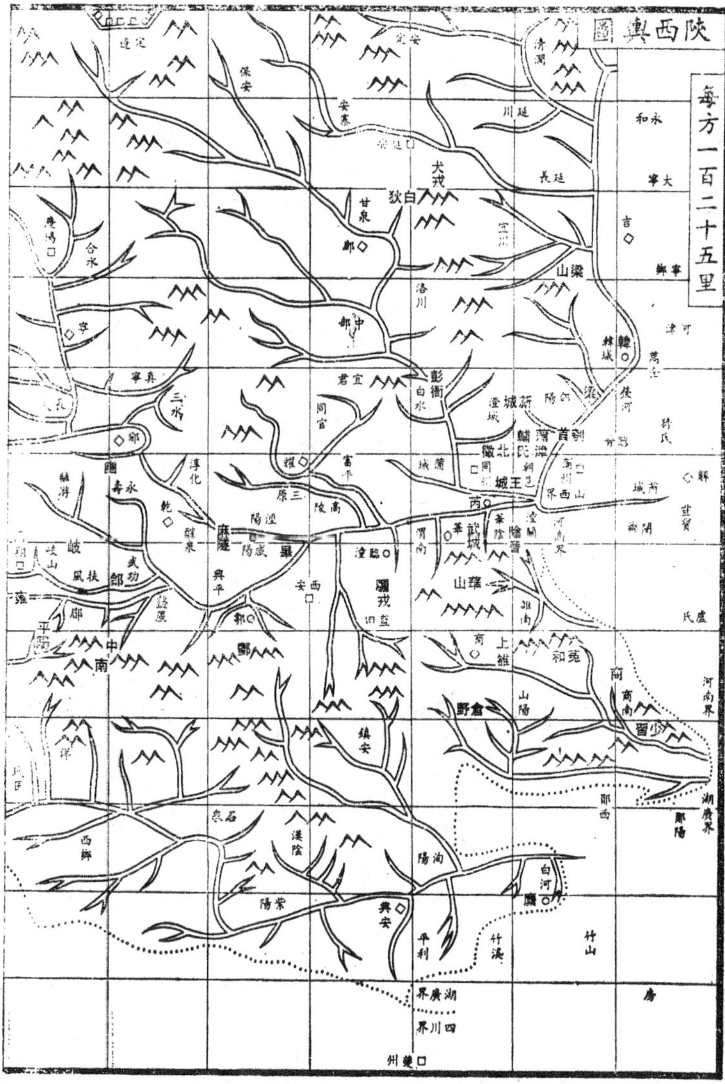
陝西輿圖
每方一百二十五里
定邊
保安
安定
清澗
延川
安塞
延安
永和
大寧
延長
犬戎
白狄
甘泉
吉
梁山
鄉寧
洛川
中部
合水
慶陽
真寧
宜君
彭衙
白水
韓城
河津
同官
三水
淳化
富平
蒲城
澄城
新城
郃陽
王城
三原
高陵
涇陽
永壽
咸陽
醴泉
岐山
扶風
武功
興平
西安
渭南
華陰
驪戎
商
上雒
山陽
商南
鎮安
漢陰
石泉
西鄉
紫陽
洵陽
興安
平利
竹溪
竹山
白河
湖廣界
四川界
河南界

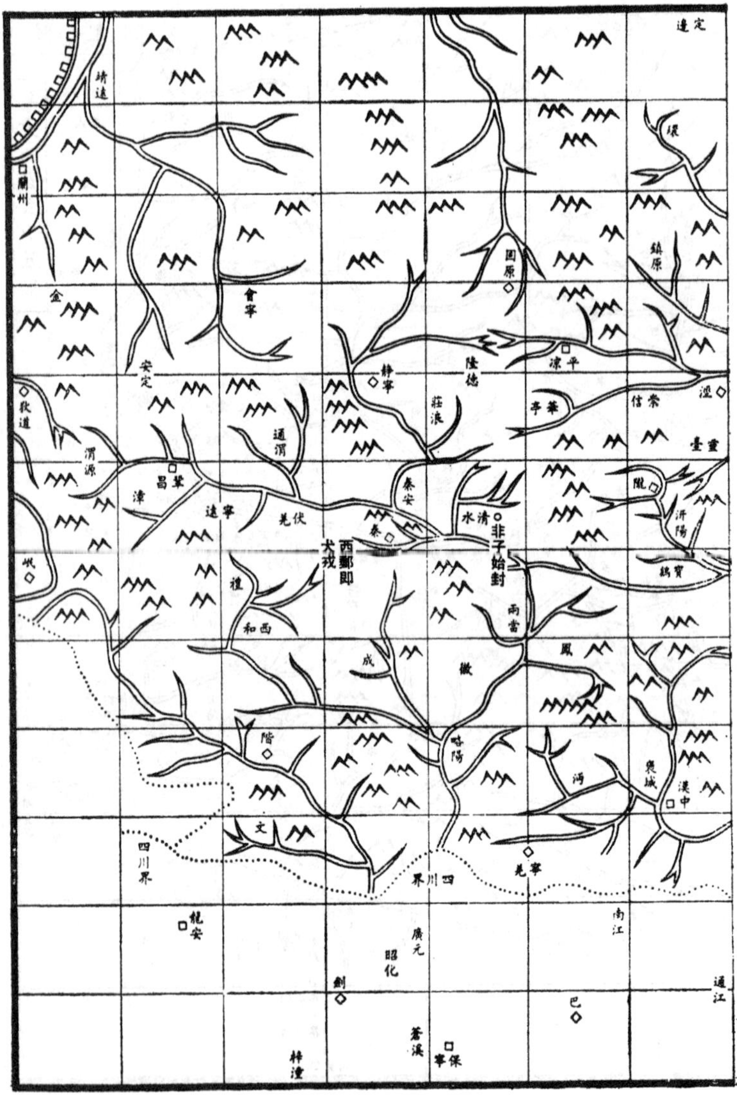
定邊
靖遠
環
蘭州
鎮原
固原
金
會寧
安定
隆德
平涼
靜寧
狄道
華亭
崇信
涇
莊浪
通渭
靈臺
渭源
鞏昌
漳
寧遠
伏羌
秦安
隴
汧陽
清水
非子始封
秦
西戎即犬戎
鄜
寶鷄
岷
禮
兩當
西和
鳳
成
徽
階
略陽
褒城
沔
漢中
文
寧羌
四川界
四川界
龍安
廣元
南江
昭化
劍
通江
巴
蒼溪
保寧
梓潼

西安府

長安

周鎬京在縣西，或云在咸陽縣西南。按鎬水在豐水之東，而地名考云鎬京在豐水西，誤也。

咸陽

畢國在縣北五里。　秦至孝公始徙咸陽。

臨潼

驪戎國在縣東二十四里，入秦爲侯麗。　秦獻公徙櫟陽，在縣北三十里。

鄠縣

酆國在縣東五里，卽西周之豐邑，後又爲崇國。　靈臺在縣東三十里。

涇陽

秦麻隧在縣西南。

商州

晉上雒，今州治。　菟和在州東南。　倉野在州南一百四十里。菟和、倉野地名考俱作晉地。自州以東至河南嵩縣俱爲晉陰地。

商南

楚商在縣境。　楚少習在縣東。　武關在少習山下。

同州府

大荔

縣南有北芮鄉，朝邑縣南三十里有南芮鄉，皆古芮國。

朝邑

秦王城在縣西南二里。　秦新楚在縣境。　晉輔氏在縣西北十三里。　縣東北有蒲津，渡河卽蒲州，爲晉之河曲。

郃陽

秦刳首在縣東南。

澄城

周酒泉在縣境。　晉北徵在縣南二十二里，後入於秦。　秦新城在縣東北二十里。　秦邧在縣境。

韓城

韓國在縣東南二十里，後入晉，曰韓原。　梁國在縣南二十里，後入秦，曰少梁。　梁山在縣西北九十里。

白水

秦彭衙在縣東北六十里。　秦汪在縣境。

華州

晉武城在州東北十三里。　秦棫林在州境，卽舊鄭咸林。

華陰

晉陰晉在縣東南五里。　華山在縣南十里。　古渭水在縣東北五十里入河，謂之渭汭，今稍移而南。

乾州

武功

秦中南山在縣西南九十里，亦名終南山，一名太白山，亘西安、鳳翔二府境。　駘卽后稷始封之邰、在縣西南二十二里。

邠州

公劉居豳卽此。

鳳翔府

鳳翔

秦德公遷都雍，在縣南。　秦具囿在縣境。　犬戎在縣境。

岐山

太王居岐，卽此。

寶雞

小虢在縣東五十里。

郿縣

秦寧公徙平陽，在縣西四十六里。

興安州

庸國地。

白河

麇國都錫穴，卽今縣治。漢於此置錫縣。地名考謂在鄖縣，蓋二縣接壤。麇之國境東至鄖縣，南至房縣也。

延安府

犬戎、白狄俱在府境。

平涼府

平涼

涇水出縣西南三十里，東南至高陵縣入渭。

秦州

秦非子始居犬丘，在州西南一百二十里。襄公始封爲諸侯卽此地，所云西垂也。按史記平王東徙，賜襄公岐以西之地，與誓曰：「戎侵奪我岐、豐，秦能攻逐戎，卽有其地。」襄公十二年伐戎至岐卒。文公十六年伐戎，戎敗走，遂收周餘民有之，地至岐，岐以東獻之周。是秦至文公猶未得岐東之地。而鄭氏詩譜謂襄公横有周西都畿内八百里之地，非事實也。

清水

故秦城在縣西。非子始封爲附庸，邑於此。

肅州

允姓之戎居於瓜州，在州西五百二十六里，即小戎也。後遷中國爲陸渾之戎，亦曰陰戎，亦曰九州戎。按：瓜州去晉甚遼遠，獻公娶小戎之女，不應踰越荒徼而爲婚姻，是戎之部族早有内徙者。後漢志允姓戎居渭汭，意或然也。

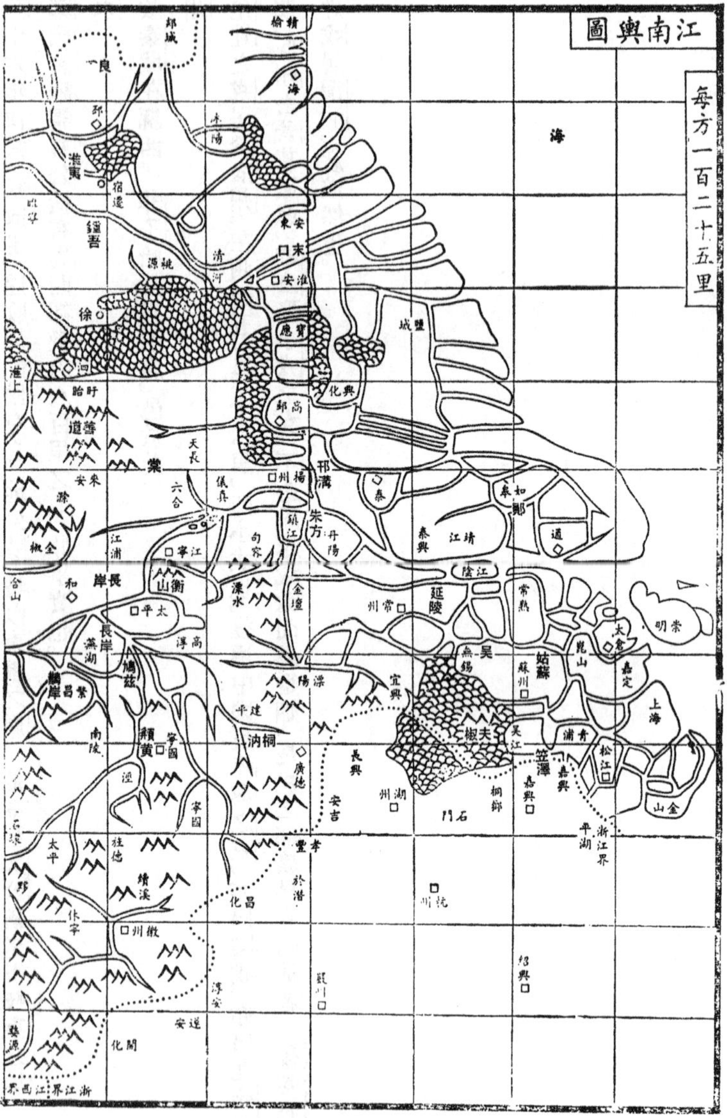
江南輿圖
每方一百二十五里
海
贛榆
海
沭陽
安東
淮安
宿遷
桃源
清河
徐
泗
盱眙
寶應
鹽城
興化
高郵
天長
揚州
邗溝
泰
如皋
通
靖江
泰興
儀眞
六合
江浦
江寧
句容
丹陽
鎮江
朱方
滁
來安
全椒
和
含山
長岸
衡山
太平
溧水
金壇
江陰
延陵
常州
常熟
太倉
崇明
崑山
嘉定
姑蘇
蘇州
無錫
吳
宜興
溧陽
高淳
蕪湖
鳩茲
繁昌
鵲岸
南陵
涇
寧國
建平
桐汭
廣德
長興
湖州
安吉
夫椒
吳江
笠澤
嘉興
桐鄉
石門
青浦
松江
上海
金山
平湖
浙江界
孝豐
於潛
昌化
杭州
旌德
績溪
徽州
休寧
嚴州
紹興
淳安
遂安
開化
婺源
浙江界
江西界

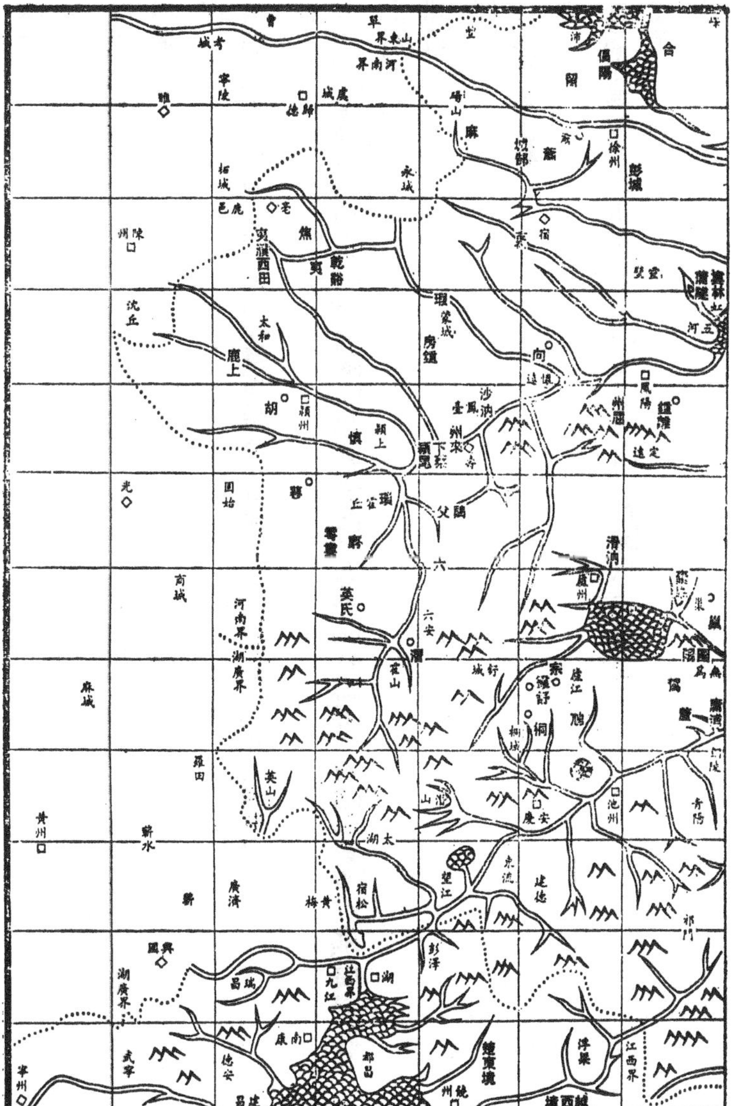
徐州
鳳陽
廬州
池州
青陽
建德
黃州
蘄水
商城
麻城
光
陳州
潁州
六安
霍山
桐城
英山
宿松
望江
東流
彭澤
九江
南康
都昌
德安
武寧
廣濟
羅田
定遠
祁門
江西界
湖廣界
河南界

江寧府
六合
楚棠，今縣治。
蘇州府
吴縣
吴姑蘇，闔廬遷都此。夫椒在縣西南八十五里，即今西洞庭山，在太湖中。
吴江
笠澤，地名考以爲即太湖，禹貢錐指以爲即松江，在今吴江縣界。據國語越軍江北，吴軍江南，則主松江爲長。
常州府
武進
吴延陵，今縣治。
無錫
吴都在縣東南三十里，曰梅里，有泰伯城。闔閭以上俱都此。
鎮江府
丹徒

吴朱方，今縣治。

淮安府

山陽

吴通邗溝，其合淮處曰末口，在縣北五里。又縣東南七十里有射陽湖，長三百里，故時邗溝由此入淮。

海州

贛榆

莒紀鄣在縣北七十五里。

沭陽

魯中城，杜註：「在東海廩丘縣西南。」按：東海無廩丘。後漢志東海厚丘縣註引杜氏中城在此，是。杜原作厚丘，今本訛「厚」爲「廩」也。厚丘故城在今縣北六十里。一本并訛東海爲東郡。東郡廩丘係今范縣。考是時莒因無備而潰，楚遂入鄆，魯城中城當與莒鄆相近，無緣在范縣也。一云中城魯内城，亦可通。

揚州府

江都

吴邗溝在縣東南二里，歷高郵、寶應接淮安界。

通州

如皋

吳鄖在縣南。

徐州府

銅山

宋彭城今縣治。宋呂在縣東南。

蕭縣

宋蕭本蕭國，在縣北十里。宋城郜在縣境。

碭山

楚麻在縣境。

沛縣

宋留在縣東南五十五里。宋合在縣境。

邳州

定元年傳薛宰曰奚仲遷於邳，卽此地。後仲虺還薛，而他族繼處之，卽姺、邳之邳也。今州治稍移而北。吳良在州北六十里。淮夷在州境。

宿遷

鍾吾國在縣西南。

安慶府

桐城

桐國，今縣治。

寧國府

宣城

吴頞黄在縣境。

池州府

銅陵

縣北十里有鵲頭山，又繁昌縣西南大江中有鵲尾洲，二地相連，卽楚鵲岸也。

太平府

當塗

縣西南三十里有東梁山，與和州南七十里之西梁山夾江相對，楚人及吴戰於長岸卽此。吴衡山在縣東北六十里，楚子重伐吴克鳩茲至於衡山卽此。杜注在烏程縣南，似太遠。

蕪湖

吴鳩茲在縣東三十里。

廬州府

合肥

楚滑汭在縣東。

廬江

楚虺在縣境。

舒城

羣舒國在縣境，連接廬江、灊山、桐城等縣，皆有羣舒地。宗國在縣境。

巢縣

楚巢，今縣治。　楚圉陽在縣南。楚坻箕之山在縣南三十七里。吳橐皋在縣西北六十里，即今柘皋。

無爲州

楚駕、鳌皆在州境。楚庸浦在州南。

六安州

英氏國在州西。六國在州北。

霍山

楚灊在縣東北三十里。

鳳陽府

鳳陽

楚州屈在縣西。楚鍾離在縣東四里。

懷遠

向國在縣東北四十五里。沙汭在縣東南。按：水經注沙水南流至義城縣西南入淮，謂之沙汭。義城故城在今縣東北十五里。

虹縣

徐婁林在縣東北。徐蒲隧在縣北。

壽州

楚州來在州北三十里。蔡遷於此，謂之下蔡。楚雞父在州西南六十餘里。楚潁尾在州西北四十里潁水入淮處。

宿州

宋衰在州西。

泗州

徐都在州北八十里。晉逆吳子於淮上，當在州與臨淮之閒。

盱眙

吴善道在縣境。

潁州府

阜陽

胡國在縣西北二里。

潁上

楚慎在縣西北。

霍丘

蓼國在縣西北。楚瑣在縣東。楚雩婁在縣西南。楚窮在縣西南八里。

亳州

陳焦，今州治，後入楚。陳夷在州東南七十里，後入楚曰城父，許遷於夷即此。楚夷濮西田在州西。

楚乾谿在州東南七十里。

太和

宋鹿上在縣西。

蒙城

楚瑕在縣北。吴房鍾在縣境。

廣德州

吴桐汭在州西北二十五里。

江西附

南昌府

寧州

吴艾在州西一百里。

饒州府

鄱陽縣

楚之東境。鄱陽湖在縣西，跨九江、南康諸府。

餘干縣

越之西境。

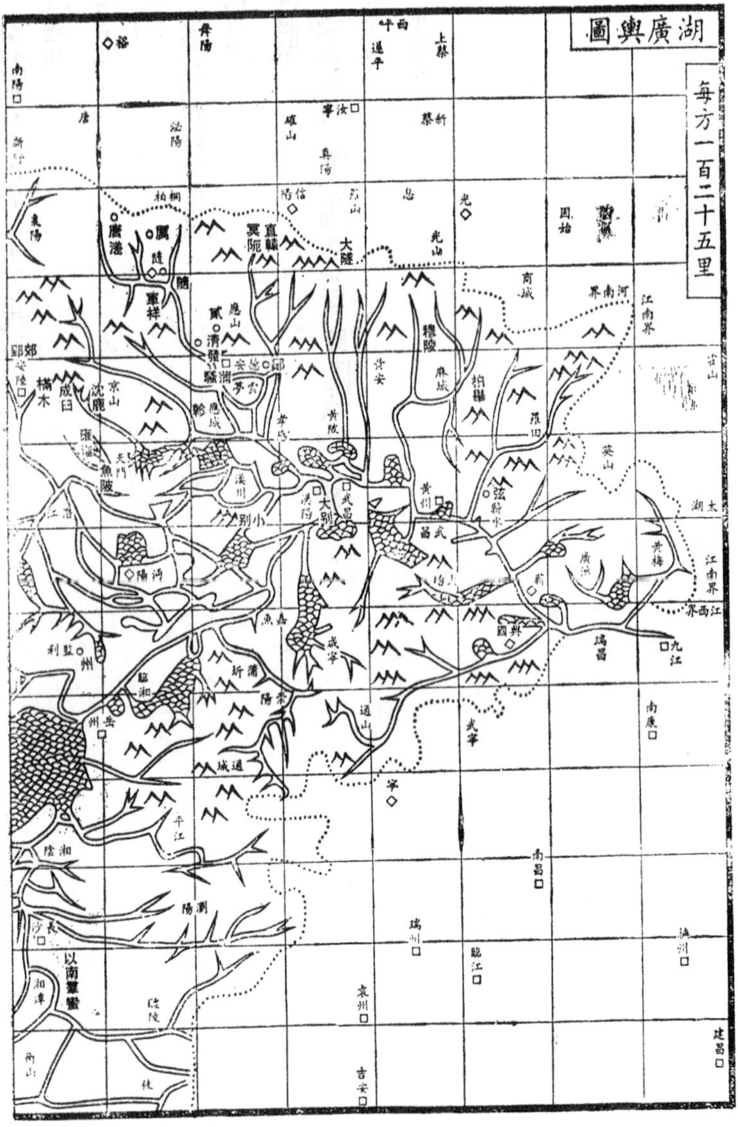
湖廣輿圖
每方一百二十五里
南陽
裕
舞陽
西平
遂平
上蔡
唐
泌陽
汝寧
確山
真陽
新蔡
桐柏
信陽
息
光
固始
棗陽
唐
厲
隨
冥阨
直轅
大隧
光山
軍祥
貳
清發
應山
鄖
安陸
郊郢
商城
河南界
江南界
穆陵
麻城
黄安
柏舉
羅田
成臼
沈鹿
京山
應城
孝感
黄陂
英山
天門
魚陂
漢川
漢陽
武昌
黄州
弦
蘄水
太湖
小別
大別
武昌
廣濟
黄梅
江南界
江西界
沔陽
嘉魚
咸寧
興國
瑞昌
九江
監利
州
臨湘
蒲圻
崇陽
通山
武寧
南康
岳州
通城
寧
平江
湘陰
南昌
瀏陽
長沙
瑞州
臨江
撫州
以南蠻
湘潭
醴陵
袁州
建昌
衡山
攸
吉安

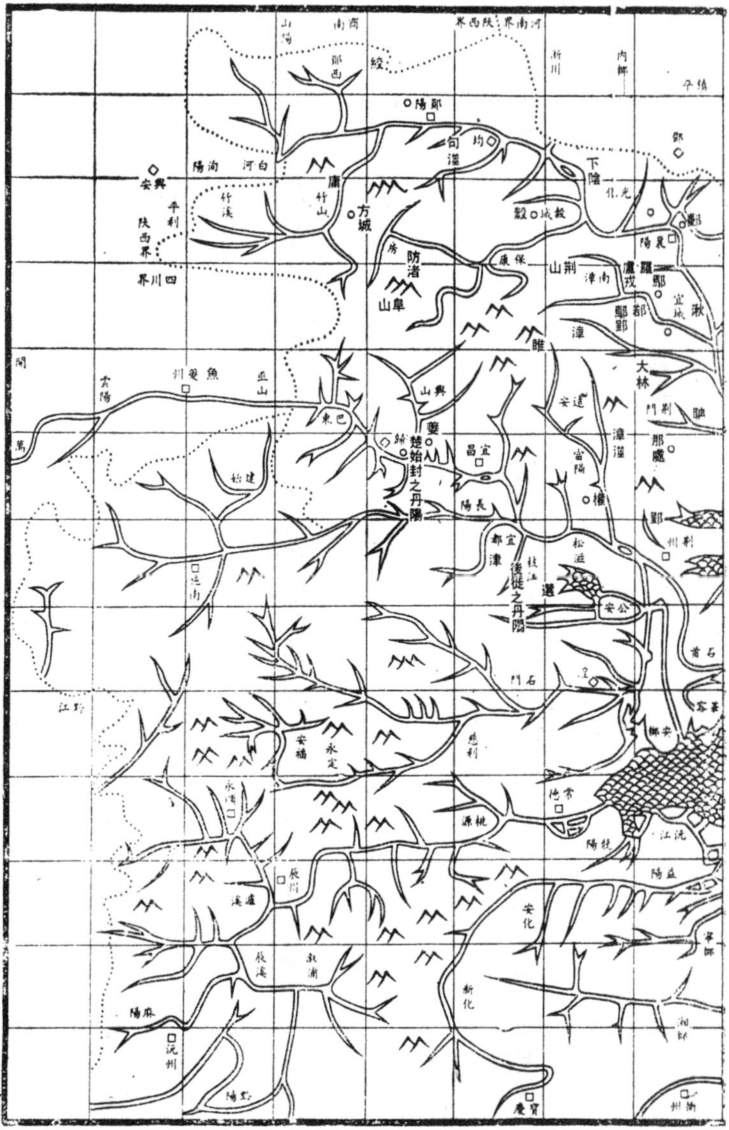
商南
山陽
河南界
陝西界
淅川
內鄉
鄖西
絞
鄖陽
鎮平
均
句澨
白河
洵陽
興安
下陰
光化
鄧
竹山
竹溪
庸
方城
穀城
穀
襄陽
平利
陝西界
四川界
房
防渚
保康
荊山
南漳
盧戎
羅
鄀
宜城
鄢
皐山
睢
漳
大林
荊門
巫山
雲陽
巴東
興山
歸
夔
楚始封之丹陽
宜昌
長陽
當陽
權
遠安
那處
荊州
建始
宜都
枝江
松滋
後徙之丹陽
還
公安
石首
華容
安鄉
石門
慈利
安福
永定
常德
桃源
沅江
益陽
安化
辰州
瀘溪
辰溪
漵浦
麻陽
沅州
黔陽
新化
寶慶
湘鄉
寧鄉
衡州

武昌府

江夏

楚夏汭在縣西北，卽漢水入江處。漢水尾合夏水，故傳通稱漢曰夏。其莊四年傳與隨爲會於漢汭，則當在襄陽、安陸二府境也。

漢陽府

漢陽

楚大别山在縣東北百步，江水經其南。古漢水在山之西南入江，今則山在漢之西岸。

漢川

楚小别山在縣南十里。

安陸府

鍾祥

楚沈鹿在縣東六十里。楚郊郢在縣境。楚訾枝在縣境。楚㮇木山在縣東一里。楚成臼在縣東三十里。

京山

楚雍澨在縣西南八十里。楚薳澨亦在縣境。

天門

楚魚陂在縣西北。

荆門州

楚大林在州西北。聃國在州東南，入楚爲那處。

當陽

權國在縣東南。楚睢、漳二水俱在縣北。睢一名沮。楚漳澨在縣東南五十里。

襄陽府

襄陽

鄧國在縣東北十二里。

宜城

羅國在縣西二十里。楚鄢在縣西南九里，古鄢國。楚鄀在縣西南九十里，後徙郢於此，兼稱鄢郢。楚湫在縣東南。

南漳

盧戎國在縣東五十里，後入於楚爲廬。荆山在縣西北八十里，楚遷許、胡、沈、道、房、申六國之衆於此。

穀城

穀國在縣西十里。

光化
楚下陰在縣西。
均州
楚句澨在州西。楚臨品在州境。楚石溪及仞亦在州境。或云應在竹山縣境。
鄖陽府
鄖縣
絞國在縣西北。
房縣
楚防渚在縣境。楚阜山在縣南五十里。楚彭水在縣境，流入穀城。
竹山
庸國在縣東四十里。庸方城在縣東四十五里。
德安府
安陸
鄖國即邔，今縣治。楚清發在縣西北。雲夢在縣南五十里。按：古雲夢澤跨江南北，包絡甚廣，東抵蘄州，西抵枝江皆是。
應城

軫國在縣西。鄖蒲騷在縣北三十里。

隨州

隨國在州南。厲國在州北四十里。唐國在州西北八十五里。州東南三十里有楚子城，即傳所謂軍於漢、淮之閒者。彙纂云在應山縣境，地相接也。楚軍祥，在州西南。溠水在州西北。

應山

貳國在縣境。楚大隧在縣東北一百三十里，信陽州東南一百五十里；直轅在縣北九十里，信陽州南亦九十里；冥阸在縣北六十五里，信陽州西南九十里，所謂義陽三關也。其總名曰城口。

黃州府

蘄水

弦國在縣西北四十里。

麻城

楚柏舉在縣東三十里。穆陵在縣西北。按：僖四年傳管仲對楚使言齊之四履，南至於穆陵，北至於無棣。杜注以爲齊地者，誤也。蓋言征伐所至之域耳。元和郡縣志穆陵關在淮南麻城縣西北八十八里穆陵山上，一名木陵關。司馬貞史記索隱亦言淮南有故穆陵關，是楚之境。無棣在遼西孤竹。舊說以穆陵在臨朐縣東南一百五里，無棣在海豐、慶雲二縣之閒，是後世沿杜誤而以是命名。當以索隱及元和志爲正。詳穆陵辨。

荆州府

江陵

楚遷都郢在縣北十里，其後遷郢於鄀，謂此爲紀郢。渚宫，今縣治。荒谷在縣西。冶父在縣東。陘隰在縣東。轑陽、烝野、脾洩或云俱在縣境。皆楚地。

監利

州國在縣東三十里。楚章華臺在縣東北三十里。涌水在縣東南。

枝江

楚遷丹陽，在縣西。津在縣西三里。邏在縣南。臯滸在縣境。皆楚地。

宜昌府

歸州

楚始封之丹陽在州東南七里。夔國在州東二十里。楚宗丘在州境。

四川附

夔州府

奉節

庸魚邑，今縣治。

重慶府

巴縣

巴國，今縣治。

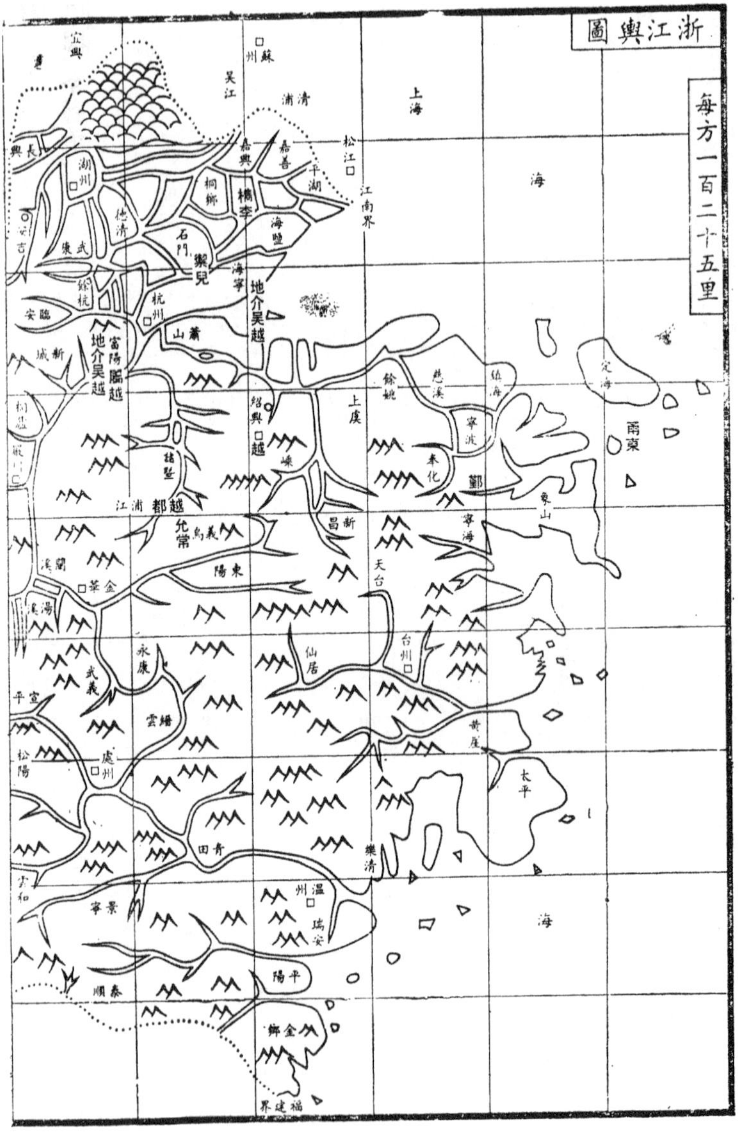
浙江輿圖
每方一百二十五里
宜興
蘇州
吳江
青浦
上海
松江
江南界
長興
湖州
嘉興
嘉善
平湖
桐鄉
檇李
海鹽
安吉
德清
武康
石門
禦兒
海寧
餘杭
杭州
臨安
蕭山
地介吳越
新城
富陽
地介吳越
臨越
桐廬
紹興
越
上虞
餘姚
慈溪
鎮海
定海
甬東
寧波
奉化
鄞
象山
諸暨
嵊
浦江
越都
新昌
寧海
義烏
允常
東陽
天台
蘭溪
金華
湯溪
仙居
台州
永康
武義
宣平
縉雲
黃巖
松陽
處州
太平
青田
樂清
雲和
景寧
溫州
瑞安
海
平陽
泰順
金鄉
福建界

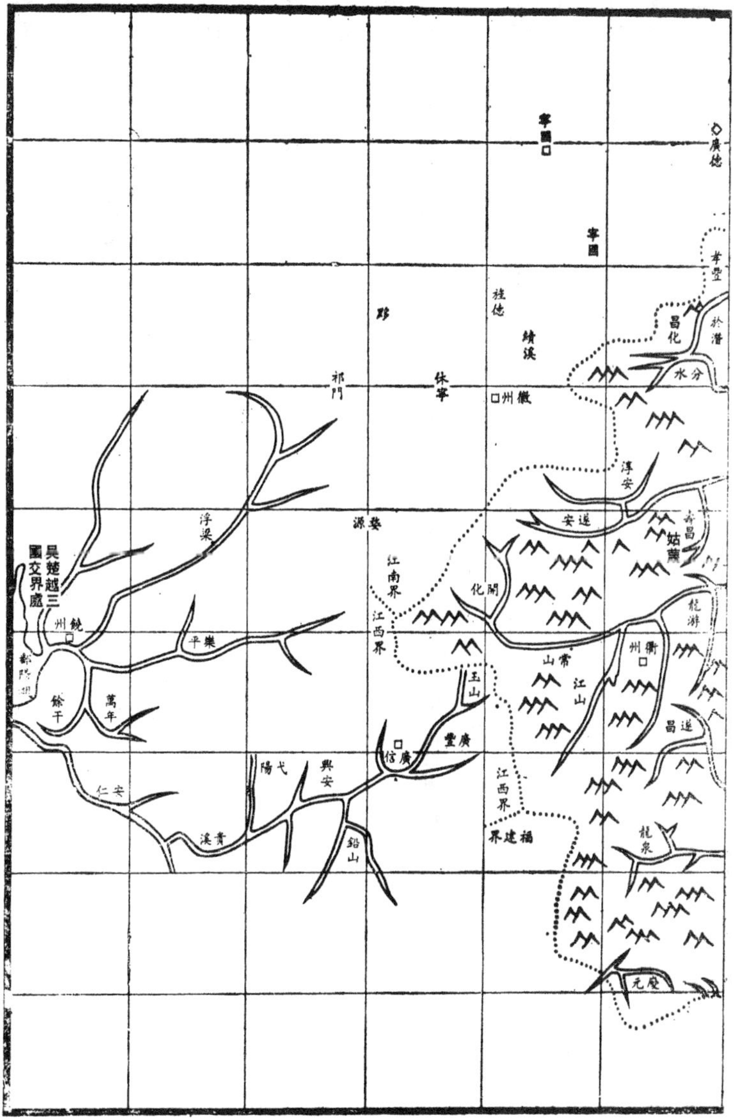
寧國
廣德
寧國
孝豐
旌德
黟
績溪
昌化
於潛
祁門
休寧
徽州
分水
淳安
遂安
壽昌
姑蔑
浮梁
婺源
江南界
吳楚越三國交界處
開化
饒州
樂平
江西界
龍游
衢州
常山
鄱陽湖
玉山
江山
餘干
萬年
遂昌
廣豐
廣信
弋陽
興安
安仁
江西界
貴溪
福建界
鉛山
龍泉
慶元

杭州府

海寧

地介吴、越閒，彼此分屬。

富陽

屬越。

餘杭

屬吴、越二國。

嘉興府

嘉興

吴檇李在縣南四十五里。吴越春秋夫差增封越西至於檇李，則後應屬越。

海鹽

吴增封越北至於平原，在縣境。

石門

越禦兒在縣東二十里。

寧波府

鄞縣

國語越地東至於鄞，即此。

定海

越甬東，今縣治。按：國語作甬句東，明其地在甬句之東也。越地南至於句無，秦置句章縣，在今慈谿縣西南三十五里。或謂甬東即句無，誤也。

紹興府

山陰

越都。無餘始封，故城在縣南十二里。

會稽

會稽山在縣東南十二里。

諸暨

越允常所都。

衢州府

龍游

越姑蔑在縣境。國語越地西至於姑蔑。

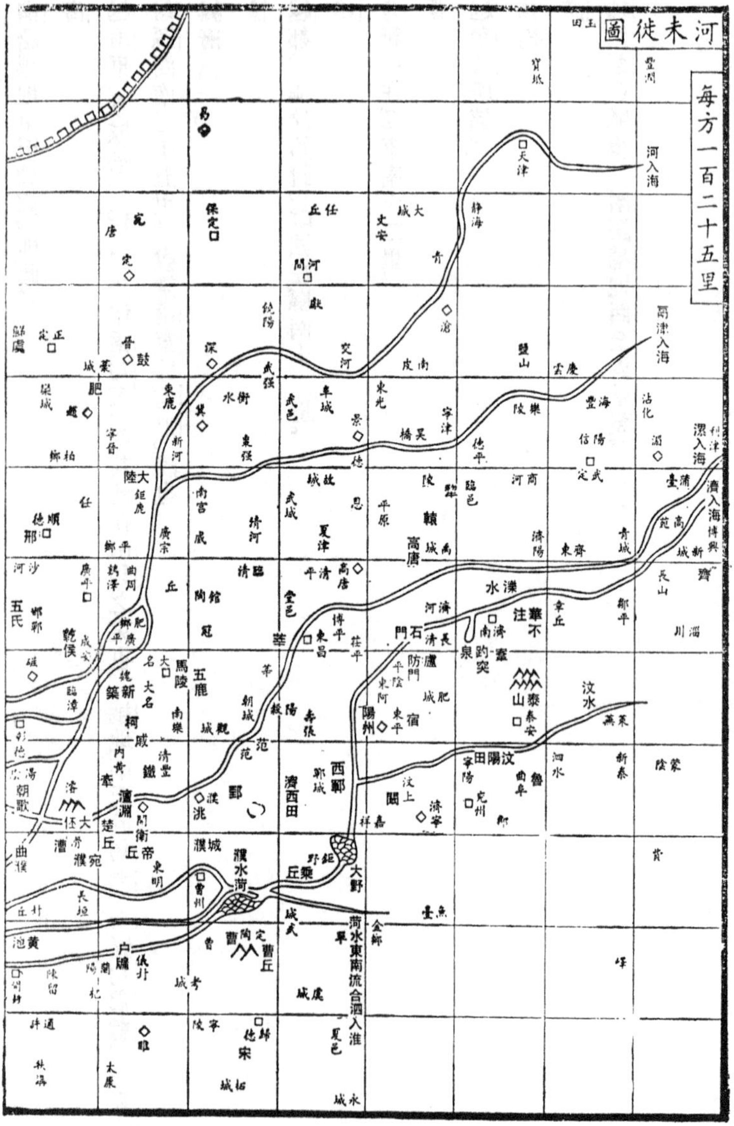
河未徙圖
每方一百二十五里

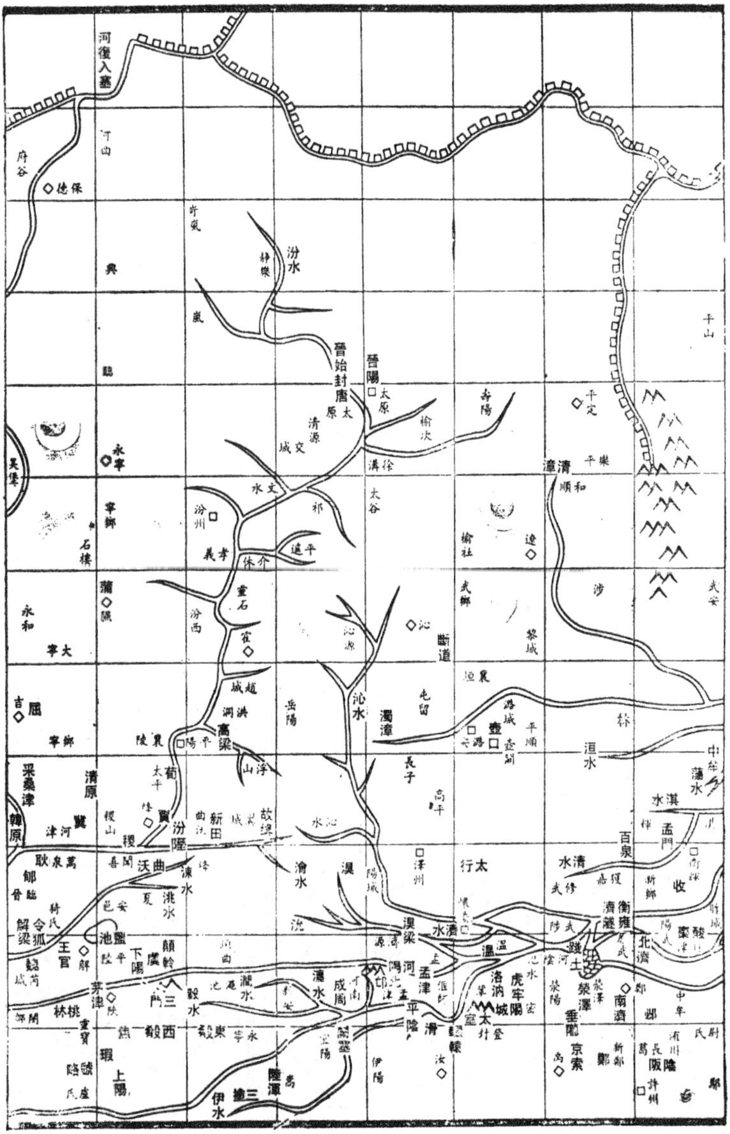

河復入塞
保德
汾水
晉始封唐
晉陽
太原
清源
交城
榆次
徐溝
文水
汾州
孝義
介休
平遙
清漳
靈石
霍
沁源
沁
斷道
黎城
襄垣
屯留
沁水
濁漳
潞城
壺口
長子
高平
洪洞
趙城
高梁
平陽
浮山
岳陽
永寧
大寧
吉
屈
蒲
隰
永和
采桑津
清原
韓原
河津
稷山
稷
絳
曲沃
汾隰
新田
故絳
澮水
涑水
洮水
郇
令狐
解梁
王官
鹽池
下陽
顛軨
虞
三門
茅津
桃林
瑕
上陽
西殽
殽水
東殽
澗水
瀍水
成周
伊水
三塗
陸渾
平陰
孟津
河陽
溴梁
濟水
溫
洛汭
虎牢
滑
轘轅
太室
滎澤
京
索
鄭
垂隴
南濟
陰阪
許州
太行
澤州
清水
百泉
淇水
孟門
收
衡雍
北濟
洹水
中牟
平定
樂平
和順
榆社
遼
武鄉
涉
武安

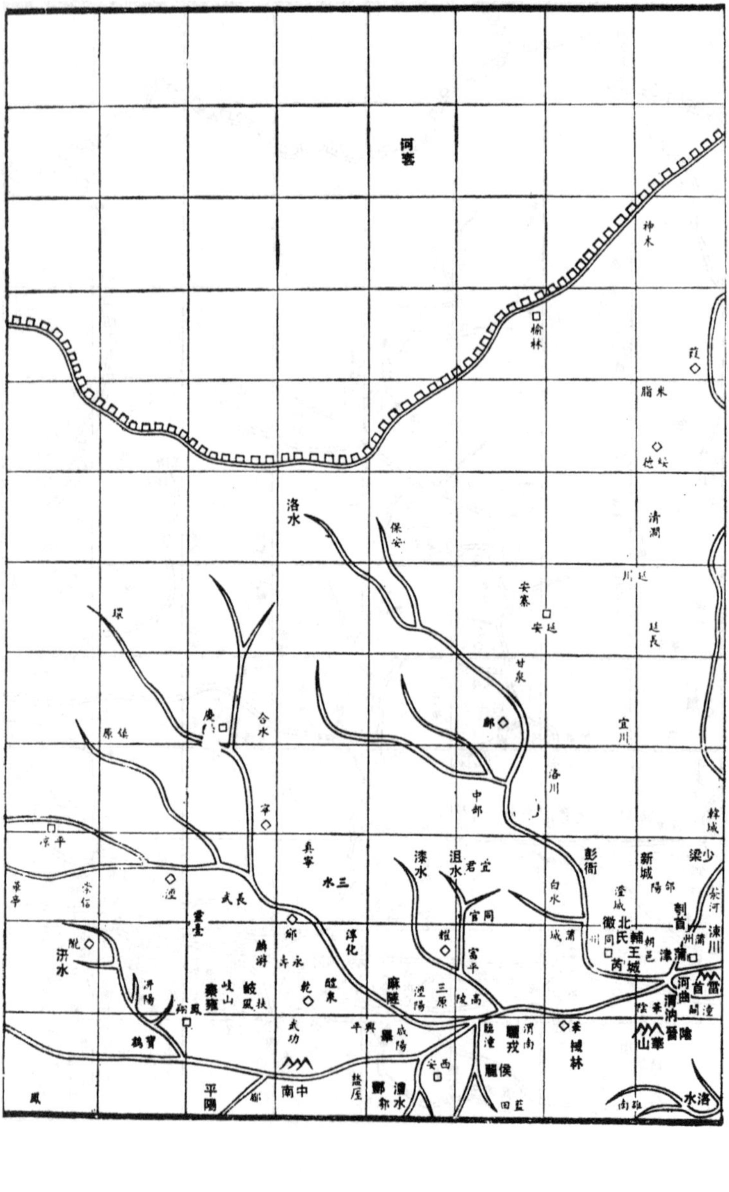

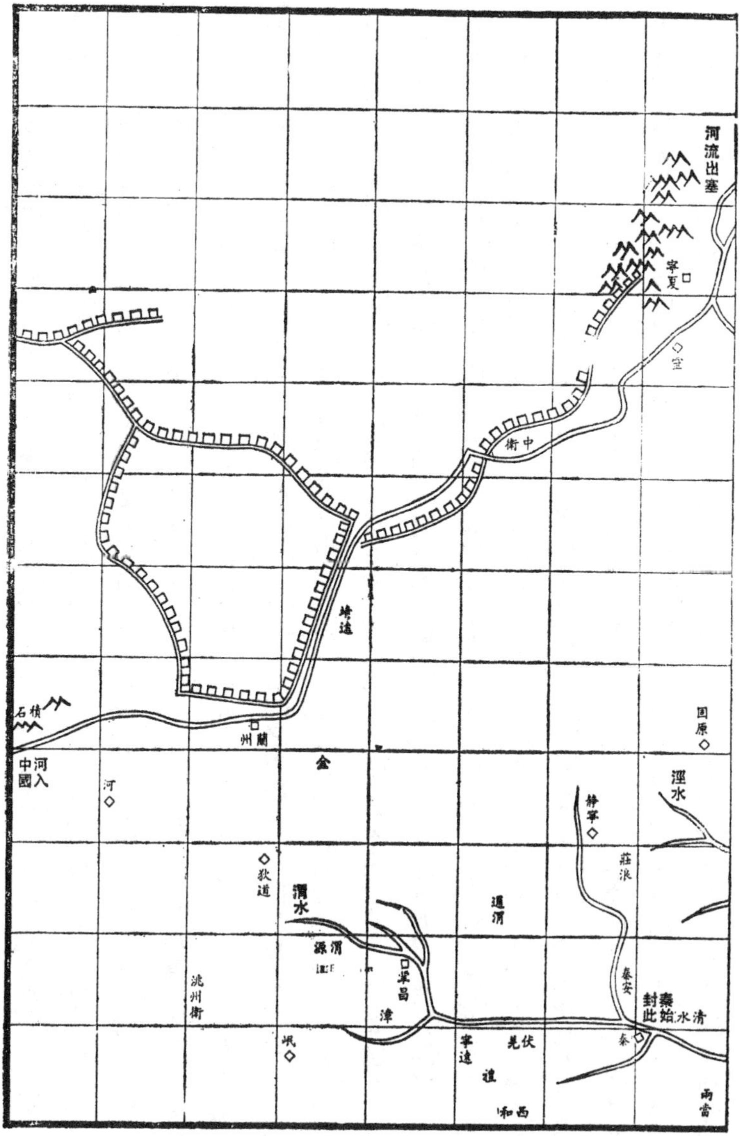
河流出塞
寧夏
中衛
靖遠
積石
河入中國
蘭州
金
河
狄道
渭水
渭源
通渭
靜寧
莊浪
固原
涇水
秦安
秦始封此
清水
秦
伏羌
寧遠
鞏昌
漳
洮州衛
岷
禮
西和
兩當

河源發於崑崙，至積石而入中國。東經陝西河州北合灕水。又東北合洮水。又東北經蘭州府西，湟水合浩亹水入焉。又東北經府北。又東經金縣北。又東北經靖遠縣西北。又東北經中衛縣南。又東經靈州北。又東北經寧夏府東南。又東北入榆林府西境，經古三受降城南。又東折而南經榆林府東。又南經府谷縣東、神木縣南、葭州東，河之東岸爲山西河曲縣及保德州興縣境。又南經吴堡縣及綏德州東，河之東岸爲臨縣及永寧州寧鄉縣境。又南經青澗縣東。又南經延川縣及延長縣東，河之東岸爲石樓縣及永和縣、大寧縣西境。又南經宜川縣東，河之東岸爲吉州，西距大河七里。孟門山、壺口山皆在其地。及鄉寧縣西境。縣西有采桑津。又南經韓城縣東。梁山在縣南十九里。秦之少梁在縣南二十里。晉之韓原在縣東南二十里。又南經郃陽縣東，秦刳首在縣東南。河之東岸爲河津縣，冀國、耿國在縣境。及榮河縣、臨晉縣西境，汾水在河津縣南，西入於河。臨津縣爲晉解梁城及王官等境。又南經朝邑縣東。秦王城、晉輔氏在縣境。其東北有蒲津。又南經華陰縣東北，渭水自西入焉，卽渭汭。華山在其南。縣東南五里爲晉之陰晉邑。河之東岸爲蒲州府西境，涑水自東入焉。有臨晉關，與朝邑之臨晉關夾河相對。又涑水流入，爲晉涑川。又南過雷首山西，折而東，晉河曲地。經潼關縣北。又東經河南閿鄉縣北。又東經靈寶縣北，爲晉之桃林塞。河之北岸爲芮城縣南境。晉之魏邑。又東經陝州北。虢之上陽，晉之焦、瑕在州境。州西北三里爲茅津。又東四十餘里爲三門山，卽底柱，在河中。又東經澠池縣及新安縣北，河之北岸爲平陸縣，虞都及虢下陽、茅戎等境。及垣曲縣南境。又東經河南府治洛陽縣北，爲周王城。河繞北邙之麓。河之北岸爲濟源縣南境。周畿内諸邑及溴梁、郫邵俱在焉。又東經孟津縣北，古孟津。晉之平陰在縣東一里。河之北岸爲孟縣南境。卽晉河陽。又東經鞏縣北，洛水自南入焉，卽洛汭。河之北岸爲温縣南境，濟水自北入焉。又東經汜水縣北，汜水自南入焉。鄭虎牢在縣西二里。縣東有汜水，杜注所云南汜也，出襄城縣。又東經滎陽縣北，古東虢國。鄭之京邑及京、索二水在縣境。河之北岸爲武陟縣南境，沁水自北入焉。又東經河陰縣北。今河陰古滎陽縣地。敖山在縣西二十里。又東經滎澤縣北，踐土在縣西北。其北岸則獲嘉縣。又東經原武縣北。西北五里爲衡雍，晉軍爭濟及楚莊祀河皆在此。○河屢決於原武、陽武，其新鄉、汲縣之境去河漸遠，禹迹不可問矣。今參考胡氏朏明、顧氏景范之説，爲禹河舊道。至濬、滑閒，又參取水經注，分禹河未徙、初徙二圖，以備春秋時津濟處。又東經陽武縣北。舊志河在縣北二十三里。又東經延津縣北。鄭之酸棗在縣北十五里，卽廩延。○水經注：「東北經酸棗縣西，濮水東出焉。又東北通謂之延津。」又東經胙城縣北，水經注：「大河又東經燕縣故城北。」○南燕國在縣西。河於是有棘津之名，所謂南河也。河之北岸爲新鄉縣及衛輝府治汲縣南境，淇水自西入焉。汲縣爲衛牧地。○水經注：「大河又東，淇水入焉，又東經遮害亭南。」○淇水合宿胥故瀆。遮害亭在濬縣西南。又東北經濬縣西南，禹貢錐指云：「禹河自東北流入黎陽縣界，自大伾山西南折而北爲宿胥口。」○大伾山在濬縣東二里，高四十丈，亦名黎陽山。宿胥故瀆亦在縣西南。其西北岸爲淇縣，衛朝歌地。閔二年衛爲狄所滅，又敗之河，杜注：「衛將東走渡河，狄又敗之。」此淇縣之東也。宋桓公逆之河，則在濬縣之西南矣。及湯陰縣東南境。晉中牟在縣西，所謂河北之中牟也。又東北經內黄縣西，衛柯及牽地。○內黄故城在今縣西十八里。縣北五里有黄澤，胡氏以爲河徙乃鍾爲澤耳。其西北岸則彰德府治安陽縣東境。故相城在縣西。通典云：「河亶甲居相。其子祖乙，圮於相，遷於耿。」傳云：「河水所毁曰圮。」方輿紀要云：「安陽縣東四十里有永定城，永定城東有鯀堤，鯀治水時所築，以捍孟門溢河，今謂之三刃城。」○洹水在縣北。又東北經直隸大名府之魏縣西北，衛新築在縣南。其西岸則臨漳縣東。漢地理志鄴縣東有故大河。楚語武丁自河徂亳，韋昭曰：「從河內徙都亳也。」河內卽鄴南殷墟。自河徂亳，蓋亦爲河所圮。○鄴城在縣西二十里。又東北經成安縣，晉乾侯地。及廣平縣東，至肥鄉縣合漳水東北流，自此以後，水經注所云漳水所經卽禹河故道。○顧氏曰：「漳水在肥鄉縣西北十里自廣平流入縣境，又東北入曲周縣界。」其東岸則山東臨清州之丘縣。水經注：「漳水自斥漳縣南，又東北經平恩縣故城西，又東北經南曲縣故城西。」○斥漳，今曲周。兩故城在丘縣西北。又東北經曲周縣東。水經注：「漳水又東北經曲周縣故城東。」○故城在今縣東北。又北經平鄉縣東，水經注：「漳水又北經鉅鹿縣故城東。」○鉅鹿郡治，今平鄉縣治。其東岸則廣宗縣西。水經注：「漳水又歷經縣故城西，有薄落津。」○經縣故城在今廣宗縣東二十里。又北經鉅鹿縣東。大陸澤在縣北五里，卽廣阿澤，晉之大陸也。○水經注：「漳水又經沙丘臺東，又經銅馬祠東。」○沙丘臺在平鄉縣東北七十里。銅馬祠在鉅鹿縣北七里。又北經南宫縣西。水經注：「漳水又北經南宫縣故城西。」○南宫故城在今縣西北三里。又北經新河縣西。水經注：「漳水又北經堂陽縣西。」○堂陽縣今爲新河縣。又東北經冀州北。水經注：「漳水又東北經扶柳縣北，又北經昌城縣故城西，又經西梁縣故城東，又東北經桃縣故城北。」○扶柳故城在州西南八十里。西梁縣在扶柳西北五十里。昌城縣在州西北。桃縣在州西北四十五里。又北經束鹿縣東。水經注：「漳水又北經鄡縣故城東。」○鄡縣在今束鹿縣東北。又東經深州南。水經注：「漳水又右經下博縣故城西，又東北經下博城西，逶迤東北注。」○下博城在深州南四十五里。又東北經深州東。水經注：「漳水又西經樂鄉縣故城南。」○樂鄉故城在深州東北。又東北經武强縣及武邑縣北。水經注：「漳水又東北經阜城縣北。」○禹貢錐指云：此阜城當在武邑縣界。○水經注：「漳水又東北經武邑郡南，又東北經武强縣北。」○漢時武强在今武强縣南，爲武邑郡治。○水經注：「漳水又東北經武隧縣故城南。」○武隧故城在武强縣東三十里。○水經注：「漳水又東經武邑縣故城北。」○武邑故城今武邑縣治。縣志云：「漳河在縣西北二十里。」○水經注：「漳水又東北至昌亭與滹沱河會。」○昌亭廢縣在武邑縣東北。又東經阜城縣西北。水經注：「漳水又東經弓高縣故城北。」○高氏曰：「弓高故城在今阜城縣西南。」顧氏曰：「在景州東北四十里。」又東經阜城縣東北，水經注：「漳水又東經阜城縣故城北。」○阜城故城在今縣東三十二里。其北岸爲饒陽縣及獻縣南。水經注：「漳水又經樂成縣故城南。」○樂成故城在獻縣東南十六里。又東北經交河縣南。水經注：「漳水又東北經成平縣南。」○成平廢縣在獻縣東南九十二里。又東經東光縣西北。水經注：「漳水又東左會滹沱別河故瀆。」○別河故瀆卽滹沱別支自獻縣流入東光之滹沱者。東光故城在今縣東二十里。又東北經南皮縣西北。又東北經滄州北，其北岸則青縣南。水經注：「漳水又東北合清河，謂之合口。又東北濊水出焉。」○合口在滄州西青縣南二里。魏收志：「浮陽縣西接漳水，橫水入焉，謂之合口。濊水經三户亭北。青縣，漢之三户縣也。」又東北經靜海縣北。又東北經天津府北，東入於海。水經注：「漳水又東北經章武縣西，又東北經平舒縣南，東入海。」○胡氏曰：「漢章武、平舒二縣，本靜海縣地，清水、漳水合流，經此入海。」按：禹貢雖指禹河自大伾山折而北，歷湯陰、安陽、臨漳、魏縣、成安、肥鄉，合漳水，至於鉅鹿，爲「北過洚水，至於大陸」之故道。自合漳水後，河與絳、漳并而爲一。自曲周、平鄉、廣宗、鉅鹿、南宮、新河、冀州束鹿、深州衡水、武强、武邑、阜城、獻縣、交河、滄州青縣、靜海，至天津府注於渤海，爲九河徒駭之道。渤海卽所謂逆河，其入海處則在今昌黎縣南。昌黎，漢纍縣，碣石在其地。碣石、逆河皆爲海水所漸。今據漳水入海圖，止天津。至九河之分，則自鉅鹿始。徒駭最北，卽河經流。鬲津最南，其首受河處，據胡氏當在南宮縣界，東經德州北，又東經吴橋縣南、陵縣北、寧津縣南、德平縣北、樂陵縣北、鹽山縣東南、慶雲縣南、海豐縣西北，又東北入於渤海。

附入河出河諸水

漳水有二源。濁漳出山西潞安府長子縣西發鳩山。水經注：「濁漳水出上黨長子縣西發鳩山，東過其縣南。」○今長子縣西有長子故城。又東經屯留縣南，屈經其城東，絳水注之。屯留，晉純留邑。其故城在今縣東南十三里。○絳水卽禹貢降水。漳既合絳，故得通稱。又東經潞安府治長治縣北。水經注：「又東經壺關縣北。」今長治縣東南有壺關故城。又東北經潞城縣北，其北岸則襄垣縣。水經注：「又東北經潞縣北。」○今潞城縣西有潞縣故城。又東經黎城縣南，其南岸則平順縣。又東經林縣北、涉縣東南，清漳水來注之，謂之交漳口。水經注：「清漳自涉縣東南來注之。」清漳出山西樂平縣沾嶺南，流經和順、遼州、黎城。又東經涉縣南、林縣北，與濁漳合流。又東經彰德府治安陽縣北，其北岸則磁州。又東至臨漳縣西北。水經注：「又東出山，經鄴縣西，又東經三户津。」○今臨漳縣西有鄴縣故城。三户津在鄴西四十里。○「又東經武城南，又東經梁期城南，又東經平陽城北。」○武城故城在鄴縣，梁期城在鄴北五十里，平城在鄴南。又東北經成安縣南，又經其城東。水經注：「又東經斥丘縣北，卽裴縣南。」○今成安縣西有斥丘故城，卽晉乾侯邑。又肥鄉縣西南六十里有裴城。又東北經肥鄉縣西，又經其城北，至曲周縣東南合於河。水經注：「又東北經列人縣故城南。」○在今肥鄉縣北。○「又東經肥鄉縣故城北。」○城在今縣西二十二里。○「又東北經斥漳縣南。」○今曲周縣東有斥漳縣故城。○此漳水入河之道卽禹貢所謂衡漳也。自周定王五年河徙而南，漳水卽行禹河故道，至交河縣東北復與河合，經滄州、青縣、靜海、天津入海。其後河益徙而南，而漳始專達於海矣。

漯水受河自宿胥口始。東經滑縣西南。水經注：「漯水自宿胥口，又東經滑臺城。」○故白馬縣治，在今滑縣西南，衛之漕邑也。又東北經濬縣南。水經注：「又東北經黎陽縣南。」○黎陽故城在今濬縣東北。又東北經滑縣東北。水經注：「又東北經涼城縣。」○涼城縣在滑縣東北。又東北爲長壽津。周定王五年河徙，自宿胥口東行漯川，至此與漯別而北。漯水又東經開州西。又東北經開州北。水經注：「又東經鐵丘南，又東北經濮陽縣北。」○鐵丘卽衞之鐵，在開州北五里。濮陽故城在開州西南。又東北經清豐縣南、觀城縣西南。水經注：「又東經衞國縣南。」○縣故畔觀也，城在清豐南、觀城西、開州北，衞五鹿地也。又東經濮州西北。水經注：「又東經鄄城縣北。」○在今濮州東二十里。衞之城濮在州南七十里。又東北經范縣西。水經注：「又東北經范縣之秦亭西。」○范縣爲齊、晉、魯、衞四國錯壤。秦亭，魯地也，在縣南二里。又東北經觀城縣東南。水經注：「又東北經委粟津。」○在縣東南六十七里。又東北經朝城縣東。又東北經莘縣東南。水經注：「漯水經陽平縣之岡城西。」○陽平故城今莘縣治。岡城在縣西南七里。莘縣爲齊、衞交界地。又東北經堂邑縣南。水經注：「又東北經樂平縣故城東。」○樂平故城在今堂邑縣東南。又北經東昌府治聊城縣西。水經注：「又北經聊城縣故城西。」○故城在今縣西十五里，卽齊之聊、攝。又東北經清平縣南、博平縣北。水經注：「又東北經清河縣故城北，又東北經文鄉城東南，又東北經博平故城南，右與黃溝合。」○清河故城在清平縣南。文鄉城亦在清平縣南。博平故城在博平西北三十里。黃溝經文鄉城南。又東北經禹城縣西南。水經注：「又東北經援縣故城西。」○卽齊轅邑，在禹城縣西北。○水經注：「又經高唐縣故城東。」○卽齊高唐邑，在禹城西四十里。又東北經臨邑縣南。水經注：「又東北經漯陰縣故城北。」○今臨邑縣西有漯陰故城。漯水北去臨邑七里，漢曰漯陽，後漢曰濕陰，「濕」卽「漯」之本字。又東北經濟陽縣南。水經注：「又東北經著縣故城南。」○城在濟陽縣西南。又東北經章丘縣西北。水經注：「又東北經崔氏城北，又東北經朝陽故城南。」○二城俱在章丘縣西北。又東經鄒平縣西北。水經注：「又東經鄒平縣故城北。」○在今鄒平縣北，與齊東縣接界。又東北經青城縣南。水經注：「又東北經東鄒城北。」○城在今青城縣界。又東北經高苑縣北。水經注：「又東北經建信縣故城，又東北經千乘縣二城閒。」○建信城在高苑縣西北。千乘縣在高苑北二十五里。又東北爲馬常坑，坑東西八十里，南北三十里，亂河枝流而入海。

淇水源出河南衛輝府輝縣之共山，經淇縣境流入濬縣西南宿胥口入河。水經注：「淇水東流經黎陽縣界，南入河。漢建安九年，魏武王於水口下大枋木以成堰，遏淇水東入白溝，以通漕運，號其處曰枋頭。」又云：「魏武開白溝，因宿胥故瀆而加其功。」然則春秋時淇水入河之處正在宿胥口，至魏武時始遏淇水入白溝也。白溝在今內黃縣南。又北至東光縣西入於河，亦謂之清水。清水本出脩武縣黑山，東流至淇縣合於淇水，故淇水亦受清水之名。○又洹水出長子縣洹山，蕩水出湯陰縣西，皆東流注於河。河徙後，皆至內黃縣入白溝。

洛水出陝西西安府商州西熊耳山。水經注：「洛水出京兆上洛縣讙舉山。」○上洛故城即今商州治。州西五十里有熊耳山，東、西各一山，狀如熊耳，山海經謂之讙舉山。東北流經州東。又東北經洛南縣北。又東經盧氏縣南。水經注：「洛水自熊耳山北，又東經盧氏縣南陽渠關北，又東經盧氏縣故城南，有盧川水注之，又東經高門城南。」○陽渠山在今盧氏縣西南五十里，高門城在今盧氏縣東。又東北經永寧縣南。水經注：「又東經黃亭南，又東得荀公溪口，又東經龍驤城北。」○黃亭在永寧縣西八十里，荀公谷在永寧縣西南，龍驤城在永寧縣西四十里。又東北經宜陽縣北。水經注:「又東北經宜陽縣故城南,又東合黑澗水,又東北出散關南。」○宜陽故城在今縣東北十四里,黑澗水在宜陽東北二十里,散關今宜陽縣東三十里九曲城是。又東北入河南府治洛陽縣南,與澗、瀍合。水經注:「又東經河南縣南。」瀍水出洛陽縣西北五十里之穀城山,東流經府城北,至洛陽故城西,而南流入洛。澗水出澠池縣東北二十三里之白石山,東流合穀水,遂兼有穀水之稱。穀水出澠池縣南山中穀陽谷,東北流經縣南,又東北至新安縣南,又東北合澗水引而東,又折而南至河南府城西故苑中入於洛。襄二十四年穀、洛鬬,毀王宮,宜在此。○胡氏曰:「周王城卽郟邑,漢爲河南縣,其故城在今洛陽縣西北。下都卽成周,漢爲洛陽縣,其故城在今洛陽縣東北二十里。古時澗水經河南故城西入洛,瀍水經河南故城東入洛,故澗水東、瀍水西爲王城,而瀍水東爲下都。洛誥之文甚明。自周靈王壅穀水使東出於王城,北合瀍水,南入洛,而城西之澗水遂爲死穀。東漢建都洛陽,明帝復堨穀水,使出都城北爲千金渠,又引其水繞城南爲陽渠,與千金渠會,東過偃師縣南,以至於洛。而禹貢東會澗、瀍之舊迹與洛誥澗東、瀍西之遺制,無復存焉者矣。」洛水又東北經洛陽縣東南,伊水從偃師縣西來合焉。水經注:「洛水又東經洛陽縣南,伊水從西來注之。」又東經偃師縣南。水經注:「洛水合伊水,又東經偃師故縣南,與緱氏分水,又北經偃師城東,東北歷鄩中,經訾城西,又東經訾城北。」○緱氏故城在今偃師縣南二十里,鄩中在今偃師縣東南,鞏縣西南,訾城在鞏縣西南四十里。又東經鞏縣故城南。又東北至洛口入河。水經注:「又東經鞏縣故城南,又東濁水注之,卽古湟水也,又東北入於河。」○鞏縣故城在今縣西南三十里,今縣隋所遷也。湟水卽春秋王猛居於皇是也。洛口在鞏縣故城東北三十里，今縣北少東八里，所謂洛汭，亦名什谷。今洛水自鞏縣界東過汜水縣北，又東從滿家溝入河，而洛口乃移於東，非復古之什谷矣。

伊水出河南河南府盧氏縣東南悶頓嶺。 水經注：「伊水出南陽縣西蔓渠山。」○蔓渠山卽熊耳之支峯，一名東巒山，一名悶頓嶺，在今盧氏縣東南一百六十里。 **東北流經嵩縣南。** 水經注：「東北經東亭城南，又屈經其亭東，又東北逕郭落山，又東北經陸渾縣南，又北歷峘口下，又東北經伏流嶺東。」○東亭城在今嵩縣西南七十里。陸渾卽嵩縣治峘口，卽三塗山也，在嵩縣西南十里。伏流嶺在崖口北三十里許。 **又東北經伊陽縣西。** **又北經河南縣南。** 伊陽縣，唐先天元年分陸渾縣置，以伊水與陸渾分界故名。○水經注：「又東北經新城縣南，又北經高都城東，又東北經前亭西，又北過伊闕中。」○新城在今洛陽縣南七十五里，本戎蠻子邑，漢爲縣。高都在洛陽縣西南。前亭卽前城，在洛陽縣西南五十里。伊闕卽闕塞，一名闕口山，在洛陽縣西南三十里。 **又東北入於洛。** 水經注：「又東北至洛陽南，經員丘東，又東北入洛。」○員丘在洛陽縣東三十里委粟山下。

汾水出山西太原府忻州静樂縣北管涔山。 水經注：「汾水出太原汾陽縣北管涔山。」○今静樂縣本漢汾陽縣地。管涔山在縣北一百三十里。 **南流經太原府治陽曲縣西。** 水經注：「南流與東、西温溪合，又南經汾陽縣故城東。」○汾陽故城在今陽曲縣西北。○水經注：「又南與酸水合，又南出山，東南流，洛陰水注之，又南經陽曲城西。」○陽曲故城在今府治陽曲縣東北四十五里。○府治東北八十里有大盂城，晉盂邑。 **又東南經太原縣東。** 水經注：「又東南經晉陽縣東，晉水從縣東南流注之。」○明地理志：「太原本元平晉縣。洪武四年移於汾水西故晉陽城之南關。八年更名太原。」則今之太原正故晉陽也。晉水出縣西甕山。智伯遏晉水以灌晉陽，即此。○太原，故唐國，叔虞始封，猶號曰唐。**又南經清源縣東，其東岸則榆次縣、徐溝縣。**水經注：「又南經梗陽縣故城東，又南洞渦水從東來注之。」○梗陽城在今太原縣南六十里，清源縣南一百二十步，晉祁氏邑。**又南經交城縣、文水縣東，其東岸則太谷縣、祁縣。**水經注：「又南經大陵縣東，又南經平陶縣東，文水從西來注之。」○大陵故城在文水縣北十二里，平陶故城在文水縣西南二十五里，晉平陵邑在縣東北二十里，祁邑在祁縣東南八里，陽邑、箕城在大谷縣境。**又西南經汾州府治汾陽縣及孝義縣東，其東岸則平遥縣、介休縣。**水經注：「又南與石桐水合，又西南經介休縣故城西，又南經冠雀津，又南入河南界，經永安縣西。」○石桐水即緜水，出介休縣緜山。冠雀津在介休縣西十二里。永安，故彘縣也，厲王流於彘即此，今爲孝義縣。又平遥縣西十二里有晉中都邑。介休縣東南有介山，一名緜山，又有隨城，又東北有鄔邑。**又南經靈石縣西，其西岸則汾西縣。**靈石本介休地，元和志汾河在縣北十步。**又南經霍州及趙城縣西。**水經注：「又東與彘水合，又南經霍城東，又南霍水入焉。」○彘水出太岳山，即霍太山也，在趙城東北四十五里。霍城，故霍國，晉霍邑，今爲霍州。霍水出霍太山西南，經趙城南，又西注於汾。**又南經洪洞縣西。**水經注：「又南經楊縣西。」○今洪洞縣東南有楊縣故城，故楊國。**又西南經平陽府治臨汾縣北，又經其城西。**水經注：「又南經高梁縣故城西，又南經白馬城西，又南經平陽縣故城東，又南與平水合。」○高梁故城在臨汾縣東北三十七里，即晉高梁之墟。白馬城即平陽府治平陽故城，在臨汾縣西南汾水之西。又府城西北有晉狐厨邑，平水東經狐谷亭即此。又府治東爲晉平陽邑。**又南經襄陵縣東。**水經注：「又南經襄陵縣故城西。」〇晉郤犨之邑故城在今縣東南，汾水在縣東一里。又南經曲沃縣北，又經其西南，其西北岸則太平縣。水經注：「又南經臨汾縣東，又屈從縣南，西流逕絳縣故城北。」〇臨汾縣，今太平縣也。絳縣故城在今曲沃縣南。晉新田，漢置絳縣。又西經絳州南，澮水自東入焉。水經注：「又西經虒祁宫北，又西經魏正平郡南，又西經王橋，澮水入焉。」〇虒祁宫在絳州南。正平郡，今絳州治，絳州故賈國。澮水出曲沃縣東澮山，西過其縣南，又西注於汾水。水經注：「澮水出絳縣東，西南與絳水合，又西南過虒祁宫南，又西至王橋，注於汾水。」〇晉新田在曲沃縣西南，汾水在其西，澮水在其南，故韓獻子曰：「不如新田，有汾、澮以流其惡。」澮水一名少水，齊侯伐晉封少水而還是也。〇絳水見涑水注。汾水又西經稷山縣南。水經注：「又西與古水合，又西南經長脩縣故城南，又西經清原縣城北。」〇長脩故城在稷山縣東，清原城在稷山縣西北二十里，晉清原地，一名清。又西經河津縣南，其南岸則萬泉縣。水經注：「又經冀亭南，又西與華水合，又經稷山北，又西經鄍丘北，又西經耿鄉城北。」〇冀亭，故冀國，在河津縣東。稷山在河津縣東。稷山縣南五十里下有稷亭，晉侯治兵於稷即此。又河津縣南十二里有耿鄉城，爲古耿國。又西注於河。水經注：「又西經皮氏縣南，又西至汾陰縣北，西注於河。」〇河津縣西二里有皮氏故城，榮河縣北有汾陰故城，唐改曰寶鼎。元和志汾水在縣北二十五里后土祠下西注於河。明隆慶四年東徙，由河津縣葫蘆灘南入河。

涑水出山西絳州聞喜縣東山黍葭谷，西流經其縣南，與洮水合。水經注：「涑水出河東聞喜縣東山黍葭谷，至周陽與洮水合。洮水出聞喜縣清野山，西流合涑水。又西經董澤陂，又西經桐鄉城北，又西南經左邑故城南，故曲沃也。」○周陽城在聞喜縣南，董澤陂在聞喜縣東北三十里，桐鄉城在聞喜縣西南。左邑本晉曲沃，秦置左邑縣，漢改聞喜縣。○「涑水合洮水，亦通稱洮，左傳能宣汾、洮是也。」○今絳縣西北有絳水，卽涑水之上流也。而水經注云「絳水西北流注於澮」，疑水道改矣。又西經安邑縣北。又西經猗氏縣東，又西經其縣南。水經注：「又西經王官城北，又西南經安邑縣西，又西經猗氏縣故城北。」○王官，晉邑，其故城在猗氏縣南二里。又猗氏縣西有令狐城，西北有廬柳城。又西經臨晉縣南、芮城縣北。水經注：「又西經郇城，郇瑕氏之墟也，又西南經解縣故城南，又西南經瑕城。」○郇城在臨晉縣東北十五里。解縣故城在臨晉縣東南十八里，卽晉解梁城。又東南有臼衰城，又東南十八里有桑泉城。瑕城未詳其處，據水經注應在解梁之西南。又西經蒲州府治永濟縣東。又西南注於河。水經注：「又西南經張陽城東。又西南屬於陂，陂分爲二，西陂卽張澤也，西北去蒲坂十五里。」○蒲坂，漢縣，在今蒲州治東南五里，爲晉河曲。又南三十六里有羈馬城。東北二十八里有涑水城，卽涑川。

渭水出陝西蘭州府渭源縣西鳥鼠山，水經注：「渭水出隴西首陽縣渭谷亭南鳥鼠山。」○漢首陽縣，西魏改曰渭源。鳥鼠山在縣西二十里。東流逕其縣南。又東經鞏昌府治隴西縣北。水經注：「渭水自首陽縣南，又東經襄武縣，又東南經其縣東北，又東南經獂道縣故城西，又東經武城縣西。」○襄武故城在今隴西縣東南五里，獂道故城在隴西縣東南二十五里，武城故城亦在隴西縣界。又東南經寧遠縣北。又東經伏羌縣北。水經注：「又東經落門西山，又東經冀縣北。」○落門聚在今伏羌縣西十里，伏羌本漢冀縣，秦冀戎地。又東經秦安縣南、秦州北。水經注：「又東經上邽縣北封山之陰，又東南與神澗水合，又東南得歷泉水，又東出橋亭西，又南得耤水口。」○上邽故城在秦州西南，耤水口在秦州南。又東南經清水縣西，又經其南。水經注：「又歷橋亭南而入緜諸縣東，與東亭水合，又東南合涇谷水，又東伯陽谷水入焉，又東南苗谷水注之。」○並在今清水縣界。清水縣，秦非子始封於此。又東入鳳翔府隴州南界。水經注：「又東南出石門，度小隴山，經南由縣南，東與楚水合。」○南由縣本漢汧縣地，在今隴州東南百二十里。渭水在南由縣南四十里。又東經寶雞縣南，汧水自北入焉。水經注：「又東合南山五谿水，又東經陳倉縣南，又東與陽谿合，又東經郁夷縣故城南，汧水入焉，右則磻溪水注之。」○陳倉城在今寶雞縣東北二十里，郁夷故城在今隴州南五十里，汧水出隴州西，東流入渭。又東經鳳翔府治鳳翔縣南。秦雍都。又東經岐山縣南。周西岐地。又東南經扶風縣西南、郿縣北。水經注：「又東經石原南，又東經五丈原北，又東經郿縣故城南。」○石原、五丈原俱在郿縣西。郿縣故城在今縣東北十五里。又東經武功縣南、盩厔縣北。水經注：「又東經武功縣北，斜水從南來注之，又東經馬冢北，又經武功縣故城北，又東經美陽縣南，雍水從北來注之，又東經郿塢南，又東合洛谷之水，又東芒水從南來注之。」○斜水經五丈原東入渭。馬冢在武功縣東十餘里。武功故城在郿縣東四十里。美陽故城在武功縣西北二十五里。郿塢在郿縣東北十五里。洛谷之水，今盩厔縣西南有駱谷關。芒水入渭處在盩厔縣東南。又東經興平縣南。又東經鄠縣北。水經渭水篇：「又東過槐里縣南，又東澇水從南來注之，又東北經黃山宮南，就水注之，又東合田溪水，又東經槐里縣故城南，又東合甘水。」○按：水經澇水、甘水各自入渭，而酈注則云「甘水又東得澇水口，又東北經鄠縣故城西，又北入渭」，似甘水合澇水入渭，疑簡脫誤。今則澇與鎬、潏諸水俱合灃水入渭。○槐里縣在槐里故城西。黃山宮在興平縣西南三十里。槐里故城在興平縣東南十一里。鄠縣故城在今鄠縣北二里。澇水出鄠縣西南。○鄠縣本崇國地，又西周之豐邑。又東經咸陽縣南，豐、鎬二水自南入焉。水經注：「又東豐水從南來注之，又東北與鎬水合，又東北經渭城南，潏水注之。」○豐水出鄠縣東南，自今長安縣界西北，流經咸陽縣東南三里，注於渭。鎬水上承鎬池於昆明池北，西北入渭，在今咸陽縣界。渭城故城在今咸陽縣東北十七里。潏水入渭在長安縣界。又東經西安府治長安縣、咸寧縣北，其北岸則涇陽縣、三原縣。水經注：「又東分爲二水，又東與潏水枝津合，又東經長安城北，又東合昆明故渠，又東經霸陵縣北，霸水合滻水從縣西北流注之，又東會成國故渠。」○長安故城在今西安府西北十三里。霸水入渭處在今咸寧縣界。成國故渠亦在咸寧縣界，今涸。又東經高陵縣南，涇水自北來合焉。水經注：「又東與高陵分水，又東涇水注焉。」○高陵故城在今高陵縣西南一里。涇水在高陵縣西南三十里陽陵故城入渭。又東經臨潼縣北，漆、沮二水自北入焉。水經注：「渭水合涇水，又東經鄣縣西，又經新豐故城北，又東經鴻門北，又東石川水南注焉，又東戲水注之。」○鄣縣故城在臨潼縣東北。新豐故城在臨潼縣東北十四里。又縣東十七里有鴻門坂，戲水入渭在縣東三十里。○按：書傳彙纂：「漆水出同官縣東北；又西南合銅官水；又西南至耀州，與沮水合，沮水出中部縣西北；又東南流經宜君、同官二縣，至耀州南合漆水，又東南入富平縣，名石川河；又南至臨潼縣北入渭水。」如此，則漆水在沮水之東，禹貢不應先言漆而後言沮也。水經注以濁水上承雲陽大黑泉者爲漆水，東南至櫟陽縣界合沮水，似可從。雲陽，今淳化縣。櫟陽故城在今臨潼縣東北七十里。○臨潼縣，驪戎國也。秦獻公徙都於此，名櫟陽。又東經渭南縣北。水經注：「又東經下邽縣故城北。」○下邽城在今渭南縣北五十里。又東經華州北。水經注：

「又東經鄭縣故城北，又東與石橋水會。」○鄭縣故城在今華州北，石橋水在州東，晉武城在州東北，秦棫林在州境。又東經華陰縣北，洛水入焉。水經注：「又東經平舒城北，又東經長城北，又東經華陰縣北，洛水入焉，又東經定城北。」○平舒城在華陰縣西南十里。長城在縣西二里。定城去今潼關縣三十里。○洛水即詩「瞻彼洛矣」之洛。周語幽王時三川震，韋昭注「涇、渭、洛也」，與伊、洛之洛有別。尚書孔傳、漢書顏注，並以洛水爲漆、沮之水。按：秦、漢時關中有鄭、白二渠，沮水始循鄭渠入洛，古時沮水、洛水自各入渭，未可指洛爲漆、沮也。明成化中洛水改流，自朝邑縣南逕趨於河，不復至華陰入渭矣。又東入於河。漢志「渭水至船司空入河」。船司空城在今華陰縣東北五十里，所謂渭汭也。隋、唐以後渭口移而南，在永豐倉入河，今華陰縣東北三十五里是也。胡氏曰：「疑今洛水入河處，即古渭汭。」

涇水出陝西平涼府平涼縣西笄頭山，地理志：「涇陽縣笄頭山，涇水所出。」漢涇陽，今平涼縣地。東北流經其縣北。又東經華亭縣東北。華亭，漢汧縣地。又東經涇州北。元和志：「涇水在州東一里。」又東經長武縣北，長武縣，本漢鶉觚縣地，唐爲宜祿縣。汭水入焉。汭水出隴州西四十里，東流過長武縣南，而東注於涇。又東經邠州北。邠州本漢漆縣，唐爲新平縣。元和志：「涇水西自宜祿縣界流入。」又東南經淳化縣西。淳化本漢雲陽縣。元和志：「涇水在雲陽西南二十五里。」又南經永壽縣東。永壽本漢漆縣。元和志：「涇水自新平縣界流入。」又南經醴泉縣東。醴泉本漢谷口縣。長安志：「涇水出九嵕山谷口，故謂之谷口。」今縣東四十里谷口城是。又東南經涇陽縣南。本漢池陽縣，涇水在縣南七里。○成十三年晉及秦師戰於麻隧，秦師敗績，晉師濟涇，及侯麗而還。」襄十四年晉帥諸侯之師伐秦，濟涇而次，秦人毒涇上流，師人多死，卽此水也。 又東南經高陵縣西南，入於渭水。 縣志云：「涇水至縣西南上馬渡入渭。」

附濟水

濟水出河南懷慶府濟源縣西北八十里之王屋山，爲沇水。 水經注：「濟水出河東垣縣王屋山。」蓋山與山西垣曲縣接界也。 又東至温縣西北，爲濟水。 又東過其縣北，屈從縣東南流。 又南當鞏縣北，南入於河。 此河北之濟也。 按：漢志「濟水至河内武德縣入河」。 武德在今武陟縣東南，直成皋大伾山。 胡氏曰：「此言禹迹也。 其後由温縣入河，則南直鞏縣，不與昔同。 今故道盡湮於河，惟自濟源縣從枝津之合溴水者，至孟縣東南入河，南直孟津，其流益短矣。」○溴水出濟源縣西北原山，東南入河。 襄十六年會於溴梁，卽此。 絶河而南，溢爲滎澤。 滎澤在今滎澤縣南， 卽潘黨逐魏錡處。 東漢後塞爲平地。 其閔二年狄伐衛戰於滎澤，乃衛地，當在河北。○胡氏曰：「禹時滎澤渟而不流，至周已導爲川，與陶丘復出之濟相接，然河、濟猶未通波。 及周之衰，有於滎陽下引河東南爲鴻溝，與濟、汝、淮、泗會者，而河始與濟亂。 鴻溝首受河處一名莨蕩渠，亦名汴渠，又名通濟渠，卽今河陰縣西二十里之石門渠也，水經直謂之濟水。」 濟水自入河之後，與河合流，東過汜水縣北， 又東過滎陽縣北，至河陰縣西北出河。 東經東、西兩廣武城及敖山之北。 又東合於滎瀆。 此水經注所謂合河之濟與出河之濟也。此濟分河東南流，卽鴻溝汴渠之源。漢明帝時王景作浚儀渠，亦卽此也。靈帝建寧四年於敖城西北，甃石爲門以遏渠口，謂之石門，故世亦稱石門水。此河陰石門也，西去河三里。滎瀆卽滎川，周禮職方氏「其川滎、雒」是也。滎澤在瀆南二十里。瀆首受河處亦有石門，謂之滎口石門，在敖山東。○廣武山在河陰縣東北十里，滎澤縣西二十里，山有二城，各在一頭。敖山在滎澤縣西北十五里，宣十二年傳晉師在敖、鄗之閒卽此。山上有城，秦置倉於中，亦曰敖倉城。○邲水在敖山北，水經注「濟水於此又兼邲目」，宣十二年晉、楚戰于邲卽此。又東索水注之。水經注：「索水出京縣西南，卽古旃然水，東北流至滎陽城北，而北注於濟。襄十八年楚師伐鄭次於旃然，卽此。」○京縣今爲滎陽縣，滎陽故城在今滎澤縣西南十二里。又東與濟隧合。水經注：「濟隧上承河水于卷縣北，河南經卷縣故城東，又南經衡雍城西，與出河之濟會，又南會於滎澤。」○襄十一年諸侯伐鄭濟於濟隧，卽此。卷縣故城在今原武縣西北七里。衡雍城在原武縣西北五里。僖二十八年晉文公敗楚於城濮，還至衡雍，作王宮于踐土，卽此。又東經滎澤縣東北。水經注：「又東經垂隴城北，又東南經釐城東。」○垂隴城在滎陽縣東北，文二年盟于垂隴卽此。又東二十里有釐城，隱十年公會鄭伯於時來，卽釐也，亦曰郲。又東京水注之。水經注：「黃水發源京縣，世謂之京水，東北流經滎澤，而北注於濟。」又東分爲二水，其枝瀆曰北濟。與濮水別，詳於後。南濟爲濟水之經流，東經原武縣南。水經注：「又東南流入陽武縣，歷長城，東南流，蒗蕩渠出焉。」○按：長城在原武縣西，蒗蕩渠分濟東南，流經陽武之南、中牟之北，則水經所云「過陽武縣北」，非今之陽武也。○水經注：「又東北經陽武故城南。」○陽武故城在今陽武南。又東北經封丘縣南。水經注同。○縣西南七里有黃池。又東經開封府治祥符

縣北。水經注：「東經大梁城北。」○大梁城在今開封府治西北。**又東經陳留縣北。**水經注：「又東左經倉垣城，又東經小黄縣故城北。」○倉垣城在縣西，小黄城在縣東北三十里，鄭之牛首在縣西南十一里。**又東經蘭陽縣東北。**水經注：「又東經東昏縣故城北，又東經濟陽縣故城南。」○東昏城在縣東北二十里，即宋之户牖。濟陽城在縣東五十里。**又東至曹州府治菏澤縣西南。**水經注：「又東至冤朐縣南。」○冤朐城在府西南四十里。**又東北至曹州府東南、定陶縣東北分爲二，南爲菏水，合泗入淮；北出者爲濟瀆。**水經注：「濟水自定陶縣南，又東北經定陶故城南，又屈從縣東北流，又東經陶丘北，又東至乘氏縣，西分爲二，南爲菏水，北爲濟瀆。」○菏澤在曹州府治東南三十里，今涸。陶丘在定陶縣西南七里。乘氏即春秋乘丘地，在曹州府曹縣東北五十里。○胡氏曰：「自滎口至陶丘，皆後世滎瀆所經，非禹迹也。」○按：菏水與菏澤有别。禹貢「又東至於菏」謂菏澤也，在曹州府東南三十里。濟水之北出者會於菏澤，而後東北至大野，菏水則菏澤之分流也。禹貢「導菏澤，被孟豬」，即左傳之孟諸，在虞城縣西十里，接商丘縣界。菏澤今涸。菏水今附淮水條。**濟水又北注於鉅野澤。**鉅野澤在鉅野縣東五里，哀十四年西狩於大野即此。○水經注：「濟水故瀆又北右合洪水。」○胡氏曰：「濟水自菏澤東北流，絶鉅野澤。而北合洪水以至安民亭南者，禹之舊迹也。不知何年改從澤西之清水，而繞澤北以會汶，謂之清口。其澤中之道，自洪口至清口則無水，故水經注曰故瀆。今會通河，經鉅野縣東北七十里，去故城已遠。并清水會汶之故道亦湮没，不可考矣。」**又北至汶上縣西北、東平州西南，會於汶。**水經注：「濟合洪水，又東北過壽張縣西、安民亭南，汶水從東北來注之。」○洪水上承鉅野澤，北行一百二十里至於清口。清口者，會汶之口也。故濟水亦曰清水。○壽張故城在今東平州西南，西北去壽張縣五十里。又州西南十里有安民亭，濟、汶合處。○汶水今亦附淮水條。又北經梁山東。水經注同。○梁山在東平州西南五十里，下有梁山濼。又北經壽張縣東北。水經注：「又北經須朐城西，又北經微鄉東，又北經須昌縣西。」○須朐城即須句國，在東平州西南。微鄉在壽張縣南，莊二十八年築郿即此。須昌城在東平州西北十五里。又北經東阿縣西北。水經注：「又北經魚山東，左合馬頰水，又北經清亭東，又北經穀城縣西，又北經周首亭西。」○魚山在東阿縣西北八里。清亭在縣東北四十里，隱四年公及宋公遇於清即此。穀城即齊穀邑，今東阿縣治。周首亭爲齊周首邑，在東阿縣東。○齊濟、魯濟分於縣南。又東北經茌平縣東南、平陰縣西北。水經注：「又北經臨邑縣東，又北經平陰城西。」○臨邑，今茌平縣地。縣有石門，即齊、鄭會處。平陰即襄十八年齊侯禦晉師處。城南有防門。又東北經長清縣北、齊河縣南。水經注：「又東北經垣苗城西，又東北經盧縣北，又經盧縣故城北，又東北與中川水合，又東北右會玉水。」○胡氏曰：以上俱在長清縣境。垣苗城在縣東北，對岸則齊河縣。盧城在縣西南二十五里，高弱以盧叛即此。中川水出山茌縣，在縣東北。玉水經祝阿縣，亦在縣東北。又東北經濟南府治歷城縣北。水經注：「又東北濼水出焉。」○桓十八年公會齊侯於濼即此，杜注：「在歷城縣西，北入濟。」又東北經華不注山北。水經注同。○山在歷城縣東北十五里，山下有華泉，成二年鞌之戰三周華不注即此。○水經注：「又東北經臺縣北。」○臺縣亦在歷城縣東北。又東北經章丘縣北。水經注：「又東北經菅縣故城南，右納百脈水。」○菅城在章丘縣西北三十里，百脈水在縣東南。又東經鄒平縣北。水經注：「又東經梁鄒縣北。」○梁鄒城在鄒平縣北四十里。　又東北經高苑縣南。 水經注：「又東北經臨濟縣南。」○臨濟城在高苑縣西北二里。又東北經博興縣北。 水經注：「又東北逕爲淵渚，謂之平州，又東經高昌縣故城西，又東經薄姑城北，又東北經利縣西，又東北經樂安故城南。」○平州在今博興縣博昌城南三十里，高昌在縣西南，薄姑城在縣東北十五里，利縣故城在縣東南四十里，樂安故城卽博昌城也，在縣東北。○按：時水西通濟，亦當在博昌城南。時水出臨淄縣西南，亦曰耏水，襄三年齊晉盟於耏外卽此。高苑下有死時卽春秋之乾時。 又東北經樂安縣北。 水經注：「又東北至甲下邑南，東歷琅槐縣故城北。」○甲下邑不可考，琅槐城在樂安東北一百十里。 又東北入於海。 水經注：「又東北河水枝津注之，又東北入海。」○渤海在樂安縣東北一百三十里。○胡氏曰：「濟水自東平以下，唐人謂之清河。至宋又有南、北清河之名，南清河則泗水，北清河則濟瀆也。南渡後，北清河又有大小之分。」黄子鴻曰：「今小清所經，自歷城以東至樂安，皆古濟水所行；而大清所經，自歷城以上至東阿，固皆濟水故道。而自歷城東北如濟陽、齊東、青城諸縣，則皆古漯水所行，蒲臺以北則故河水所經也。蓋大清兼行河、漯二瀆，其小清所行則濟水故道也。」○按：大清自歷城入濟陽，不知何年所決。唐時清河入海之故道，則當自章丘以東，按今小清河也。又小清河舊從高苑、博興二縣北，金皇統中始改從縣南，又東北至樂安縣，由馬車瀆入海。瀆在縣東北五十里，今爲高家港。 北濟自滎澤縣東經原武縣西北。 又東經陽武縣南、延津縣東南。 又東至封丘縣西，分爲濮水。 縣東四十里有平丘故城，昭十三年會於平丘卽此。 又東經曹州府南。 又東北與濮水會。 濮水上承濟水於封丘縣，闞駰曰：「首受別濟，卽北濟也。」酈道元曰：「濮有二源：一上承濟水於封丘，一受河於酸棗。」方輿紀要曰：「封丘縣北有濮水，今涸。」水經注謂自酸棗首受河而東北注，蓋與封丘之濮渠異源而同流也。東北流經曹州府北，又東南合北濟，與濟水同入鉅野。按：莊二十七年公會齊侯於城濮，僖二十八年晉敗楚師于城濮。濮水在濮州南七十里。城濮亦在州南七十里，臨濮水也，故隋置臨濮縣。又僖二十八年甯武子與衛人盟于宛濮，杜注：「陳留長垣縣有宛亭，近濮水。」在今長垣縣北。定八年齊、鄭盟於曲濮，高氏曰：「爲濮水折處，應在今封丘、胙城之閒。」哀二十七年齊師救鄭及濮雨不涉，當在曹州府東北。

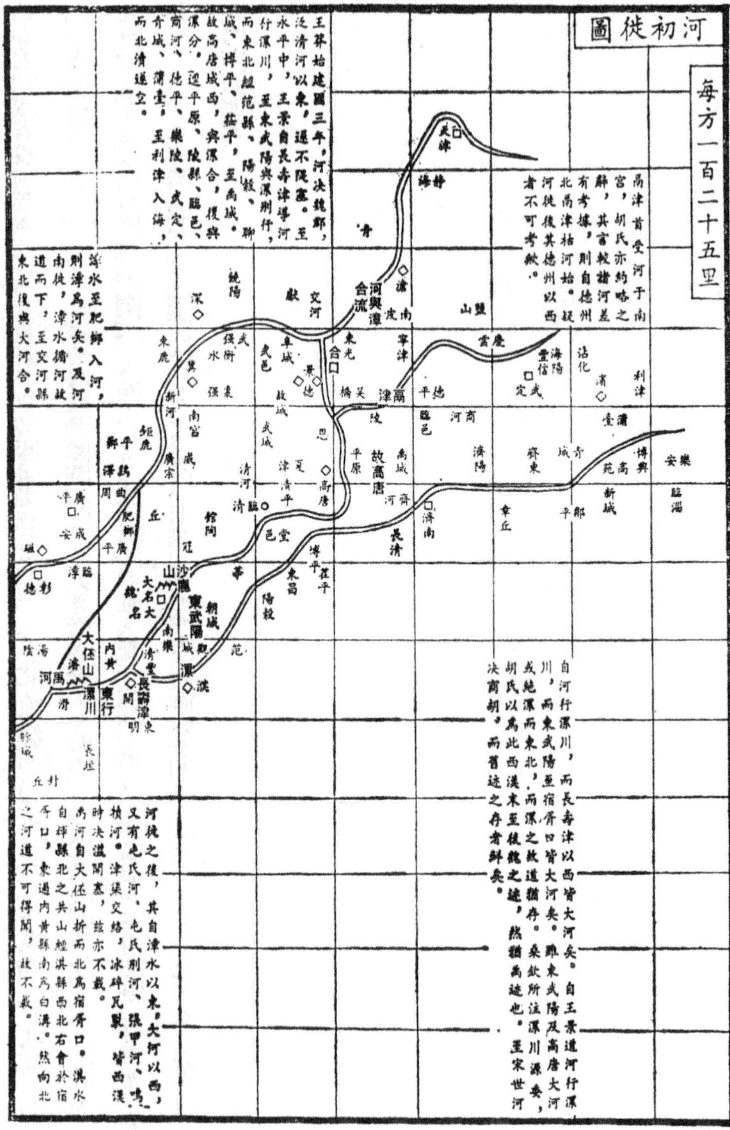
河初徙圖
每方一百二十五里
王莽始建國三年，河決魏郡，泛清河以東，遂不隄塞。至永平中，王景自長壽津導河行漯川，至東武陽與漯別行，而東北經范縣、陽穀、聊城、博平、茌平，至禹城。故高唐城西，與漯合，復與漯分。逕平原、陵縣、臨邑、商河、德平、樂陵、武定、佘城、蒲臺，至利津入海，而北瀆遂空。
鬲津首受河于南宮，胡氏亦約略之辭，其言較諸河差有考據，則自德州北鬲津枯河始。疑河徙後其德州以西者不可考歟。
漳水至肥鄉入河，則漳爲河矣。及河南徙，漳水循河故道而下，至交河縣東北復與大河合。
自河行漯川，而長壽津以西皆大河矣。自王景道河行漯川，而東武陽至宿胥口皆大河矣。雖東武陽及高唐大河或絶漯而東北，而漯之故道猶存。桑欽所注漯川源委，胡氏以爲此西漢末至後魏之迹，然猶爲迹也。至宋世河決商胡，而舊迹之存者鮮矣。
河徙之後，其自漳水以東，大河以西，又有屯氏河、屯氏別河、張甲河、鳴犢河。津渠交絡，冰碎瓦裂，皆西漢時決溢閼塞，茲亦不載。
禹河自大伾山折而北爲宿胥口。淇水自衛縣北之共山經淇縣西北右會於宿胥口，東過內黄縣南爲白溝。然向北之河道不可得聞，故不載。

禹釃二渠，自黎陽宿胥口一北流爲大河，一東流爲漯川。周定王五年己未，當魯宣公之七年，河徙，自宿胥口東行漯川，經滑縣北、濬縣南，水經注：「河右經滑臺城，又東北經黎陽縣南，又東北經涼城縣。」〇滑臺城在滑縣西南，相傳衞靈公所築。衞戴公廬於曹，在城之東北。黎陽故城在濬縣東北，其西南有黎山，卽大伾山。涼城縣在滑縣東北。又東北爲長壽津。長壽津在滑縣東北。述征記曰：「涼城到長壽津六十里。」河至此與漯別行而東北入海，水經注謂之大河故瀆。王氏曰：「自漢以來長壽津爲黃河故道，南北朝時黃河自漯河入海，因謂之故瀆。」大河故瀆東北經開州西，水經注：「故瀆東北經戚城西。」〇戚城在開州北七里。哀二年晉納衞蒯聵於戚，宵迷，陽虎曰：「右河而南必至焉。」杜注：「是時河北流過元城界，戚在河外，晉軍已渡河，故欲出河右而南。」又經內黃縣東，水經注：「故瀆經繁陽故城東。」〇繁陽城在內黃縣東北二十七里。胡氏曰：「卽衞之澶淵。」又北經清豐縣西，水經注：「故瀆又北經陰安縣故城西。」〇陰安故城在清豐縣西北二十五里。又東北經南樂縣西北，水經注：「故瀆又東北經昌樂縣故城東。」〇昌樂故城在今南樂縣西北三十五里。又東北經南樂縣東北，水經注：「故瀆又東北經平邑郭西。」〇平邑城在南樂縣東北七里。又東北經大名府元城縣東而至沙麓山，水經注：「故瀆又東北，至元城縣故城西北，而至沙丘堰堰南分，屯氏河出焉。」〇元城故城在府東。顧氏曰：「沙麓山在府東四十五里。」僖十四年沙麓崩卽此。又東北經堂邑縣西，又屈經其北，水經注：「故瀆又東北經發干縣故城西，又屈經其北。」〇發干城在堂邑縣西南五十里，齊之棠邑也。又東經清平縣南，水經注：

「故瀆又東經貝丘縣故城南。」○貝丘故城在今清平縣西南。又東經博平縣北，齊博陵邑。○水經注：「故瀆又東經甘陵縣故城南，又東經艾亭城南，又東經平晉城南。」○甘陵在清河縣東南。艾亭在博平縣界。平晉未詳。又東北經高唐州西南，齊靈丘邑。○水經注：「故瀆又東北，經靈縣故城南，別出爲鳴犢河。」○靈縣故城在博平縣東北四十里、高唐州西南二十里。又東北經平原縣西南，水經注：「故瀆又東經鄃縣故城南。」○鄃縣故城在平原縣西南五十里。又東北經平原縣西北，水經注：「故瀆又東經平原故城西，而北絶屯氏三瀆，又北經繹幕縣故城東北。」○劉昫曰「平原故城在平原西南五十里」，括地志則云在東南十里。繹幕縣在平原縣西北二十里。又西流經陵縣西，水經注：「故瀆又西流，經鬲縣故城西。」○鬲縣故城在今陵縣北。又北經景州南、水經注：「故瀆又北經脩縣故城東。」○脩縣故城在景州南。吴橋縣西，水經注：「故瀆又北經安陵縣西。」○安陵故城在今吴橋縣西北。○吴橋縣南里許有鬲津枯河，詳前鬲津。又北至東光縣西北、交河縣東。水經注：「故瀆又東北至東光縣故城西而北，與漳水合。」○東光故城在今東光縣東。交河，古成平縣。大河自宿胥口徙流，至交河縣合漳水，復歸禹河故道。又東北經滄州、青縣、靜海、天津入海。此周定王五年至西漢末大河之所行也。春秋隱公元年己未至宣公七年己未爲一百二十年，河徙適當春秋之半。今具兩圖，則前後濟河處不至混淆矣。

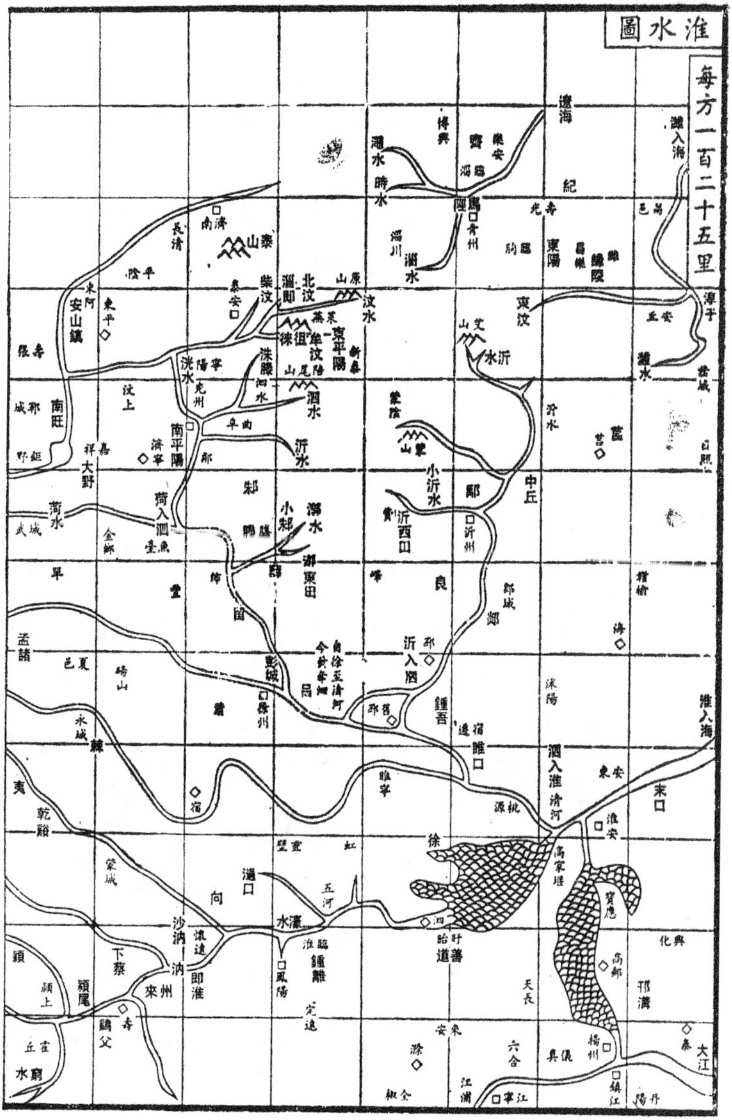
淮水圖
每方一百二十五里

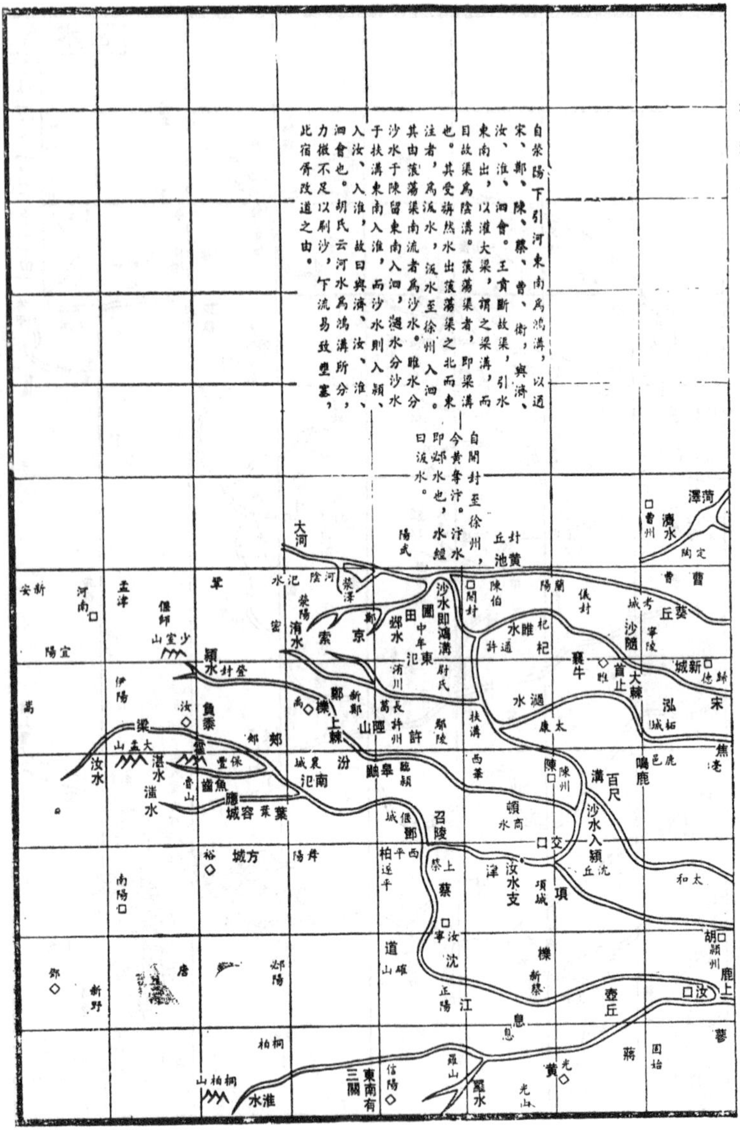
自滎陽下引河東南爲鴻溝，以通宋、鄭、陳、蔡、曹、衛，與濟、汝、淮、泗會。王賁斷故渠，引水東南出，以灌大梁，謂之梁溝，而日故渠爲陰溝。蒗蕩渠者，即梁溝也。其受旃然水出蒗蕩渠之北而東注者，爲汳水，汳水至徐州入泗。其由蒗蕩渠南流者爲沙水。睢水分沙水于陳留東南入泗，濄水分沙水于扶溝東南入淮，而沙水則入潁入汝、入淮，故曰與濟、汝、淮、泗會也。胡氏云河水爲鴻溝所分，力微不足以刷沙，下流易致壅塞，此宿胥改道之由。
自開封至徐州，今黄奪汴。即邲水也，曰汳水。
大河
陽武
封丘
黄池
汴水
水經
菏澤
濟水
曹州
定陶
曹
葵丘
考城
新城
歸德
宋
泓
柘城
焦
亳
鹿邑
鳴鹿
沙水即鴻溝
陳留
開封
蘭陽
儀封
寧陵
沙隨
睢水
杞
通許
襄牛
首止
大棘
濄水
太康
扶溝
西華
陳
陳州
百尺溝
沙水入潁
頓
商水
交口
沈丘
太和
汝水支
項城
項
溱
上蔡
蔡
汝寧
沈
胡
潁州
鹿上
汝
櫟
新蔡
寢丘
息
蓼
蔣
固始
黄
光
光山
羅水
羅山
正陽
江
道
確山
柏
西平
遂平
召陵
郾
偃城
臨潁
皋鼬
許
許州
鄢陵
長葛
陘山
上棘
汾
南氾
襄城
鄭
新鄭
密
滎陽
索
京
田
圃
中牟
東氾
洧水
洧川
尉氏
滎澤
河陰
氾水
鞏
孟津
偃師
少室山
河南
新安
宜陽
嵩
伊陽
登封
潁水
禹
負黍
梁
汝水
湛水
滍水
魯山
魚齒
應
葉
容城
方城
裕
舞陽
郟
寶豐
南陽
唐
泌陽
鄧
新野
桐柏
桐柏山
淮水
東南有三關
信陽

淮水出河南南陽府桐柏縣東桐柏山。東流經信陽州北，淮水在州城北四十五里。其北岸爲確山縣境。淮水北去縣四十里。○縣北二十里有道城，爲道國。又東經羅山縣北，南去縣二十里。○舊有羅水北入淮。昭五年楚子以馹至於羅汭，應在汭境。其北岸則正陽縣境。北去縣八十里。○縣東有江國。又東經息縣南。淮水在縣南五里。○息縣，古息國。又東經光山縣北，南去縣八十里。又東經光州北。淮水在州城北六十七里。○西十二里有黄城，爲黄國。又東北經固始縣北，南去縣七十里。○縣西北七十里有期思城，爲蔣國。東北有蓼城岡，爲蓼國。又東北經潁州府南，汝水注之。淮水在府城南一百十里，又東流十餘里，汝水自河南流入焉，謂之汝口。○水經注：「淮水又東經原鹿縣南，汝水從西北來注之。」胡氏曰：「原鹿縣即春秋之鹿上，故城在今潁州南富陂之西。汝水經其城西而南入於淮。」又東經霍丘縣北。南去縣三十里。○水經注：「淮水又東北，窮水入焉，窮水出安豐縣窮谷。」按：安豐故城在今霍丘縣西南。昭二十七年楚與吳師遇於窮，應在霍丘之西南也。又東經潁上縣南，潁水注之。淮水在縣南六十里。又東三十五里即東、西正陽鎮，潁水自河南境流經此入於淮，謂之潁口。昭十二年楚子狩於州來，次於潁尾，即潁水入淮處也。又東北經壽州北。淮水去州城二十五里。肥水自南流入焉，謂之肥口，亦曰灌口。○水經注：「淮水又東經壽春縣北，肥水注之。」○胡氏曰：「肥水在州東北十里，自合肥來注於淮。」○水經注：「淮水又北，夏肥水注之，水上承沙水於城父縣，東南流注於淮。」○胡氏曰：「夏肥水在壽州西北，至下蔡故城西南十里入淮。」○壽州爲楚之州來。昭二十三年雞父之戰楚師大奔，州來遂爲吴地。哀二年遷蔡於此，更謂之下蔡。定四年吴入郢舍舟淮汭，淮汭近州來。又州西南有雞父城。**又東北經懷遠縣南，沙水注之。**淮水在縣南一里，流經荆、塗兩山之閒。至縣城東稍折而北，渦水自河南境流入焉，謂之渦口。荆山在縣西南一里，塗山在縣東南八里，隔淮對峙。陰溝篇云：「渦水受沙水於扶溝縣，東南流經荆山，又東注於淮。」○水經注：「淮水又北，沙水注之。」續述征記曰：「汴、沙到浚儀而分。汴東注沙，南流至義成縣西南而東注於淮，謂之沙汭。」義成縣故城在今懷遠縣東北十五里。魏收志云：「沙水即今祥符縣東南首受汴之蔡河也。」○按：水經注沙水入淮在渦口之東，惟禹貢錐指滎陽引河圖列於渦口之西。蓋沙水本鴻溝之經流，故桑欽謂之陰溝水，酈道元謂之蒗蕩渠，並不立沙水篇名。於夏肥水入淮之處則曰肥水受沙水之目，於沙水入淮之處直曰渦水注之。然則水經注在渦口之東者，即渦水之支流；錐指列於渦口之西者，乃夏肥水之入淮也。並存之以俟參考。○縣東北四十五里有向城，爲向國。**又東經鳳陽府北。**南去府城十里。○府治鳳陽縣爲楚之鍾離。**又東北經臨淮縣北。**淮水自鳳陽府而東，又折而北，又二十餘里而經臨淮縣城北稍東曰新河口，濠水自南流入焉，謂之濠口。**又東北經五河縣南。**淮水又東北流八十里而經五河縣。城東南一里有澮河、沱河、潼河、漴河自縣西北次第流入，與淮爲五河，因謂之五河口。**又東經泗州城南、盱眙縣北。**淮水在泗州城南一里，淮之南岸去盱眙縣城北二里，兩城相距凡七里。汴水自河南境流經泗州城東而合於淮，謂之汴口。胡氏曰：「汴水東流經彭城縣北而流入於泗。唐貞元中韓愈佐徐州幕有詩云『汴水交流郡城角』，是其時汴水猶於州城東北隅合泗入淮也。不知何年改流，從夏邑、永城、宿州、靈璧、虹縣，至泗州兩城閒而入於淮。宋時東南之漕率由此以達京師，南渡後漸堙。元泰定初河行故汴渠，仍於徐州合泗水，至清口入淮，而泗州之汴口遂廢。」○泗州北八十里有大徐城，古徐國也。昭三十年吳闔閭伐徐防山而水之，遂滅徐。○盱眙縣爲吳善道地。○淮流至此乃盤折而北，又二十餘里而洪澤、阜陵、泥墪、萬家諸湖匯於淮之東岸，淮水漲溢，恒在於此。**又東北經清河縣南，泗水注之。**淮水經縣南五里，泗水自北流入焉，謂之泗口，亦曰清口。今黃河奪泗之流，爲黃、淮交會之衝。淮之南岸則運河流入，所謂清江浦口也。○河渠考：明隆慶四年淮決於高堰，萬曆三年復決河。臣潘季馴以爲：「高堰，淮、揚之門户，黃、淮之關鍵也。欲導河以入海，勢必藉淮以刷沙。」於是築高堰堤，起武家墪，經大、小澗，歷阜陵湖、周家橋、翟壩，以捍淮之東侵。又以淮水北岸有王簡、張福二口，淮水每從此洩入黃河，致淮水力分而清口淤淺，於是并築堤以捍之，使淮無所出，黃無所入。於是全淮畢趨清口，會於大河，以入海。而河與漕俱治。蓋高堰之築，始於漢末之陳登，脩治於陳瑄，而復於季馴云。**又東經淮安府城北。又東經安東縣南而入於海。**淮水自清口而東五十餘里而經淮安府城北，去城五十里而近，又東九十里經安東縣城南，又東北五十餘里卽海口也。

汝水出河南汝州魯山縣西五十里大盂山黃柏谷。水經注：「汝水出南陽魯陽縣之大盂山。」○魯陽縣，今魯山縣也。大盂山在縣西五十里。**又東北經汝州南。**汝水篇：「東南過梁縣北。」○梁縣在今汝州南四十五里，東南二十里有霍陽山，哀四年楚爲一昔之期襲梁及霍卽此。又西南有戎蠻子國。**又東南經郟縣南，其西南岸則保豐縣。**汝水篇：「又東南經郟縣南。」○昭十九年楚令尹子瑕城郟卽此。又縣西四十里有城父城。**又東南經葉縣北，其東北岸則襄城縣。**汝水在葉縣北二十三里、襄城縣南一里。○水經注：「汝水又東南經定陵縣故城北。」〇定陵故城在舞陽縣北。自定陵城北通潁水於襄城縣，潁盛則南播，汝泆則北注。〇又葉縣東北一里有滍水，北三十里有湛水，俱另詳於後。**又東南經郾城縣北。**水經注：「汝水又東南經郾縣故城北，又東南經鄧城西。」〇郾縣故城在今郾城東南。又東南三十里有鄧襄城，桓二年蔡侯、鄭伯會於鄧即此。又楚召陵在縣東四十五里。**又東南經上蔡縣南，其西北岸則西平縣。**水經注：「汝水又東經懸瓠城北。懸瓠者，汝水枝別左出，西北流，又屈西東轉，又西南會汝，形若垂瓠也。」〇明地理志：「元末堨斷故汝，而以西平縣西南雲莊、諸石二山閒所出之水謂之汝水，經上蔡縣西。嘉靖九年復塞，改爲洪河上流。」〇上蔡縣，故蔡國。西平縣西有柏國。**又東南經汝寧府治汝陽縣南，其南岸則正陽縣。**水經注：「汝水又東南經平輿縣南、安成縣故城北。」〇平輿故城在今汝陽縣東北。安城故城在今汝陽縣東南。〇汝陽縣，古沈國。**又東南經新蔡縣南，其西南岸則息縣。**水經注：「汝水又東南經平陵亭北，又東南經陽鄉北，又東經樂亭北，又東南經新蔡縣故城南。」〇樂亭即櫟亭，在新蔡縣東北，昭四年吳伐楚入櫟即此。**又東經潁州府治阜陽縣南入於淮。**水經注：「汝水又東南經壺丘城北，又東經褒信縣故城北，又東南經原鹿縣故城西南入於淮，所謂汝口。」〇壺丘故城在新蔡縣東南，文九年楚侵陳克壺丘即此。褒信故城在息縣北。元和志「汝水在息縣北八十里」，原鹿在潁州府治南。〇明地理志：「潁州南有汝水，自河南息縣流入，經朱皋鎮入淮。」

湛水出魯山縣東北魚齒山。水經注：「湛水出犨縣魚齒山西北，東南流歷魚齒山下爲湛浦，方五十餘步，襄十六年戰於湛阪即此。」〇魚齒山在魯山縣西北、汝州東南五十里。犨縣故城在魯山縣東。**又東南經葉縣北。**

水經注：「湛水又東南經蒲城北。京相璠曰：『昆陽縣北有蒲城，蒲城北有湛水。』」○昆陽故城在葉縣北。又東入汝。水經注：「湛水又東，於汝水九曲北，東入汝。」

滍水卽泜水。出魯山縣西之堯山。滍水篇：「滍水出南陽魯陽縣西之堯山。」水經注：「堯山在太和川、太和城，滍水出焉。」東經魯山縣南，又經縣東。水經注：「滍水又東經魯陽縣故城南，又東經應城南。」應城，古應國，在魯山縣東三十里。水經注：「滍水又東經犨縣故城北。」犨縣在魚齒山下。襄十八年楚伐鄭次於魚陵，涉於魚齒之下，涉滍水也。又東南經葉縣北。於襄城縣南東入汝。水經注：「滍水又東南經昆陽故城北，東經東不羹亭，於定陵城北東入汝。」

潁水出河南河南府登封縣西北少室山。水經注：「潁水有三源。右水出陽乾山之潁谷，潁考叔爲潁谷封人是也。中水導源少室通阜，東南流經負黍亭東，定六年鄭伐馮、滑、負黍者也。左水出少室南谿，與右水俱東，合中水爲潁水。」○少室山在今登封縣西。陽乾山在縣西南。負黍亭在縣西南二十七里。又東南經登封縣南。水經注：「潁水經陽城縣故城南，又東出陽城關，歷康城南。」○陽城故城卽今登封縣。又東南經禹州北。水經注：「潁水又經上棘城西，又屈經其城南，襄十八年楚師伐鄭城上棘以涉潁者也。又東經陽翟故城北。」桓十五年鄭伯突入於櫟，杜注：「陽翟縣。」○陽翟本元鈞州治，明洪武初省入州，萬曆三年避諱改禹州。○明地理志：「禹州北有潁水，下經襄城，一名渚水。」又東南經許州府治石梁縣西、襄城縣東北。水經注：「潁水又南，經潁陰城西。」○潁陰故城在府東北，舊許昌典農都尉治，後改爲縣，今許州府是也。又東南經臨潁縣北。水經注：「潁水東南流經繁昌故縣北，又東南歷臨潁縣。」○繁昌故城在臨潁縣北三十里。○水經注：「潁水自臨潁縣西小濦水出。爾雅曰『潁別爲沙』。潁水又東南經澤城北，即古城皋亭。」定四年盟於皋鼬，杜注「繁昌縣東南城皋亭」，是也。又東經西華縣南，其南岸則商水縣。元和志：「潁水在西華縣南二十里、南頓縣西北三十里。」○水經注：「西華縣北有習陽城，潁水經其南，又東南經博陽縣城東。」○博陽城在南頓縣北四十里。南頓，今商水縣，古頓國。又東南經陳州府治淮寧縣南，水經注：「潁水又東南經陳縣南。」○陳縣，今陳州府治陳都宛丘也。漢志「蒗蕩渠首受沛，東南至陳入潁」，即沙水也。左折而南經項城縣北。水經注：「潁水又東南左會交口，交口即新陽堰新溝。潁水自東堰南流，經項縣故城北，又東合谷水。」○新陽堰即百尺堰，在項城縣北三十五里。項城縣，古項國。又東南經潁州府治阜陽縣北。水經注：「潁水又東南流經胡城東。」○胡城，故胡國，在潁州府西北二里。又東南至潁上縣東南入於淮。水經注：「潁水又東南，汝水枝津注之。又經慎縣故城南。又東南經蜩蟟郭，俗謂之鄭城。又東南入於淮。昭十二年楚子狩於州來次於潁尾，蓋潁水之會淮也。」○慎縣故城在潁上縣西北，哀十六年吳人伐慎，白公敗之是也。又鄭城即今潁上故城，在潁上縣南。

過水受沙水於陳州府扶溝縣東。郭景純曰：「大水溢出別爲小水也。」又東南經太康縣西，又東經其縣北。水經注：「過水又東南經陽夏縣西，又東經邈城北。」○陽夏今太康縣。又東經睢州南。水經注：「又東經大棘城南。」○宣二年戰於大棘是也，在睢州東。○「又東經安平縣故城北。」○陳留風俗傳：「大棘鄉，故安平縣也。」又東經鹿邑縣北。水經注：「過水又東經鹿邑城北。」○陳鳴鹿在縣西十三里。○「又東經武平縣故城。」

○武平故城在鹿邑縣北。○水經注：「渦水又東經苦縣西南，分爲二水，枝流注於東北，入谷爲死渦。渦水又南，東屈經苦縣故城南。」○苦縣故城在鹿邑縣東七十里。又東經亳州北。水經注：「渦水又東經譙縣故城北。沙水自枝分北經譙城西，而北注渦。渦水四周城側。」○譙，今潁州府亳州治，卽陳焦邑。○水經注：「渦水又東南經城父縣故城，沙水枝分注之。」○城父故城在亳州東南七十里，卽陳夷邑。又東南經蒙城縣北。水經注：「渦水又東經下城父北，又東南屈經郎山南，山東有垂惠聚，又東南經龍亢縣故城南。」○郡國志曰：「山桑縣有下城父聚。」山桑，今蒙城縣也。垂惠聚在縣西北，龍亢集在縣東南。又東南合北肥水，至懷遠縣東南入淮。水經注：「渦水又左合北肥水，又屈而南流，出石梁，又東南流，經荆山而東流注於淮。」○北肥水出今蒙城西北，東南流至懷遠縣南，東入於渦。○荆山在懷遠縣南一里。

泗水出山東兗州府泗水縣東陪尾山。水經注：「泗水出魯卞縣故城東南桃虛西北。昭七年以孟氏成邑與晉而遷於桃，卽此。又西經其縣故城西。」○元和志：「泗水出泗水縣東五十里陪尾山，其源有四，四泉俱導，因以爲名。」卞縣故城在泗水縣東五十里。又西南經曲阜縣北，分爲二，北爲洙，南則泗。水經注：「泗水又西南經魯縣北，分爲二，北爲洙瀆，南則泗水。」○魯縣故城卽今曲阜縣治。洙瀆在曲阜縣北，莊九年浚洙卽此。從征記曰：「闕里有四門，其北門去洙水百餘步。」所謂洙、泗之閒。泗水又南經曲阜縣城西南合沂水。水出魯城東南尼丘山西北，北對稷門，亦曰雩門。昭二十五年傳季孫請待於沂上及論語浴乎沂，卽此。又西經兗州府治滋陽縣東。水經注：「泗水又西經瑕丘縣東。」○瑕丘，魯邑，卽負瑕。故城在今滋陽縣西。元和志：「泗水東，自曲阜縣界流入，與洙水合。」又東南流經鄒縣西。水經注：「屈從縣東南，流經平陽縣故城西。」〇此卽南平陽也，故城在今鄒縣西。又南經鄒縣南，洸水注之。水經注：「泗水又南經高平縣故城西，洸水注之。」〇高平故城在今鄒縣西。洸水者，洙水也。洸、洙相入受，通稱矣。又南經魚臺縣北，菏水注之。水經注：「泗水又南經方與縣東，菏水注之。」〇方與故城在今魚臺縣北。菏水卽濟水之苞，注以成湖澤。東與泗水合於魚臺縣西六十里穀亭城下，俗謂之黃水口。黃水西北通鉅野澤。又東南經魚臺縣東，漷水注之。水經注：「泗水又屈，東南過湖陸縣南，左會南梁水，又南漷水注之。」〇湖陸本湖陵，漢章帝改湖陸。故城在今魚臺縣東南。南梁水亦名西漷水，出滕縣東北。漷水出滕縣南五十里，西南流入泗。哀二年季孫斯伐邾取漷東田及沂西田是也。又南經滕縣西。水經注：「泗水又南經薛之上邳城西。」〇胡氏曰：「奚仲自薛遷於邳，則下邳也。有下，故此爲上。今滕縣西北有故薛城。」又南經沛縣東。水經注：「泗水又南經沛縣東，黃水注之，又南經小沛縣東，又東南經廣戚縣故城南。」〇黃水出小黃縣黃溝，卽吳子會諸侯於黃池者也。元和志：「泗水自西北流入沛縣，東去縣五十步。」小沛卽沛縣。廣戚故城在沛縣東北。又東南經徐州府治銅山縣東北，又南經其東南。水經注：「泗水又經留縣，而南經垞城東，又東南經彭城縣故城東，又東南經呂縣南。」〇留城在沛縣東南五十五里。垞城在徐州府北二十六里。元和志：「泗水在彭城縣東，去縣十步。」今徐州府東南有彭城故城。百步洪在府東南二里。呂梁洪在府東南五十七里，宋呂邑，襄元年楚子辛侵宋呂、留是也。縣對泗水上，上有石梁，故曰呂梁，懸濤崩湃，實爲泗險。明嘉靖中鑿呂梁平之。又東南經舊邳州城西，又東經其東南，沂水注之。水經注：「泗水又東南經下邳縣葛嶧山，又東南經其故城西，又東南，沂水注之。」〇元和志葛峯山在下邳縣西六里。下邳故城在邳州城東三十里。沂水在下邳城北，西南入泗。○按：皇輿圖「舊邳州在今邳州西南百餘里」，未考何年徙於東北。

又東南經宿遷縣西，又經其城南，睢水注之。水經注：「泗水又東南，得睢水口，又經宿預城西，又經其城南，又東經陵柵南。」○睢水出陳留縣西蒗蕩渠，東流經下相縣故城南，又東南入泗，謂之睢口。下相故城在宿遷縣西北七十里。宿預故城在宿遷縣東南。陵柵，舊陵縣治也，在今宿遷縣東南。又東南經桃源縣北。水經注：「又東南經淮陽城北，又東南經魏陽城北。」○淮陽故城在今桃源縣西北。魏陽疑卽泗陽縣，故城在今桃源縣東。又東經清河縣西南而注於淮。水經注：「泗水又東經角城北，而東南流注於淮。」○角城縣故城在今桃源縣東。○今泗水故道自徐城以南悉爲黄河所奪，而淮不得擅會泗之名矣。

睢水出河南開封府陳留縣西蒗蕩渠。蒗蕩渠者，卽河陰西石門渠也。水經謂之濟水，京相璠曰出河之濟。蓋自滎陽下引河東南爲鴻溝。王賁斷故渠，引水東南出以灌大梁，謂之梁溝。世遂目故渠曰陰溝，而以梁溝爲蒗蕩渠。渠分濟東南流經陽武之南、中牟之北，卽名沙水。其支流曰睢水、汳水、過水。汳水卽汴水。汴東注沙，南流過水，又受沙水於扶溝者也。○鴻溝兼沙水之目，沙水東南流至陳州爲百尺溝，注於潁水。此卽班固所謂「蒗蕩渠首受泲，東南至陳入潁」者也。其一水自百尺溝分出，東南流至懷遠縣西，而南注於淮，卽所謂沙汭也。東經杞縣北。水經注：「睢水東經高陽故亭北，又東經雍丘縣故城北。」○高陽故城在杞縣西南。雍丘今杞縣也，本杞國。又東經睢州北。水經注：「睢水又東經襄邑縣故城北。」○襄邑故城，今睢州治也，衞襄牛地。又東經寧陵縣南。水經注：「睢水又東經寧陵縣南，故葛伯國。」又東經歸德府治商丘縣南。水經注：「睢水又東經橫城北。」○昭二十一年禦華向於橫，杜注「睢陽縣南有橫亭」是也。○水經注：「睢水又東經新城北。」○文十四年盟於新城，在商丘西南。

○水經注：「睢水又東經高鄉亭北，又東經亳城北，南亳也，湯所都。」○在商丘西北。○「又東經睢陽故城南。」○睢陽，明嘉靖中改曰商丘，宋都也。○水經注：「睢水又東經穀熟縣故城北，又東蘄水出焉。」○穀熟縣，元至元中省入睢陽。又東經永城縣北，水經注：「睢水又東經粟邑縣北，又東經太丘縣故城北，又東經芒縣故城北。」○太丘故城在永城縣西。芒縣故城在永城縣北，一名臨睢城。北與碭縣分水，有碭山，所謂芒、碭之間也。又東經宿州南，屈從城北，東流當蕭縣南。水經注：「睢水又東經相縣故城南。有鄭陂水西南流經相城東，而南流注於睢。睢盛則北流入於陂，陂盛則西北注於睢。」又東經靈壁縣東。水經注：「睢水又東經彭城郡之靈壁，東南流。」○靈壁縣，宋元祐元年以虹縣之靈壁鎮置。又東北經睢寧縣北。水經注：「睢水又東經竹縣故城南。」○竹邑縣也，在邳州西南。○「睢水又東與滭湖合，又東南八丈溝注之，又東經臨淮郡之取慮故城北。」○取慮故城在邳州西南。○「睢水又東合烏慈水，又東經睢陵縣故城北。」○睢陵故城，今睢寧縣也。又東南經宿遷縣南，又東南入泗。水經注：「睢水又東南經下相故城南，又東南流入於泗。」○下相故城在宿遷縣西北。

沂水出山東沂州府沂水縣北雕厓山。山去縣一百里。胡氏曰：「卽鄭康成所云沂山也。」水經注：「沂水出泰山蓋縣艾山。」疑卽沂山支阜。東南經沂水縣西南。水經注：「沂水東經浮來山，浮來水注之。」○公及莒人盟於浮來是也。○「又東南經東莞縣故城西。」○城卽沂水縣治。○「又南經東安縣故城東，而南合時密水。」○時密水出密山，莒人歸共仲及密而死是也。東安故城在沂水縣西南。○「又南經陽都縣故城東。」○故陽國在沂水縣南。○「又南與蒙山水合。」○水出蒙山之陰。○「又南經中丘城西。」○隱七年城中丘卽此。又南經沂州府治蘭山縣北，又屈從縣西南流。水經注：「又南經臨沂縣故城東。」○城在沂州府城北。○小沂水注之，一名治水，亦名武水。出武陽縣冠石山，經蒙山下，又東南經顓臾城北、費縣故城南，又東南經祊城南，又東南注於沂。哀二年取沂西田係小沂水。〇水經注：「沂水又南經開陽縣故城東。」〇縣故鄅國，哀三年城啟陽卽此。故城在沂州北。〇「又東經襄賁縣東，又屈從縣西南流。」〇襄賁故城在沂州西南。又南經郯城縣西。水經注：「又屈經郯縣西。」〇縣故郯國。今郯城縣西南有郯縣故城，西南去舊邳州治一百五十里。又南經舊邳州城南入於泗。水經注：「又南經良城縣南。」〇良城故城在邳州西北，昭十三年晉侯會吳於良卽此。「又南經下邳縣北。」〇下邳故城在邳州東三十里。〇「沂水至此分爲二水。一水於城北西南入泗。一水經城東，屈從縣南注泗，亦謂之小沂水。」〇邳州志：「沂河舊在州西一里，今其道爲黄流淤塞，水自郯城入運。」〇按：州西北有泇河。萬曆三十五年開泇以通運。自沛縣夏鎮至良城、泇口，合蛤鰻、連汪諸湖；東合沂水，從周湖、柳湖，接邳州東直河；東南達宿遷之黄墩、駱馬諸湖，從董、陳二溝入黄河。所謂引泗合沂以濟運也。而沂水入泗之故迹俱不可詳矣。〇又論語浴沂之沂，出尼山西入泗，非此沂水也。附見泗水。

汶水出山東泰安府萊蕪縣原山。山在萊蕪縣東北七十里。西南流經萊蕪縣西北。水經注：「西南經嬴縣故城南。」〇城在今萊蕪縣西北。又西南經泰安府治泰安縣南，會牟汶、北汶。牟汶水出萊蕪縣南門外，西流入汶。北汶水出泰山分水嶺，東南流入汶。西南經徂徠山西。山在泰安府東南四十里。又南左會淄水，世謂之柴汶。柴汶水在泰安府東三十五里，西流入汶。昭二十六年傳成人伐齊師之飲馬於淄者，卽此。又別有小汶水，在府東南七十里，西入汶。通爲五汶也。又西南經寧陽縣東北，又西洸水出焉。爾雅「汶別爲闡」，疑卽洸也。今寧陽縣境有魯闡邑。洸水西南流經今滋陽縣，西北注於洙水。又西南經東平州南、汶上縣北。水經注：「汶水又西南經東平章縣南，又西南經桃鄉縣故城西。」○章縣故城在今東平州東。桃鄉故城在今汶上縣東北四十里。又西經故壽張縣北。又西南至安山鎮入於濟。明地理志壽張故城在今縣東南。洪武十三年徙治王陵店，在安平鎮西南矣。故水經注先云「經壽張」，而後云「又西南至安民亭入濟」也。安民亭卽今安山鎮。元人引汶絶濟入會通河。明永樂中又築戴村壩遏汶水，盡出南旺以資運。而安山入濟之故道塡淤久矣。

菏水分濟於山東曹州府定陶縣，東北經今鉅野縣西南。水經注：「東南經乘氏縣故城南。」○卽春秋之乘丘，在鉅野縣西南。又東經金鄉縣東北。水經注：「又東經昌邑縣故城北，又東經金鄉縣故城南，又東經東緡縣故城北。」○昌邑故城在金鄉縣西北。東緡故城在金鄉縣西北。又東經魚臺縣北，又經其城東南，入於泗。水經注：「菏水又東經方與縣北，又東經武棠亭，又東經泥母亭，又東經湖陸縣南，東入於泗水。」○武棠亭在魚臺縣北十三里，卽魯侯觀魚處。泥母亭卽甯母，在魚臺縣東。菏水入泗處在魚臺縣東二十里穀亭鎮。○按：汶水、菏水本應與濟水以類相從，以今日水道汶既不復入濟，而其南流者亦合沂、泗入淮，菏之上流亦無復有濟水，故附於此。濰、淄二水專達於海，亦無可附，並繫於後。

濰水出今山東沂州府莒州東北濰山。水經注：「濰水出琅邪箕縣濰山。」○元和志：「濰山在莒縣東北八十三里，濰水所出。」東經諸城縣西。又東北經諸城縣北。水經注：「東北經諸縣故城西。」○城在今諸城縣西南。又北經安丘縣東，其東岸則高密縣。水經注：「又東北經東武縣故城西。」○今諸城縣治。○「又北經平昌縣故城東。」○城在今安丘縣南。○「又北經高密縣故城西。」○故城在今縣西南。濰水西南去縣四十里。又北經安丘縣東北。水經注：「又北經淳于縣東。」○今安丘縣東北有淳于故城。○「又北左會汶水。」○此東汶也，出朱虛縣小泰山。又北經昌邑縣南，又東北經其縣東，又東北入於海。水經注：「北經平城亭西，又東北經密鄉亭西。」○今昌邑縣南有平城故城，東南有密鄉故城。○「又東北經下密縣故城西」。○城在昌邑縣東南，與濰縣接界。○「又東北經都昌縣故城東，又東北入於海」。○都昌，今昌邑也。海在縣北十五里。

淄水出今山東青州府治益都縣西南岳陽山。水經注：「淄水出泰山萊蕪縣西南原山下。」括地志：「淄川縣東北七十里原山，淄水所出。」今益都縣岳陽山東麓地名泉河，古萊蕪地。岳陽卽原山也。東北流經益都縣南，又經其城西北。水經注：「淄水東北流經萊蕪谷。」○谷在今益都西南。元和志：「淄水西去縣五十五里。」○「屈而西北流經其縣故城南。」○元和志：「萊蕪故城在今淄川東南六十里。」又今益都西南有萊蕪故城。今萊蕪，漢嬴縣也，唐長安四年置，非此萊蕪。○「又西北轉經城西，又北出山，謂之萊蕪口。」○舊志：「自臨淄西南至古萊蕪有長谷，界兩山閒，踰二百里，中通淄河，名馬陘，亦名弇中。」又東北經臨淄縣南，又經其東北。水經注：「淄水東北流經牛山西。」○牛山在臨淄縣南二十五里。○「又東經臨淄縣故城南，東得天齊水口，又北經其城東。」○城中有營丘，齊國都也。○「又東經安平城北。」○臨淄縣東有安平故城。○「又東經利縣東。」○在臨淄北五十里。又東北經樂安縣東北、壽光縣北，入於海。水經注：「淄水又東經巨淀縣故城西，又東北經廣饒縣故城北。」○俱在今樂安縣東北。○「又東入馬車瀆。」○在樂安縣東五十里，清水泊北。○「亂流東北，經琅槐故城南。」○在樂安縣東北一百十里。○「又東北經馬井城北，與時、澠之水合。」○時水出齊城西南二十五里。澠水出營城東北，經博興縣南界入時水。時水一名耏水。○「又東北至皮丘坑入海。」〔一〕○元和志：「壽光縣淄、澠二水西自千乘縣界流入，去縣四十里。」千乘故城在樂安北，濱海。

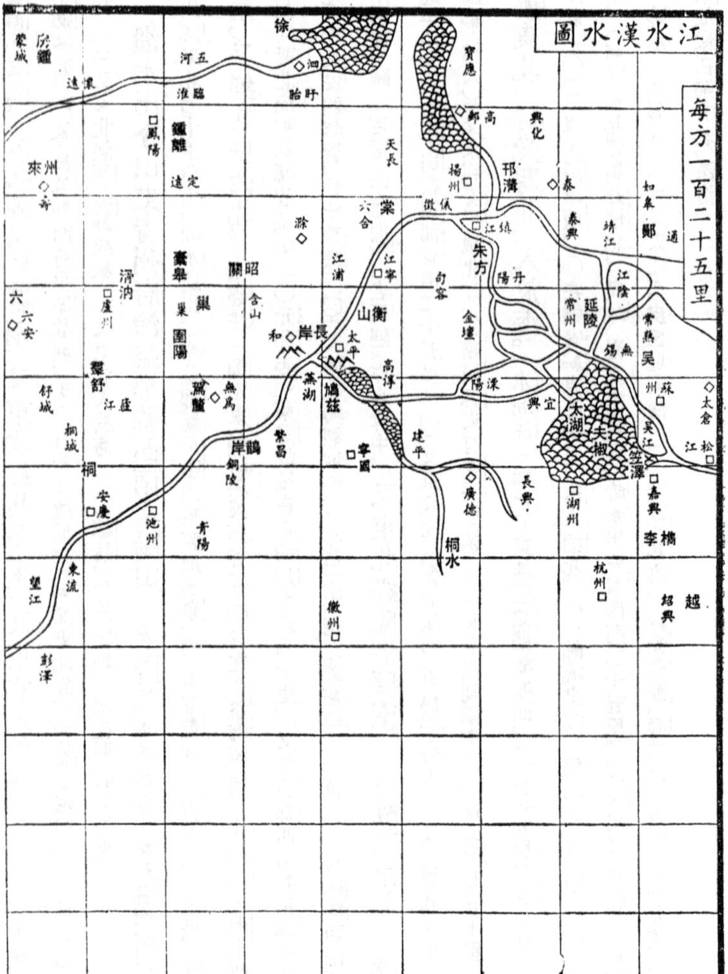
江水漢水圖
每方一百二十五里

田陵汝
祖蔡
方城
南陽　舞陽
呂　　陽

太和

西平
上蔡
汝事
西平
遂平
房柏
正陽
沘陽　道平
郿　　鄔
唐蔡
汝陽　息
息　　新蔡
穎州
穎上
潁上
沘陽
黃
羅　　白
蔣
固始
斯
光　黃
蘷
茌丘
東陽
唐
柏柄
廣　　桐
信陽
光山
羅山

阜陽　泉陽
阪高隆
鄢郢
鄖郢
漢沘　郊郢
宜城　　秋
蒲騷
隨
溳　隨
翼陁
應山
直轅
大陸
商城　　賴
英氏
宜山

利門　那處
紀郢
荊郢
成臼
沈陸
安陸
京山
軫
應城
德安
郿

雲夢
黃安
麻城
柏舉
羅田
英山
太湖
松宿

渚宮
夏水
監利
潛江
天門
藍
華容
石首
安鄉
漢川
漢陽
夏汭
別　小大
戎昌
黃陵
弦　黃州
蘄水
新州
武昌　大冶
興國
瑞昌
九江
廣濟
黃梅
太湖
松宿
湖
南康
都昌
饒州
徐干
南昌

洞庭
陵湘
貴州
臨湘
嘉魚
蒲圻
成事
斤沙
沙湘
水

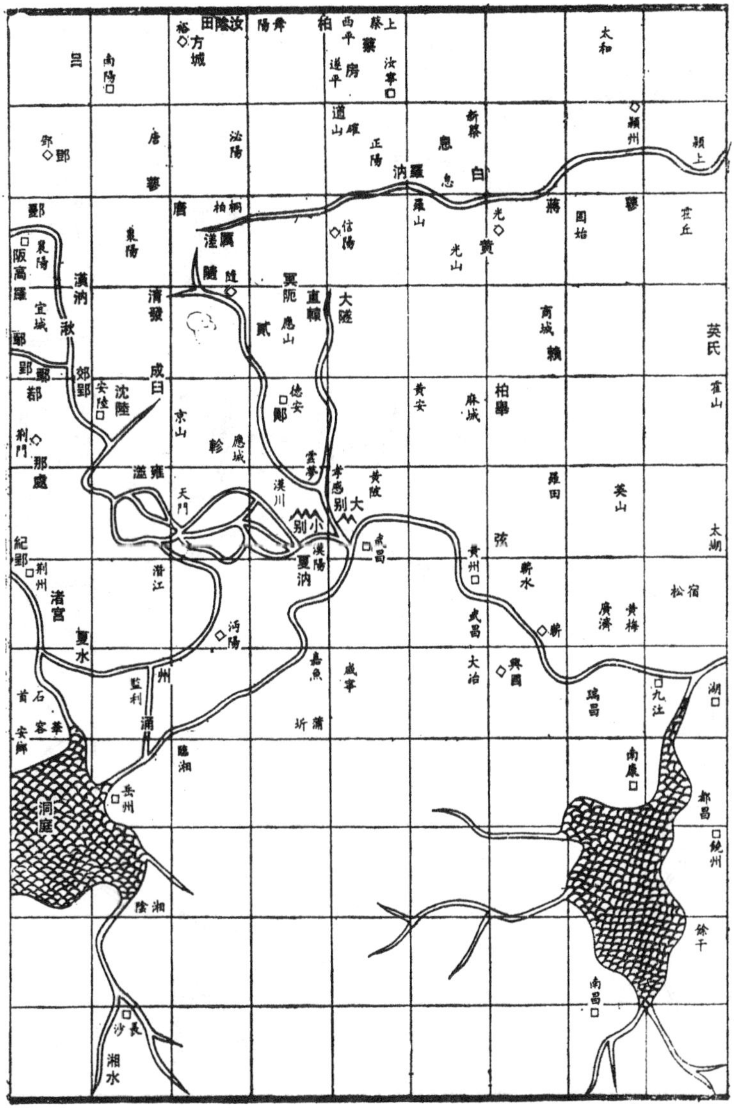

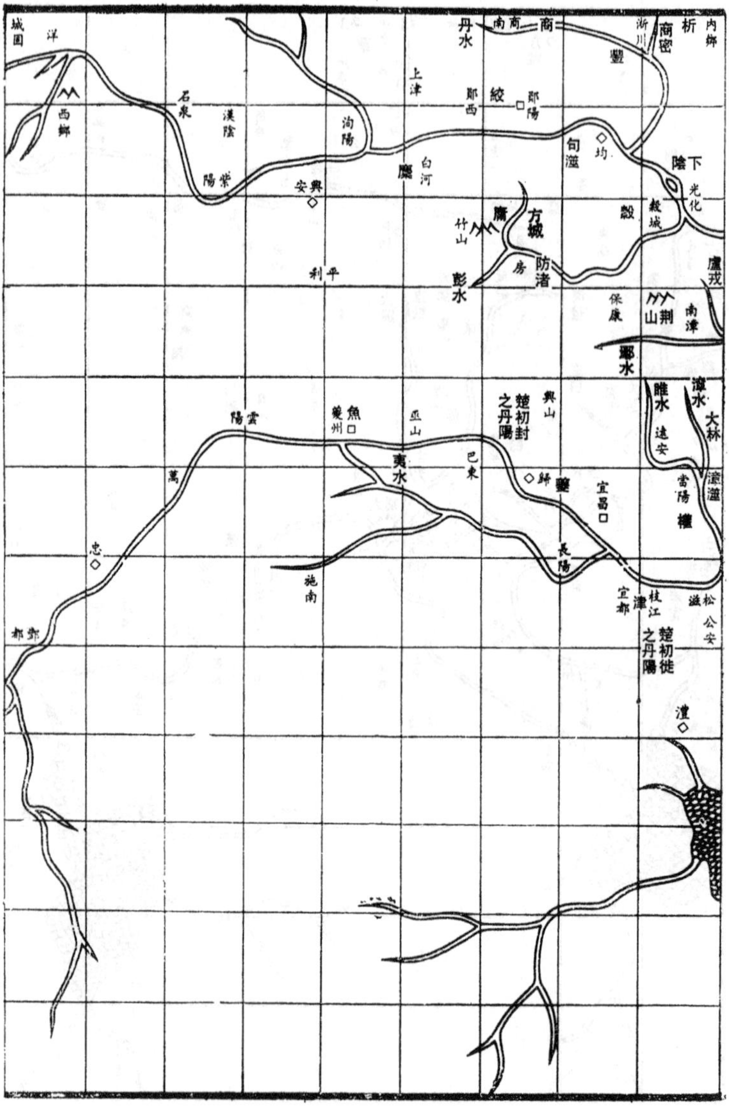
城固
洋
西鄉
石泉
漢陰
紫陽
洵陽
興安
上津
鄖西
絞
鄖陽
丹水
商南
商
淅川
商密
析
內鄉
豐
均
旬澨
下陰
光化
白河
麇
穀城
穀
竹山
庸
方城
房
防渚
彭水
平利
盧戎
保康
荊山
南漳
鄢水
沮水
漳水
大林
遠安
澨澨
當陽
權
興山
楚初封之丹陽
魚
夔州
巫山
夷水
巴東
歸
夔
宜昌
雲陽
萬
忠
長陽
施南
宜都
津
枝江
楚初徙之丹陽
松滋
公安
酆都
澧

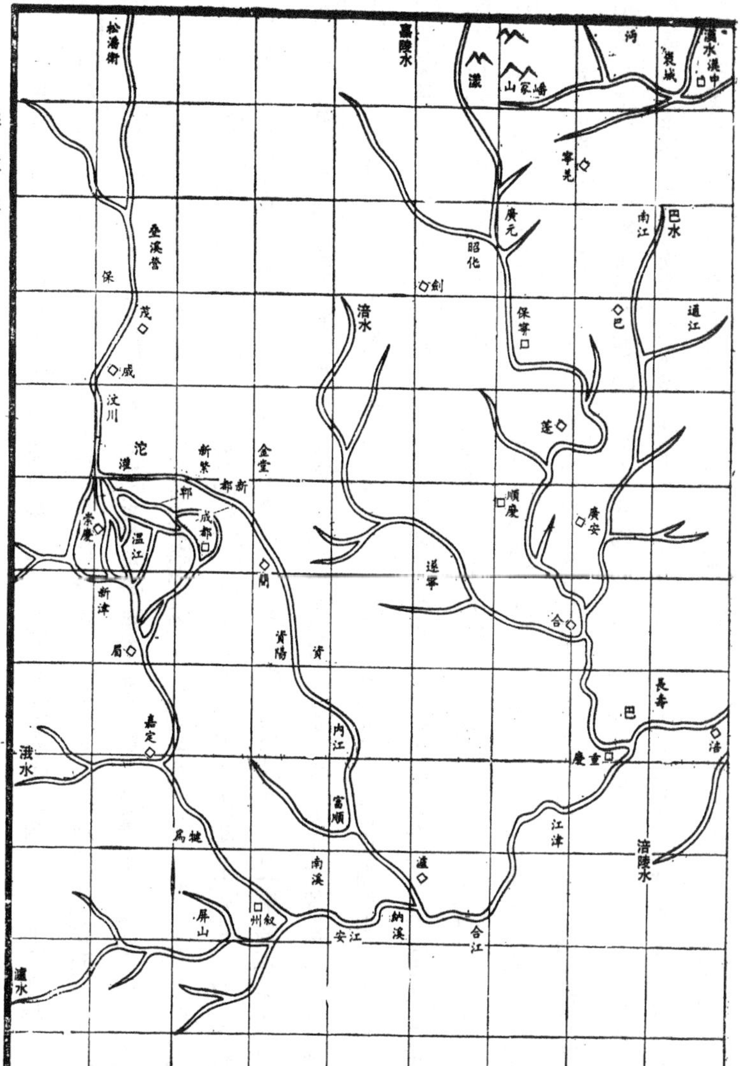
松潘衛
嘉陵水
漾
山冢嶓
沔
褒城
漢水
漢中
寧羌
廣元
昭化
劍
巴水
南江
疊溪營
保
茂
成
汶川
沱
灌
新繁
金堂
新都
郫
成都
崇慶
温江
新津
眉
涪水
保寧
巴
通江
蓬
順慶
廣安
遂寧
合
簡
資陽
資
嘉定
沫水
長壽
巴
重慶
涪
内江
富順
江津
涪陵水
犍爲
南溪
瀘
屏山
敘州
安江
納溪
合江
瀘水

江水出四川松潘衛徼外岷山，流經衛北。又東南經疊溪營西。又東南經茂州西，其西岸則保縣。又西南經威州西。玉輪江自西注之，亦曰汶水。又西南經汶川縣西。又東南經灌縣西，沱水出焉。沱水自灌縣西南，首受大江，東經郫縣、新繁、成都、新都、金堂等縣。又東南經簡州及資陽、資縣、富順等縣，至瀘州北，東南與江會。胡氏曰：「此禹貢梁州之沱也，亦謂之郫江。」其大江之正流，水經注謂之都江。又東南經温江縣西、崇慶州東。又東南經新津縣東北。又東南經眉州東。又南經嘉定州東。涐水合沫水、青衣水，自西入焉。涐水亦名大渡河。又東南經犍爲縣北。又東南經敘州府治宜賓縣東北，瀘水合繩、若諸水自西來入焉。繩水即姚安府北之金沙江。若水即建昌衛西之打沖河。瀘水出建昌衛西北，南行，受諸水，折而東經東川府北；又東北經屏山縣南，名馬湖江，縣故馬湖府也；又東北入江。又東經南溪縣南。又南經江安縣北。又東經納溪縣北。又東北經瀘州東南，沱水合湔、雒、緜諸水自西北來入焉。又東經合江縣北。又東北經江津縣北。又東北經重慶府治巴縣東南，巴縣，故巴子國。西漢水合羌、白、涪、巴、渝諸水自北來入焉。西漢水亦曰嘉陵江。白水即禹貢桓水。又東北經長壽縣南。又東經涪州北。涪陵江水自南入焉，亦曰延江。又東北經酆都縣南。又東北經忠州南。又東北經萬縣南。又東北經雲陽縣南。又東經夔州府治奉節縣南，奉節縣爲庸之魚邑。楚地至此與巴接境。○瞿塘峽在縣東。夷水出焉。夷水自奉節縣東南，首受大江，流經建始縣北。其故道今已湮塞，惟從建始縣南受施南府開蠻界水，東經巴東、長陽，至宜都縣北，又東入江。胡氏曰：「此即禹貢荊州之沱也。」又東經巫山縣南。巫峽在縣東。又東經湖廣巴東縣北。又東經歸州南。州東南七里有丹陽故城，亦名秭歸，北枕大江，楚熊繹始封之丹陽也。東二十里有夔子城，爲楚所分之夔國。又東經宜昌府南。卽夷陵州。○西陵峽在府西北。又東南經宜都縣北與夷水合。又東南經枝江縣北。亦名丹陽，通典云楚都丹陽，爲今秭歸。後徙枝江，亦曰丹陽，但不知何時所遷耳。○又莊十年傳楚子禦巴人大敗於津，水經注枝江縣西三里有津亭。又文十六年傳麇人率百濮聚於選，將伐楚，楚人謀徙於阪高，杜注「選，楚地」，亦當在縣境。楚又徙羅入於此，後漢志枝江本羅國。又東經松滋縣北，睢水合漳水自北入焉。又東經荆州府治江陵縣南，夏水出焉。楚遷都郢在縣北十里。後遷都於鄀，名此爲紀郢，杜注所謂紀南城也。渚宮，今縣治。水經注「江陵城卽春秋時渚宮。」○又荆州記「州東三里餘有三湖」，湖東有水名荒谷；又西北有小城曰冶父；又脾洩，杜注「近郢都」，亦當在江陵縣境。又南經公安縣東。又東經石首縣北。又東經華容縣北、監利縣南。監利、石首二縣本漢華容縣地，其故城在今監利縣之西北。今之華容，乃晉分漢孱陵地置南安縣，隋改華容。○章華臺在監利縣東北三十里。又縣東三十里有州陵城，爲州國。○涌水自夏水南通於江，謂之涌口，在今監利縣東南。又東南至岳州府治巴陵縣西北，會洞庭之水。洞庭受湖南沅、湘等九水，故禹貢稱九江。春秋時尚未有洞庭之名。○胡氏曰「自枝江縣北以下，此後世大江之經流，水經注所稱北江者也。禹貢導江東至於澧，過九江，則當經枝江縣南、松滋縣南、公安縣西南、安鄉縣西南，合澧水，又東至華容縣入洞庭湖，水經注所稱南江也。」又東經臨湘縣北。又東北經嘉魚縣西北、沔陽州東南。又東北經武昌府治江夏縣西，其西岸則漢陽府治漢陽縣，漢水自西北來合焉。詳漢水。又北折而東經武昌縣北，其北岸則黃州府治黃岡縣。縣西北有舉水於此入江，其上源出麻城縣。又麻城縣東有柏子山。高氏曰：「定四年吳、楚陳於柏舉，蓋合柏山、舉水得名。」又東南經大冶縣北、蘄水縣南。弦國在縣東三十里。又東南經興國州北、蘄州南。又東經廣濟縣南、江西瑞昌縣北。又東經黃梅縣南、九江府治德化縣北。又東彭蠡湖自南來注之。又東北經湖口縣北，其北岸則江南宿松縣。又東北經彭澤縣北，其北岸則望江縣。又東北經東流縣西。又東北經安慶府治懷寧縣南。又東北經池州府治貴池縣北，其西北岸則桐城縣、廬江縣。桐城爲桐國。廬江以西爲羣舒地。又東北經銅陵縣西。胡氏曰：「大江去縣里許，鵲頭山在縣北。昭五年楚伐吳，吳人敗之鵲岸，卽此。」又東北經繁昌縣北，胡氏曰：「縣東北三十里江中有鵲尾洲。」其西北岸則無爲州。巢國地，有楚駕、鳌二邑。○州東南有濡須口，巢湖之水於此入江。又東經蕪湖縣西。又北經太平府治當塗縣西，桐水入焉，其西岸則和州。昭十七年傳楚敗吳師於長岸，獲其乘舟餘皇。元和志「歷陽縣南七十里有梁山，東岸姑熟縣有博望山，二山隔江相對，望之如門，南朝謂之天門」，卽長岸也。唐歷陽縣，今和州；姑熟，今當塗也。梁山卽西梁山，博望山卽東梁山。又東北經江寧府治上元縣西北，其西岸則江浦縣。又東北經六合縣南。六合縣爲楚棠邑。襄十四年傳楚子囊師於棠以伐吳，卽此。○縣東南有瓜步，滁水於此入江。又東經句容縣北，其北岸則儀徵縣。又東經鎮江府治丹徒縣北，丹徒，吳朱方邑。其北岸則揚州府治江都縣。哀九年吳城邗溝通江、淮，起於府城東南二里。又東經丹陽縣北。又東經常州府治武進縣北，武進，吳延陵邑。其北岸則泰州。又東經江陰縣北，其北岸則泰興縣、靖江縣、如皐縣，吴鄖邑在如皐縣南。又東經常熟縣北，其北岸則通州。又東南經太倉州北，其北岸則海門鄉。海門縣本唐海陵縣之東洲鎮，五代時置縣。有六港，皆通大海。其地爲海水所侵，康熙初縣治遂淪於海。今爲海門鄉，併入通州。又東入於海。

漢水出陝西漢中府寧羌州北九十里嶓冢山。嶓冢有二。一在沔縣西、寧羌州北，漾水所出，漢之上源也。一在鞏昌府秦州西南，嘉陵水所出，其下流合潛水，曰西漢水。東北流經沔縣西南，合沔水。沔水一名沮水。漾既合沔，亦通稱沔。○胡氏曰：「漾水自沔縣南枝分，爲禹貢梁州之潛，西流至廣元縣西南入嘉陵水。」又東經褒城縣南。褒水自縣東北來，源出郿縣衙嶺山南，南流入於漢。其山北爲斜水所出，北流入渭。褒水所經，皆穴山架木而行，名曰連雲棧。又東南經漢中府治南鄭縣南。至此始名漢水。又東經城固縣南。又東經洋縣南。又東經西鄉縣東北。又東南經石泉縣南。又南經漢陰縣西。又南經紫陽縣西。又東北經興安州北。州爲庸國地。又東經洵陽縣南。又東經白河縣北，麇國都錫穴，即縣治。其北岸則湖廣上津縣。又東北經竹山縣北，縣東四十里有上庸城，爲庸國地。又五里有方城山，四面險固，山南有城，周十餘里，爲庸之方城。其北岸則鄖西縣。又東經鄖陽府治鄖縣南。鄖縣爲麇國地。文十一年傳楚子伐麇師於防渚，防渚在今房縣。又東南經均州北，均水合丹水、淅水自北入焉。丹水出商州西。水經注：「丹水自倉野東歷菟和；又東南歷少習，出武關；又東南淅水注之；又東南經三户城；又東南經丹水縣南；又東歷於中之北，所謂商於者也；又南合均水。」○按：今鄖、襄以北，北通宛、洛，西走商、華，實春秋時楚與秦、晉往來要害之地。左傳哀四年楚人謀北方，司馬起豐、析與狄、戎以臨上洛，左師軍於菟和，右師軍於倉野，使謂晉陰地大夫，將通於少習以聽命。豐在今淅川縣西南。析在今內鄉縣西。上洛，今商州。菟和、倉野俱在州南。自州以東至嵩縣，俱晉陰地。少習在商南縣東，其下有武關，史記沛公西入武關破咸陽是也。僖二十五年秦、晉伐鄀，楚鬬克、屈禦寇以申、息之師戍商密。申在今南陽縣西。息在今息縣北。商密在內鄉縣西南，本鄀國地。有三户城，哀四年晉執蠻子以畀楚師於三户是也。文十年子西爲商公，沿漢泝江將入郢。商在今商南縣武關西北。然則均州、丹水之間爲楚重地明矣。○又文十六年楚侵庸次於句澨，楚子會師於臨品，子越自石溪，子貝自仞以伐庸，俱在州境。又東南經光化縣西南。縣西有陰縣故城，爲楚下陰地。昭十九年傳楚工尹赤遷陰於下陰，卽此。又東南經穀城縣東，彭水自西入焉。縣西十里有穀城山，爲穀國。又東南經襄陽府治襄陽縣北，淯水自北入焉。漢水北岸卽古樊城，與襄陽對峙，爲古今之形勝，南北之腰膂。○府東北十二里有鄧城，爲鄧國。又文十六年傳楚人謀徙於阪高，在府治西。折而南經宜城縣東，鄢水自西入焉。縣西南九里有古鄢國，入楚爲鄢邑。昭十三年傳王沿夏將欲入鄢，杜注「順漢水入鄢也」。縣西南九十里有鄀城，與荆門州接界，鄀國自商密遷此，後入於楚。定六年楚避吳北去，徙都鄀，仍名郢，謂之鄢郢。○縣東南有湫城，爲楚湫邑。又南經安陸府治鍾祥縣西南。桓十一年傳鄖人軍於蒲騷，將與隨、絞、州、蓼伐楚師，鬬廉謂莫敖曰：「君次於郊郢以禦四邑，我以鋭師宵加於鄖。」郊郢卽今府治。高氏曰：「四國之境相去甚遠，隨在隨州，蓼在唐縣，州在監利，絞在鄖陽，而郊郢則居中，扼要之地也，故鬬廉使屈瑕據之。」○莊四年傳莫敖以王命入盟隨侯，且請爲會於漢汭而還。此漢汭乃襄陽以南至安陸府之漢水也。高氏曰：「漢東之國隨爲大，故西境特廣踰漢，而後爲楚地。桓八年楚武王侵隨，軍於漢、淮之閒，始漸規取漢上之地。今隨州東南三十里有楚子城，所謂軍於漢、淮之閒者，蓋築城於此以逼隨也。」○楚沈鹿在縣東六十里。○府志云：「漢水自鍾祥縣北三十里分流爲蘆伏河，經潛江縣東南復入於漢，即禹貢荊州之潛也。」白水自東入焉。即成臼。又南經荊門州東。州西北有長林城，爲楚大林。東南有那口城，爲楚那處。又東南經京山縣西南。雍澨在縣西南，蘧澨亦在縣境。又東南經潛江縣北。又東經天門縣南，天門本景陵縣，雍正中改。夏水自西南入焉。自此以下漢水亦稱夏水。又東經沔陽州北。又東經漢川縣南，溳水自北入焉。即清發。又東經漢陽府治漢陽縣東北。又南合於大江。今漢口也。漢既納夏，亦通稱夏。左傳昭四年沈尹射奔命於夏汭，杜注：「漢水曲入江，今夏口也。」孔疏：「漢水之尾變爲夏水。」是也。昭十三年王沿夏欲入鄢，猶爲漢水上流而亦稱夏者，猶沔爲入漢之水而水經稱全漢曰沔。蓋三水通稱也。古夏口即漢口，在江之北。三國吳時於江南築城名夏口，而夏口遂與沔口對峙矣。○定四年傳吳人舍舟淮汭，自豫章與楚夾漢，左司馬戌謂子常曰：「子沿漢而與之上下，我悉方城外以毁其舟，還塞大隧、直轅、冥阨，子濟漢而伐之。」子常濟漢而陳，自小別至於大別。大別山一名魯山，在府城東北百步。小別山一名甑山，在漢川縣南十里。大隧、直轅、冥阨即所謂義陽三關也，總名曰城口，在應山縣北、信陽州南。方城在裕州。吳人舍舟遵陸，當在今潁、壽之閒，從此循淮以西入城口，以至於漢也。○胡氏曰：「漢水本東行，觸大別之陂而南回入江。今則自郭師口以上決而東經大別山後入江，非復古之夏汭矣。」○按：楚人濟漢而陳，則春秋時大別山在漢水東岸，今在漢水西岸。

附入江、入漢諸水

睢水出湖廣鄖陽府房縣西南景山，一名沮水。東南流經南漳縣西、遠安縣西。又南經當陽縣北。又東南合漳水。又南至松滋縣東入於江。定四年傳楚子涉雎濟江，蓋自郢西走涉此水也。〇按：今沮水上流出遠安縣西北。其房縣之沮，東流至穀城縣南入於漢。

漳水出湖廣荆州府南漳縣西北荆山，東南流。又屈西南經荆門州西。又南至當陽縣東南合雎水。漳水入沮在當陽縣東南五十里，宣四年傳子越師於漳澨即此。〇按：今漳水上流在南漳縣西南。

桐水出江南廣德州西南白石山。西北流經建平縣南。又西北經高淳縣注於丹陽湖，又西入江。丹陽湖在太平府治當塗縣東南，周三百里，分流蕪湖。哀十五年傳楚伐吳及桐汭，應在當塗、蕪湖二縣之閒。又襄三年傳楚子重伐吳，克鳩茲，至於衡山。鳩茲在蕪湖縣東三十里，衡山在當塗縣東北六十里。

彭水出鄖陽府房縣，一名筑水。東南流經穀城縣南，又東入於漢。桓十二年傳楚伐絞，楚師分涉於彭，即此。絞國在鄖陽府治西北。

鄢水亦出房縣，一名夷水。東南流經南漳縣南。又東南經宜城縣南，又東入於漢。水經注：「夷水，蠻水也，導源中廬縣界康狼山。」〇「與荆山相鄰。其水東南流經宜城西山，又東南經羅川城，故羅國也。又謂之鄢水，春秋楚人伐羅渡鄢者也。又東南流與零水合，經蠻城南，城在宜城南三十里，春秋莫敖自羅敗退及鄢亂次以濟是也。」〇中廬縣本廬戎國，入楚爲廬邑，其故城在南漳縣東五十里。羅川城在宜城縣西二十里，皆近鄢水。

成臼即臼水，出湖廣安陸府京山縣西北聊屈山，西流入於漢。定五年傳王之奔隨也，將涉於成臼，即此水也。

溠水出湖廣德安府隨州西北黃山，莊四年傳除道梁溠，營軍臨隨，即此水也。東南流注於溳。

清發卽涓水，出隨州西大洪山。東南流經德安府治安陸縣西，謂之清水。定四年傳吳從楚師及清發，卽此水也。又東南經孝感縣西南、漢川縣東北，又南入於漢。

夏水首受江水於荆州府治江陵縣東南。水經注：「夏水之首，江之汜也。屈原所謂『過夏首而西浮，顧龍門而不見』。龍門，卽郢城之東門也。」又東經監利縣北，水經注：「夏水自華容縣東北，東經監利縣南。」華容故城在今監利縣西北。監利故城在今縣東北。涌水出焉。水經注：「水自夏水南通於江，謂之涌口。莊十八年傳閻敖遊涌而逸，卽此。」又東北經沔陽州西，又東北入於漢。水經注：「沔水經江夏雲杜縣，夏水從西來注之。」雲杜故城在今沔陽州西北。○應劭曰：「江別入沔爲夏水，冬竭夏流，故名。」

雲夢跨江南北，在今湖廣德安、安陸二府以南，荆州府監利、石首、枝江等縣以北。左傳宣四年䢵夫人使棄子文於夢中，杜注：「江夏安陸縣東南有雲夢城。」安陸，今德安府治。昭三年楚子以鄭伯田江南之夢，郭景純言華容縣南巴丘湖是也。華容，今監利、石首二縣。定四年楚子涉雎濟江入於雲中，當在今枝江縣界。

彭蠡卽鄱陽湖，在江西南昌府東北，九江府東南，南康府東，饒州府西。其上源曰贛水，亦曰豫章水，出南安府崇義縣南，東北流經贛州吉安、臨江諸府，至南昌府西北，又東入鄱陽湖，又北經饒州、南康二府，至九江府治德化縣東，而北入於江。今饒州府治鄱陽縣爲楚地，餘干縣爲越地，俱濱鄱陽湖。史記吳伐楚取番，卽鄱陽縣。是湖爲三國接界之地。昭二十四年楚子爲舟師以畧吳疆，越大夫胥犴勞王於豫章之汭，卽今鄱陽湖左右地也。

笠澤卽松江，在今江南蘇州府吳江縣南，浙江嘉興府治嘉興縣北，上承太湖，下入於海。哀十七年傳越伐吳，吳子禦之笠澤。國語越軍江北，吳軍江南是也。

校勘記

〔一〕又東北至皮丘坑入海　「坑」原作「沈」，據水經注淄水改。

附録

輯春秋大事表竟漫爲長歌繫其末

十年熟覽春秋史，萬里山河在眼底。遠近迂直俱能詳，征伐屯戍堪指擬。魚臺親到觀魚處，茌平舊説會盟址。東昌府茌平縣即齊重丘，襄二十五年諸侯同盟處也。商丘重問宋遺宫，臨淮吴、楚戰争壘。諏咨訪問無遺失，案之圖書良一軌。乃知前日漫説經，指點東西竟誰是。嗚呼，春秋幅員不及今之半，列國繡壤紛相亂。虢滅西偏肩背捐，申亡中閒腰膂斷。遂成晉、楚平分勢，猶賴晉家隄潰岸。向戍弭兵真失計，坐令蠻、夷沸淮、漢。列侯僕僕晉、楚廷，往來參錯如流星。千乘不能理國事，一年强半疲踐更。犧牲玉帛比前倍，不死戰鬭死横征。鄭當孔道患尤劇，郊勞贈賄無時停。國僑丘賦豈得已，糗糧屝屨供行李。盟會争承日至昏，當日支持亦難矣。我讀春秋三歎息，戰争和好俱無術。今當四海爲家世，蠻觸紛争往何處。

寄秦子樹灃京邸三十韻兼柬蔡子宸錫、吴子大年癸亥

經學肇淵源，實惟我舅氏。閉門四十載，著述浩難紀。餘膏溉後人，愚也叨染指。蔡子亦勃興，不

謀而同軌。鑽研事三禮，註疏繁且哆。余著宮室圖，三代遺基址。蔡子有禮傳，精入毫芒裏。質齋兩昆仲，大年號質齋，與賢弟遵義並以經學名世。臭味略相似。易傳與春秋，著論各宏偉。秦子年最少，味經得經髓。味經，秦子別號。窮經著實用，穎銳尤莫比。治河洞古今，鹽筴析源委。乘時並高翔，稽古光有煒。而我守窮廬，麟經究終始。諸儒論積薪，不肯隨諾唯。編年從周正，紀事因魯史。朔閏補長曆，輿圖看聚米。紛紛日月時，瑣瑣爵名氏。一掃支離障，庶得筆削旨。謬誤斥公羊，災異嗤董子。州次而部居，分肌兼析理。爲卷四十九，爲目四十四。後復增六項。所恨帙浩繁，未能致雙鯉。良友兩三人，無由攻疣疻。舅氏有從孫，謂華子師道。貫穿窮根柢。郵筒數往來，辨論析朱紫。佽助良不淺，剸割豁頑鄙。此事有由來，先河而後海。十年粗告成，吾友當心喜。天遠帝城闕，白雲空徙倚。

樹澧答和

六籍聖所貽，紹述賴百氏。紀綱天地人，厥功焉可紀。精言與大義，歷歷瞭如指。性功達治術，出處均一軌。胡爲後世士，觸目驚且哆。如搆九層臺，版築傾基址。又如舟失舵，簸蕩風波裏。禮器及車服，誰復求形似。吾邑有顧翁，復古氣雄偉。窮年抱遺經，含咀吸真髓。脱身塵壒外，清曠莫與比。擁書萬卷樓，尋原必迄委。初年學古文，下筆輒光煒。尚論愛司馬，年譜究終始。先生曾著溫公年譜。神交若投契，覿面相應唯。詎止傳賢踪，裨補先正史。三禮圖宮室，古意追釋米。穿穴暨春秋，三傳列硯几。創成大事表，務合筆削旨。書成忽十稔，作歌告諸子。謂蒙守朴學，謬與談名理。反覆幾百言，窔奥得三四。款款尺素書，殷勤附尺鯉。軒朗豁雙眸，不啻脱疴痏。所恨久離索，未由竟株柢。先生名山業，塵垢視青紫。高風式鄉閭，立志起頑鄙。嗟予日荒落，勺蠡難測海。持示蔡與吴，入手先色喜。何當返柴荆，百尺容攀倚。

留别程風衣四十韻兼論春秋大事表 癸亥

嚴冬迴棹冰凌兢，故人送我河之濱。畫作山水平遠幅，幅中不覺生陽春。長歌贈别慨且慷，臨歧握手何徬徨。江水蒼茫界南北，感君此意同深長。我滯淮濱經兩歲，相見聚談無别事。春秋往復累百千，夢寐宣尼得微意。君每一見輒歎絶，止論從今應不易。疾讀數行曉深處，高吟拍案爲擊節。一從公、穀恣狂瞽，杜、孔、啖、趙幾清楚。康侯旋復起支離，至今迷濛如宿莽。東海刊行數十家，徒滋衆説相紛挐。節齋、（程氏端學。）則堂（家氏鉉翁。）相祖述，夾漈（鄭氏樵。）益復重蒙遮。（三家皆以春王正月爲夏正。）學者見之重結膈，茫茫大海誰與適。引經據論各成書，彌縫更復無瑕隙。從此求經經愈遠，沿枝尋葉忘根本。譬如白日障浮雲，終古黑夜增煩懣。獨有元儒張翠屏，（張氏以寧。）力持周正豁沈冥。諸儒贅論如落葉，醉夢叢中我獨醒。其餘亦各有長處，未免拘執多回護。鯫生短視彳亍行，十步回頭五步顧。讀書要當登天衢，極目千里窮所如。宣尼微旨今何在，只是當年據實書。我從遺經尋義諦，盡掃紛紜諸則例。褒貶微情倏忽分，應看當日居何勢。少陵一代千首詩，天寶、肅、代不同時。太平離亂俱有作，討賊銷兵各異辭。世儒强解從一律，刻舟膠柱拘形迹。寒暑一令同衣裝，夏著綿裘冬衣葛。是皆于事未熟覽，致令經義從幽闇。以管窺天天一隅，誰知頃刻雲霞捲。從古知人須論世，世態變遷褒貶異。白衣蒼狗自昔傳，何況春秋是末季。義理人心所同然，屬辭比事得真詮。求之太密逾遼遠，至義要當在眼前。鑽六十年如攻城，一番攻破一番平。于今觸處無停滯，鼓枻中流自在行。君今惠我春風圖，山平水遠足歡娛。髣髴窮經得意處，目不給賞堪怡愉。多君知言兼好我，臨別緒論陳瑣瑣。更繪新圖送遠行，乘風擊楫無掀簸。

程啟生贈詩五十五韻甲子

憲廟昔臨御，恩波覃八極。涣汗其大號，丘園交束帛。維時承平久，化成邁往昔。里巷聞絃歌，窮陬務脩飭。聞命各戎裝，爭先赴上國。儒冠既峩峩，征車復奕奕。或懷隋侯珠，或握荆山璧。或披蘭苕新，或掣滄海碧。鳴珮集丹陛，心情接虹霓。就中星斗寒，鉅儒出無錫。讀書破萬卷，性同杜氏癖。著述窮歲年，鑽研入無隙。宣尼生周季，仰窺王迹熄。然後作春秋，萬古垂法式。筆削見是非，義存三代直。當時游、夏輩，欲贊空太息。如何後世人，無端奮私臆。丘明見國史，事實頗能核。傅會雖時有，網羅著勞績。齊、魯多陋儒，厥惟高與赤。鄒、夾未有書，莫由問失得。三家遂鼎峙，左氏仍後植。自茲口說滕，聖經嗟晦蝕。功令尊胡氏，學子守之墨。首先革周正，先聖寧蹙額。一褒復一貶，譸張令人惑。褒貶本所無，安用常唧唧。忍使日月光，蔽虧重雲黑。先生蹷然興，掃除不遺力。百家咸披靡，似用大師克。煌煌大事表，卷軸日盈積。發憤闡闕文，塵埃教蕩滌。曲說從此廢，禾稼驅螟螣。上則考天時，殷勤補長曆。下則綜形勢，聚米圖疆域。僭禮與敗度，亂賊暨戎、翟。事事關大義，臚列各就職。載觀交兵篇，往來正如織。旌旗猶在眼，開卷若憑軾。晉、楚爭夏盟，宋、鄭困行役。向戌忽弭兵，難免司城責。五材民並用，戒懼存法則。霸統經再變，王猷竟永塞。人欲日橫流，瞻烏更誰適。竊取有深意，肯令觚生識。君書出雖晚，重到杏壇側。鐘磬鏗然鳴，清音動四壁。憶昔鴻詞徵，余亦預末席。客居郊壇西，頗愛厥境僻。涼風下庭梧，朝昏玩羲畫。冥會得懸解，忽然塵慮釋。與君偕罷歸，十載臥泉石。著書曩未成，今也喜大獲。假令留青瑣，茲業諒俱寂。深荷皇天慈，慨然增感激。

與楊農先先生書丙寅

憶在京師，于貴宗清寧兄處接見閣下，此時失于請教。放廢以後，發憤尋繹舊業，時有從問字者。桐城方望溪先生傳語敝門人，老先生古文爲當今作手，而恨其文不得見，私心想望久之。去冬，于鎮江黃副使處獲覩大作黃太夫人韻語墓誌，質實古勁，可繼半山之後，乃始頫首歎服，知望溪之賞鑒爲不虛。而三十年前之失于交臂，爲可惜也。敝邑去郡城不百里，而閣下宦遊日久，聞一乞假南歸，不能訪知的實，無從請謁。懸懸之誠，匪朝伊夕矣。茲有請于左右者。某自癸卯旋里，迄今幾三十年，然不敢一日自墮棄思。春秋一經，爲聖人經世之書。顧以傳而明，亦以傳而晦。一晦于公、穀之以日月生義，經杜、孔、啖、趙及有宋孫明復、劉原父之駁辨而差明。再晦于康侯之以復仇立說，宋、明以來屢經駁正，而聖人書法終未大明于世。又有私意小智，盡棄三傳，臆度傅會，橫空造作。如趙氏經筌、黃氏通說之流，雖間有長處，而得不償失，功不補過。至春秋行夏時及不書即位爲夫子貶削，則自三傳以來未之有，至宋儒始入障霧，謂聖人以天道寓王法，改本朝正朔，擅貶斥君父，此尤傷教害義之大者。而歷代名儒，如鄭夾漈、家則堂、程積齋三家，俱祖其說，連篇累牘引證經、傳。見則堂先生詳說。程積齋全引入或問中。其說愈牢，其蔽愈甚。東海列置經解中，學者震于其名，不敢違異。有終身讀春秋，至老死與聖人之意大悖者。爲此不自揣量，夙承先師、先母舅遺教，創爲大事表一書。州次部居，旁行鉤貫，積久成多，爲目五十。先列前儒精義，次及近代名家，末申己意，爲敍、論、考、辨、說共百三十餘篇。家貧客遊，不能效書生伏几據案，執管咿唔。篷窗輿底，風雪交作，又或廣廷大讌，絲管喧闐，默成腹稾，已乃考訂書傳，删其牴牾。時復自笑，後之視今猶今之視昔，安知後日不爲覆瓿具乎。然區區之用心，則已苦矣。本無意授梓，去冬望溪先生有書來云：「戒爲時賢作序已三十年，今務必破例爲之。」諸生輩用此捐資付刊，已成三分之一。除未經成卷外，謹將刻過諸卷併序文及凡例、總敍草訂成本，呈上左右。雖未成書，而大意已略具。伏惟老先生負當代大名，與望溪先生唱和大江南北，乞憐其志意，收其一得，作爲雄文，弁諸首簡，榮踰華袞矣。貴邑蔣東委先生亦屬向所傾慕，容當致書續求。聞來春欲乞假南旋，能乘輿到舍閒萬卷樓共相討論，幸甚。

望溪先生手柬乙丑

承示春秋表諸序，乃知老先生始仕而顛，乃天心玉成，使有得于古，有傳于後也。僕戒爲時賢作序三十餘年，今必破例爲之。老病不能爲揖讓之禮，故不見一人。先生若枉存，自當披豁泉石間。

穆堂先生手柬己未

春秋一書棼如亂絲，得好學深思如年兄者，閒中排比，并爲著論，可謂抱遺經究終始矣。

文叔先生手柬丁卯

前讀尊著春秋大事表，正少總敘一篇，今得見示，極妙。鄭莊公後論更勝前篇。晉狐偃三人論及夷姜、齊姜辨皆是核實定論，非弄巧翻案也。已刻表七本昨收到，俟讀竟轉送望溪先生。抄本一册、目録八葉、綱領九葉、偶筆五葉都繳上，乞驗收。歲暮歸，便當奉候。如或不及，則拙序必寄到，但恐不足用爾。率佈不盡。

東委先生手柬戊辰

昔在淮海處相遇，已不復記憶。辛丑之春，曾于鄉先輩錢絅菴座上一望見顔色，亦且三十年矣。每于華芋兄處詢老先生起居及所著述，渴欲一聆清誨。而相去百里，兼以衰年杜門，竟弗克如願，悵怏何既。頃忽接讀來翰，恍若有隕自天。兼示總敘等篇，雖未獲窺見全豹，而議論鑿鑿，直開千古混沌。其規模宏大，條理精密，朱子所謂許大精神者，于此見之。自有春秋以來，得所未見。其于傳世行遠也何有。屈指五月閒，急欲得全部一觀，以開茅塞也。鄙序無足爲重輕，轉幸可附尾承不棄，閱全書後自當勉力爲之，但恐衰病之餘力不從心耳。

葦軒先生手柬姓華氏名孳亨

前捧讀春秋序、論十數篇，見地超卓，詞意曉暢，傳世何疑。惟人物一表，頗未愜意。孟懿子殺郈孫、伐公徒，罪在不赦。今特著論以雪其枉，而斥左氏爲誣人，未必信也。歐陽公春秋論引據確切，辨析明快，而篤信三傳者猶不以公言爲然。甚矣，翻案之難也。欲斥左氏爲誣，必尋頂針破綻，方可折服其心。今但據孟僖子病不能相禮一段，謂何忌嘗師事孔子，然家語及史記弟子列傳無懿子之名，學宮配享無懿子之位，是不得與于七十子之列明矣。孔子已墮郈與費，孟氏獨不肯墮成，定公自圍成而不克，知懿子非能服膺孔子。而伐公徒之事，非其所必無矣。未確見左氏之誣，而遽赦懿子之罪，其爲平反歟？爲失出歟？俱未可知。未可知，寧闕之可也。而人物表躋之首層賢聖之列，使居叔孫昭子之上，人必駭然矣。石之紛如無他事，其見左傳者獨「死于階下」四字耳。謂死難不得爲忠臣，遂貶入佞倖，雖說本胡文定，終覺太苛。何懿子之幸而紛如之不幸耶？宮掖小臣非晏子比，無知簒位非崔杼比，變生倉卒，不死則從賊耳。以死爲非，必以從賊爲是，此豈公道耶？漢書古今人表非孟堅筆，乃女弟班昭所續，議者紛然。品題古人，良亦未易，願更加詳慎。至孔子請討陳恆，程子謂宜告天子方伯，已極迂疎。胡氏謂宜先發後聞，尤爲悖謬。吾弟謂孔子爲司寇時則可，此甚不然。司寇非掌軍旅，君相不聞，兵何從發？且欲討無君之賊，而先自蹈專擅不臣之罪，豈復成孔子！論理則大不順，論勢則必不行。況胡氏以責告老之大夫，真乃不成説話。亟宜一筆抹去，豈可復浼齒頰而污簡牘乎！略陳固陋，顒俟裁奪。

摯亨頓首。

答復初先生柬一 辛酉

華玉淳字師道，韋軒子。

承命輯春秋官制表，具稾呈上。古今官制因革，論世者所宜究心。而左氏一書，尤可與周禮互相證。王朝之官，惟宰四見于經，劉原父以爲冢宰，獨書見任之最重，與穀梁義合。而公羊以宰咺爲士宰，渠伯糾爲下大夫，杜註亦以宰咺爲宰夫。不知冢宰紀法之守，而下賵諸侯之妾、聘篡弑之君，故書以示譏。若下大夫與士，何爲特著其官乎？侯國三卿，禮記正義謂司徒兼冢宰，司馬兼宗伯，司空兼司寇，其下有五大夫，爲小宰、小司寇之屬。魯有三卿，而臧紇爲司寇，孔子亦爲司寇，是小司寇也。羽父請爲太宰，蓋求特設以寵己。而夏父弗忌爲宗伯，則如他國之宗人，其職近乎卜、祝之閒，非卿官也。不然，是魯備六官矣。宋以左右二師、司馬、司徒、司城、司寇爲六卿，而别有太宰、少宰。晉廢司徒爲中軍，而士蔿爲大司空，尚爲卿官；其後立六卿，以三軍將佐爲號，而司馬、司空皆大夫爲之。依類以觀，則當時列國設官之踰制亦可見矣。愚意數國共有之官，當以官爲經，諸國爲緯，庶合表體，而列國互異處亦瞭然。但大小有二十國，一行中列横格二十，未免作字太細。今分周、魯、宋、晉、齊、楚、鄭爲七格，餘國設官頗少合爲一格，而一國獨有之官别著于後。至官之崇卑及其職掌，與周禮或同或異，則備引孔疏及二鄭、賈、服之説以相考。庶讀者于此處留意，并可貫穿周禮一書，亦讀經之一助也。

答復初先生柬二壬戌十月

來示氏族、世系表可合爲一，著其始祖則爲氏族，詳其子孫昭穆則爲世系，極當。然此二表俱草創垂就，體例既殊，亦不必合。惟世系表必先標明某氏，著其得姓賜族之始，而列國卿大夫凡四十餘族，不容于姓氏中更加詳註其支分派别。如魯仲孫之後爲子服氏，叔孫之後爲叔仲氏，東門氏别爲仲氏及子家氏，晉之趙氏别爲邯鄲，魏氏别爲令狐，既于姓氏表備著本末，則世系中宜從略，彼此可互考也。又氏族之分，當以國姓爲權輿。歷代紀事年表及通志、路史，俱有舛謬，今一以傳文及註、疏爲據，疑者闕之。如此，則爵姓表似嫌複出，且必有異同處，須一檢勘。所諭韓、歐、曾碑誌言及氏族者，宜附入。然唐以前諸史所載姓氏源流處甚多，如楊子雲、沈休文自述先世，俱與春秋氏族有關係。其餘與經、傳無涉者，自當略而不論。容草成統俟裁削。

答復初先生柬三甲子三月

有條見示朔閏表，致爲細密，然其中可商處尚多，得暇當一檢校。此項本難著手。今法以合朔時刻定月之大小，中氣有無定閏之先後，而古曆甚疎，不得以今法爲準。杜氏只就經、傳所有月日排成長曆，未必盡合春秋時法。今更出杜氏後二千載，而謂所定月大小、日甲乙、置閏後先一一脗合，此必無之事也。晉語十月惠公卒，韋昭注云內傳在九月，而此云十月，賈侍中以爲閏在十二月後，魯失閏以閏月爲正月，晉以九月爲十月而置閏也。然則列國之曆又各有不同。因此疑經、傳月日參差，未必盡闕誤，或赴告有異也。最可異者，先儒見經文兩書閏月皆在歲終，遂謂古曆閏皆十二月，以此解左傳「歸餘于終」。不知閏所以定時成歲，若每閏必在歲終，何以定四時？竊意閏者附月之餘日也。積聚餘分，至中氣在晦，則當置閏，是爲一終，所謂「歸餘于終」者如此。元楊恭懿上授時曆奏云：「暴秦焚書，廢古僞作，置閏歲終，西漢因之。」然則史記、漢書于太初未改曆前，屢書「後九月」，乃仍秦曆，非古法本然也。左傳再書「日南至」。僖五年正月辛亥朔，以宋紀元、金大明曆推之得壬子，後左傳一日。昭二十年正月己丑朔，以宋統天、元授時曆推之得戊子，先左傳一日；紀元、大明得庚寅，亦後一日；明大統曆則得壬辰，更後兩日。穆堂先生春秋年譜自云「節氣中氣俱備」，此必以今法推之，恐未可據以定春秋時曆也。

答復初先生柬四 甲子九月

春秋田賦軍旅一項，極有關係，增入甚善。然見于經者惟五條。晉州兵、鄭丘賦，俱傳中事，似宜加一「附」字。至晉之毀車崇卒，越之句卒，乃一時臨陣權宜之法，非經久之制，與前數條有別。傳中如先偏後伍、伍承彌縫，及廣有一卒、卒偏之兩，此類甚多，似不必載。晉始易一軍爲二軍，後立三軍，又增置三行，後又立六軍，上擬天子，中間或罷爲五軍、四軍，終春秋世凡數變，此軍政之大者。玉淳初輯官制表，于晉軍將止載遷擢更代之大凡，至軍制變更、諸卿始末，宜于中軍表見之，亦可與軍旅、官制二表互相發，未審合尊意否。

答復初先生柬五乙丑十月

數日來與舍弟師茂披讀春秋地形口號，深歎援據精核。當日星分繡錯之勢，瞭若指掌。即以詩論，亦自獨絶千古。玉淳嘗愛杜工部河北諸節度入朝口號，以爲龍標。太白固是絶句勝場，不若老杜此詩，高文典册，足繼雅、頌。今表叔乃復以比興之體，與鄭康成、杜元凱争席，于此道中别開生面矣。近代釋地理者，惟江村、宛溪，猶不免有誤。使兩先生當日即有如表叔者，與之上下，其議論指其謬誤而更正之，當必快然無遺憾。以古揆今，表叔欲成一書，爲不朽之業，亦當不厭人之進其異説也。師茂于輿地沿革頗留意，因與反覆究晰，得可疑者數端，敢條舉如左，以備采擇。

第十首「晉疆直抵延安府，白翟遺墟舊帶襟」。按：白翟地入晉，未知在何公時。僖三十三年晉人敗狄于箕，郤缺獲白狄子，杜註：「故西河郡有白部胡。」宣十年晉師、白狄伐秦。成十三年吕相絶秦曰「白狄及君同州」。屢見經傳。江村謂文公初伯，攘白狄，開西河，不知何據。然亦非韓戰前事也。延安在韓城之西北，秦都鳳翔在韓城之西南，自鳳翔至韓城，不經延安。以是釋「寇深」，于地形亦未盡合。後章有「晉疆早徹漢新豐」之句，此正在韓城之西、雍之東，足解「寇深」之疑矣。蓋韓原在黄河西岸，晉人所恃以守河者也。韓原守，則黄河之險晉所獨據；韓原失，則黄河之險與秦共之。秦師及韓，晉始得聞，方且興師卜右，視師往返，而秦兵不曾踰韓以東一步，則韓之足以捍秦而爲晉之重地可知。如此，則雖謂韓原直與秦接界，而秦兵一涉韓境卽謂之「寇深」可矣。文二年秦伐晉，晉人禦之，戰于彭衙。彭衙，秦地也。哀十一年齊師及清。清，齊地也。而冉有已勸季氏禦諸竟，蓋知敵兵之來，必迎而距之境外，勿使其戰于我地，況韓原爲必爭之要地乎！

第十三首「晉人滅潞收遺地，逼近齊疆遂戰鞌」。註謂「晉地跨有東昌、曹、濮之境」。按：赤狄潞氏國都在山西潞安府，其邊邑直至今直隸廣平府之永年縣。留吁、鐸辰俱在今潞安府境，甲氏在今廣平府之雞澤縣。如是，則晉收狄遺土亦至永年、雞澤而止，其廣平東境屬邑已非晉有。左傳明有及衞地之文，都邑表亦以師從齊師于莘爲衞地，則東昌、曹、濮閒當爲衞、曹兩國境。

第二十四首「漫說海邦魯所屆，詩人頌禱尚從虛」。按：今江南海州春秋時屬魯，東際海，南近淮，魯頌所稱指此，不得謂虛。又登、萊之地斗入海中，三面皆海，故海州雖在登、萊西南，而已濱海。齊未滅萊、棠之前，其東北境亦濱于海，所以得魚鹽之利，然則管仲對楚使之云亦非虛誇也。

第五十二首「秦人滅鄀志南圖，楚郤移都好避吳」。按：鄀有二。舊鄀在今南陽府內鄉縣，卽僖二十五年秦、晉伐鄀，文五年秦人入鄀是也。新鄀在今襄陽府宜城縣，卽定六年楚所徙都也。詳詩意，似合二鄀爲一矣。

第五十三首註「秦之河東，卽晉之河西」二語未的。秦始征晉河東，當在今山西之境。若仍在河外，則韓原正在河西。戰勝之後，秦竟不曾乘勝東略晉地，恐非事實。且徒父涉河之占，亦爲不驗矣。

秦歸晉河東，是只與晉以河爲界，陝西同州府秦仍有之。及文二年晉取彭衙以後，始漸開復河西舊疆耳。秦伯師于河西，自在黃河西岸；魏人在東，自在黃河東岸。觀下文既濟魏人譟而還，明隔一河，豈可謂卽一地乎？

第五十四首「大峴關山古穆陵」。按：僖四年傳楚使詰齊桓不宜輕涉楚地，故管仲對以太公本有征諸侯之責，先王賜其足跡所及，南可以至穆陵，今日來此，及脩舊職，文氣一貫。若穆陵近在大峴，不足以塞楚使之口。是時齊境尚未及河，以「西至于河」句推之，則無棣、穆陵俱別有在。杜氏漫註皆齊境，後人附會，于是溝曰無棣，關曰穆陵，俱在今山東之境矣。

第五十五首「平陰廣里肇長城」。按：平陰舊有城。傳言塹防門而守之，廣里。是于防門外作塹橫行廣一里，非築城也。築長城係戰國田齊時事。

第八十四首註開州「又東北爲汲縣，卽衞之南河」。按：汲縣在開州之西南。時晉欲假道而衞不許，故還自南河濟，則南河不屬衞可知。杜註「從汲郡南渡，出衞南而東」，是也。從汲郡南渡者，南河在汲郡，非汲縣卽南河也。若衞許假道，則從汲郡東渡矣。是時黃河東北流。今衞輝府東南兩面皆河也。

第一百首「豫章、廬、皖及饒州，六見經文迹可求。漢代郡名非昔地，南昌尚隔楚江脩」。按：漢志豫章郡贛縣「豫章水出西南，北入大江」。豫章水卽今章江也，從南安府之西南，東流折而北經贛州府，與貢水合，又北經吉安、臨江二府，南昌府城西北，又東入鄱陽湖。水曲曰汭，豫章之汭，卽今章江入湖左右地也。漢豫章郡正以豫章水得名，爲今江西全省之境。初非專指南昌，特春秋時則更廣，并跨至江北耳。謂當日吳、楚交兵未嘗至南昌則可，謂南昌在春秋時獨不得稱豫章則不可，謂豫章之汭與漢豫章郡無涉尤不可也。至柏舉之戰，吳人舍舟淮汭，自豫章與楚夾漢，此則與漢豫章郡懸隔。然謂豫章卽淮汭，今日壽州地，亦非也。壽州卽州來，時已屬吳。吳乘舟從淮來，過蔡而舍之，故沈尹戌欲毁之以絶其奔逸。若吳人未出境卽陸行，千里至漢北，亦不可謂之舍舟，直是不用舟耳。陸行而出，卽可陸行而歸，沈尹戌何苦不遠千里輕涉吳地，毁其不必用之舟乎？○左傳六豫章，杜註于前則曰江北淮水南，于後則曰漢東江北地，是淮之南、漢之東、江之北皆有豫章地，而未嘗明指某地爲豫章。昭六年楚薳洩伐徐，吳人救之，令尹子蕩帥師伐吳，師于豫章。伐徐是一人，伐吳救兵者又一人，則徐與豫章自是兩地。昭十三年楚師歸自徐，吳人敗諸豫章，明是扼其歸師。今求豫章于徐而謂泗州爲楚豫章地，未見其必然也。昭三十一年吳人圍弦，左司馬戌、右司馬稽帥師救弦及豫章，吳師還。楚方及豫章而吳師卽還，正謂其不能相及，則豫章非卽弦地可知。定二年桐叛楚，吳子使舒鳩氏誘楚人，曰："以師臨我，我伐桐，爲我使之無忌。"秋，楚囊瓦伐吳，師于豫章。吳人見舟于豫章，而潛師于巢。冬十月，吳軍楚師于豫章，敗之。遂圍巢，克之。此蓋吳欲伐巢而防楚救之，故先誘楚師臨吳境，使楚人疑吳方禦楚無暇伐巢。一邊見舟豫章，一邊潛師于巢，則巢與豫章亦是兩地。今以廬州府之巢縣爲楚豫章地，亦未見其必然也。

補遺第一首與前第四十五首，事同而論異，然兩有未安。蓋越既滅吳，文種死，范蠡去，其不能與楚争亦勢所必。至楚東侵廣地，僅至泗上，則泗上以東仍爲魯、越接壤，無礙于朝聘征伐之往來。而朝聘征伐亦不必壤地之相接，國都之相近也。漢志琅邪郡琅邪縣註越王句踐嘗治此起館臺。宛溪亦云「句踐嘗徙琅邪」。曰「嘗治」曰「嘗徙」，則是不常都也。越絶等書言其暫，史記要其終耳。左傳哀二十四年閏月公如越，二十五年六月公至自越，若越都近在琅邪，豈必踰年始歸乎？又按史記越世家句踐渡淮南，以淮上地與楚，當在今徐、潁之境。又歸魯、宋故吴所侵地，蓋亦自知力不能有而棄之。無彊以與齊、楚争强而滅，非亡于甓地也。第四十五首註云「今日揚州、淮安之地盡棄與楚，所以五世至無彊爲楚所并」，亦未盡然。

以上數條以道里形勢推之殊未合，不敢不獻其疑。此卷爲山川、都邑、疆域、險要諸表之總萃，一有未當，則數處俱有改易。半江方就萬卷樓畫輿地圖，于地形曲折必有定見，請以此商之，并望于諸表中一加討究，幸甚。

《春秋大事表》姓氏人名索引

説　　明

一、本索引收録《春秋大事表》《春秋列國姓氏表》卷十一、《春秋列國卿大夫世系表》卷十二、《春秋王迹拾遺表》卷二十、《春秋魯政下逮表》卷二十一、《春秋晉中軍表》卷二十二、《春秋楚令尹表》卷二十三、《春秋宋執政表》卷二十四、《春秋鄭執政表》卷二十五、《春秋人物表》卷四十九、《春秋列女表》卷五十中的姓、氏、人名。

二、姓、氏、人名下所列數字，前者爲卷帙，後者爲頁碼，中間隔以斜線。如:

　　嬴姓

　　　11 上/1240

表示“嬴姓”見于《春秋列國姓氏表》卷十一之上 1240 頁。又如:

　　孔子

　　　12 下/1305

　　　49/2603

表示“孔子”見于《春秋列國卿大夫世系表》卷十二之下 1305 頁、《春秋人物表》卷四十九 2603 頁。

三、本索引以常用稱謂作主目，其它異稱，於條目後一一列出，並

加圓括號。如:

士匄(范宣子、范匄、匄)

表示“士匄”在《春秋大事表》中又稱“范宣子”、“范匄”、“匄”。

四、主目後列出的所有異稱,另立參見條目,以便從各種稱謂進行檢索。例如:

范宣子　見士匄

范匄　見士匄

匄　見士匄

五、凡不同實體而稱謂相同者,分别立目,並於條目後注明區别,加以方括弧。

如:

甯跪〔魯哀公時人〕

12下/1351

甯跪〔魯莊公時人〕

12下/1351

六、姓、氏、人名稱謂的異同分合,均以顧氏《春秋大事表》爲準。

0012_7 瘠

瘠　見郈成子

0021_7 嬴

45嬴姓
11/1153

0022_8 齊

00齊慶封妻
50/2629

21齊盧蒲癸妻(慶舍女)
50/2630

齊盧蒲嫳妻
50/2629

35齊連稱從妹
50/2629

40齊太史氏
49/2604

41齊桓公女　見晉姜氏

47齊聲孟子
50/2629

齊杞殖妻
50/2629

70齊辟司徒之妻
50/2628

72齊氏

11/1168
90齊棠姜
50/2629
91齊悼公夫人　見魯季姬

0022_7 高

11高彊(子良)
12上/1299
高張(張、高昭子)
12上/1286
12高發
12上/1287
13高武子　見高偃
17高弱
12上/1283
21高止(子容)
12上/1284
高偃(偃、高武子)
12上/1286
22高傒(傒、高敬仲)
12上/1283
12上/1284
24高齮
12上/1287
30高宣子　見高固
31高渠彌
49/2603
47高鄰(鄰)
12上/1285
48高敬仲　見高傒
60高固(固、高宣子)
12上/1283
67高昭子　見高張
71高厚
12上/1284
72高氏〔齊文公後〕
11/1156
12上/1283
高氏〔齊惠公後〕
11/1162
12上/1299
77高豎
12上/1284
80高無丕
12上/1286
高無咎
12上/1283

0023_7 庶

44庶其
49/2609

庚

庚　見荀庚

0024_7 慶

21慶虎
49/2610
24慶佐
12上/1297
慶臾
12上/1297
30慶寅
49/2610
40慶克
12上/1295
49/2068
44慶封(子家)
12上/1296
49/2609
67慶嗣(子息)
12上/1297
72慶氏〔齊國姜姓〕
11/1161
12上/1296
慶氏〔晉國〕
11/1177
慶氏〔陳國〕
11/1191
80慶父
49/2603
慶舍(子之)
12上/1296
49/2609
慶舍女　見齊盧蒲癸妻

0026_7 唐

44唐苟
49/2606

0029_4 麋

麋
12下/1318

0033_6 意

46意如 見季孫意如
12上/1231

0040_0 文

17文子 見公孫彌牟
25文仲辰 見臧孫辰
26文伯 見孟文子
30文之無畏(申舟)
12下/1375
72文氏
11/1181

0040_1 辛

72辛氏
11/1157

0050_3 牽

牽 見鮑牽

0071_4 雍

72雍氏
11/1156

0073_2 衰

衰 見趙衰

褰

80褰公夫人 見衛宣姜

0090_4 棄

00棄疾
12下/1363

0128_6 顏

72顏氏
11/1173

0512_7 靖

靖 見公父穆伯

0821_2 施

26施伯
12上/1241
44施孝叔
12上/1241
72施氏〔魯國姬姓〕
11/1166
12上/1241
施氏〔衛國〕
11/1171
80施父(公子尾)
12上/1241

0828_1 旗

旗 單穆公

0861_6 說

說 見南宮敬叔

0864_0 許

許 見臧孫許
26許穆夫人
50/2628

1010_0 工

50工婁氏
11/1198

1010_1 正

44正考父
12下/1305

1010_4 王

12王孫滿
49/2602
王孫蘇
20/1690
20/1691
20/1692
20/1693
20/1695
王孫由于
49/2606
王孫氏〔衛國〕
11/1170
王孫氏〔楚國〕
11/1194
王孫氏〔楚人伍豐後〕
12下/1378
17王子圍
23/1829
王子朝
49/2609
王子揚

12下/1374

王子虎(王叔文公)

12上/1215

12上/1216

20/1687

20/1688

20/1689

27王儋季 見儋季

王叔文公 見王子虎

王叔桓公

12上/1215

20/1689

20/1690

王叔氏

11/1159

12上/1215

王叔陳生 見王叔簡公

王叔簡公(陳生、王叔陳生)

12上/1215

12上/1216

20/1697

20/1698

30王良(郵良)

49/2605

42王札子

49/2606

72王氏

11/1160

1010₈ 靈

10靈不緩

12下/1333

72靈氏

11/1163

12下/1333

80靈公嫡母 見衛宣姜

1010₉ 丕

80丕茲

49/2604

1021₁ 元

61元咺

49/2605

1021₄ 霍

26霍伯 見先且居

1023₂ 弦

00弦高

49/2603

1024₇ 夏

夏 見劉定公

夏 見國夏

28夏徵舒(子南)

12下/1362

49/2605

57夏齧(悼子)

12下/1362

71夏區夫

12下/1362

72夏氏

11/1157

12下/1362

80夏父氏

11/1165

1033₁ 惡

惡 見郈昭伯

惡 見石惡

1040₉ 平

17平子 見韓須

1060₀ 石

10石惡(石悼子、惡)

12下/1347

11石彄

12下/1334

49/2611

14石碏

12下/1347

49/2602

20石魋

12下/1348

26石稷(石成子、稷)

12下/1347

37石祁

12下/1349

44石共子 見石買

53石成子 見石稷

60石圃

12下/1348

石曼姑
12下/1348
石買(石共子、買)
12下/1347
71石厚
12下/1347
72石氏〔周〕
11/1161
石氏〔宋國子姓〕
11/1163
12下/1334
石氏〔衛國〕
11/1188
12下/1347
石氏〔鄭國〕
11/1188
73石駘仲
12下/1349
80石乞
12下/1349
49/2603
91石悼子 見石惡

百

60百里奚
49/2603
百里氏
11/1197

西

80西乞術
49/2603

1060₁ 晉

00晉齊姜
50/2629
10晉賈君
50/2629
20晉季隗
50/2628
22晉欒祁(欒盈母)
50/2630
23晉外孌五
49/2602
26晉伯宗妻
50/2628
27晉鄔臧室
50/2629
晉叔向母
50/2628
37晉祁勝室
50/2629
49晉趙衰妻
50/2628
晉趙莊姬
50/2629
71晉驪姬
50/2629
80晉介之推母
50/2628
晉姜氏(齊桓公女)
50/2628
87晉郤缺妻
50/2628

1080₆ 賈

20賈季 見狐射姑
72賈氏
11/1190

1090₀ 不

18不敢 見叔孫不敢
20不信 見韓不信

1111₀ 北

07北郭氏
11/1189
30北宮文子 見北宮佗
北宮貞子(喜)
12下/1355
北宮佗(北宮文子、佗)
12下/1355
49/2603
北宮結
12下/1355
北宮遺
12下/1354
北宮懿子 見北宮括
北宮括 (北宮懿子、括)
12下/1354
北宮氏
11/1177
12下/1354

1120₇ 琴

11琴張
49/2603

1122_7 彌

17彌子瑕
49/2603
23彌牟(士景伯)
12上/1261

1123_2 張

張　見高張
72張氏
11/1184

1142_7 孺

17孺子秩
12上/1221

1150_0 芈

45芈姓
11/1154

1180_1 冀

44冀芮　見郤芮

1217_2 瑶

瑶　見知瑶

1224_7 發

發　見公叔發

𩚬

30𩚬戾
46/2614

𩚬

72𩚬氏
11/1175

1240_1 延

74延陵季子
49/2602

1241_0 孔

00孔文子　見孔圉
孔文子女　見衛孔姞
11孔張
12下/1346
17孔子
12下/1305
49/2603
30孔寧
49/2605
34孔達
12下/1353
53孔成子(烝鉏)
12下/1353
60孔圉(孔文子、圉)
12下/1353
66孔嬰齊
12下/1354
72孔氏〔宋國子姓〕
11/1156
12下/1305
孔氏〔衛國姞姓〕
11/1156
12下/1353
孔氏〔陳國嬀姓〕
11/1158
孔氏〔鄭國〕
11/1187
孔氏〔鄭國姬姓〕
11/1197
12下/1346
80孔父〔宋人〕
24/1844
24/1845
24/1846
孔父〔魯人〕
49/2602
孔父嘉
12下/1305
96孔悝
12下/1353

1249_3 孫

00孫文子　見孫林父
孫襄(伯國)
12下/1352
27孫免
12下/1352
孫叔敖(蔿艾獵)
12下/1369
49/2604
30孫良夫(孫桓子、良夫)

12下/1351
12下/1352
40孫嘉
12下/1352
41孫桓子 見孫良夫
42孫蒯
12下/1351
44孫莊子
12下/1351
孫林父（孫文子、林父）
12下/1351
12下/1352
49/2607
50孫書 見陳書
67孫昭子
12下/1351
72孫氏〔楚國羋姓〕
11/1157
孫氏〔齊國嬀姓〕
11/1162
孫氏〔衛國姬姓〕
11/1176
12下/1351

1314_0 武

武 見趙武
72武氏
11/1156

1421_7 殖

殖 見甯惠子

1521_3 虺

虺
12上/1228

1623_6 强

强 見季昭子

1710_2 丑

80丑父
49/2605

1710_7 孟

00孟文子（文伯、穀）
12上/1221
12上/1222
10孟丙
12上/1227
11孟孺子洩 見孟武伯
孟孺子速 見孟莊子
12孟孫氏（仲孫氏）
11/1166
12上/1221
13孟武伯（彘、孟孺子洩）
12上/1222
23孟獻子 見仲孫蔑
24孟僖子 見仲孫貜
30孟之側（側、孟之反）
12上/1225
孟之反 見孟之側
44孟莊子（速、孟孺子速、仲孫速）
12上/1221
12上/1222
孟孝伯 見仲孫羯
47孟懿子 見仲孫何忌
孟椒（子服惠伯、椒）
12上/1223
12上/1224
48孟敬子（捷）
12上/1222
80孟公綽
12上1225

盈

盈 見召伯盈
盈 見荀盈
盈 見欒盈

1712_0 羽

72羽氏
11/1198
80羽父
49/2602

弱

弱 見士弱
弱 見國弱
弱 見晏桓子

1714_7 瑕

瑕 見簡子
72瑕氏

11/1183

1722_7 胥

00胥童
12上/1275
49/2602
33胥梁帶
12上/1275
40胥克
12上/1275
60胥甲
12上/1275
71胥臣（臼季、司空季子）
12上/1275
49/2603
72胥氏
11/1175
12上/1274
80胥午
12上/1275

郕

67郕歡
49/2604

1732_7 鄢

27鄢將師
49/2603

1733_1 烝

87烝鉏　見孔成子

1740_7 子

00子産（公孫僑）
12下/1333
12下/1339
25/1934
25/1937
25/1938
25/1939
25/1940
49/2603
子高（公子旗）
12上/1299
子庚
23/1826
23/1827
子文　（鬭穀於菟）
12下/1363
23/1814
23/1815
23/1816
23/1817
子辛
23/1825
子言　見季寤
子哀
49/2603
08子旗　見豐施
子旗　見鬭成然
子旗　見欒施
10子玉　見成得臣
子靈　見公子圍龜
子靈　見屈巫臣
子元
23/1814
49/2603
子夏（少西）
12下/1362
子耳（公孫輒）
12下/1335
子石（公子段）
12下/1334
子石（印段）
12下/1344
子西（公孫夏）
12下/1341
12下/1342
子西（鬭宜申）
12下/1366
23/1835
23/1836
23/1837
23/1838
49/2604
子貢
49/2603
11子疆（陳武子）
12上/1300
子張（叔孫輒）
12上/1230
子張（公孫黑肱）
12下/1344
49/2603
子張（豐卷）

12下/1345
12下/1346
子碩
12上/1229
12子孔(成嘉)
12下/1368
23/1820
子孔(公子嘉)
12下1346
25/1927
25/1929
25/1930
17子羽
12上/1247
子瑕(駟乞)
12下/1342
子瑕 見陽匄
子胥 見伍員
20子重
23/1823
23/1824
23/1825
21子上(駟帶)
12下/1341
12下/1342
子上(鬬勃)
12下/1366
23/1817
23/1818
子行 見陳逆
子頹
49/2603
子占 見陳書
子師氏
11/1188
22子豐
12下/1345
子山 見蕩澤
子欒(公子堅)
12上/1298
23子臧
49/2602
子然 見駟歂
25子仲 見皇野
26子伯 見華耦
子息 見慶嗣
27子夕 見屈到
子魚(公子目夷)
12下/1324
24/1855
24/1856
24/1857
24/1859
子般 見駟弘
子叔齊子(叔老)
12上/1243
子叔聲伯 見公孫嬰齊
子叔氏(叔氏)〔魯國姬姓〕
11/1173
12上/1243
子叔氏〔衞國姬姓〕
11/1177
30子寬 見游速
子家 見公孫歸父
子家 見慶封
子家懿伯 見子家羈
子家羈 (子家懿伯、羈)
12上/1242
49/2603
子家氏
11/1172
12上/1242
子之 見慶舍
子容
12上/1280
子容 見高止
子良 見高彊
子良 見公子去疾
子良
12下/1364
33子梁 見樂祁犂
36子邊 見公子御戎
子邊 見屈禦寇
37子潞 見樂茂
子禄 見向宜
子罕(樂喜)
12下/1313
24/1871
24/1872
24/1873
24/1875
子罕(公子喜)
12下/1340

25/1924
25/1925
49/2604
33子游 見公子偃
子游 見駟偃
40子太叔(游吉)
12下/1337
25/1940
25/1941
25/1943
49/2603
子士
12上/1302
子南 見公孫楚
子南 見公子郢
子南 見夏徵舒
子南
23/1827
子南妻(鄭徐吾犯之妹)
50/2628
子皮 見華貙
子皮(罕虎)
12下/1340
25/1932
49/2603
子木(屈建)
12下/1371
12下/1372
23/1828
23/1829
42子皙 見公孫黑
43子越 見鬬椒
子越椒 見鬬椒
44子蕩 見樂轡
子蕩 見薳罷
子蕩
12下/1373
子革
49/2604
45子姓
11/1152
47子犯 見狐偃
子期
49/2605
子柳
12上/1229
子柳 見印癸
50子車
12下/1331
子車氏
11/1197
子囊(公子貞)
12下/1375
23/1825
23/1826
52子蟜 見公孫蠆
56子楊 見鬬般
60子國 見公子發
子國
23/1838
23/1839
子思 見國參
67子明 見樂溷
子明 見游販
子路
49/2603
70子雅 見公孫竈
71子頎
12下/1331
76子駟(公子騑)
12下/1341
12下/1342
25/1925
25/1927
49/2606
77子尾 見公孫蠆
子展(公孫舍之)
12下/1340
25/1930
25/1931
25/1932
子服它(子服孝伯、它、仲孫它)
12上/1223
子服孝伯 見子服它
子服惠伯 見孟椒
子服景伯(何)
12上/1223
子服昭伯(回)
12上/1223
子服氏
11/1167
12上/1223
子印
12下/1344

子閭
12下/1373
子輿 （子鍼）
12上/1245
12上/1246
子輿 見士蔿
79部臘 見罕達
80子人氏
11/1194
子禽
49/2603
子羔
49/2603
子蕎 見嬰齊
84子鍼 見子輿
90子常 見囊瓦

1742₇ 邢

44邢帶
12上/1248

1750₆ 鞏

鞏 見郈惠伯
72鞏氏
11/1162
87鞏朔（士莊伯）
12上/1261
12上/1262

1750₇ 尹

00尹文公（固）
12上/1220
尹辛
12上/1221
尹言多
12上/1221
13尹武公
12上/1220
20/1697
72尹氏〔周〕
11/1157
12上/1220
49/2609
尹氏〔魯國〕
11/1163

1760₂ 召

00召襄
12上/1208
13召武公
12上/1207
26召伯
20/1691
20/1692
20/1693
49/2609
召伯廖
12上/1207
召伯盈（召簡公、盈）
12上/1208
召伯奐（奐、召莊公）
12上/1208
41召桓公
12上/1207
43召戴公
12上/1208
44召莊公 見召伯奐
67召昭公
12上/1207
72召氏
11/1157
12上/1207
88召簡公 見召伯盈

1762₀ 司

00司齊
49/2607
24司徒氏
11/1183
30司空季子 見胥臣
司寇氏
11/1181
司寇惠子 見惠叔蘭
43司城氏
11/1159
71司馬牛
12下/1331
49/2604
司馬牽揚
49/2603
司馬戌
49/2604
司臣
49/2607
72司氏
11/1188

1771₇ 己

45己姓
11/1153

1918₀ 耿

72耿氏
11/1156

2032₇ 魴

魴 見士魴

2040₇ 季

00季康子(肥)
12上/1231
季文子 見季孫行父
10季平子 見季孫見如
12季孫意如(季平子、意如)
12上/1231
21/1755
21/1757
21/1759
49/2611
季孫行父(行父、季文子)
12上/1230
21/1729
21/1730
21/1731
21/1734
21/1737
21/1738
21/1739
21/1740
季孫宿(季武子、宿)
12上/1230
21/1742
21/1743
21/1745
21/1747
21/1748
21/1749
季孫斯(季桓子、斯)
12上/1231
21/1760
21/1762
21/1766
季孫氏
11/1169
12上/1230
季孫肥
21/1766
21/1767
21/1768
21/1770
21/1772
13季武子 見季孫宿
17季子然
12上/1235
20季魴侯
12上/1232
49/2614
30季寤(子言)
12上/1232
33季冶 見公冶
季梁
49/2606
40季友
21/1718
21/1720
21/1721
49/2602
41季桓子 見季孫斯
42季札
49/2602
67季昭子(强)
12上/1231
80季公亥 見公若
季公鳥
12上/1234
91季悼子(紇)
12上/1231

2050₁ 犨

犨 見魏犨

2071₄ 毛

26毛伯
20/1691
20/1692
20/1693
49/2609
毛伯衛
12上/1212
毛伯得

12上/1212
毛伯過
12上/1212
72毛氏
11/1158
12上/1212

2120_1 步

56步揚
12上/1271

2121_4 偃

偃 見荀偃
偃 見高偃
45偃姓
11/1154

2121_7 伍

22伍豐
12下/1378
23伍參
12下/1377
40伍奢
12下/1378
49/2603
60伍員(子胥)
12下/1378
49/2603
72伍氏
11/1193
12下/1377
77伍舉
12下/1377
49/2604
90伍尚(棠君尚)
12下/1378
49/2605

虎

虎
12下/1359

盧

44盧蒲氏
11/1161
盧蒲嫳
49/2609

2122_0 何

何 見子服景伯
17何忌 見仲孫何忌

2122_1 行

80行父 見季孫行父

2122_7 衛

12衛孔姞(孔文子女、太叔疾妻)
50/2629
衛孔悝母
50/2629
30衛宣姜〔衛宣公夫人〕
50/2628
衛宣姜(襄公夫人、靈公嫡母)
50/2629
40衛南子
50/2629
43衛戴嬀
50/2628
44衛莊姜
50/2628
48衛敬姜
50/2628
50衛夷姜
50/2628

2128_6 須

38須遂氏
11/1193
80須無 見陳文子

2128_6 頹

27頹叔
49/2604

2131_7 虢

80虢公 見虢公忌父
虢公 見虢公林父
虢公忌父(虢公)
20/1676
虢公林父(虢公)
20/1677
20/1678
20/1679
20/1630

20/1681
20/1682
20/1683
20/1684

2133_1 熊

30熊宜僚
49/2603
45熊姓
11/1154
72熊氏
11/1192

2172_7 師

27師叔 見潘尫
60師曠
49/2602

2180_6 貞

17貞子 見韓須

2210_8 豐

08豐施(子旗)
12下/1345
72豐氏
11/1197
12下/1345
90豐卷 見子張

2220_0 側

側 見孟之側

2221_4 任

45任姓
11/1153

崔

11崔彊
12上/1294
13崔武子 見崔杼
20崔夭
12上/1293
46崔如
12上/1294
崔杼(杼、崔武子)
12上/1294
49/2605
53崔成
12上/1293
67崔明
12上/1294
72崔氏
11/1159
12上/1293

2222_7 僑

46僑如 見叔孫僑如

2223_4 傒

傒 見高傒

2240_0 劃

27劃般
12下/1318

2290_4 樂

00樂裔
12下/1316
10樂王鮒
49/2604
17樂豫
12下/1315
22樂轡(子蕩)
12下/1316
25樂朱鉏
12下/1314
26樂得
12下/1316
32樂遄
12下/1316
36樂溷(子明)
12下/1313
37樂祁犂(子梁)
12下/1313
40樂大心
12下/1315
24/1881
24/1882
24/1883
24/1884
24/1885
49/2611
樂喜 見子罕
44樂茷(子潞)
12下/1313

24/1889
57欒輓
12下/1314
60欒吕
12下/1313
66欒嬰齊
12下/1316
72欒髡
12下/1216
欒氏
11/1158
12下/1313
77欒舉
12下/1316
80欒父術
12下/1313
欒舍
12下/1313
96欒懼
12下/1314

欒

00欒京廬
12上/1269
08欒施(子旗)
12上/1298
13欒武子(書)
12上/1268
17欒盈(欒懷子、盈)
12上/1268
49/2603
欒盈母　見晉欒祁
20欒魴
12上/1269
21欒貞子　見欒枝
22欒樂
12上/1270
欒糾
12上/1270
27欒豹
12上/1269
欒叔
12上/1268
30欒賓
12上/1268
41欒桓子　見欒黶
44欒共叔
12上/1268
欒枝(欒貞子、枝)
12上/1268
50欒書
22/1786
22/1788
22/1790
49/2604
49/2605
55欒弗忌
12上/1269
71欒黶(黶、欒桓子)
12上/1263
72欒盾
12上/1263
欒氏〔齊國姜姓〕
11/1162
12上/1298
欒氏〔晉國姬姓〕
11/1183
12上/1268
83欒鍼
12上/1269
90欒懷子　見欒盈

2299_3　絲

絲
12下/1341

2300_0　卜

21卜偃
49/2603
24卜徒父
49/2603
44卜楚丘之父
49/2604

2321_0　允

45允姓
11/1155

2321_2　佗

佗　見北宫佗
佗(陽匄子)
12下/1374

2324_2　傅

17傅瑕
49/2603

72傅氏
11/1163

2325_0 臧

00臧文仲 見臧孫辰
臧哀伯(達)
12上/1237
10臧石
12上/1238
臧賈
12上/1238
12臧孫許(臧宣叔、許)
12上/1237
臧孫紇(臧武仲、紇)
12上/1237
49/2604
臧孫達
49/2603
臧孫辰(臧文仲、辰、文仲辰)
12上/1237
臧孫氏(臧氏)
11/1165
12上/1237
73臧武仲 見臧孫紇
20臧爲
12上/1239
24臧僖伯(公子彄)
12上/1237
30臧宣叔 見臧孫許
臧賓如
12上/1238
64臧疇
12上/1239
67臧昭伯(賜)
12上/1239
72臧氏 見臧孫氏
77臧堅
12上/1240
80臧會
12上/1238

2333_3 然

72然氏
11/1198

2350_0 牟

50牟夷
49/2610

2420_0 射

21射師 見闕廉

2421_1 先

00先辛
12上/1276
22先僕
12上/1276
40先克
12上/1275
先友
12上/1276
44先茅
12上/1276
先蔑
12上/1276
47先都
12上/1276
先縠(彘子)
12上/1275
58先軫
12上/1275
72先氏(原氏)
11/1176
12上/1275
77先且居(霍伯)
12上/1275
22/1780
22/1781
先丹木
12上/1276

2421_2 佐

佐 見國佐

2421_7 仇

28仇牧
49/2602

2422_1 倚

46倚相
49/2603

2426_1 僖

27僖叔 見公子牙

2498_6 續

72續氏
11/1191
12上/1277
88續簡伯(鞫居)
12上/1278

2520_6 仲

12仲孫何忌(孟懿子、何忌)
12上/1222
12上/1223
49/2611
仲孫貜(孟僖子、貜)
12上/1222
仲孫它　見子服它
仲孫速　見孟孺子速
仲孫蔑(孟獻子、蔑)
12上/1221
12上/1222
21/1740
49/2604
仲孫羯(孟孝伯、羯)
12上/1222
12上/1223
仲孫氏　見孟孫氏
20仲壬
12上/1227
22仲幾
12下/1322
23仲佗
12下/1322
49/2611
31仲江
12下/1322
38仲遂　見公子遂
66仲嬰齊
12上/1242
72仲氏〔宋國子姓〕
11/1161
12下/1322
仲氏〔魯國姬姓〕
11/1170

2534_3 鱄

04鱄諸設
49/2602

2610_4 皇

11皇非我
12下/1320
12皇瑗
12下/1318
24/1885
24/1886
24/1887
24/1888
13皇武子
25/1912
25/1914
25/1915
49/2602
22皇緩
12下/1319
24/1883
24/1889
40皇奄傷
12下/1321
60皇國父
12下/1318
67皇野(子仲)
12下/1320
皇鄖
12下/1317
72皇氏〔宋國子姓〕
11/1161
12下/1317
皇氏〔鄭國〕
11/1188
80皇父　見皇父充石
皇父充石(皇父)
12下/1317
90皇懷
12下/1321

2620_0 伯

伯
12下/1320
00伯嬴　見蔿賈
10伯石　見楊食我
伯石　見公孫段
11伯張(叔輒)
12上/1244
21伯行　見狐突
40伯有　見良霄

伯友
25/1932
41伯䛐
49/2604
44伯棼　見鬬椒
伯華　見羊舌赤
60伯國　見孫襄
72伯氏
11/1178
77伯輿
20/1697
20/1698

2624_1 得

71得臣　見叔孫得臣

2624_7 玃

玃　見仲孫玃

2641_3 魏

00魏襄子(曼多)
12上/1254
13魏武子　見魏犨
20魏犨(魏武子、犨)
12上/1254
23魏獻子(舒)
12上/1254
27魏絳(魏莊子、絳)
12上/1254
49/2604
40魏壽餘
12上/1257
41魏頡(令狐文子、頡)
12上/1256
44魏莊子　見魏絳
46魏相　見吕相
53魏戊
12上/1255
61魏顆
12上/1256
72魏氏
11/1191
12上/1254
84魏錡(厨武子、錡、吕錡)
12上/1256
12上/1257
87魏舒
22/1801
22/1802

2691_4 程

72程氏
11/1173
77程鄭
12上/1266

2692_2 穆

26穆伯　見公孫敖
80穆公母　見鄭燕姞

2694_7 稷

稷　見石稷

2712_7 郵

30郵良　見王良

歸

25歸生　見公子歸生
45歸姓
11/1155
80歸父　見國歸父

2720_7 多

24多僚　見華多僚

2722_0 向

00向亥
49/2610
20向魋
12下/1330
49/2603
49/2612
向爲人
12下/1332
49/2606
21向行
12下/1332
22向巢
12下/1329
30向宜(子禄)
12下/1328
向寧
12下/1328
49/2610

49/2607
40魚石
12下/1324
49/2606
72魚氏
11/1161
12下/1324

2743_0 奂

奂　見召伯奂

2760_3 魯

00魯庚宗婦人　見豎牛母
魯文姜
50/2628
魯哀姜
50/2628
20魯季姬(齊悼公夫人)
50/2628
魯季姒
50/2628
26魯穆姜
50/2628
8魯敬嬴
50/2628
80魯公父文伯母
50/2628

2760_4 督

督　見華督

2771_1 彘

彘　見孟武伯
17彘子　見先縠
43彘裘
12上/1259
44彘共子　見士魴

2772_0 匄

匄　見士匄
匄　見士文伯

2790_1 祭

25祭仲
25/1896
25/1897
25/1898
25/1899
25/1900
祭仲女(鄭雍糾妻)
50/2630
26祭伯
12上/1209
27祭叔
12上/1209
72祭氏〔周姬姓〕
11/1158
12上/1209
祭氏〔鄭國姬姓〕
11/1193
80祭公
12上/1209

2791_7 紀

27紀叔姬
50/2628

2793_3 終

44終葵氏
11/1172

2794_0 叔

01叔詣
12上/1245
12叔孫文子　見叔孫舒
12上/1227
叔孫不敢(叔孫成子、不敢)
12上/1227
叔孫武叔　見州仇
叔孫僑如(僑如、叔孫宣伯)
12上/1226
12上/1227
49/2606
叔孫得臣(得臣、叔孫莊叔)
12上/1226
叔孫穆子　見叔孫豹
叔孫豹(叔孫穆子、豹)
12上/1227
21/1742
49/2603

叔孫宣伯 見叔孫僑如
叔孫莊叔 見叔孫得臣
叔孫婼（婼、叔孫昭子）
12上/1227
49/2603
叔孫輒 見子張
叔孫成子 見叔孫不敢
叔孫敖
23/1821
23/1822
叔孫昭子 見叔孫婼
叔孫氏
11/1168
12上/1226
叔孫舍
21/1751
21/1754
21/1755
叔孫舒（舒、叔孫文子）
12上/1227
17叔弓(敬子)
12上/1243
25叔仲衍
12上/1229
叔仲穆子 見叔仲小
叔仲皮
12上/1229
叔仲志
12上/1228
叔仲惠伯(彭生、惠伯彭生)
12上/1228
12上/1229
49/2603
叔仲昭伯(帶)
12上/1228
叔仲氏
11/1168
12上/1228
叔仲小（叔仲穆子、小）
12上/1228
12上/1229
26叔伯 見蔿吕臣
27叔向(羊舌肸)
12上/1281
49/2602
叔詹
25/1905
25/1906
25/1907
25/1908
25/1909
25/1910
25/1912
叔魚 見羊舌鮒
33叔梁紇
12下/1305
36叔還(成子、成子還)
12上/1243
12上/1244
44叔帶（甘昭公、太叔帶）
12上/1216
49/2604
叔老 見子叔齊子
45叔鞅
12上/1245
47叔椒
12上/1247
50叔青
12上/1243
51叔輒 見伯張
71叔牙
49/2603
72叔氏
11/1160
叔氏 見子叔氏
77叔服
49/2604
叔段
49/2602
78叔肸
12上/1243
49/2602
80叔禽 見韓籍

2795_4 絳

絳 見魏絳

2825_3 儀

儀　見太叔儀
21儀行父
49/2606

2829₄ 徐

72徐氏〔徐國嬴姓〕
11/1159
徐氏〔魯國〕
11/1167

2836₁ 鰌

鰌　見甘平公

2854₀ 牧

牧　見鮑牧

2891₇ 紇

紇　見季悼子
紇　見臧孫紇

2935₉ 鱗

25鱗朱
12下/1327
49/2606
64鱗矔
12下/1327
72鱗氏
11/1162
12下/1326

3010₆ 宣

80宣公夫人(衛宣姜)
50/2628

3021₁ 完

完
12下/1374

3022₇ 甯

13甯武子(俞)
12下/1350
14甯殖
49/2608
40甯喜(甯悼子、喜)
12下/1350
49/2606
44甯莊子(速)
12下/1350
46甯相
12下/1350
50甯惠子(殖)
12下/1350
67甯跪〔魯哀公時人〕
12下/1351
甯跪〔魯莊公時人〕
12下/1351
72甯氏
11/1176
12下/1350
80甯俞
49/2602
91甯悼子　見甯喜

寫

72寫氏
11/1164

3023₂ 家

72家氏
11/1159

3026₁ 宿

宿　見季孫宿

3040₁ 宰

12宰孔
20/1684
20/1685
20/1686
77宰周公孔
12上/1206
宰周公閱
12上/1205

3060₆ 宮

30宮之奇
49/2606

富

80富父氏
11/1166

3071₂ 它

它　見子服它

3073₂ 良

良
12下/1336
10良霄(伯有)
12下/1335
49/2608
21良止
12下/1335
50良夫　見孫良夫
72良氏
11/1196
12下/1335

3080₁ 蹇

27蹇叔
49/2603

3080₆ 寅

寅　見荀寅

3090₄ 宋

40宋襄夫人
50/2629
44宋共姬
50/2628

3190₄ 渠

72渠氏
11/1158

3200₀ 州

24州仇(叔孫武叔)
12上/1227
61州吁
49/2602

3216₉ 潘

11潘尫(師叔)
12下/1377
17潘子臣
12下/1377
22潘崇
12下/1377
49/2605
72潘氏
11/1193
12下/1377
90潘黨
12下/1377

3390₄ 梁

17梁子
49/2605
66梁嬰父
49/2606
72梁丘據
49/2604
梁氏
11/1165

3411₇ 沈

04沈諸梁
49/2605
72沈氏
11/1158

3413₂ 漆

45漆姓(參鳌姓)
11/1155

3414₁ 濤

38濤塗　見轅濤塗

3426₀ 褚

21褚師比
49/2614
褚師氏
11/1169

3430₅ 達

達　見臧哀伯

3510₆ 洩

33洩冶
49/2603
72洩氏
11/1187

3512₇ 清

35清沸魋
49/2603

3530₆ 連

22連稱
49/2602

3530₃ 遺

遺　見太叔僖子

3530_9 速

速　見孟莊子
速　見甯莊子
12下/1350

3611_7 溫

20溫季　見郤至

3621_0 祝

67祝跪
49/2603

3624_0 裨

30裨竈
49/2603

3630_2 邊

26邊伯
49/2603
72邊氏
11/1163
12下/1334
77邊印
12下/1334

3711_4 渥

36渥濁　見士渥濁

3715_6 渾

30渾良夫
49/2614

3716_1 澹

40澹臺子羽
49/2603

3722_7 祁

17祁盈
12上/1279
20祁奚
12上/1279
49/2603
45祁姓
11/1153
64祁瞞
12上/1280
72祁氏
11/1184
12上/1278
77祁舉
12上/1279
79祁勝
12上/1279
80祁午
12上/1279

3730_2 過

過　見甘悼公

3740_1 罕

20罕魋
12下/1340
21罕虎　見子皮
34罕達(子賸)
12下/1340
25/1944
25/1945
25/1946
72罕氏
11/1196
12下/1340
87罕朔
12下/1341

3813_7 泠

32泠州鳩
49/2602

3814_7 游

35游速(子寬)
12下/1337
40游吉　見子太叔
92游販(子明)
12下/1336
72游氏〔晉國姬姓〕
11/1186
游氏〔鄭國姬姓〕
11/1196
12下/1336

4003_0 大

12大孫伯(成大心)
12下/1367
23/1818

23/1819
23/1820

太

17太子僕
49/2604
27太叔疾（世叔齊、悼子）
12下/1356
太叔疾妻 見衛孔姞
太叔文子 見太叔儀
太叔僖子（遺）
12下/1356
太叔儀（太叔文子、儀）
12下/1356
太叔帶 見叔帶
太叔懿子
12下/1356
太叔氏（世叔氏）
11/1176
12下/1356

4010_0 士

00士文伯（匄）
12上/1261
49/2603
17士弱（士莊子、弱）
12上/1261
20士魴（彘共子、魴）
12上/1259
21士貞子 見士渥濁
24士鮒
12上/1261
27士匄（匄、范匄、范宣子）
12上/1258
22/1795
30士富
12上/1260
37士渥濁（士貞子、渥濁）
12上/1261
40士吉射（吉射、范昭子）
12上/1258
49/4612
44士莊子 見士弱
士莊伯 見鞏朔
士蔿（子輿）
12上/1258
士蔑
12上/1261
45士鞅（范獻子、鞅）
12上/1258
47士縠
12上/1260
60士景伯 見彌牟
72士氏 見范氏
80士會 見范武子
12上/1258
22/1784
99士燮
49/2604

4021_6 克

克 見郤克
44克黄
12下/1363

4022_7 有

44有若
49/2603

内

50内史過
49/2603

南

30南宫萬
49/2603
南宫敬叔（説）
12上/1223
49/2604
南宫氏〔周〕
11/1162
南宫氏〔魯國姬姓〕
11/1168
35南遺
49/2604
72南氏〔周〕
11/1158
南氏〔魯國〕
11/1166
南氏〔衛國姬姓〕
11/1179

12下/1359

4034_1 寺

80寺人貂
49/2604
寺人柳
49/2604
49/2605

4040_0 女

72女氏
11/1190

4051_4 難

難 見惠叔

4060_0 右

21右行氏
11/1185

4060_1 吉

24吉射 見士吉射

喜

喜 見甯喜
喜 見北宮貞子

4073_2 袁

22袁僑
12下/1360
40袁克
12下/1361
72袁氏 見轅氏

4090_3 索

72索氏
11/1167

4094_1 梓

94梓慎
49/2603

4141_6 姬

45姬姓
11/1151

4143_1 妘

45妘姓
11/1154

4168_6 頡

頡 見魏頡

4195_6 梗

76梗陽巫皋
49/2605

4212_2 彭

25彭生 見叔仲惠伯
彭仲爽
23/1813
23/1814
72彭氏
11/1195

4220_0 蒯

51蒯輒
49/2614

4223_0 狐

20狐毛
12上/1277
21狐偃(子犯)
12上/1277
49/2603
24狐射姑(賈季)
12上/1277
30狐突(伯行)
12上/1277
35狐溱
12上/1277
72狐氏
11/1190
12上/1277

4242_7 嬀

45嬀姓
11/1153

4282_1 斯

斯 見季孫斯

4291_3 桃

17桃子
49/2604

4385_0 戴

26戴伯　見公孫兹
72戴氏
11/1163

4410_4 董

42董狐
49/2604
72董氏
11/1158

4411_2 范

00范文子(燮)
12上/1258
10范巫矞似
49/2605
13范武子(會、士會、隨季)
12上/1258
12上/1262
22/1784
23范獻子　見士鞅
26范皋夷
12上/1261
27范匄　見士匄
30范宣子　見士匄
45范鞅
22/1802
22/1803
22/1804
49/2605
67范昭子　見士吉射
72范氏(士氏)
11/1156
12上/1258
80范無恤
12上/1262

4412_7 蕩

00蕩意諸
12下/1325
49/2603
15蕩虺
12下/1326
36蕩澤(子山)
12下/1326
72蕩氏
11/1162
12下/1325

4416_0 堵

40堵女父
49/2607
72堵氏
11/1188

4422_7 蔿

00蔿章
12下/1369
10蔿賈(伯嬴)
12下/1369
17蔿子馮　見薳子馮
44蔿艾獵　見孫叔敖
54蔿掩
12下/1369
60蔿國
49/2604
蔿吕臣(叔伯)
12下/1369
23/1817
72蔿氏　見薳氏

帶

帶　見叔仲昭伯

萬

萬　見韓萬

蕭

72蕭氏
11/1167

4425_3 蔑

蔑　見仲孫蔑

4430_3 薳

17薳子馮(蔿子馮)
12下/1369
23/1827
23/1828
24薳射
12下/1370
35薳洩
12下/1370
38薳啟彊

12下/1370
49/2604
43薳越
12下/1370
60薳罷(子蕩)
12下/1370
23/1829
23/1830
23/1831
薳固
12下/1370
72薳氏(蔿氏)
11/1156
12下/1369
77薳居
12下/1370

蘧

26蘧伯玉
49/2602

4439_4 蘇

17蘇子
49/2604
72蘇氏
11/1156

4440_7 蔓

53蔓成然　見鬬成然

4443_0 樊

37樊遲
49/2603
72樊氏〔周〕
11/1161
樊氏〔衛國〕
11/1172

4445_6 韓

00韓襄
12上/1245
10韓不信（韓簡子、不信）
12上/1246
13韓武子　見韓萬
21韓須(貞子、平子)
12上/1246
23韓獻子　見韓厥
30韓宣子　見韓起
韓穿
12上/1248
44韓萬(萬、韓武子)
12上/1245
12上/1246
47韓起
12上/1246
22/1796
22/1797
22/1798
22/1799
22/1800
22/1801
60韓固
12上/1248
71韓厥(韓獻子、厥)
12上/1245
12上/1246
22/1790
22/1792
49/2604
72韓氏
11/1184
12上/1245
80韓無忌(公族穆子、無忌)
12上/1245
12上/1246
88韓簡
12上/1245
韓簡子　見韓不信
韓籍(叔禽)
12上/1247

4446_1 姞

45姞姓
11/1153

4446_4 婼

婼　見叔孫婼

4450_2 摯

摯　見劉獻公

4450_4 華

00華亥
12下/1310

24/1878
24/1879
24/1880
24/1881
49/2605
10華元
12下/1306
24/1863
24/1864
24/1866
24/1867
24/1868
24/1869
24/1870
12華登
12下/1311
17華弱
12下/1308
21華貙(子皮)
12下/1311
華牼
12下/1310
26華臯比
12下/1306
27華多僚(多僚)
12下/1311
華豹
12下/1312
華御事(御事)
12下/1306
12下/1307
華督(華父督、督)
12下/1306
12下/1307
24/1846
24/1847
24/1849
24/1851
24/1852
49/2602
30華定
12下/1308
49/2610
38華啟
12下/1308
40華姓
12下/1312
華喜
12下/1308
47華椒
12下/1308
55華費遂
12下/1311
56華耦(子伯)
12下/1307
12下/1308
24/1861
24/1862
24/1863
60華吳
12下/1312
71華臣
12下/1307
49/2608
72華氏
11/1157
12下/1306
77華閱
12下/1306
80華無慼(無慼)
12下/1310
華父督 見華督
華合比
12下/1309

4460_0 苗

40苗賁皇
12下/1364

4460_4 苦

53苦成叔 見郤犨

4460_6 莒

27莒紀鄣婦人
50/2629

4462_7 荀

00荀庚(中行宣子、庚)
12上/1263
12荀瑶 見知瑶
17荀盈(知悼子、盈)
12上/1265
12上/1266
21荀偃(中行獻子、偃)
12上/1263
22/1792

22/1793
22/1794
26荀息
12上/1263
49/2602
30荀家
12上/1267
荀寅(中行文子、寅)
12上/1263
12上/1264
49/2612
荀賓
12上/1267
44荀林父(中行桓子)
12上/1263
22/1784
60荀吳(中行穆子、吳)
12上/1263
12上/1264
62荀皪(知文子、皪)
12上/1265
49/2605
70荀騅
12上/1267
72荀氏
11/1172
12上/1263
74荀驩
12上/1266
80荀首(知莊子)
12上/1264
荀會
12上/1267

4471₁ 老

24老佐
12下/1322
72老氏
11/1161
12下/1322

4471₇ 世

17世子商臣
49/2603
世子止
49/2606
世子伋
49/2604
世子般
49/2606
世子申生
49/2604
27世叔齊 見太叔疾
世叔申
12下/1357
世叔氏 見太叔氏

4473₂ 萇

12萇弘
20/1710

4477₀ 甘

10甘平公(鰌)
12上/1217
41甘桓公
12上/1217
53甘成公
12上/1216
60甘景公
12上/1216
67甘昭公 見叔帶
甘歜
12上/1218
72甘氏
11/1159
12上/1216
88甘簡公
12上/1216
91甘悼公(過)
12上/1217

4480₁ 楚

17楚鄧曼
50/2628
20楚季羋
50/2628
40楚太子建母
50/2630

共

25共仲 見公子慶父

4490₁ 蔡

44蔡世子般妻
50/2630
80蔡公

49/2607

4490_4 葉

80葉公
23/1838

4494_7 枝

枝 見欒枝

4499_0 林

80林父 見孫林父

4553_0 鞅

鞅 見趙簡子
鞅 見士鞅

4594_6 樓

66樓嬰 見趙嬰齊

4621_0 觀

28觀從
49/2613
47觀起
49/2603
72觀氏
11/1195

4690_0 相

相 見呂相

4692_7 楊

72楊氏
11/1187
80楊食我(伯石)
12上/1281

4713_8 懿

25懿仲
12上/1287
26懿伯
12上/1224
72懿氏
11/1191

4732_7 鄰

鄰 見高鄰

4742_0 朝

朝 見單襄公
72朝氏
11/1175

4744_7 好

80好父說
12下/1306

4752_0 鞠

77鞠居 見續簡伯

4772_7 邯

67邯鄲氏
11/1157
邯鄲勝 見趙勝
邯鄲午
12上/1249

4780_1 起

起 見韓起

4792_0 柳

10柳下惠(展禽)
12上/1236
49/2602

4792_7 杼

杼 見崔杼

4794_0 椒

椒 見孟椒
67椒鳴
12下/1377
77椒舉
49/2603

4794_7 穀

穀 見孟文子

4840_0 姒

45姒姓
11/1152

4864_0 敬

17敬子 見叔弓
25敬仲 見公子完
12上/1300
26敬伯同 見邱敬子

4980_2 趙

00趙文子 見趙武
趙衰(趙成子、衰)
12上/1250
49/2603
趙襄子(無恤、趙孟)
12上/1250
08趙旃
12上/1249
13趙武(趙文子、武)
12上/1250
22/1795
22/1796
17趙孟 見趙襄子
26趙稷
12上/1249
30趙宣子(盾)
12上/1250
趙穿
12上/1249
44趙莊子 見趙朔
趙獲
12上/1251
45趙鞅
22/1804
22/1805
22/1806
49/2612
47趙朝
12上/1249
52趙括(屏括、屏季)
12上/1252
53趙成(趙景子、成)
12上/1250
趙成子 見趙衰
60趙景子 見趙成
趙羅
12上/1253
66趙嬰 見趙嬰齊
趙嬰齊(趙嬰、樓嬰)
12上/1252
12上/1253
72趙盾
22/1781
22/1782
22/1783
49/2604
趙氏〔晉國嬴姓〕
11/1156
12上/1249
趙氏〔衛國〕
11/1168
77趙夙
12上/1249
趙同(原同)
12上/1252
79趙勝(邯鄲勝)
12上/1249
87趙朔(趙莊子、朔)
12上/1250
88趙簡子(鞅)
12上/1250

5000_6 中

21中行文子 見荀寅
中行偃
49/2605
中行獻子 見荀偃
中行穆子 見荀吳
中行宣子 見荀庚
中行喜
12上/1267
中行桓子 見荀林父
中行氏
11/1174
12上/1263

申

00申亥
12下/1375
27申侯
49/2602
申舟 見文之無畏
申包胥
12下/1375
49/2603
49/2605
申叔豫
12下/1376
申叔時
12下/1376
申叔跪
12下/1376
申叔展

12下/1376
71申驪
12下/1375
72申氏
11/1192
12下/1375
77申犀
12下/1375
80申無宇
12下/1375
申公巫臣
49/2608
申公子儀 見申公子儀父
申公子儀父（申公子儀、鬭克）
12下/1365

史

44史蘇
49/2603
66史嚚
49/2603

5003_0 夫

71夫槩王
49/2604

5003_7 夷

10夷吾 見管夷吾
26夷伯 見公孫夷伯
80夷羊五
49/2603

5033_3 惠

26惠伯鞏 見郈惠伯
惠伯彭生 見叔仲惠伯
27惠叔（難）
12上/1224
惠叔蘭（司寇惠子）
12下/1359
12下/1360

5044_7 冉

40冉有
49/2603

5060_1 書

書 見欒武子

5073_2 囊

10囊瓦（子常）
12下/1375
23/1832
23/1833
23/1834
49/2613
72囊氏
11/1158
12下/1374

5090_4 秦

17秦子
49/2605
26秦穆姬
50/2628
72秦氏
11/1164

5090_6 東

07東郭氏
11/1161
77東關嬖五
49/2602
東門襄仲 見公子遂
東門氏
11/1170
12上/1242

5206_4 括

括 見北宫括

5302_7 輔

72輔氏
11/1175

5304_7 拔

拔 見公叔發

5320_0 成

成 見趙成
17成子 見叔還
成子還 見叔還
20成季 見公子季友
21成熊

12下/1367
26成得臣(子玉)
12下/1367
23/1817
40成大心 見大孫伯
戊嘉 見子孔
41成桓公
12上/1213
50成肅公
12上/1213
72成氏〔楚國羋姓〕
11/1156
12下/1367
成氏〔周姬姓〕
11/1158
12上/1213
88成簡公
12上/1213
20/1702

5403_2 轅

30轅宣仲 見轅濤塗
34轅濤塗(轅宣仲、濤塗)
12下/1360
37轅選
12下/1360
41轅頗
12下/1361
60轅買
12下/1361
61轅咺
12下/1361
72轅氏(袁氏)
11/1156
12下/1360

5502_7 弗

17弗忌
12下/1373
80弗父何
12下/1305

5508_1 捷

捷 見孟敬子

5560_6 曹

24曹僖負羈妻
50/2628
35曹沫
49/2602
45曹姓
11/1154
72曹氏
11/1156

5580_6 費

80費無極
49/2603

5706_2 招

招
49/2613

5821_4 釐

75釐姓(參漆姓)
11/1155

6010_4 里

40里克
49/2603

6015_3 國

國 見鮑國
10國夏(國惠子、夏)
12上/1288
13國武子 見國佐
17國弱(國景子、弱)
12上/1288
國子高
12上/1289
23國參(子思)
12下/1338
12下/1339
24國佐(國武子、佐)
12上/1287
27國歸父(國莊子、歸父)
12上/1287
12上/1288
44國莊子 見國歸父
46國觀
12上/1288
50國惠子 見國夏
國書

12上/1288
60國景子　見國弱
67國昭子
12上/1289
72國氏〔齊國姜姓〕
11/1158
12上/1287
國氏〔鄭國姬姓〕
11/1197
12下/1333
79國勝
12上/1287

6022₇ 易

71易牙
49/2604

6033₁ 黑

74黑肱
49/2610

6040₀ 田

72田氏　見陳氏

6040₁ 圉

圉　見孔圉

6040₄ 晏

10晏平仲(嬰)
12上/1295
41晏桓子(弱)
12上/1295
58晏氂
12上/1295
60晏圉
12上/1295
66晏嬰
49/2603
72晏氏
11/1160
12上/1294
80晏父戎
12上/1295

6040₇ 曼

27曼多　見魏襄子
45曼姓
11/1155

6043₀ 因

72因氏
11/1198

6043₁ 吴

吴　見荀吴

6050₀ 甲

甲
12上/1234
甲　見知宣子

6050₄ 畢

44畢萬
12上/1254

6052₇ 羈

羈　見子家羈
羈
12下/1253

6060₀ 回

回　見子服昭伯

吕

30吕宣子　見吕相
46吕相(吕宣子、相、魏相)
12上/1256
12上/1257
72吕氏〔晉國〕
11/1182
吕氏〔晉國姬姓〕
11/1192
84吕錡　見魏錡

6060₄ 固

固　見尹文公
固　見高固

6080₆ 買

買　見石買

6136₀ 點

點　見鮑點

6219₄ 躁

蹀　見荀蹀

6640_4 嬰

嬰　見晏平仲
00嬰齊(子蟜)
12下/1340

6650_6 單

00單襄公(朝)
12上/1213
20/1695
20/1696
20/1697
05單靖公
12上/1213
20/1699
20/1700
20/1701
20/1702
10單平公
12上/1214
20/1711
20/1712
20/1713
13單武公
12上/1214
20/1709
20/1710
20/1711
17單子
49/2602
21單頃公
12上/1213
23單獻公
12上/1213
20/1702
26單伯
12上/1213
單穆公(旗)
12上/1214
20/1703
20/1704
20/1705
20/1706
20/1707
44單蔑
12上/1215
53單成公
12上/1214
20/1702
20/1703
72單氏
11/1158
12上/1213
80單公子愆期
12上/1215

6682_7 賜

賜　見臧昭伯

6706_2 昭

17昭子郢　見公子郢

6711_7 跪

17跪尋
12上/1211

6718_0 歜

歜　見公父文伯

7123_1 黶

黶　見欒黶

7123_2 辰

辰　見臧孫辰
辰
49/2611

7124_0 牙

牙　見鮑叔牙

廚

13廚武子　見魏錡

7124_7 厚

53厚成叔　見郈成子
72厚氏　見郈氏

7128_7 厥

厥　見韓厥

7129_6 原

00原襄公
12上/1210
26原伯絞
12上/1210

原伯魯
12上/1211
原伯貫
12上/1210
40原壽過
12上/1211
44原莊公
12上/1210
58原軫
22/1779
22/1780
49/2603
72原氏〔周姬姓〕
11/1158
12上/1210
原氏　見先氏
原氏〔陳國〕
11/1190
原氏〔鄭國姬姓〕
11/1194
77原同　見趙同

7173_2 長

27長勺氏
11/1167
長魚矯
49/2603

7210_0 劉

00劉康公
12上/1218
20/1695
20/1696
20/1697
劉文公(卷)
12上/1218
20/1705
20/1706
20/1707
20/1709
07劉毅
12上/1219
17劉子
49/2602
23劉佗
12上/1219
劉獻公(摯)
12上/1218
20/1703
20/1704
20/1705
30劉定公(夏)
12上/1218
20/1701
20/1702
32劉州鳩
12上/1219
41劉桓公
12上/1218
20/1709
20/1710
20/1711
72劉氏
11/1159
12上/1218

7210_2 丘

72丘氏
11/1197

7226_4 盾

盾　見趙宣子

7420_0 尉

21尉止
49/2607
37尉翩
49/2607
72尉氏
11/1188

7423_2 隨

20隨季　見范武子
90隨少師
49/2602

7529_6 陳

00陳文子(須無)
12上/1300
10陳夏姬
50/2630
13陳武子　見子彊
14陳瓘
12上/1301
24陳僖子(乞、陳乞)
12上/1300

49/2606
25陳生 見王叔簡公
27陳豹
12上/1304
38陳逆(子行)
12上/1304
41陳桓子 見陳無宇
44陳莊
12上/1301
50陳書(子占、孫書)
12上/1303
53陳成子(恒、陳恒)
12上/1300
49/2606
72陳氏(田氏)
11/1159
11/1161
12上/1300
80陳無宇(陳桓子、無宇)
12上/1300
陳乞 見陳僖子
91陳恒 見陳成子

7621_3 隗

45隗姓
11/1155

7622_7 陽

21陽虎
21/1759
21/1760
49/2612
27陽匄(子瑕)
12下/1374
23/1831
23/1832
72陽氏〔楚國芈姓〕
11/1158
12下/1374
陽氏〔魯國〕
11/1167
80陽令終
12下/1374

7623_3 隰

72隰氏
11/1159
12上/1293
77隰朋
12上/1293
87隰鉏
12上/1293
90隰黨
12上/1293

7630_0 駟

12駟弘(子般)
12下/1342
25/1947
25/1943
21駟偃(子游)
12下/1341
12下/1342
27駟歂(子然)
12下/1342
25/1943
25/1944
44駟帶 見子上
50駟秦
12下/1343
72駟氏
11/1197
12下/1341
80駟乞 見子瑕

7710_4 堅

堅(公之)
12上/1233

7710_8 豎

25豎牛
49/2604
豎牛母(魯庚宗婦人)
50/2628

7712_1 鬭

00鬭廉(射師)
12下/1365
鬭辛
12下/1363
鬭章
12下/1366
11鬭班
12下/1365
22鬭巢

12下/1364
26闞伯比
12下/1363
49/2603
27闞御彊
12下/1366
闞般(子揚)
12下/1363
闞緡
12下/1366
30闞宜申　見子西
37闞祁
12下/1366
23/1813
40闞克　見申公子儀父
闞韋龜
12下/1363
41闞梧
12下/1366
44闞勃　見子上
47闞椒（伯棼、子越、子越椒）
12下/1364
23/1820
23/1821
49/2605
闞穀於菟　見子文
53闞成然（子旗、蔓成然）
12下/1363
23/1831
49/2613
72闞氏
11/1156
12下/1363
77闞丹
12下/1366
90闞懷
12下/1363

7721_0　風

45風姓
11/1152

7721_4　尾

27尾勺氏
11/1167

7721_7　肥

肥　見季康子

7722_0　同

同　見郈敬子

周

41周桓公　見周公黑肩
72周氏
11/1156
12上/1205
76周隗后
50/2628
80周公忌父
12上/1205
20/1680
20/1681
20/1682
20/1683
20/1684
20/1685
20/1686
20/1687
周公楚
12上/1205
20/1696
周公黑肩(周桓公)
12上/1205
20/1677
20/1678
20/1679
周公閱
20/1688
20/1689
20/1690
20/1691

陶

72陶氏
11/1171

7722_7　郈

48郈敬子(同、敬伯同)
12上/1240
12上/1241
50郈惠伯(鞏、惠伯鞏)
12上/1240
53郈成子(瘠、厚成叔)

12上/1240
67郈昭伯(惡)
12上/1240
72郈氏(厚氏)
11/1165
12上/1240

7723_2 展

10展玉父
12上/1236
17展瑕
12上/1236
40展喜
12上/1236
49/2602
44展莊叔
12上/1236
72展氏
11/1163
12上/1236
80展禽　見柳下惠

7724_1 屏

20屏季　見趙括
12屏括　見趙括

7727_7 屈

10屈巫臣(子靈)
12下/1372
12屈到(子夕)
12下/1371
12下/1372
15屈建　見子木
17屈瑕
12下/1371
20屈重
12下/1371
25屈生
12下/1371
27屈禦寇(子邊)
12下/1371
30屈完
12下/1371
42屈狐庸
12下/1372
44屈蕩〔魯宣公時人〕
12下/1371
屈蕩〔魯襄公時人〕
12下/1373
50屈申
12下/1373
60屈罷
12下/1373
72屈氏
11/1157
12下/1371

7732_0 駒

26駒伯　見郤錡

7760_1 醫

22醫緩
49/2604
26醫和
49/2604

7760_6 閭

72閭丘氏
11/1189

7772_0 印

印
12下/1343
17印癸(子柳)
12下/1344
44印堇父
12下/1344
72印氏
12下/1344
77印段　見子石

7777_0 臼

20臼季　見胥臣

7777_7 閻

13閻職
49/2604

7790_4 桑

60桑田巫
49/2604

7778_0 歐

76歐陽氏
11/1162

24/1861
公孫嬰齊(子叔聲伯)
12上/1243
公孫段(伯石)
12下/1345
公孫舍之　見子展
公孫會
49/2603
公孫茲(戴伯)
12上/1226
公孫鉏
12下/1341
17公孟氏
11/1178
公子商人
49/2604
公子慶父(共仲)
12上/1221
12上/1222
公子棄疾
49/2613
公子旗　見子高
公子彄　見臧僖伯
公子發(子國)
12下/1338
12下/1339
公子季友(成季、公子友)
12上/1230
12上/1231
公子偃(子游)
12下/1336
公子比
49/2606
公子貞　見子囊
公子御戎(子邊)
12下/1334
公子歸生(歸生)
25/1915
25/1916
25/1917
25/1918
25/1921
49/2605
公子鮑
49/2604
公子鱗
12下/1327
公子完(敬仲)
12上/1300
公子宋
49/2605
公子過
49/2613
公子遂(東門襄仲、仲遂)
12上/1242
21/1721
21/1722
21/1723
21/1725
21/1726
21/1728
21/1729
49/2604
公子友　見公子季友
公子嘉　見子孔
公子喜　見子罕
公子壽
49/2604
公子去疾(子良)
12下/1335
25/1921
25/1922
25/1923
公子地
49/2611
公子蕩
12下/1325
公子朝
49/2604
公子成
12下/1322
24/1861
公子目夷　見子魚
公子圍
49/2607
公子圍龜(子靈)
12下/1333
公子蹶由
49/2603
公子郢(子南、昭子郢)
12下/1359
公子牙(僖叔)
12上/1226

公子騑　見子駟
公子堅　見子欒
公子尾　見施父
公子展
12上/1236
公子段　見子石
公子閭
49/2604
公子卬
24/1861
21公何藐
12上/1235
22公山不狃
49/2612
27公叔文子　見公叔發
公叔發（發、拔、公叔文子）
12下/1357
12下/1358
公叔朱　見公叔木
公叔木（公叔戍、公叔朱）
12下/1357
12下/1358
公叔戍　見公叔木
公叔氏
11/1178
12下/1357
28公儀氏
11/1175
30公之（堅）
12上/1233
33公冶（季冶）
12上/1235
49/2602
44公若（季公亥）
12上/1235
公若藐
12上/1230
47公期
12上/1225
53公甫
12上/1232
60公思展
12上/1235
80公父文伯（歜）
12上/1233
公父穆伯（靖）
12上/1233
公父氏
11/1169
12上/1233
87公鉏　見公彌
公鉏極
12上/1230
公鉏氏
11/1169
12上/1230

養

50養由基
49/2605
72養氏
11/1194

8168_6 頜

72頜氏
11/1198

8211_4 鍾

28鍾儀
49/2602

8275_3 饑

72饑氏
11/1172

8315_0 鍼

72鍼氏
11/1191

8412_1 錡

錡　見魏錡
72錡氏
11/1172

8573_0 缺

缺　見郤缺

8640_0 知

00知文子　見荀躒
知襄子　見知瑶
12知瑶（瑶、知襄子、荀瑶）
12上/1265
22/1806

8652_7 羯

8711_0 鉏

8742_0 朔

8742_7 鄭

8762_7 舒

8762_7 郤

8762_7 鄫

8822_7 簡

17简子(珢)
12下/1359

8877_7 管

10管至父
49/2602
25管仲
49/2602
27管脩
12上/1289
48管敬仲 見管夷吾
50管夷吾（管敬仲、夷吾）
12上/1289
12上/1290
72管氏
11/1199
12上/1289

8880_1 箕

00箕襄
12上/1248
72箕氏
11/1180

8890_3 繁

72繁氏
11/1172

8896_1 籍

09籍談
12上/1282
21籍偃
12上/1282
50籍秦
12上/1282
72籍氏
11/1180
12上/1282

9000_0 小

小 見叔仲小

9010_4 堂

28堂谿氏
11/1199

9020_0 少

10少西 見子夏

9033_1 黨

72黨氏〔魯國任姓〕
11/1156
黨氏〔周姬姓〕
11/1160

9071_7 卷

卷 見劉文公

9090_4 棠

17棠君尚 見伍尚

9101_6 恒

恒 見陳成子

9104_6 悼

17悼子 見太叔疾
悼子 見夏齧

9682_7 燭

30燭之武
49/2602

9782_7 鄭

17鄭子
49/2602

9940_7 燮

燮 見范文子

9977_4 辔

辔 見知辔

9990_4 榮

72榮氏
11/1160

《春秋大事表》地名索引

説　明

一、本索引收録《春秋大事表》《春秋列國疆域表》卷四、《春秋列國爵姓及存滅表》卷五、《春秋列國地形犬牙相錯表》卷六、《春秋列國都邑表》卷七、《春秋列國山川表》卷八、《春秋列國地形險要表》卷九、《春秋列國地形口號》、《春秋列國姓氏表》卷十一、《春秋城築表》卷三十八、《春秋四裔表》卷三十九、《春秋左傳杜註正譌表》卷四十八、《春秋輿圖》中的地名。收録標準，大抵遵循時間上屬於春秋、内容上有作者詮釋考證的原則。地名包括國、都、邑、里、宫、殿、臺、觀、社、廟、門、闕、山、川、谷、津、關、塞、城、池、道路、園囿、湖澤、區域等的名稱。具有明確地域性的部族名，如北戎、白狄、淮夷、羣蠻、百濮等，亦予收録。

二、地名後的數字，前者爲卷帙，後者爲頁碼，中間隔以斜線。如：

　　唐

　　　4/523

表示"唐"見于《列國疆域表》卷四 523 頁。又如：

　　鹿上

　　　6上/628

6中/656

　　　　7·2/768

表示"鹿上"見于《春秋列國地形犬牙相錯表》卷六之上 628
頁、《春秋列國地形犬牙相錯表》卷六之中 656 頁、《春秋列
國都邑表》卷七之二 768 頁。

《春秋列國地形口號》、《春秋輿圖》無卷次，則分別以"口"、
"圖"作爲省稱。如：

　　方城

　　　　口/1012

　　　　圖/2652

表示"方城"見于《春秋列國地形口號》1012 頁、《春秋輿圖》
2652 頁。

三、對于同名異地和异名同地，顧氏《春秋大事表》中多有説明
　　考證，因此本索引不再作歸併區分。望讀者留意。

0021₁ 鹿	7·1/735	圖/2663	圖/2705
21鹿上	**廉**	**0021₇ 贏**	圖/2768
6上/628	27廉角之谷	贏	47廬柳
6中/656	7·2/772	7·1/734	6下/674
7·2/768	88廉笄	7·1/746	7·3/805
圖/2700	8上/907	圖/2659	圖/2674
圖/2745	圖/2658	**廬**	圖/2730
60鹿囿		廬	53廬戎
38/2154	**0021₄ 離**	5/598	4/519
77鹿門	44離姑	7·4/842	6下/683
7·1/720	7·2/789		**0022₃ 齊**

齊
5/567
11/1152
圖/2667
30齊濟
8上/901

0022_7 方

43方城
6上/621
8下/941
9/972
口/1012
圖/2652
圖/2765
圖/2767
77方輿
圖/2662

帝

72帝丘
4/530
5/564
6中/639
7·2/777
圖/2636
圖/2684

高

00高唐
6上/625
7·1/740
圖/2658
圖/2724
27高魚
6上/629
7·1/727
圖/2665
30高寢
7·1/728
33高梁
6下/672
7·3/803
圖/2673
圖/2728
72高氏
7·2/762
圖/2643
77高門
7·1/719

商

商
6中/644
7·2/764
7·4/840
圖/2687
圖/2766
22商任
6上/620
7·2/782
圖/2646
30商密
5/589
圖/2652
圖/2766
72商丘
4/526
5/568
7·2/764
口/1002
圖/2644
圖/2754

庸

庸
4/522
5/591
6中/647
6下/684
口/1002
口/1013
00庸方城
6下/684
7·4/844
7·4/877
圖/2706
33庸浦
6中/653
7·4/849
圖/2698
60庸國
圖/2690
圖/2706
圖/2765

0023_0 卞

卞
7·1/727
圖/2661

0023_1 應

應
5/588
11/1151
60應國
圖/2655
圖/2749

0023_7 庚

30庚宗
7·1/729
圖/2661

0024_2 底

40底柱
圖/2651
圖/2718

0026_1 廧

23廧咎如
4/514
5/600
39/2160
39/2170

0026_7 唐

唐
4/523
5/592
6中/636
6下/671
6下/685
6下/694
6下/698
7·1/714
7·1/719
7·1/720
7·3/806
11/1153
39/2164
39/2165
圖/2636
圖/2649
圖/2662
圖/2672
圖/2680
圖/2728
10唐盂
6下/694
60唐國
圖/2672
圖/2707
圖/2728

0028₆ 廣

71廣阿澤
圖/2720

0029₄ 麻

麻
4/542
6中/652
7·4/852
圖/2696
78麻隧
6中/643
7·3/835
圖/2687

廩

12廩延
6上/619
7·2/751
8下/961
9/972
口/1018
圖/2647
圖/2719
72廩丘
6上/629
7·1/741
圖/2665

麇

麇
4/521
5/590
6下/634
7·4/864
60麇國
圖/2690
圖/2765

0040₀ 文

30文宫
7·3/814

0040₆ 章

44章華之臺
6下/687
7·4/847
章華臺
圖/2708
圖/2763

0040₈ 交

72交剛
6下/677
7·3/813
圖/2677

0050₈ 牽

牽
6上/619
7·2/784
圖/2646
圖/2720

0071₄ 亳

亳
5/603
7·2/765
7·2/766
圖/2644
34亳社
7·1/722
43亳城
6上/613
7·2/761
圖/2649

雍

雍
4/539
5/567
5/587
6中/646
7·3/817
7·3/834
11/1151
圖/2637
圖/2689
圖/2731
33雍梁
7·2/757
圖/2643
38雍澨
6下/682
8下/950
圖/2704
圖/2767
48雍榆
6上/619

7·3/815
圖/2647
60雍國
圖/2649
72雍丘
5/568
6上/614
7·2/771
口/1003
圖/2636
圖/2640
77雍門
7·1/734

0073₂ 衺

衺
7·2/765
圖/2699

襄

25襄牛
6上/617
7·2/779
圖/2645
圖/2753
襄仲臺
7·1/724
30襄宫
7·1/709

0080₀ 六

六
4/521
5/590
6中/653
11/1154
60六國
圖/2698

0090₆ 京

京
7·2/750
圖/2641
圖/2719
12京水
圖/2641
圖/2719
80京兹
6上/626
7·1/739
圖/2660

0121₁ 龍

龍
7·1/725
圖/2659

0164₆ 譚

譚
4/508
5/579
60譚國
圖/2658

0166₁ 語

77語兒
7·4/885

0292₁ 新

10新石
7·4/850
圖/2652
30新密
6上/617
圖/2644
43新城
6上/617
6中/645
6下/697
7·2/752
7·2/770
7·3/803
7·3/835
圖/2644
圖/2675
圖/2688
圖/2753
44新楚
7·3/836
圖/2688
新蔡
5/563
7·4/872
圖/2636
60新里
7·2/768
48/2577
新田
5/565
6下/672
7·3/804
圖/2636
圖/2673
圖/2729
87新鄭
4/533
6上/617
7·2/749
88新築
6中/641
7·2/781
圖/2684
圖/2720

0460₀ 謝

謝
5/571
口/993

0461₄ 讙

讙
7·1/720
圖/2661

0466₀ 諸

諸
6上/632

7·1/723
38/2147
圖/2668
32諸浮
7·3/806
71諸暨
4/545

0722_7 鄗

鄗
6中/638
7·3/829
圖/2682
圖/2735

鄘

鄘
4/530
5/596
圖/2647

0742_7 郊

郊
6下/674
7·2/787
7·3/808
圖/2650
圖/2664
圖/2674
67郊郢
6下/681
7·4/839
圖/2704
圖/2766

郭

郭
5/580
60郭國
圖/2666
77郭關
7·1/736

鄣

鄣
4/508
5/581
6上/626
60鄣國
圖/2660

0762_7 鄐

鄐
7·3/821
圖/2682

0821_2 施

80施谷
8上/900

0823_3 於

74於陵
6上/625
7·1/743
圖/2658
88於餘丘
5/578
於餘丘國
圖/2663

0824_7 旃

23旃然
圖/2735
旃然水
8上/926
圖/2641

0864_0 許

許
4/533
4/534
5/570
6上/616
7·2/756
7·4/874
11/1152
圖/2636
圖/2643
60許田
7·1/721
圖/2643

1010_1 二

24二崤
8上/914
9/973
圖/2650
47二殽
6上/613
9/972
77二屈
7·3/803
圖/2676

三

30三户
6上/621
7·4/867
口/1013
圖/2652
圖/2766
38三塗
4/500
8上/898
三塗山
圖/2651
圖/2727
77三門
6下/675
7·3/832
8下/958
圖/2651
三門山
圖/2718

1010_3 玉

56玉暢
7·2/759

1010_4 王

30王官
6下/674
7·3/807
圖/2674
圖/2718
圖/2730
43王城
4/497
6上/612
6中/644
7·1/705
7·3/834
9/972
口/1001
圖/2649
圖/2688
圖/2718
圖/2719

1010_7 五

00五鹿
4/513
6上/628
6中/640
7·2/780
口/1028
圖/2683
圖/2724
41五梧
7·1/731
圖/2663
72五氏
6中/639
7·3/827
圖/2683
80五父之衢
7·1/727
圖/2661

盂

盂
6下/671
6下/693
6下/694
7·1/718
7·2/769
7·3/826
圖/2645
圖/2672
圖/2684
圖/2727

盂

35盂津
7·1/708
77盂門
8上/917
9/979

1010_8 巫

22巫山
8上/908
圖/2660

靈

40靈臺
6中/643
7·2/782
7·3/836
口/1001
圖/2687
72靈丘
圖/2742

1014_1 聶

聶
7·1/744
圖/2666

1020_7 雩

50雩婁
6中/656
7·4/849
圖/2700
77雩門
7·1/719
圖/2751

1021_2 死

27死鳥
7·2/779

1021_4 霍

霍
4/511
5/581
6下/673
7·3/816
11/1151
圖/2655
圖/2728
圖/2747
22霍山
8上/919
40霍太山
8上/919
圖/2673
圖/2728
60霍國
圖/2673
圖/2728
80霍人
5/594
6下/673
7·3/816
圖/2673

1022_7 霄

霄
7·1/729
38/2150

1023_0 下

17下邳
7·2/799
44下蔡
6中/654

56酸棗
6上/619
7·2/751
圖/2647
圖/2719

1510_0 玤

玤
6上/613
7·3/833
圖/2651

1521_3 虺

虺
6中/653
7·4/850
圖/2698

1514_7 聃

聃
5/586
11/1151
60聃國
圖/2705

1710_7 孟

04孟諸
8下/939
圖/2736
孟諸澤
圖/2644
14孟豬
8下/965
35孟津
8下/961
口/998
口/1009
圖/2649
圖/2719
77孟門
圖/2647
孟門山
圖/2718

1712_0 聊

聊
6上/629
7·1/744
圖/2666
圖/2724

邳

邳
5/606
圖/2696
圖/2752

鄄

鄄
7·2/777
圖/2664

邶

邶
4/530
5/596
圖/2647
77邶殿
7·1/742
圖/2669

鄧

鄧
4/521
5/575
6下/683
7·1/719
7·4/846
11/1155
圖/2748
43鄧城
圖/2643
60鄧國
圖/2652

郰

郰
7·1/728
圖/2660

1714_7 瑕

瑕
6上/613
6中/655
6下/673
6下/695
6下/696
7·3/808
7·4/848
圖/2651
圖/2700
圖/2718
圖/2730

1721_4 翟

26翟泉
7·1/707
8上/899

1722_7 邗

邗
7·3/835
圖/2688

甬

27甬句東
圖/2713
50甬東
6中/661
7·4/886
圖/2713

胥

00胥靡
7·1/715
7·2/757
圖/2649

11/1152
顓臾國
圖/2663

2131_7 虢

虢
4/497
4/512
4/533
6中/637
11/1151
圖/2651
圖/2681
67虢略
7·3/803
口/998
口/1010

2143_0 衡

00衡雍
6上/615
6上/619
7·2/753
圖/2648
圖/2719
圖/2735
22衡山
6中/649
7·4/880
8下/951
口/1026
48/2577
圖/2697
圖/2768

2148_6 頯

44頯黄
6中/657
7·4/884
圖/2697

2160_1 訾

訾
7·1/709
7·2/756
7·4/855
圖/2649
圖/2654
33訾梁
7·4/858
圖/2654
44訾枝
7·4/842
圖/2704
50訾婁
4/503
6中/641
7·2/779
7·2/788
圖/2647
圖/2662
77訾毋
7·2/772
圖/2645

2172_7 師

30師之梁
7·2/750

2178_6 頃

72頃丘
7·2/759

2191_0 紅

紅
7·1/730
圖/2659

2192_7 繻

44繻葛
6上/616
圖/2643

2210_8 豐

豐
5/587
6上/621
7·4/858
圖/2652
圖/2687
圖/2732
圖/2766

2213_6 蠻

72蠻氏
4/523
39/2160
39/2162

2220_0 制

制
4/534
5/571
6上/617
7·2/749
7·2/756
圖/2642
60制田
7·2/758
圖/2644

2221_4 任

任
5/585
6上/623
6中/638
7·3/822
11/1152
圖/2682
60任國
圖/2662
80任人
7·1/712

崔

崔
6上/625
7·1/741

圖/2653

2222_7 嵩

00嵩高山
圖/2650

2223_4 嶽

嶽
7·1/737

2229_3 緜

22緜山
8上/921
圖/2728

2272_1 斷

38斷道
6下/679
7·3/813
圖/2677

2277_0 山

53山戎
5/599
口/999
39/2160
39/2162
圖/2630

幽

幽
7·2/765

72幽丘
6中/612
7·2/772

豳

豳
圖/2689

2290_1 祟

祟
5/591
6中/643

60祟國
5/587
圖/2687
圖/2732

2290_4 巢

巢
4/522
4/542
5/590
6中/653
7·2/785
7·4/850
9/979
圖/2645
圖/2698

60巢國
圖/2764

樂

72樂氏
7·2/758
圖/2644

欒

欒
6中/638
7·3/802
7·3/829
圖/2681

2320_0 外

32外州
7·2/784

2321_0 允

45允姓之戎
39/2159
39/2162
圖/2691

2323_4 獻

10獻于
7·2/757

2325_0 戲

戲
7·2/758
圖/2642

00戲童
7·2/758
圖/2642

76戲陽
6上/620
7·2/783
圖/2646

2350_0 牟

牟
4/509
5/578
6上/626
48/2574

50牟婁
4/505
6上/632
7·2/795
圖/2668

60牟國
圖/2659

2360_0 台

台
7·1/726
圖/2663

80台谷
7·3/814

2365_0 鹹

鹹
6中/640
7·1/727
7·2/778
圖/2664

圖/2684

2420_0 什

80什谷
圖/2727

2421_1 先

44先茅之縣
7·3/809

2426_1 僖

30僖宮
7·1/732

牆

80牆人
7·1/713
圖/2651

2440_0 升

71升陘
7·1/727

2451_0 牡

72牡丘
7·1/737

2474_7 岐

岐
4/537
5/606
6中/646
圖/2689

2491_1 繞

27繞角
6上/618
7·2/756
圖/2655

2492_7 絺

絺
4/499
7·1/707
圖/2648

2500_0 牛

80牛首
7·2/752
圖/2640
圖/2736

2510_0 生

30生竇
6上/628
7·1/722

2520_6 仲

17仲子之宮
7·1/732

2590_0 朱

00朱方
6中/650
7·4/881
9/972
口/1005
圖/2695
圖/2764

2591_7 純

77純留
6下/678
7·3/818
圖/2676
圖/2722
純門
7·2/751

2592_7 秭

27秭歸
口/1022
圖/2763

2600_0 白

白
6上/620
7·4/858
圖/2655
17白羽
5/571
7·4/840
7·4/876
圖/2636
圖/2652
白翟
6中/647
49白狄
5/599
5/601
11/1155
39/2160
39/2170
圖/2690

2610_4 皇

皇
7·1/708
圖/2650
圖/2727
77皇門
7·2/750

2621_3 鬼

77鬼閻
6上/616
7·2/773
圖/2642

2621_4 貍

71貍脤
7·1/729
圖/2660

2623_2 泉

30泉宮
7·1/729
40泉臺

7·1/729
53泉戎
5/599
39/2160

2629_4 保

43保城
7·3/814

2633_0 息

息
4/521
5/574
6上/620
11/1151
圖/2766
60息國
圖/2655
圖/2745

2640_8 皋

27皋舟之隘
7·4/881
38皋滸
7·4/845
圖/2708
53皋戎
5/599
75皋朏
7·2/763
圖/2643
圖/2750

2641_3 魏

魏
4/511
5/575
6下/675
11/1151
圖/2718
48魏榆
6下/671
7·3/817
圖/2672
60魏國
圖/2675

2674_1 嶧

22嶧山
8下/937

2692_2 穆

74穆陵
4/510
6上/631
6下/700
7·1/736
9/971
口/1010
圖/2707

2692_7 綿

21綿上
6下/678
7·3/805
圖/2677

2694_1 繹

繹
4/504
5/569
6上/623
7·2/789
圖/2636
22繹山
8下/937
圖/2661

2694_7 稷

稷
6下/692
7·1/738
7·2/764
7·3/812
7·4/863
9/986
圖/2644
圖/2652
圖/2667
圖/2675
圖/2729
77稷門
7·1/719
7·1/734
圖/2751

2711_7 龜

龜
7·2/765
22龜山
8上/901
圖/2659
78龜陰田
7·1/728
圖/2659

2712_7 歸

歸
6下/688
口/1018

郵

90郵棠
6下/691
7·1/739
圖/2669

酆

酆
5/587
6中/643
11/1151
60豐國
圖/2687

2713_2 黎

黎

37伊洛之戎
39/2160
53伊戎
5/600
77伊闕
圖/2649
圖/2727

2729_4 條

條
6中/637
6下/675
7·3/801
口/1022
圖/2674

2731_2 鮑

鮑
6上/625
7·1/734
圖/2658

2732_7 鄔

鄔
6下/678
7·1/705
7·3/824
圖/2649
圖/2677
圖/2728

2732_7 鄔

鄔
7·1/743

2733_6 魚

魚
6下/668
6下/684
7·4/843
7·4/877
圖/2708
圖/2762
21魚齒
6上/618
圖/2749
魚齒山
圖/2655
60魚里
7·1/737
74魚陂
7·4/857
圖/2705
魚陵
8上/925
圖/2655
圖/2749
77魚門
7·2/790

2740_7 阜

22阜山
6下/684
8下/944
圖/2706

2742_7 郫

郫
6下/676
7·3/810
圖/2648
17郫邵
6下/676
7·3/810
圖/2648
圖/2719

鄒

鄒
5/569
6上/623
7·2/789
22鄒山
圖/2661

2750_0 犂

犂
4/515
6上/625
7·1/746
7·2/784
圖/2659
圖/2664
72犂丘
圖/2659

2750_7 争

77争門
7·1/721

2760_3 魯

魯
5/563
11/1151
圖/2660
22魯山
圖/2767
30魯濟
8上/901

2760_4 督

56督揚
6上/625
7·2/757
圖/2658

2762_0 句

26句繹
7·2/790
圖/2661
34句瀆之丘
7·2/765
38句澨
7·4/843
圖/2706
圖/2766
80句無

圖/2713

2762_7 郜

郜
4/502
5/574
6上/629
7·2/764
7·3/814
11/1151
圖/2665
60郜國
圖/2665

郈

郈
5/606
圖/2689

郇

郇
5/587
6下/673
7·3/805
口/1001
11/1151
圖/2730
17郇瑕
6下/673
6下/695
圖/2674
60郇國
圖/2674

2771_1 僥

僥
圖/2728

2772_0 勾

00勾章
6中/661
60勾吴
4/542
80勾無
4/545

2780_6 負

10負函
7·4/867
圖/2654
17負瑕
7·1/730
圖/2660
圖/2751
20負黍
7·1/716
圖/2650
圖/2749

2790_1 祭

祭
5/571
6中/641
7·2/750
7·2/754
11/1151
圖/2683
60祭國
圖/2641

禦

77禦兒
4/545
6中/660
7·4/885
口/1007
圖/2712

2791_7 紀

紀
4/508
5/572
7·2/797
11/1152
圖/2667
07紀鄣
6中/651
7·2/794
圖/2695
40紀南城
6下/687
圖/2763
67紀郢
6下/687
7·4/840
圖/2708
圖/2763

2792_7 邾

邾
5/569
6上/623
7·2/788
口/1004
11/1154
圖/2636
圖/2661
17邾瑕
7·1/730
38/2152
圖/2662

2793_2 緣

74緣陵
5/568
6上/632
7·2/796
38/2155
圖/2636
圖/2668

2793_3 終

40終南
8上/922
9/972
終南山
圖/2689

2793_4 終

2795_4 絳

2796_4 緡

2829_4 徐

2835_1 鮮

2846_8 谿

2854_0 牧

2892_7 綸

2896_6 繒

3010_1 空

3010_4 室

塞

3010_6 宣

3011_4 淮

濰

3011_6 澶

口/1018
圖/2684
圖/2741

3012_3 濟

濟
6上/624
10濟西
7·1/724
12濟水
8上/901
8上/909
8上/924
8下/931
8下/936
8下/960
78濟隧
圖/2735

3014_0 汶

汶
口/1003
12汶水
8上/902
76汶陽
7·1/726
汶陽田
圖/2661

3014_6 漳

漳
6下/682
12漳水
8下/946
圖/2705
圖/2720
38漳滏
6下/682
圖/2705
圖/2768

3014_7 淳

10淳于
5/568
5/575
6上/631
7·2/795
口/1003
11/1152
圖/2636
圖/2637
圖/2668

3020_1 寗

77寗風
7·1/742

3020_7 户

23户牖
6上/614
7·2/772
圖/2641
圖/2736

3021_2 宛

宛
7·2/757
32宛濮
7·2/780
圖/2683
圖/2739
72宛丘
5/569
6上/616
7·4/868
圖/2642
圖/2750

3021_7 扈

扈
5/605
7·2/751
圖/2648

3022_7 房

房
4/522
5/597
6上/620
7·1/728
60房國
圖/2654
82房鍾
6中/655
7·4/882
圖/2700

祊

祊
圖/2663

甯

甯
7·3/809
圖/2644
圖/2649
77甯母
7·1/726
圖/2662
圖/2756

窮

窮
6中/656
圖/2700
圖/2745
12窮水
8下/949

3024_7 寢

寢
7·4/846
72寢丘
圖/2642

3026_1 宿

宿

40河内
4/515
6上/619
7·3/827
50河東
口/1010
55河曲
6下/674
7·3/810
8下/961
9/984
圖/2674
圖/2688
圖/2718
圖/2730
76河陽
4/497
6上/618
6上/619
7·1/708
7·3/807
8上/917
8下/961
9/976
口/998
口/1009
圖/2649
圖/2719

3112_7 馮

馮
7·1/716
圖/2749

濡

12濡水
8下/959
21濡上
6中/637
口/1004
圖/2680

3114_0 汧

36汧渭之間
6中/647

3116_0 酒

26酒泉
4/499
6中/645
7·1/710
8上/900
圖/2688

3116_1 潛

潛
6中/653
7·1/719
7·4/856
39/2163
圖/2693

3128_6 顧

顧
6上/629
7·1/744
圖/2665
60顧國
圖/2665

3190_4 渠

渠
7·1/710
圖/2650
72渠丘
6上/632
7·2/792
圖/2667
圖/2668
77渠門
7·2/752

3200_0 州

州
4/499
4/520
5/575
5/577
5/607
6下/687
7·1/708
11/1152
圖/2648
40州來
4/542
5/563
5/593
6中/654
7·4/848
7·4/873
9/977
口/1012
圖/2636
圖/2699
圖/2745
60州國
圖/2708
圖/2763
77州屈
7·4/855
圖/2699

3211_3 洮

洮
6上/627
7·1/724
7·2/786
圖/2664
12洮水
8上/916
圖/2674

3212_1 沂

沂
4/505
7·4/845
圖/2653
圖/2751

6下/681
7·4/839
圖/2704
圖/2766
60沈國
圖/2653
圖/2748

3411_8 湛

12湛水
8下/946
72湛阪
圖/2653
圖/2748

3412_7 洧

12洧水
8上/926
圖/2644
21洧上
7·2/757
圖/2644
32洧淵
7·2/758
圖/2644

3413_2 漆

漆
4/504
7·1/729
7·2/789
38/2150
圖/2661
圖/2683

3413_4 漢

12漢水
8下/941
圖/2704
30漢淮之間
6下/685
34漢汭
6下/684
圖/2704
圖/2766

3414_0 汝

汝
6上/618
12汝水
8上/917
8上/925
8下/942
8下/960
21汝上
7·2/759
33汝濱
6上/618
7·3/818
39/2167
35汝清
7·4/852
78汝陰之田
4/534
6上/618
7·4/847
圖/2652

3416_0 渚

30渚宮
6下/687
7·4/844
9/982
圖/2708
圖/2763

3418_1 淇

12淇水
圖/2648

3421_0 社

社
7·1/708
圖/2650

3426_0 褚

72褚氏
圖/2649

3430_1 逵

00逵市
7·2/752
26逵泉
7·1/727
8上/904
圖/2661
67逵路
7·2/752

3510_7 津

津
6下/687
7·4/841
圖/2708
圖/2763

3512_7 清

清
6上/626
6下/677
6下/693
7·1/737
7·1/743
7·2/775
圖/2659
圖/2660
圖/2666
圖/2675
圖/2729
圖/2737
12清發
6下/685
8下/950
圖/2706
圖/2767
圖/2769
71清原
6下/677

40氾南
7·2/753

3711_7 澠

12澠水
7·1/736
8上/912
圖/2757

3712_0 汋

74汋陵
7·2/771
圖/2644

3712_7 滑

滑
4/513
4/540
5/579
6上/612
7·1/715
7·2/750
7·2/754
7·3/815
7·4/888
11/1151
圖/2645
圖/2749
12滑水
8下/945
34滑汭
圖/2698
60滑國
圖/2649

涌

涌
6下/687
圖/2769
12涌水
8下/944
圖/2708
60涌口
圖/2763
圖/2769

溮

溮
4/505
6上/623
12溮水
8上/903
8下/937
圖/2661
50溮東
7·2/790
溮東田
圖/2661
圖/2752

鴻

60鴻口
7·2/774
圖/2644

3715_7 浄

77浄門
7·1/721

3716_4 洛

洛
圖/2726
圖/2733
12洛水
8上/897
圖/2650
34洛汭
7·1/706
9/974
口/1018
圖/2650
圖/2719
圖/2727
60洛邑
4/497
6上/612
7·1/705
口/998

潞

72潞氏
4/514
5/602
6下/677
39/2160
39/2170
39/2182

3718_0 次

60次睢之社
7·2/768
圖/2644

3721_4 冠

72冠氏
4/515
6上/630
7·3/831
圖/2666

3722_7 祁

祁
6下/671
7·3/819
圖/2672
圖/2728
72祁氏
圖/2728

3724_7 祲

38祲祥
7·1/731
圖/2660

3730_2 過

過
5/604

3730₅ 逢	6上/627	6下/675	8上/915
	6上/628	7·3/832	圖/2673
逢	6下/689	圖/2674	31汾涇之塞
5/606	7·1/724		8下/943
36逢澤	9/971	**3810₄ 塗**	72汾丘
7·2/770	38/2147		8下/944
	38/2149	12塗水	76汾隰
3730₈ 還		6下/671	6下/672
	3772₇ 郎	7·3/825	7·3/802
還		8上/917	圖/2673
7·4/843	郎	圖/2672	
圖/2708	7·1/718	22塗山	**3813₇ 冷**
圖/2763	38/2146	8下/940	
	38/2152		08冷敦
3742₇ 邲	圖/2662	**3811₂ 溠**	7·4/874
	60郎囿		圖/2643
邲	38/2154	溠	
6上/615		圖/2768	**冷**
7·2/755	**3780₀ 冥**	12溠水	
口/1002		8下/943	泠
圖/2641	冥	圖/2707	7·2/785
圖/2735	6下/666		
12邲水	7·4/887	**3811₇ 濫**	**3815₇ 海**
8上/924	71冥阨		
圖/2735	6上/620	濫	海
	6下/686	4/505	8上/907
3750₆ 軍	7·4/861	7·2/790	8下/951
	9/981	圖/2661	8下/956
38軍祥	圖/2654		8下/960
6下/686	圖/2707	**3812₇ 汾**	8下/966
7·4/863	圖/2767		口/1021
		汾	
3752₇ 鄆	**3782₇ 鄏**	6下/672	**3816₆ 澮**
		8下/944	
鄆	鄏	圖/2643	澮
4/504		12汾水	6下/672

太

4003_8 夾

4010_2 左

4010_4 圭

4010_7 直

壺

7·3/830
8上/918
9/981
圖/2676
壺口山
圖/2718
72壺丘
7·4/870
圖/2642
圖/2748

4013_2 壞

75壞隤
7·1/728

4022_7 有

10有鬲
5/604
21有虞
5/608
27有緡
5/606
7·2/768
30有窮
5/604
44有莘
5/604
有莘之墟
7·2/779
圖/2664

南

00南亳
圖/2644
圖/2754
10南平陽
口/1023
圖/2661
13南武城
圖/2663
22南蠻
39/2193
31南河
8下/935
8下/961
9/977
口/1018
圖/2646
圖/2719
35南津
圖/2646
37南氾
6上/616
圖/2643
圖/2719
南氾水
8上/929
44南燕
5/574
11/1153
南燕國
圖/2648
圖/2719
南楚丘
4/531
60南里
2/755
7·2/767
南圉澤
圖/2649
76南陽
4/499
4/513
4/531
6上/619
7·3/806
77南門
7·1/719
7·2/778
90南懷
7·4/852

4033_1 赤

49赤狄
5/599
5/602
11/1155
39/2160
39/2170
赤狄潞氏國
圖/2676
赤狄甲氏圖
圖/2683
55赤棘
7·3/813

4060_9 杏

杏
7·1/745
圖/2666

4064_1 壽

87壽舒
7·2/792
圖/2668
88壽餘
7·2/792
圖/2663

4071_6 奄

奄4/502
5/606
60奄國
圖/2660

4073_2 袁

50袁婁
7·1/739
圖/2658

4080_1 趡

趡
7·1/721

4090_0 木

77木門
6中/639

7·3/822
圖/2683

4090_3 索

12索水
圖/2641
圖/2719
72索氏
7·2/762
圖/2641

4090_4 槖

26槖泉
7·4/882
9/973

4091_6 檀

檀
5/594
40檀臺
7·1/739
圖/2667

4092_7 槜

40槜李
4/545
6中/650
6中/660
7·4/882
口/1007
圖/2712

4188_6 顛

58顛軨
6下/675
7·3/832
8下/957
9/983
圖/2674

4191_4 極

極
4/502
5/573
11/1151
60極國
圖/2662

4191_6 桓

30桓宫
7·1/732

4192_0 柯

柯
6上/626
7·1/735
7·2/782
圖/2646
圖/2662
圖/2720
36柯澤
7·2/752
4柯陵

7·2/758

4195_6 梗

76梗陽
6下/671
7·3/819
圖/2672

4196_1 梧

梧
4/534
7·2/756
圖/2642

4212_2 彭

彭
6下/684
12彭水
8下/933
8下/944
圖/2706
21彭衙
4/513
6中/645
7·3/834
圖/2688
23彭戲氏
4/536
27彭蠡
8下/965
43彭城
4/526

6中/651
7·2/768
9/971
口/1012
圖/2696

4214_0 坻

88坻箕之山
8下/944
圖/2698

4220_0 蒯

蒯
7·1/710
圖/2649

刳

80刳首
6中/645
7·3/809
圖/2688
圖/2718

4223_0 狐

40狐壤
7·2/750
71狐厨
6下/672
7·3/804
圖/2673
圖/2728
73狐駘

7·4/869
7·4/876
圖/2636
圖/2700
圖/2747
圖/2751
87城鉏
7·2/771
圖/2648

4323_2 狼

32狼淵
8上/928
圖/2643

4346_0 始

67始明門
7·1/720

4380_0 貳

貳
4/520
5/577
6下/685
60貳國
圖/2707

4380_5 越

越
5/592
6中/662
7·2/776
口/1028
11/1152
圖/2713

戴

戴
4/526
5/574
60戴國
圖/2645

4395_0 棫

44棫林
6中/645
7·3/836
7·4/874
圖/2653
圖/2689
圖/2733

4410_0 封

80封父
5/608

4410_4 董

董
7·3/808
圖/2675
36董澤
6下/676
8上/919
圖/2675

堇

78堇陰
7·3/808

墓

77墓門
7·2/753

4410_7 蓋

44蓋獲之門
7·2/778

4411_2 范

范
6上/629
7·3/820
口/1000
圖/2665
77范門
7·2/790

4412_1 菏

36菏澤
8下/965

4412_6 蒲

蒲
4/512
6中/638
6中/641
6下/677
7·2/776
7·3/802
口/1000
圖/2677
圖/2681
圖/2683
17蒲胥之市
7·4/847
27蒲侯氏
7·2/792
35蒲津
8下/961
圖/2688
圖/2718
44蒲姑
5/606
6上/631
7·1/734
圖/2667
60蒲圃
7·1/727
圖/2661
77蒲騷
6下/685
圖/2707
78蒲隧
6中/655
7·2/799
圖/2699

4414_2 薄

薄

7·2/765
圖/2644
44薄姑
4/508
6上/631
7·1/734

4414_7 鼓

鼓
4/515
5/603
6中/638
39/2160
39/2170
39/2187
60鼓國
圖/2681

4416_4 落

44落姑
7·1/735
圖/2660

4420_2 蓼

蓼
4/520
4/521
5/577
5/590
5/607
6上/620
6上/621
6下/698
11/1154
60蓼國
圖/2652
圖/2700
圖/2745

4420_7 夢

夢
6下/685
圖/2769
50夢中
8下/945

4421_1 荒

80荒谷
7·4/845
圖/2708
圖/2763

4421_4 莊

莊
7·1/736
30莊宫
7·1/708
80莊公臺
7·1/725

萑

44萑苻之澤
8上/928
80萑谷
7·1/715
8上/900
圖/2649

4422_2 茅

茅
5/589
7·2/790
11/1151
35茅津
6下/675
8上/918
8下/961
9/974
圖/2651
圖/2674
圖/2718
53茅戎
5/602
39/2160
39/2162
圖/2674
圖/2719
60茅國
圖/2662
72茅氏
6中/640
7·2/783
圖/2684

4422_7 芮

芮
4/539
5/574
11/1151
60芮國
圖/2688

蔿

蔿
7·1/706

蕭

蕭
4/526
5/579
6中/652
7·2/767
口/1018
11/1152
圖/2696
27蕭魚
7·2/761
60蕭國
圖/2696

4423_2 蒙

蒙
7·1/747
圖/2664
36蒙澤
7·2/769
圖/2644
77蒙門

7·2/766

4424_7 蔣

蔣
4/522
5/588
6上/620
11/1151
60蔣國
圖/2655
圖/2745

獲

09獲麟處
圖/2663

4425_3 蔑

蔑
7·1/718
圖/2661

4430_3 薳

38薳澨
6下/682
8下/950
圖/2704
圖/2767

4432_0 薊

薊
5/566
6中/636

4433_1 燕

燕
6中/636
6中/637
圖/2681
10燕下都
圖/2680

薰

78薰隧
7·2/753

4434_3 蓐

蓐
4/515
5/596

4436_0 赭

72赭丘
7·2/774
圖/2642

4440_0 艾

艾
6下/666
7·1/734
7·4/883
圖/2664
圖/2701
22艾山
8上/908
圖/2659
74艾陵
圖/2659

4440_1 莘

莘
4/531
6上/613
6上/630
6下/693
7·1/740
7·2/777
7·3/833
7·4/872
7·4/890
48/2574
圖/2651
圖/2653
圖/2666

4441_1 姺

姺
5/606

4441_3 菟

26菟和
6中/643
8下/942
圖/2687
圖/2766
43菟裘
7·1/721
圖/2661
72菟氏
6上/614
7·2/762
圖/2640

4443_0 葵

72葵丘
6上/617
6上/631
6下/697
7·1/739
7·2/767
圖/2645
圖/2667

樊

樊
4/499
5/580
7·1/707
圖/2766

4445_6 韓

韓
4/511
5/588
6中/644
7·3/803
口/1001
11/1151
60韓國

4471₄ 蔙

蔙
7·1/722
圖/2662

4471₇ 世

30世室
7·1/730

4472₇ 葛

葛
5/578
11/1153
60葛國
圖/2644

4474₁ 薛

薛
5/569
6上/623
7·1/724
口/1004
11/1153
38/2153
60薛國
圖/2661

4477₀ 甘

甘
7·1/710
圖/2649
00甘鹿
7·1/707
圖/2650

4477₇ 菅

菅
7·2/764
圖/2665

舊

07舊鄘
7·2/768
08舊許
4/533
6上/616
7·2/756
7·4/874
圖/2643
11舊北門
7·2/753
87舊鄭
6中/645

4480₁ 共

共
5/572
7·2/777
34共池
7·3/832
8下/957
60共國
圖/2647

楚

楚
5/567
口/1028
11/1154
圖/2637
30楚宫
7·1/730
72楚丘
4/530
5/564
6上/619
6上/628
7·2/776
7·4/889
9/971
口/1018
口/1023
38/2155
39/2164
圖/2636
圖/2647
圖/2664

4480₆ 黄

黄
4/515
4/521
5/575
5/596
6上/617
6上/620
6下/692
7·2/764
口/999
11/1153
圖/2645
圖/2668
12黄水
8上/927
22黄崖
圖/2644
34黄池
6上/614
6中/650
8上/905
口/1021
圖/2641
圖/2735
圖/2752
60黄國
圖/2654
圖/2745
80黄父
6下/678
7·3/810
圖/2677

4490₁ 蔡

蔡
5/563
6上/620
口/1004

口/1006
11/1151
圖/2636
60蔡國
圖/2653
圖/2748

4490_4 葉

葉
4/533
5/570
7·4/844
7·4/874
圖/2636
圖/2653

藁

44藁蒢
7·2/775

4490_8 萊

萊
4/509
5/592
6上/632
7·1/738
11/1152
39/2161
39/2191
17萊子城
口/999
22萊山
8下/944
圖/2654
圖/2659
48萊柞
8上/901
60萊國
圖/2668
77萊門
7·1/721

4491_0 杜

杜
4/539
5/595
11/1153

4491_4 權

權
4/518
5/580
6下/681
11/1152
60權國
圖/2705

4492_7 樠

40樠木
6下/681
7·4/840
樠木山
8下/944
圖/2704

4496_1 桔

45桔柣之門
7·2/751

藉

60藉圃
7·2/781

4496_6 橫

橫
圖/2644
圖/2753

欑

44欑茅
4/499

4594_6 樓

樓
6下/677
7·3/806

4621_0 觀

觀
5/605
27觀魚臺
圖/2662
40觀臺
7·1/724

4632_7 駕

駕
6中/653
7·4/850
圖/2698
圖/2764

4690_0 柏

柏
4/522
5/583
6上/620
60柏國
圖/2654
圖/2748
77柏舉
6下/686
7·4/860
口/1006
圖/2707
圖/2764
80柏人
6中/639
7·3/831
圖/2682

4691_4 樫

樫
6上/616
7·2/766
圖/2642

4692_7 楊

5/568
5/589
6下/682
7·4/840
口/1010
口/1015
圖/2705
圖/2766
60郗國
圖/2652
圖/2766

鵲

22鵲岸
6中/653
6中/657
7·4/851
9/988
48/2577
圖/2697
圖/2764

4772_7 邯

67邯鄲
4/515
6中/639
7·3/827
圖/2683

4782_0 期

60期思
5/588
6上/620
7·4/841
圖/2655

4791_0 柤

柤
6中/651
7·2/763
7·4/848
圖/2662

4791_7 杞

杞
4/526
5/568
11/1152
38/2155
圖/2636
圖/2640
60杞國
圖/2753

4792_0 桐

桐
5/598
6中/652
12桐水
8下/955
34桐汭
6中/657
7·4/883
圖/2701
圖/2768
60桐國
圖/2697
圖/2764
72桐丘
6上/616
7·2/752
圖/2643
77桐門
7·2/765

4792_7 郴

郴
7·1/738
圖/2735

4793_2 根

23根牟
4/503
5/602
6上/627
39/2161
39/2191
根牟國
圖/2664

4794_7 穀

穀
4/519
5/575
6下/683
圖/2649
圖/2660
圖/2737
04穀熟
圖/2644
12穀水
8上/898
圖/2726
43穀城
7·1/717
圖/2645
60穀國
圖/2705
圖/2766
72穀丘
6上/627
7·2/764
圖/2644
圖/2664

4796_4 格

71格馬山
8上/908
口/1011

4840_0 姒

姒
4/515
5/596

4841_7 乾

27乾侯
6上/630

6中/639
7·3/824
圖/2683
圖/2720
圖/2723
乾祭
7·1/706
28乾豁
6中/655
7·4/856
圖/2700
64乾時
圖/2667
圖/2738

4864_0 故

27故絳
5/565
6下/672
7·3/802
圖/2673

4891_1 柞

22柞山
圖/2659

4895_7 梅

22梅山
8上/924
圖/2641
40梅李
口/1005
60梅里
5/566
7·4/880
圖/2694

4896_6 檜

檜
4/533
5/589

4928_0 狄

狄
5/599
11/1155
39/2169
26狄泉
6上/612
7·1/708
8上/899
圖/2649

5000_6 中

50中犨
7·4/854
22中山
5/603
6中/638
口/1017
39/2161
圖/2681
23中牟
4/549
7·3/819
口/1022
圖/2646
圖/2720
40中南
6中/646
8上/922
9/972
中南山
圖/2689
43中城
6中/651
7·1/725
38/2149
38/2150
48/2574
圖/2695
47中都
6下/678
7·3/823
圖/2677
圖/2728
72中丘
7·1/720
38/2146
圖/2663
圖/2754
80中人
6中/636
39/2187
圖/2680
中分
7·2/757

申

申
4/497
4/521
5/571
6上/621
7·2/754
9/985
口/998
11/1152
圖/2642
圖/2766
34申池
7·1/734
8上/913
60申國
圖/2652
77申門
7·1/734

史

77史門
7·1/721

吏

77吏門
7·1/721

5003_0 夫

10夫于

6上/625
7·1/743
圖/2658
47夫椒
6中/656
8下/951
口/1007
圖/2694
82夫鍾
圖/2662

5003_2 夷

夷
5/570
5/572
6中/655
7·4/853
7·4/868
7·4/876
11/1154
39/2161
圖/2636
圖/2700
圖/2751
00夷庚
7·2/769
26夷伯之廟
7·1/733
28夷儀
5/573
6上/629
7·2/782
39/2171
圖/2637
圖/2666
圖/2682
32夷濮西田
7·4/856
圖/2700
60夷國
圖/2669

5013_2 泰

22泰山
6上/626
8上/901
8上/907
8下/960
圖/2659
26泰伯城
口/1005

5013_6 蟲

蟲
7·2/789
圖/2662
30蟲牢
6上/614
7·2/756
圖/2641

5022_7 肅

94肅慎
5/603

5040_4 婁

44婁林
6中/655
7·2/799
圖/2699

5071_7 屯

77屯留
7·3/818

5090_0 末

60末口
圖/2695

5090_4 秦

秦
5/567
6上/629
7·1/725
11/1153
38/2153
圖/2637
圖/2665
43秦城
圖/2691

橐

26橐皋
6中/653
圖/2698

5090_6 東

10東平陽
口/1023
圖/2659
東不羹
圖/2653
21東虢
5/571
東虢國
圖/2641
圖/2719
東訾
圖/2650
22東山皋落氏
4/512
5/599
6下/676
39/2160
39/2170
東山皋落氏國
圖/2675
24東崤山
圖/2650
27東郛
7·1/725
30東宮
7·2/769
31東河
8下/961
37東氾
圖/2640
東氾水
8上/929

圃

60圃田澤
8上/928
圖/2640

6033_1 黑

40黑壤
6下/678
7·3/810
圖/2677

6040_1 圉

圉
6上/614
6中/640
7·2/762
7·2/783
圖/2640
圖/2684
76圉陽
7·4/860
圖/2689
77圉門
7·1/706

6040_4 晏

晏
6上/624
7·1/736
圖/2658

6043_0 吴

吴
5/566
11/1151
圖/2637
圖/2694
27吴禦越城
6中/661
30吴房
6上/620
圖/2654

6050_0 甲

72甲氏
4/514
5/602
6下/677
33/2160
39/2170
80甲父
5/607

6050_4 畢

畢
5/587
6中/642
11/1151
60畢國
圖/2687

6052_7 羈

71羈馬
6下/674
7·3/811
圖/2674
圖/2730

6060_0 吕

吕
4/497
4/521
5/593
6上/621
6下/673
7·2/769
7·4/849
圖/2696
圖/2752
60吕國
圖/2652

昌

21昌衍
7·1/724
圖/2660

6060_4 固

30固宫
7·3/810

6071_1 昆

10昆吾
5/607
昆吾之觀
6中/640
7·2/780
昆吾觀
圖/2684
47昆都
7·3/804
圖/2673

6077_2 罍

罍
7·2/759

6080_0 貝

72貝丘
6上/631
圖/2667

6091_4 羅

羅
4/519
5/578
6下/683
6下/689
11/1154
圖/2763
12羅水
8下/948
34羅汭
圖/2654
圖/2745
60羅國
圖/2705

60鄖國
圖/2706

6792_7 鄵

鄵
7·2/760

7022_7 防

防
4/502
4/505
6上/632
6下/689
6下/690
7·1/720
7·1/721
7·2/793
38/2147
38/2149
圖/2660
圖/2662
圖/2668
22防山
8上/901
圖/2661
34防渚
6下/684
7·4/878
圖/2706
圖/2765
77防門
7·1/738
曰/1011
圖/2660
圖/2737

7113_6 蠶

30蠶室
7·1/731

7121_2 陘

陘
4/499
7·1/709
7·4/842
8下/943
圖/2643
00陘庭
7·3/801
圖/2673
22陘山
8下/943
圖/2643
圖/2644
60陘田
圖/2644
76陘隰
7·4/844
圖/2708

7122_0 阿

阿
6上/626
7·1/735
圖/2662
36阿澤
6上/623
7·2/752
8下/934
圖/2662

7122_7 厲

厲
5/578
5/584
6下/698
6下/699
60厲國
圖/2707

7123_2 豚

36豚澤
7·2/778

7128_7 厥

27厥貉
7·4/868
圖/2642
43厥慭
6上/619
7·2/783
圖/2647

7129_6 原

原
4/499
4/513
5/579
6上/619
7·1/706
7·3/805
11/1151
圖/2648
60原圃
圖/2640

7131_1 驪

53驪戎
4/539
5/598
6中/642
曰/1016
11/1152
39/2159
39/2162
驪戎國
圖/2687
圖/2732

7132_7 馬

66馬嗥城
6中/661
67馬路之衢
7·2/779
71馬陘
6上/631
7·1/736
9/973

首

21首止
6上/617
7·2/777
圖/2645
22首山
6下/675
8上/919
圖/2674

善

22善稻
7·4/880
38善道
4/542
6中/655
7·4/880
9/975
圖/2700
圖/2747

8060_6 會

04會計
口/1008
23會稽
4/545
5/592
7·4/885
8下/956
口/1008
會稽山
圖/2713

8060_7 倉

67倉野
6中/643
7·4/863
圖/2687
圖/2766
77倉門
7·2/754

8073_2 公

60公里
7·2/763

茲

茲
4/505
6上/632
7·2/793
圖/2668

養

養
6上/616
7·4/857
圖/2642

8090_4 余

10余吾
6下/678

8111_7 鉅

67鉅野
口/1020

8161_7 甑

22甑山
圖/2767

8211_4 鍾

鍾
7·2/788
圖/2665
00鍾離
4/542
5/594
6中/654
7·4/849
9/975
口/1013
圖/2699
圖/2746
10鍾吾
4/542
5/597
6中/652
9/974
鍾吾國
圖/2697

8315_0 鐵

鐵
6中/640
7·2/785
圖/2684
圖/2724

8375_3 餞

餞
7·1/711

8414_1 鑄

鑄
5/594
60鑄國
圖/2661

8612_7 錫

錫
7·2/760
30錫穴
5/590
6下/684
7·4/878
圖/2690
圖/2765

8614_1 鐸

71鐸辰
4/514
5/602
6下/677
39/2160
39/2170

8711₀ 鉏	**8762₇ 舒**	4/505	7·2/753
		5/534	11/1151
22鉏任	舒	6上/617	圖/2641
7·4/874	5/582	6上/623	60管國
圖/2643	6中/652	7·2/759	圖/2641
	6中/653	11/1152	
8712₀ 鈞	11/1154	圖/2645	**8879₄ 餘**
	圖/2764	60鄐國	
40鈞臺	00舒庸	圖/2662	31餘汗
圖/2643	4/522		4/545
	5/594	**鄐**	
銅	6中/653		**8880₁ 箕**
	11/1154	鄐	
46銅鞮	32舒州	圖/2644	箕
6下/679	7·1/747	43鄐城	6下/671
7·3/813	圖/2661	7·2/753	7·3/808
圖/2677	44舒蓼	60鄐國	圖/2672
銅鞮之宮	4/522	圖/2644	43箕城
7·3/810	5/594		圖/2728
	6中/653	**8810₈ 笠**	
8742₇ 邢	11/1154		**8834₀ 斂**
	48/2574	36笠澤	
邢	47舒鳩	8下/954	10斂盂
4/508	4/522	9/976	6中/640
7·2/797	5/595	圖/2694	6下/694
圖/2668	6中/653	圖/2770	7·2/779
	11/1154		圖/2684
鄭	60舒國	**8822₇ 簡**	
	圖/2693		**8890₃ 繁**
鄭		43簡城	
4/539	**鄐**	7·1/718	76繁陽
5/566			7·4/848
11/1151	鄐	**8877₇ 管**	圖/2653
39/2173			
圖/2644		管	**9000₀ 小**
		5/586	21小虢

4/539
5/572
6中/646
圖/2690
27小郲
5/570
11/1154
圖/2661
30小寢
7·1/728
47小穀
7·1/723
38/2147
48/2574
53小戎
5/593
口/1017
11/1155
39/2159
39/2164
圖/2691
62小別
6下/681
8下/941
口/1006
圖/2767
小別山
圖/2704
圖/2767

9003_2 懷

懷
4/499
7·1/709
7·3/811
圖/2649

9010_4 堂

堂
7·1/741
27堂阜
6上/627
7·1/735
圖/2664
28堂谿
7·4/864

9020_0 少

12少水
8上/915
口/1010
圖/2673
圖/2729
17少習
6中/643
8下/942
9/971
口/1002
口/1009
圖/2687
圖/2766
30少室
圖/2650
少寢之庭
7·2/769
33少梁
4/513
5/576
6中/644
7·3/835
口/1001
圖/2688
圖/2718

9022_7 常

28常儀靡
7·2/793
圖/2663

9033_1 黨

72黨氏溝
7·1/722
黨氏臺
7·1/724
圖/2661

9071_2 卷

卷
7·4/856
圖/2653
44卷楚
6下/679
7·3/813
圖/2677

9090_4 棠

棠
4/509
6上/629
6上/633
6中/649
6下/691
6下/693
7·1/719
7·1/741
7·4/851
9/939
口/999
口/1003
39/2913
圖/2662
圖/2666
圖/2694
圖/2741
圖/2764
32棠溪
圖/2654

9408_1 慎

慎
6中/656
7·4/859
圖/2700
圖/2750

9682_7 煬

30煬宮
7·1/731

9782_7 郯

郯
5/591
6上/627
7·1/731
11/1153
60郯國
圖/2663
圖/2755

9923_2 滎

34滎波
8下/965
36滎澤
8上/927
8下/935
圖/2641
圖/2734

9950_7 犖

犖
6上/616
7·2/767
圖/2642

9960_6 營

72營丘
4/508
5/567
6上/631
7·1/733
圖/2757

9980_9 熒

00熒庭
7·3/802
圖/2673

9990_4 榮

84榮錡澗
圖/2650
榮錡氏
7·1/707

《春秋大事表》官名索引

說　明

一、本索引收録《春秋大事表》《春秋列國官制表》卷十中的全部官名。

二、各條所列的數字，前者爲卷次，後者爲頁碼。

三、一名數見者，在不同頁中出現，依次列出卷數、頁數。

四、同名異職者，分列條目。

10/1118

1023_0 下

37下軍將佐
10/1129
下軍大夫
10/1133

1080_6 賈

10賈正
10/1125

1090_0 不

10不更
10/1147

1314_0 武

43武城尹
10/1144

1611_4 理

理
10/1076

1613_2 環

12環列之尹
10/1140

1750_7 尹

7尹門
10/1098

1762_0 司

24司徒
10/1039
30司空
10/1055
司寇
10/1051
司宫
10/1121
40司士
10/1089
43司城
10/1055
10/1056
44司墓
10/1145
60司里
10/1126
68司敗
10/1051
71司曆
10/1063
司馬
10/1045
司馬
10/1125
司馬
10/1133
司馬
10/1144

2090_1 乘

71乘馬御
10/1091

2110_0 上

37上軍司馬
10/1133
上軍將佐
10/1129
上軍大夫
10/1133
上軍尉
10/1133

2121_7 虎

40虎賁
10/1101

2122_1 行

80行人
10/1073
10/1074
10/1075

2123_4 虞

27虞候
10/1133
80虞人
10/1112

2143_0 衡

00衡鹿
10/1113

2160_0 占

44占夢
10/1146

2172_7 師

師
10/1059
師
10/1071

2223_4 僕

40僕大夫
10/1077
80僕人
10/1078
僕人
10/1079

2290_4 樂

17樂尹
10/1072

2300_0 卜

卜
10/1069
10/1070
10卜正
10/1069
17卜尹

10/1145

18執政

10/1145

25執秩

10/1135

4443$_0$ 莫

58莫敖

10/1140

4471$_7$ 巷

20巷伯

10/1121

5000$_6$ 中

00中廄尹

10/1144

21中行

10/1129

37中軍司馬

10/1133

中軍將佐

10/1129

中軍大夫

10/1133

中軍尉

10/1133

中軍尉佐

10/1133

40中大夫

10/1133

史

史

10/1063

史

10/1069

10/1070

5340$_0$ 戎

40戎右

10/1082

5602$_7$ 揚

71揚豚尹

10/1143

6010$_1$ 日

27日御

10/1063

30日官

10/1063

6040$_1$ 圉

80圉人

10/1120

6299$_3$ 縣

17縣尹

10/1104

21縣師

10/1135

40縣大夫

10/1104

80縣人

10/1104

縣公

10/1105

6363$_4$ 獸

80獸人

10/1138

6666$_8$ 囂

17囂尹

10/1143

6712$_2$ 野

17野司寇

10/1145

7024$_1$ 辟

17辟司徒

10/1139

7132$_7$ 馬

10馬正

10/1125

21馬師

10/1145

7171$_2$ 匠

匠

10/1095

7420$_0$ 尉

尉

10/1133

72尉氏

10/1076

7424$_7$ 陵

17陵尹

10/1143

7710$_8$ 豎

豎

10/1122

7722$_0$ 周

80周人

10/1125

陶

10陶正

10/1124

7744$_1$ 開

23開卜

10/1069

7760$_1$ 醫

醫

10/1117

7760$_4$ 閽

闈
10/1121
10/1122

7772_0 卿

40卿士
10/1124

7777_7 門

17門子
10/1145
門尹
10/1098
30門官
10/1101

7780_1 輿

21輿師
10/1135

7810_7 監

71監馬尹
10/1144

7823_3 隧

10隧正
10/1102

7826_1 膳

30膳宰
10/1115
50膳夫
10/1115

8021_1 差

50差車
10/1096

8025_1 舞

21舞師
10/1071

8030_7 令

10令正
10/1145
17令尹
10/1140

8073_2 公

08公族
10/1135
21公行
10/1135

8810_8 筮

50筮史
10/1069

8811_6 鋭

17鋭司徒
10/1139

8825_3 箴

17箴尹
10/1142

8879_4 餘

17餘子
10/1135

9000_0 小

71小臣
10/1138

9020_0 少

10少正
10/1145
17少司寇
10/1051
少司馬
10/1045
21少師
10/1059
23少傅
10/1059
30少宰
10/1033